获全国高校出版社优秀畅销书一等奖
获华东地区大学版协优秀教材二等奖
“十二五”上海重点图书
社会工作理论与实务丛书
丛书主编 / 徐永祥　丛书副主编 / 何雪松

人类行为与社会环境

Human Behavior and Social Environment

（第二版）

王瑞鸿◎著

華東理工大學出版社
EAST CHINA UNIVERSITY OF SCIENCE AND TECHNOLOGY PRESS
·上海·

图书在版编目(CIP)数据

人类行为与社会环境/王瑞鸿著. —2版. —上海:华东理工大学出版社,2007.8(2025.7 重印)

(社会工作理论与实务丛书)

ISBN 978-7-5628-2121-2

Ⅰ.人… Ⅱ.王… Ⅲ.社会人类学 Ⅳ. C912.4

中国版本图书馆 CIP 数据核字(2007)第 109874 号

"十二五"上海重点图书

社会工作理论与实务丛书

人类行为与社会环境(第二版)

Human Behavior and Social Environment

丛书主编 / 徐永祥

丛书副主编 / 何雪松

著　　者 / 王瑞鸿

责任编辑 / 高　虹

责任校对 / 金慧娟

美术编辑 / 戚亮轩

出版发行 / 华东理工大学出版社有限公司

地　址:上海市梅陇路 130 号,200237

电　话:(021)64250306(营销部)

(021)64252750(编辑室)

传　真:(021)64252707

网　址:www. ecustpress. cn

印　　刷 / 上海市崇明县裕安印刷厂

开　　本 / 850 mm×1168 mm　1/32

印　　张 / 13.125

字　　数 / 353千字

版　　次 / 2002 年 4 月第 1 版　2007 年 8 月第 2 版

印　　次 / 2025 年 7 月第 18 次

书　　号 / ISBN 978-7-5628-2121-2/C・119

定　　价 / 25.00元

联系我们:电子邮箱 zongbianban@ecustpress. cn

官方微博 e. weibo. com/ecustpress

天猫旗舰店 http://hdlgdxcbs. tmall. com

内容提要

“人类行为与社会环境”是社会工作学科的核心课程。本书对人类行为的分析采用了双重视角，分别从 BPS 模式也就是生理—心理—社会三合一的整合模式以及生命周期的过程模式进行结构分析和动态分析。全书依据人类发展的不同历程具体介绍了人类行为的产生、发展和变化，并对相关的非常态行为提出了针对性策略。同时，本书还详细分析了人类行为与社会环境的交互影响。

本书适合社会工作和社会服务等相关人员阅读和参考。

目录 CONTENTS

CONTENTS 目录

目录

CONTENTS

CONTENTS 目录

目录 CONTENTS

第一章 多维理论中的人类行为

>>> 第一节　生理—心理—社会交互分析

>>> 第二节　生命周期中的动态发展

>>> 第三节　人类行为与社会环境的理论基础

人类行为与社会环境的研究既可以说历史悠久,同时又可以说刚刚起步。这是因为:一方面,零星的、片断的关于人类行为的研究起步很早;但是另一方面,作为一门完整的、系统的、科学的理论学科而言,全面展开人类行为与社会环境的研究又是晚近之事。尽管如此,作为一门新兴的学科,人类行为与社会环境的研究正在变得越来越深入、越来越系统。从目前的研究成果来看,人类行为与社会环境已不仅仅满足于作为一门独立的学科而存在,它的影响有力地渗透进了我们生活的各个角落,这不仅使我们开始重新反省和确认我们人类自身,而且还为我们的生活世界赋予了崭新的意义。

第一节　生理—心理—社会交互分析

这里所说的行为是人的行为,因此,在讨论行为的概念之前,有必要首先对人的概念作一个基本的分析。

一、人:作为系统的存在

在人类所有的渴望与冲动之中,对人本身的探讨始终是一个永恒的主题,自古以来,人们始终不渝的目标就是破解这个千古之谜。不同的思想家从不同的角度得出了不同的结论:"人是社会关系的总和"、"人是会思想的芦苇"、"人是社会性的动物"、"人是宇宙中最精致的机器",如此等等,不一而足。尽管有如此丰富而又深刻的真知灼见,但时至今日,关于人类自身的探讨依然在积极而又富有成效地进行着。先师古贤的伟大成就是我们继续探索的前进阶梯，也是我们继续探索的巨大动力和宝贵财富。

结合目前已取得的研究成果，从我们这门学科的具体特点出发，有关人的一个比较合适的定义应该是：人是一个系统的存在。这里的系统可以继续划分为两个子系统：第一个子系统主要指作为个体而存在的人，这个子系统包括生理、心理、认知、情感、行为等要素；第二个子系统主要指作为社会性的存在的人，这个子系统包括家庭、单位、社区、民族、制度等要素。

这两个系统之间并不是完全割裂的，而是互相影响的，这种影响也就是人与社会环境之间的互动。一方面，人的生理和心理等系统的变化会影响人的社会系统的变化，如青少年和中年人，因为生理和心理等方面的差异，青少年尚未成熟，无法进入社会；而中年人则已全面成熟，不仅完全介入社会，而且还在社会中担任相当重要的职位。这直接导致了这两个群体的人在社会中的地位、角色、影响等方面的巨大差异。另一方面，社会系统的变化也会影响到个体生理和心理等方面的变化，如公务员和工人，由于从事的工作不同，得到的社会评价不同，长期的潜移默化，使这两个群体在心理和行为方式等方面也不可避免地形成了明显的差别。

人类行为与环境虽然关注的是人类行为中共同的、具有代表性的问题和表现，但是，在现实生活中，只有个体才是行为的最直接的，也是唯一的承受者和执行者。所以，在实际的分析中，我们的着眼点或出发点应该是单独的个体。人类行为与社会环境主要关注的其实也就是个体在这两个系统之间的相互影响和调适，换句话说，是社会环境中个体的行为变化与成长过程。这样，对人的行为分析首先涉及的是社会环境的影响，其次是个体自身因素的影响，而后者可以进一步细分为生理、心理等因素。本书在分析人的行为时正是遵循这个基本思路，对每个阶段的人的行为主要从生理、心理和社会环境等方面入手。

二、生理因素、心理因素和社会环境的具体分析

在人的成长过程中,无论是生理因素、心理因素还是社会因素都起着非常重要的作用,而且,生理因素、心理因素和社会因素之间同样存在着不可忽视的相互影响。

作为个体而存在的人,我们一般将这个系统进一步区分为生物领域和心理领域。就生物领域来说,它主要包括身高、体重、血压、运动能力、健康状况、年龄、疾病、死亡等因素,侧重的是人在生理机能上的发展变化;至于心理领域,则被视为另一个子系统,在这个系统中,主要包括认知、情感和行为三大要素。其中,认知也可以被视为一个子系统,它又包括感觉、认知、想象、判断、记忆、语言和理智等因素,与此相关的知识、信念、意见也常被归入认知的系统。情感也可以被视为一个子系统,它主要包括动机、需要、动力、欲望、感情和兴趣等因素。行为同样也可以被视为一个子系统,与认知和情感不同的是,行为主要指的是个体外显的活动,心理是内在的、无形的,而行为则是心理活动的外在化,如工作、结婚、失业、人际交往等。

首先,生物系统常常在很大程度上影响人的成长,是人的行为的一个必需基础。比如,尽管现代医学已经非常发达,但人的寿命依然很难超过 120 岁这个极限。又如,儿童不可能结婚、工作,这些都是生理因素的根本制约。其次,生理因素的变化会影响心理因素的成长。疾病、饥饿、更年期、月经等这些纯粹的生理变化都会直接影响人们的情绪、认知和行为,这种影响还会进一步影响到人类的社会活动。如对于死亡的研究,使我们越来越认识到死亡这个不可回避的事实,这让我们一方面科学地、自然地接受死亡;另一方面,又促使我们从死亡的角度重新审视生命,重

新寻找生命的意义，重新确立积极的生活态度。再次，不同阶段的人生理发育不同，这直接影响到了人类不同时期的成长特征，比如：婴幼儿、青少年、中年、老年，他们之间成长中的差别很大程度上就源于生物上的差异。最后，在生物系统中除了上面所提及的因素外，还有一个更重要的因素——遗传。遗传对人类成长的影响一直是个争论不休的话题，但这种争论并不是集中于遗传对人类成长有无影响，而是集中于遗传对人类的影响力到底有多大，当然，这也是相对于社会环境的影响而言的。

心理系统的影响同样也是巨大的，我们常常认为这种影响甚至超过了生物系统的影响。在人类行为的探讨中，我们总是更多地将目光投注于心理的和社会的影响。在心理系统中，认知的作用是显而易见的，它可以帮助我们正确认识我们自己、正确认识他人、正确认识社会，从而正确处理自我与他人、与社会的关系。只有正确的认知，才能确保人们科学的行为与健康的成长。情感对于人类成长的重要性也日益被重视起来，现代哲学关于爱、怨、恨、痛苦、绝望、孤独等情感的大量而深入的研究，充分证明了情感对人类成长的重要意义。当今生活节奏的加快，人类生活空间的紧迫，抑郁症等精神疾病的多发性直接促使了心理咨询这门学科的繁荣，这同样证明了心理尤其是情感对于人类成长的重要意义。除了生理、认知和情感上的变化外，另一个很重要也很直观的变化是反映在人类行为的改变之上，如恋爱、结婚、离婚、就业、失业、退休、吸毒、同性恋等等。行为的变化是我们观察和研究人类成长的一个重要窗口，通过行为的变化我们可以进一步窥测到认知、情感、生物以及社会因素的发展和改变。在本书中，关于对人类成长与社会环境的研究，我们希望在对认知、情感、生物等因素了解的基础之上，主要通过对人类行为的研究来揭示人类成长与社会环境的关系。

社会环境是影响人类行为的另一个重要因素，因为人类必然地要生活在一定的环境之中。人类生存的环境通常可以分为两类：物质环境和社会环境。物质环境包括气象、土地、资源、高楼、食物等等；"社会环境包括人以及他们如何组织成单位的方式，这些单位包括家庭、学校、政府、国家等等。社会学家认为社会环境包括家庭、团体、社区、社会、文化、社会阶级和阶层等"。①

论及人与环境的关系，普遍接受的观点是：人能够影响环境，环境同时也能够影响人。这个环境既包括物质环境，同时也包括社会环境。

就物质环境而言，一方面，人类能够改变物质环境，人类大规模围海造田、劈山造林的活动，中国古代愚公移山、精卫填海的故事，正是人类改造物质环境的一种伟大渴望；另一方面，物质环境同样能够影响人类，如"地理环境决定论"的思想。需要注意的是，物质环境对人类的影响既可能是积极的，也可能是消极的。这种影响同时也与人所施加给自然环境的影响紧密相关，比如全球气温变暖问题、沙尘暴现象等等，这些都是人与物质环境关系恶化的表现，也正因为如此，环境保护的问题才作为一个与人类生存和发展紧密相关的任务日益受到人类的重视。

就社会环境而言，同样应该承认，人类既能影响社会环境，同时社会环境又能影响人类，人类行为与社会环境这两者之间同样也是相互影响的。一方面，人类行为可以影响社会环境。如以"新新人类"自居的年轻人，他们的行为方式、生活态度等等都有可能直接影响社会风气或文化的改变；又如著名的思想家、政治家乃至流行歌星，他们都有可能导致社会相关风气的改变。另一方面，社会环境同时也能够影响人类的成长。如我国对婚姻法的修订，国家在婚恋标准上的调整，会直接影响到人们的婚恋生活；再如文化的影响，这是社会环境中经常被强调的一个重要因素，文化的不同塑造出了不同的人格、不同的行为方式。中国文化与美国文化传统的差异，导致了中国人与美国人思维方式、行为方

① 沙依仁：《人类行为与社会环境》，五南图书出版公司，1986 年版，第 5 页。

式、生活态度等全方位的不同。

三、社会环境的特殊意义

虽然生理、心理和社会因素都对人的行为发生着重要影响，但是，这些因素对人的行为所产生的具体影响并不是一样的。它们的具体影响差别可以这样界定：生理因素是基础，心理因素是核心，社会因素是根本。正因为社会环境的决定性影响，所以，我们的分析向度才设定为人类行为与社会环境。

社会环境对人类行为的特殊影响大致归结如下：

首先，社会环境为人类行为提供了发展的空间和方式。人本质上是一个社会性的存在，他的发展不可能脱离现实的社会。教育是一个社会因素，不同的教育水准在很大程度上决定了一个人的生活道路和生活的空间。在当今日益重视文凭的时代，这种现象表现得尤为突出。这就是社会因素对人的影响的一个具体表现。

其次，社会环境是人类成长的有力支持。人的成长过程中总难免遭遇到各种各样的困难，社会环境常常能够给我们提供宝贵的资源和强大的力量。对遭受困难的家庭而言，亲朋好友的帮助、单位组织的支持、社会力量的援助，这些都是社会环境积极发挥影响的具体表现。

再次，社会环境为人类成长提供了参照标准。人作为社会性的存在，必须遵循社会所设定的规范和标准。从性别的角度来说，人被分为男性与女性，同时，男性与女性各自所应有的行为方式、生活态度、生活空间都已经被预先设定好，它甚至成为刻板的模式，为每个男性或女性确立生活的标准，违反了这个标准，他（她）就不再是一个正常的男人或女人。性别对人类成长的影响，是社会环境中非常值得探讨的重要因素。再如，人们因为单位、组织、阶级等差异，每个人所担当的社会角色可能有所不同，这个社会角色则同样为他的行为方式、生活风格确立了每个人必须遵守的标准。

最后,人类行为中的个人问题,其真正原因常常不是个人原因,而是深层次的社会原因。比如,儿童的自信和幸福感主要来自于父母如何爱和如何照看他,但是,父母的爱和照看方式则主要受到他们身处的社会阶级、社会地位和社会发展状况的影响。再如,妇女的社会成就往往并非仅仅取决于妇女自身的刻苦努力,更多地还与社会对妇女阶级的期望标准紧密相关。

人类行为与社会环境这门课的中心就在于分析人类行为与生理因素、心理因素和社会环境这些因素之间的相互影响,我们的讨论重心更多地倾向于社会环境对人类行为所产生的各种影响。我们将要讨论的社会环境,既包括家庭、群体、组织、社区等人类的组合单位和形式,同时也包括性别、文化、经济、教育、阶级、宗教等宏观性的内容和特征。

第二节 生命周期中的动态发展

对人类行为的探讨除了从横向的综合因素如生理、心理和社会等因素入手之外,我们还选取了一个纵向的指标,即人的成长过程。

一、成长的概念

成长是与人类行为紧密相关的一个核心的概念,但成长这个概念的产生不是一帆风顺的。影响成长概念形成的因素主要有两个,其一是对人类自身成长阶段和现象的认识局限,其二是对成长这个词所应包含的内容的片面认识。

关于第一个因素，人类对自身成长的认识是一个渐进的过程。最初的时候，关于人类成长的认识的全部内容几乎都局限于儿童的范畴之内。人们一度认为儿童与成年人并没有什么本质的区别，所谓的区别仅仅表现在躯体的大小之上。儿童是一个名副其实的“小大人”，儿童并没有完全属于自己的身体特征、心理特征和社会需要。所以，在 19 世纪，儿童工作为一项社会事实，名正言顺地被美国的宗教及政府认可。对青春期的专门认识则产生得更晚，“数百年来，青春期被看作不过是胎中预成过程的‘尾端’而已——微型成人正在完成其身体发育的最后一个阶段。”[①]青春期在这里成了预定过程的最后的延续，成了某种微不足道的“尾巴”而已。直到第一次世界大战结束以后，青春期才获得普遍的关注，青春期真正作为一个独特的阶段被昭示出来，从而使儿童期与成年期被连接了起来。最后则出现了关于老年的专门研究，而老年学的深入又重新推动了人们对成年阶段的认真研究。

关于第二个因素，早期人们曾经认为人类的成长主要是生理上的变化，这种身体的变化到了成年期则渐渐趋于稳定或停止，老年期则主要是衰退和死亡，所以，成长常常于成年期截止。现在，我们倾向认为，人类的成长除了生理上的变化之外，还包括认知、情感、行为、社会性等多方面的发展。这样，成年期和老年期就以新的面目呈现在我们的面前，成年期和老年期同样都作为人类成长的新的阶段被揭示了出来。

综上所述，我们可以将成长大致定义如下：成长指的是贯穿一生的过程中个体所发生的系统的变化。在这里，“贯穿一生”指的是人的终生，也就是指从胚胎发育到死亡，或者说从子宫到坟墓的过程。“系统的变化”强调的是，人的成长中的变化是有序

---

① （美）詹姆斯·卢格：《人生发展心理学》，学林出版社，1996 年版，第 18 页。

的、范式的、持久的变化,而不是暂时的、相对的、零星的、变动的,比如情绪上的波动、思想上的暂时迷惘、行为或外表上的临时改变等等,这些都不属于我们的考虑范围。此外,"系统的变化"还指的是,人的成长包括生物的、认知的、情绪的、行为的以及社会的成长和发展,这些方面的变化互相联系,共同构成了人这个复杂的系统。

二、成长的阶段划分

人类成长阶段的划分,同样也不是一件很轻易的事情,至少有三个方面的因素很值得引起我们的重视:其一是人与人之间的差异,其二是历史的变迁,最后是文化的差异。

关于人与人之间的差异,众所周知,"世界上没有两片完全相同的树叶",人与人之间的差异就更是不一而足了。同为 50 岁,有的人因为饱经沧桑,可能苍老得像七八十岁,有的人则因为保养得好,可能年轻得像三四十岁。此外,有的人刚过了 10 岁,却可能少年老成,有的人年过 60,却仍可能像个老顽童。

关于历史变迁,不同时期的人和社会对人的成长有不同的观点。在前工业社会,一般不承认婴儿期、儿童期和青少年期是三个不同的独立阶段。因此,他们将人生的成长周期划分为三个阶段:婴儿—儿童期、成熟的成人期、老年期。另外,对"死亡"这个概念的理解上也存在着差别。前工业社会由于医学水平低下,再加之营养条件和卫生设施的恶劣,儿童常常大量患病死亡;而今,医学发达、营养丰富、卫生良好,儿童得以健康地生活,大多数人都有足够的保障安度晚年。在这种情况下,"死亡"更多的是与老年而不是与儿童联系了起来。

文化的差异常常导致人们对人类本身的不同看法,印度人信奉灵魂轮回说,人类生命的旅程被描绘成一个圆,死去的人们可以轮回并重生。还有的民族则坚信，除了正常拥有的从出生到死亡这段生命之外，人类还拥有另外两段生命周期，一是出生前时期，一是死亡后时期。文化的差异使不同文化背景的人们对人生产生了大相径庭的观点。

尽管存在着历史、文化以及个体之间的差别，我们依然认为，人类成长肯定是可以按照一定的标准来划分的。因为透过这些纷繁的差异，我们分明能够看到，人类的成长依然存在着许多共同的特征。尽管有文化、社会等诸多差异，同一年龄段的人仍然表现出了相当多的、不约而同的共同性：在儿童期都会接受抚养和教育，在成年期都会结婚和工作，在老年期都会衰老和死亡等等。通过对这些共同特征的概括和分析，我们倾向于将人类成长的周期划分为儿童期、青春期和成年期这三大时期，其中，儿童期再被细分为胎儿期、婴儿期、幼儿期、儿童期；成年期再细分为成年早期、中年和老年。具体来说，人类成长的周期可以划分为如下几个阶段：

儿童期

　胎儿期：从怀孕到出生

　婴儿期：0～2 岁

　幼儿期：3～6 岁

　儿童期：7～11 岁

青春期：12～19 岁

成年期

　成年早期(青年期)：20～30 多岁

　中年期：40～50 多岁

　老年期：60 岁及以上

需要指出的是，我们这里所进行的人类成长周期的划分，并不是永恒的、不可改变的，这种划分只是反映了目前的现实情形、文化特征和人类的成长状况。随着这些因素的变化，也许我们还会有更加合适的人类成长周期的划分。

三、各个成长阶段的特征和任务

人类成长每个阶段的任务和特征可以大致归纳如下。

1. 胎儿期

这个时期中，人类从一个受精的细胞发展到百万个细胞，基本的身体结构和机体开始形成。许多发展心理学家指出，在这个时期，遗传和环境两种因素都对胎儿的生长产生影响，而且，在前几个月中，胎儿非常脆弱，比人类的其他时期更容易受到不利环境的影响，这种影响会涉及人此后漫长的成长过程。

2. 婴儿期

在这个时期，人的成长表现在运动能力、协调能力、感觉技能以及语言运用能力的提高与发展。婴儿还学会了对家庭成员或其他抚养者的依赖，学会了信任和不信任，学会了表达、拒绝以及其他情感。婴儿这个时期基本上都能学会对自己感觉和情绪的表达，甚至还有一定程度的独立性。另外，婴儿还会在人格和气质上表现出明显的差异。

3. 幼儿期

这段时期也被称为学前时期，此时的幼儿相比之下已经能够更好地照顾好自己。这个时期还有一个很有意义的发展成果，即幼儿开始形成关于自我和社会性别的概念，意识到了相应的身份和角色，幼儿还很喜欢与其他小朋友玩，此时父母与子女关系的好坏将影响到幼儿的社会化发展。

4. 儿童期

这个时期通常对应于小学时期，由于学校教育，此时儿童在读、写、算的能力上有了飞快的进步，他们能够逻辑地思考、理解这个世界，成就感变得很重要，成功地调整与父母的关系同样也很重要。此时的道德以及心理与社会的相互关系都在迅速发展，家庭关系的好坏依然对情绪和社会的调适产生着主要影响。

5. 青春期

这是一个很特殊同时又很值得关注的时期，也被称为“转折时期”、“问题时期”，是从儿童向成人转折的时期。在这个时期，性开始成熟起来，皮亚杰所谓的形式运算能力也已形成，这些为进入成年时期做好了准备。青春期的人既渴望从父母那里获得独立，同时，又渴望加强与同伴群体之间的紧密联系。同伴群体是青春期的一个显著特征。

6. 成年早期

这个时期相当于我们通常所说的青年期，人们开始进入社会并且开始独自面对生活，恋爱、婚姻、择业等都是这个时期的重要任务。这个时期的成功与失败将会影响个体此后的发展。

7. 中年期

中年时期也可以被认为是一个转折时期，是从青年走向老年的阶段。所以，许多中年人都会感到时间日益紧迫，“中年危机”容易在此时产生。但在另一方面，孩子们渐渐长大了，父母重新又获得了自由，重新可以自由地发挥自己的才能，而且，经过长期的积累，中年人已经变得沉稳、成熟，这个时期也常常是人一生中事业成功的时期，是人一生中的黄金时期。需要注意的是，由于工作和养家，中年人负担较重，容易出现各种疾病，应该加强对身体的保护。

8. 老年期

老龄化的到来，使老年期成了人们研究的中心。老年期是一个调整适应的时期，退休、子女离家、身体衰老，使老年人不得不对个人、社会关系进行调适，老年并不等于衰老和死亡，这时期依然有知识和认知技能的进一步提高。同子女的关系对老年人十分重要，与同龄老年人间积极的友谊更显得弥足珍贵。最后，老年人必须理智地面对死亡的到来。

四、成长的特征

人类的成长涉及众多的相关学科，同时也包括了人生的各个时期，这使得对人类成长的认识一直充满了争论，这些争论也涉及成长的许多侧面。比较集中的争论有“自然与教化之争”、“主动性与被动性之争”、“连续性与统一性之争”等，结合这些争论，我们将人类成长的一些主要特征总结出来，并尝试着归类如下。

1. 人类的成长同时受到遗传和环境的影响

遗传和环境之争，其实也就是自然与教化之争。争论的焦点在于，究竟是遗传影响了人，还是环境影响了人，或者是遗传和环境同时都在影响人？倘若果真如此的话，是遗传的影响更大，还是环境的影响更大？深入的研究表明，遗传和环境同时都影响着人，只不过在有的方面遗传的影响更大些，而在另一些方面环境的影响更大些。人的身体状况例如身高等主要受到遗传的影响，但同时也与环境诸如营养状况、卫生条件紧密相关。再如狼孩或孤儿院的孩子，他们之所以在许多方面都表现出异常或滞后，主要是因为社会环境如教育、人际交往、爱等极度缺乏所致。

2. 人类成长的影响是互逆的、双向的

在人的社会化中有反向社会化，人的成长中同样有反向的影响。我们常常强调父母对儿童的正向影响，其实不仅父母可以向儿童施加影响，儿童同样也可以反作用于父母，儿童本身并不是消极的、被动的，他们也是积极的，也可以给父母带来积极的影响。如果孩子是温顺的、安静的、听话的，则父母会更多地表现出友好的、温暖的和爱的行为方式；反之，如果婴儿是多动的、不安的、易怒的，那么，他的父母也会变得暴躁、充满敌意。又比如，在社会时尚的领悟方面，常常是青年人带领老年人。

3. 人类成长反映了文化的差异

文化的影响是非常深刻的，它可以改变人类的生活方式和生活态度。中国的父母往往喜欢过多地怀抱婴儿，而美国的父母则更喜欢让婴儿独处，这是因为中国人更强调父母对婴儿的关爱以及母子间的亲密关系，而美国人则更强调培养婴儿的独立性和自主性，这是由两国的文化差异所造成的。

4. 人类的成长存在着个体间的差异

虽然不同的人在相同的年龄往往表现出许多普遍性和共同性，但不可否认的是，个体间的差异还是巨大的。同龄人之间往往在身高、体重、情感、人格等生理和心理方面差异巨大，至于社会能力、生活方式、婚姻状况等社会因素在个体间的差异更是无法言喻。我们在讨论人类成长的情形时，所指的常常是正常情况下的平均状态或普遍情形。

5. 人类的成长是变动的、不平衡的

人类成长所涉及的内容很多，但并非每一个方面都以相同的速度在发展。一个儿童，也许他在智力发育上显得异常聪慧，但他的生物性成长如身高却可能落后同龄人很多。青春期的少男少女，他们大多在身体和性的发育上已经成熟，但在行为、情感和社会交往上却表现得很不成熟，甚至还很孩子气，他们一方面像成年人，另一方面则很像小孩。

6. 人类成长是累积性的

如果从整个人类的发展历史来看的话，累积性这个特征是不容置疑的。从宏观来看，物质文明、文化思想等多年形成的历史积淀对人类所产生的影响是个突出的例子；从个人成长的角度来看，累积性特征也很明显，弗洛伊德等心理分析学家们大都非常强调个人早期经验对后来人生的影响。实际生活中我们也经常看到，在父母婚姻质量不高的家庭中的儿童长大后更容易出现婚姻问题，而且对生活的满意度也相对更低，这就是一种典型的累积性成长结果。

7. 人类成长是循环的和重复的

这种循环和重复并非是指相同情形的再次重演，而是说相同或相近的情况在个体身上再度呈现，或在其他人身上再度出现。人的一生中经常会反复出现一些相同的问题，如失业，它可能会不止一次地出现，人在青年、中年时期都有可能会遭遇到。从不同的个体来看，尽管有不同的现实和文化背景，个体差异极大，但不同的个体之间还是表现出共同的特征，他们都会经历儿童期、青春期、青年期、中年期、老年期，不同个体间重复出现的相同性，使我们能够比较、分析和研究人类的成长这个大课题。

8. 人类成长既是连续的又是非连续的

有些人强调人的成长是一个渐进的、连续的生长和变化的过程，如身体的发育、语言能力的提高等；有的人则强调人的成长是由一连串明显区分开的阶段所组成，各个阶段的变化都是突然的、明显的，如儿童期、青春期、青年期、中年期、老年期之间的根本性差异。强调连续性的观点更倾向于强调遗传对人的重要性，强调非连续性的观点更倾向于强调环境对人的重要性。事实已经证明，遗传和环境对人类成长都很重要，因此，人类成长中必然地也同样表现出了连续性和非连续性的特征，只不过各自表现的方面有所区别罢了。

9. 人类成长是贯穿终生的

长时期来，一种难以置信的观念一直控制了大多数人，他们认为，人的成长是从胎前期开始，终止于青春期。人们相信，生理的、认知的、情感的和社会的发展到青春期后期就彻底达到了顶点，然后就停止了发展。现在，人们发现，即使到了老年时期，老年人的认知能力依然在发展。终生成长和发展的观念使人生以更完整的面貌呈现在我们眼前，同时，也扫除了围绕老年期和成年期的许多错误观念，使老年期人生重新焕发出了积极的意义。

第三节　人类行为与社会环境的理论基础

人类的行为涉及生理、心理、情绪和社会等方面的发展，因此，有关人类行为的研究涉及多门学科。而事实上，人类行为的研究成果也极大地受益于跨学科的研究和借鉴，与人类行为相关的学科主要有生物学、物理学、社会学、文化人类学以及关于医学、教育、学校、文化和社会等多方面的研究，当然也包括了关于人的研究的相关哲学思想。为人类行为和社会环境这门学科奠定理论基础的主要学说有弗洛伊德的精神分析理论、埃里克森关于人的成长的阶段划分理论、皮亚杰的认知发展理论、科尔伯格关于道德自我的发展理论、行为学习和社会学习理论、库利的镜中自我理论以及米德关于社会中的自我的理论学说。

一、弗洛伊德的精神分析理论

西格蒙·弗洛伊德(1856—1939)，出生于维也纳，奥地利精神病医生和心理学家，被公认为现代心理学的创始人之一。他根据对精神障碍产生的原因及治疗方法的研究，提出了一种全新的人格及其发展理论。弗洛伊德的思想极其深刻，极具创造性。从人类成长的角度来看，他对深层无意识的发现、对早期儿童生活经验的强调、对人格的划分、对心理性欲的五个发展时期以及心理防御机制的阐述都产生了深刻的影响。

1. 无意识

弗洛伊德非常强调无意识的重要性。他认为，人们常常认识不到自身行为的真正动机,而无意识则被他视为人类行为的主要驱动力。这些无意识的动机有时可以通过对梦和口误的分析而被发现。弗洛伊德将无意识部分称为伊特(Id),它由利比多(libido)和塞纳托斯(thanatos)两个相互对立的驱动力组成。利比多代表着生本能,与它相关联的是吃饭、呼吸、性以及其他身体需要的满足。塞纳托斯代表着死亡本能,与它相关联的是纵火、自虐、攻击、谋杀等破坏性的东西。无意识实实在在地存在着,并有力地影响着我们的思想和行为。弗洛伊德对无意识的发现,被认为是20世纪的伟大成就之一,它深刻地影响了心理学、文学等众多学科的发展。

2. 人格结构

弗洛伊德将人格结构分为本我、自我和超我三个组成部分。

本我。类似于弗洛伊德早期理论中的“无意识”,本我是本能冲动,它与生俱来,并且贯穿所有的冲动源泉。本我的功能是寻求能够满足本能冲动的目标。本我追求的是性欲和攻击性冲动以及饥渴等自我保存需要的即时满足。本我遵循的是“快感原则”。在心理成长过程中,年龄越小,本我的作用就越重要,婴幼儿的自我几乎全部由本我构成。随着与现实交往的进一步发展,我们会发现,仅仅依靠非理性的本我并不能满足我们的需要,于是,自我便产生了出来。

自我。儿童渐渐长大,在与社会现实打交道时,不能全靠冲动行事,必须考虑现实的后果,于是,自我就产生了。自我是从本我中发展出来的,但它属于意识结构部分,遵循的是“现实原则”。自我是本我和外部世界之间的中介,它努力寻求本我的冲动与社会现实的要求这两者之间的平衡。

超我。儿童在五六岁时,超我逐渐形成,超我包括良心和自我理想两个组成部分。良心是惩罚性的、消极性的和批判性的,如果违背了良心,就会有负疚感或犯罪感。自我理想是积极的,它鼓励个体为之奋斗。超我代表着道德标准,代表着生活的理想，它遵循的是“至善原则”。

按照弗洛伊德的思想，本我、自我和超我这三者的理想结构应该是：本我传布着本能的冲动和需要；自我控制着本我的冲动，同时又寻找现实的途径来满足这些需要；超我则决定自我的问题以及解决的策略是否符合道德标准。但现实之中，本我、自我和超我这三者之间的冲突却是不可避免的。

3. 心理性欲发展阶段

心理性欲的发展是弗洛伊德关于心理发展的主要理论，也可以被视为人格的发展阶段。“弗洛伊德似乎相信人类的成长终止于成年期的开始，因此，他的人格发展理论也许更适合于理解从儿童时期到青春期之间的变化。”①

弗洛伊德将发展的过程区分为五个阶段，每个阶段都区别于其他阶段，每个阶段都对应着一个主要的功能。这个功能建立于一个快感中心之上，每个阶段都有一个特殊的年龄，而且，弗洛伊德还将每个阶段都以特殊的性发生带来命名。这个性发生带是身体的某个部位，并且是快感的发生地。

(1) 口唇期。这个阶段从 0 岁开始，差不多到 1 岁为止。弗洛伊德注意到，在出生第一年中，婴儿大量的时间都在做着与嘴有关的事情。吸吮、打嗝、吐、咬东西等，婴儿常常用把东西放到嘴里的方式来探索物体。弗洛伊德得出的结论是：婴儿是通过嘴来获得性冲动的快感的。如果婴儿与口唇相关的要求得不到满足，长大之后就可能性情不稳、缺乏独立性。每个人都要经历口唇期，成人后出现的吸吮或咬东西的愉快，比如咬铅笔、吸烟等都是口唇期的发展和表现。

(2) 肛门期。这个阶段从 1 岁到 3 岁。这个时期的主要学习内容是便溺训练，性兴趣集中到肛门区域，大便刺激肛门区域黏膜，产生出一种快感。幼儿正是通过对自己身体器官功能的掌握

① Guy R. Leancois. The Life Span. Wadsworth Inc., 1987, p. 135.

而达到对周围环境的控制，同时，这也是幼儿人格独立性和自主性发展的一个重要时期。如果过早或过于严厉地进行便溺训练，成人之后可能会表现出沉默、内向的性格特征，像吝啬和被动等行为。

(3) 生殖器期。这个阶段从3岁开始到6岁。这也是弗洛伊德理论引起很大争议的一个阶段。在此时，儿童渐渐长大，生殖器成为身体中很敏感、很有趣的部分，儿童常常会玩弄自己的生殖器来寻求快感。孩子们感到了异性父母的吸引力，并产生了依恋之情，但为了避免因为对异性父母的爱而与同性父母产生冲突，孩子们便压抑了对异性父母的性欲，并力图求得同性父母的认同。不能完成这个转变的男孩，会产生恋母情结或俄狄浦斯情结，女孩则会产生恋父情结。

(4) 潜伏期。这个阶段从10岁开始到12岁，这个时期也被称为小学时期，此时，生殖器期的性的冲突已经被压抑，利比多引起的性冲动也被转化为社会可接受的行为。如学校里的学习和活动使自我和超我变得越来越强大，孩子们的注意力从性的满足转移到了智力和社会发展之上，成年人的人格特征已有很多方面开始形成。

(5) 生殖期。从青春期开始一直贯穿终生。这是最后一个发育阶段，此时，性开始成熟，性的冲动再次转移到生殖器部位。人们从异性身上获得性兴奋和性满足，这意味着成年人的性活动开始了。“在这个时候，成熟的性欲活动重演了性发泄的历史：嘴—吸吮，臀部—抚摸，生殖器—观看、抚摩直至性交发生。”①

除了上面这些理论贡献之外，弗洛伊德还提出另外一个很有实践意义的理论——自我防御机制，弗洛伊德将它视为神经官能症患者控制其焦虑的一种措施。自我的心理防御机制可以通过分离、压抑、隔离等过程使情感从特定的观念或人物方面分离或

① (美)詹姆斯·卢格：《人生发展心理学》，学林出版社，1996年版，第55页。

转移，也可以通过移置、投射、升华的过程使情感再附着于其他的观念或对象。防御机制的正确运用可以改变个体对内心与外在现实的认识，可以使人们对自己本能性欲望的觉察变得淡化，并使人们积极地附着于另外的欲望或对象上去。防御机制的思想影响非常深远，尤其有助于处理那些不合逻辑的异常的行为。

弗洛伊德的思想是深刻的、充满卓见的，尽管如此，他依然受到了广泛的批评。对弗洛伊德的批评主要强调的是，弗洛伊德的许多假设都没有明确的定义、没有充足的实验证据，因此，弗洛伊德的许多理论都很难或根本不能进行实证的科学检验，这大大削弱了精神分析学说的科学性和严谨性。当然，更普遍的批评还是集中于他的泛性论。人们把这归结于弗洛伊德生活在一个对性异常苛刻的年代，这种反动导致了弗洛伊德对性动机的过分迷恋和强调。尽管批评如此广泛、如此激烈，但却始终没有人能够彻底否定弗洛伊德，倒是有越来越多的人不断地回归弗洛伊德的经典著述，去寻求灵感和支援。

二、埃里克森的心理发展阶段理论

埃里克森(1902—1994)是美国的精神分析医生，他受弗洛伊德思想的影响很大。他同样认为，人生来就具有许多基本的本能，这些本能是很重要的，本能与文化和社会之间存在着激烈的冲突。埃里克森还认为，人格的结构是由本我、自我和超我这三部分组成的。人的心理社会发展或者说自我的发展同样也是被划分为几个阶段，人们必须在成功地解决了每个阶段中的危机或冲突之后才能顺利进入下一个阶段，迎接新的危机或冲突的挑战。

但是，埃里克森并不是完全机械地对弗洛伊德的思想重新解释一遍，他是一个地地道道的“修正主义者”。因为，他对弗洛伊德的许多思想进行了修正和补充,同时又取得了极大的发展,所以,人们又把埃里克森称为“新弗洛伊德主义者”。埃里克森和弗洛伊德之间的主要区别是:

弗洛伊德强调本我的生物性冲动,埃里克森更加注重的则是自我的合乎理性的世界,他认为自我比超我和本我更加重要,对人格的形成更具决定性意义。自我是个体和社会相互联结的桥梁,因此,埃里克森关于自我发展阶段的描述包括了人类在整个生命过程中对变化了的社会要求的反应方式,埃里克森因此也常被称为“自我心理学家”。

由于达尔文进化论的影响,弗洛伊德过分强调人的本质的动物性成分,而埃里克森则认为,先天的、无意识的欲望只在人类成长的早期很重要,人的行为更多的是受到理性的支配,他的思想、感觉和行动主要是被自我所控制的。

在个体的成长和发展上,弗洛伊德强调的是过去的、历史的经验的重要性,埃里克森则更加强调未来,他认为,一个人对未来事件的向往决定着这个人现在如何行动。

在人类的成长中,弗洛伊德强调性本能的驱动力,埃里克森则更强调文化和社会的重要意义。所以,弗洛伊德关于人类成长的阶段理论被称为“心理性欲发展理论”,而埃里克森的关于人的成长的理论则被称为“心理社会发展理论”。

在对人类成长过程的分析中,弗洛伊德的思想重点是儿童期,埃里克森则把关注的领域拓展到了整个生命过程。埃里克森将人的成长划分为八个阶段,每个阶段人都要经受特定的冲突和危机,这种冲突和危机产生于人类生理性的成熟和社会性的需求这两者间的对立作用。对于每一个阶段的危机,人可能会有积极的或消极的两种反应,但实际生活中人们的反应方式则很可能是将积极和消极两种反应方式结合起来。每一个阶段的危机的顺利解决,有助于形成一个稳定的、成熟的自我。因为,这些危机反映了现实社会中的许多基本的问题。

1. 信任与不信任

这个时期发生在 0 岁到 1 岁，属于婴儿期，相当于弗洛伊德的口唇期。埃里克森把这阶段称作为“感觉阶段”：如果婴儿得到母亲的充分照看，婴儿生理得到满足，心理上感到安全，那么，婴儿就会对周围的世界产生一种基本的信任感；反之，如果对婴儿照顾不周或者不当，甚至根本不予照看，那么，婴儿就会产生一种不信任感，即疑惑感，而这种不信任感将会延续到个人成长的后来的阶段中。不过，信任与不信任的问题不可能在婴儿期彻底解决，随着人的不断成长，信任可能会变成不信任，而不信任也可能会变成信任。

2. 自主与怀疑

这个阶段大约在 1 岁到 3 岁，相当于弗洛伊德的肛门期。埃里克森将它称为“肌肉发展阶段”。它是建立在孩子新的动力肌和脑力技能基础上的，在这个时期，孩子们渐渐认识到，他们是自己行为的主人，儿童学会了控制自己的肌肉，开始维护自己的独立性。儿童对自己本身的成功控制，使儿童产生自主，如果这种控制失败，则容易产生羞怯和疑虑。在这个阶段如果羞怯和怀疑多于自主，那么，这个孩子到了青年期和成年期后就很不容易建立起独立自主的个性。

3. 主动与内疚

这个阶段在 3 岁到 6 岁，相当于弗洛伊德的生殖器阶段，埃里克森将这个阶段称为“性器官阶段”。在这个阶段，孩子们开始成长起来，他们力图接受超越自己处理能力的事情。孩子们有时所追求的目标或采取的行动是与父母或其他家庭成员相冲突的。父母对孩子的自我创造活动所作出的反应会影响到儿童是建立起主动感或是建立起内疚感。

4. 勤劳与自主

这个阶段在 6 岁到 12 岁，相当于弗洛伊德的潜伏期。埃里克森同样也把这个阶段称作“潜伏期”。这个阶段正是学龄期，这时候儿童的活动中心渐渐地从家庭转移到了学校和其他社会机构,他的交往对象也由父母转变为同龄群体。儿童开始在同龄群体中作出比较,他们必须学会掌握重要的社会和学校生活的相关技能,他们必须勤奋地学习才能成功,才能感到自主;否则,他们就会感到失败、感到自卑。

5. 认同和角色混淆

这个阶段在 12 岁到 20 岁,这相当于弗洛伊德的生殖器期。这也是从儿童向成人的一个转折期,这个时期的青少年身体迅速成长、性发育开始成熟,同时也产生了观摩和认识世界的新方法。青少年关注的问题是对“我是谁”的追问,他们必须弄清楚的是:他们究竟应该扮演什么角色,或者说,他们必须取得社会和职业的自我认同。自我认同的难以达成和角色认知的混乱往往是青少年遇到的主要问题。

6. 亲密与孤独

这个阶段从 20 岁到 40 岁,这是成年早期的发展阶段。这个时期的主要任务是与人结成友谊和伙伴关系,追求爱的感觉。埃里克森在这里所说的亲密是指与另一个人共同生活、互相体恤,但又不至于沉溺其中,从而失去自我的一种能力。青年渴望爱,并且有能力进行工作调适、结婚育儿等活动,从而获得温暖的友情和美满的婚姻,最终获得亲密感。这种达到亲密的能力在很大程度上取决于一个人的自我认同能力,如果达不到亲密程度,一个人将不得不生活在孤独感之中。亲密感的发展对是否能满意地进入社会有着重要作用。

7. 创造与停滞

这个阶段从 40 岁到 60 岁,这时人已经到了中年,中年人在这个阶段应当在工作中更加努力创造,承担抚养家庭的责任,同时照顾好年轻人,也就是说中年人应当在工作中、在教育和指导后代的过程中承担自己的责任、明确自己的角色。缺乏这种能力或不愿承担这些责任的人则陷入自我关注的情形之中,从而产生停滞。

8. 自我整合与绝望

这个阶段主要在老年期，埃里克森把这个阶段称为“成熟阶段”。只有成功地解决了前面七个阶段的危机之后，人才真正成熟起来。到了这个阶段，人的主要生命活动正在接近完成，老人们将更多的时间用来思考和回顾过去的生活。如果他的一生是有意义的、创造性的，他就会产生一种完善感；如果他的一生是令人失望的、充满了未完成的假设和未实现的目标，回首过去，他将感到无限的绝望。人的生活经验尤其是社会经验将决定这个最后生活危机的结果。

有许多人认同埃里克森关于人类成长的阶段理论，当然，也有许多人对埃里克森的理论提出了尖锐批评：“埃里克森的发展模式被认为太偏向于中产阶级的经历。这个批评大致是对的，埃里克森的模式是建立在对中产阶级进行研究的基础上的。而且他（和其他理论家们一样）是在一个非常一般的水平上研究个人发展问题的，所以，没有考虑到社会阶级、种族集团以及不同机会的差别。”①还有人认为，埃里克森的理论尽管很有启发性，但这个理论本身却是含糊的，有很多重要的问题他并没有提供充分的解释。如导致人类成长的原因是什么？每一个阶段中危机的解决如何影响人格的成熟？埃里克森给我们描绘了一个人类社会和情绪发展的概况，但对于人类的这个成长过程是如何发生的以及为什么会发生等问题则没有给予足够的解释。

三、皮亚杰的认知发展理论

皮亚杰（1896—1980）是瑞士心理学家，毕生致力于对儿童认

① （美）戴维·波普诺：《社会学》（上），辽宁人民出版社，1987年版，第245页。

识周围环境并对之作出反应的方式和过程的研究。他的思想被认为是当代发展心理学中最具影响力的理论成果。

皮亚杰主要研究的是人类的认识,但他关心的不是认识的内容,而是认识如何形成、智力和思维如何发生和发展、它的内在结构是什么、它按照什么阶段或顺序不断发展出各种不同的认识水平和结构,也就是说,皮亚杰所关心的主要是获取信息、解决问题以及新的思想创立的过程。皮亚杰认为,人类的认识不管多么高级、多么复杂,其实都可以追溯到人的童年时期,甚至还可以上溯到胚胎时期。认识的不断发展是由一系列具有质的差异的阶段所组成,通过这些不同的阶段,并辅以促进生长发育的体验,新生儿的认识能力便会从以条件反射为主转变为成年人的复杂的逻辑思维。

1. 认知发展理论的基本概念

皮亚杰的认知理论中有五个很重要的词:图式、适应、同化、顺应和平衡,这五个词集中表达了皮亚杰认知发展理论的基本思想。

(1) 图式(schema)。对皮亚杰来说,图式是一个基本的、核心的概念。所谓图式,指的就是一个人用来对付环境中的情景时所应用的心理结构和思维模式。正是由于图式的不同,主体对环境的刺激所作出的反应才会有很大的差异。开始的时候,图式来自先天的遗传,后来随着人与环境适应过程的不断展开,图式将会得到相应的改变。

(2) 适应(adaptation)。皮亚杰深受生物学的影响,他认为生物学可以解释儿童智力的起源和发展,由此出发,皮亚杰将智力定义为帮助机体适应环境的生活过程。通过适应,机体能够解决和满足它的当下情形的要求,一个饥饿的婴儿抓起奶瓶并放入嘴里就是一种适应性的行为。通过适应,儿童可以学会调整他们的思想,吸收新的信息,从而推进他们理解能力的发展。

(3) 同化(assimilation)和顺应(accommodation)。适应主要

是通过两种形式来实现的，这两种形式就是同化和顺应。同化指的是面对环境的刺激，吸纳新的信息，并将它们纳入机体已有的图式和结构之中，以加强和丰富认识主体；顺应指的是当旧的图式不再起作用时，通过创造出新的图式从而作出调整并适应新的情况。同化和顺应对人类的心理发展同样起着很重要的作用，而且同化和顺应必须保持彼此平衡，如果顺应占优势，儿童只能顺应环境，并被动地进行模仿；如果同化占优势，儿童就会努力使认知顺应于自己的需要，而不是使认知顺应于现实，这样的话，儿童就会沉溺于幻想和游戏。

(4) 平衡(equilibrium)。平衡指的是图式和顺应之间的平衡。当儿童对现实的认识和现实本身有冲突时，平衡就被打破了，同化不再起作用，顺应在此时就变得很必要，儿童通过吸纳新的思想方式来确保他对现实的认识与现实本身协调、统一起来。由此，两者之间的冲突得以解决，平衡重新达成，对平衡的渴望成为推动孩子们认知发展的动力。

2. 认知发展的阶段

皮亚杰认为，认知的发展过程表现为一个内在结构连续的组织和再组织的过程，这个过程是连续的，这种连续性表现为阶段的连续性。皮亚杰将整个认知的发展过程区分为四个阶段：感觉运动阶段、前运算阶段、具体运算阶段和形式运算阶段。每个阶段都有独特的结构，每个阶段都标志着一定阶段的年龄特征。由于环境、文化或主体自身等原因，我们每个人都以稍微不同的年龄从一个阶段上升到另一个阶段，各个发展阶段并非截然区分开来，而是呈现一定的交叉；这四个阶段按着从低到高的顺序依次排列，前一阶段是形成下一阶段的必要条件，每一个人都要依次经过这四个阶段，这四个阶段构成了皮亚杰所谓的“不变的发展序列”。

(1) 感觉运动阶段。从出生到2岁，这个阶段的新生儿运用感觉和身体运动来探索和获取对环境的基本理解。刚出生时，新生儿只能凭借先天的反应来参与外在世界,在2岁时,新生儿已经能够掌握复杂的感觉运动的协调了。在这个阶段中,新生儿初步具有了自我和个人的感觉,能够认识到即使看不见的物体也依然存在,已经开始内化行为的图式,并以此产生想象或心理图式。

(2) 前运算阶段。从2岁到7岁,这个阶段的儿童更多地运用头脑而不是用手进行思考,他们可以运用想象和语言来表达和理解环境的各个方面,可以按照事物所表现的方式来对事物作出反应。但此时的儿童在同一时刻只能看到事物的一个方面,而且这时儿童的思想是以自我为中心的,他们按照自己的方式去观察和想象这个世界,并且认为这个世界也以相同的方式而存在。儿童在游戏中变得具有想象力,同时,他们也能认识到其他的人们可能与自己是不同的。

(3) 具体运算阶段。从7岁到11岁,这个阶段的儿童可以脱离物体而在头脑中进行运算,能保持数量和长度概念,数学方面超过了简单的机械的加减水平,行为控制能力逐步增强,孩子们已经开始区别开自我和外部世界,不再像原来那样将世界看做是自我或人格的扩展。

(4) 形式运算阶段。从11岁以后,这个阶段的青少年能够超越具体的、现实的经验,用更加抽象、更加逻辑的词语进行思维,他们更热衷于沉思假设性的事情。他们因此变得更理想化,有能力进行系统的、推理性的思考,这使他们能够考虑多种问题的解决方法,并从中选取正确的答案。

皮亚杰毫无疑问是伟大的,他对认知理论及其应用的研究是无人能比的,他将注意力集中于智力的发展过程以及智力在行为中所扮演的角色,这给发展心理学带来了革命性的影响。他对儿童的研究成果极富挑战性,他是第一个强调儿童是积极、顺应性的并且不同于成人,他的理论对心理学、社会学、教育学、哲学以及健康护理等多方面都产生了重大影响。

除了赞扬之外,对皮亚杰的批评同样也很多,其中,最主要的一个批评认为，皮亚杰所宣称的认知发展四个阶段并没有证据可以证明它们确实如皮亚杰所描绘的那样而存在。许多人可能从来就没有达到最高的阶段，一个木匠可能只需要具体运算的能力，而一个建筑师则需要形式运算能力。更进一步来讲，一个人可能在一个方面达到了认知发展的某一个阶段，而在其他方面则不必如此，也就是说，成长本身是不平衡的。“一个人可能在生物和数学上进行形式运算思维，但在历史和地理方面可能会达不到同样的水平。再则，皮亚杰和他的追随者对数学和科学等方面的逻辑推理进行了研究，但却忽略了对诸如舞蹈、体育运动等需要人体运动的人的才能，以及在艺术、音乐和绘画等更需要人的创造性直觉思维的才能的研究。”[①]还有另外一种批评认为，皮亚杰的生物学背景过于浓烈了，皮亚杰过于迷恋动物性的过程，并且过高地估计了它在人类成长中的地位，从而低估了家庭、学校等社会性因素对培养人的发展所起到的应有作用。

四、科尔伯格的道德发展阶段理论

劳伦斯·科尔伯格（Lawrence Kohlberg，1927—1987），美国心理学家，他关于道德发展的阶段理论主要受到了皮亚杰的启发。皮亚杰认为，儿童的道德发展要先后经过两个阶段，其中，第一个阶段是他律道德，这个阶段从 5 岁到 10 岁，这时儿童将道德戒律视为外部世界的永久性存在，道德是不能更改的，它们是由上帝、家长和老师等权威所传下来的，应当严格遵守；第二个阶段是自律道德，这个阶段大约从 10 岁开始，这时儿童们相信道德戒律是灵活的，道德是社会性的相互同意和协商的结果，必要时可以变更，人的动机和行动的目的并不总是一致的。科尔伯格继承

① （美）詹姆斯·卢格：《人生发展心理学》，学林出版社，1996 年版，第 61 页。

和发展了皮亚杰的相关思想，进而提出了在当代颇有影响的道德发展阶段论。

科尔伯格在不同国家、不同地区、不同社会阶级之间进行了广泛而深入的研究，他试图由此发现人类在道德发展上的普遍性和共同性。他对接受研究的 10 岁、13 岁和 16 岁的孩子们提出了一系列充满道德困境的问题，每个问题都包括了一组两难的选择：一种选择是遵守权威、戒律、法律等；另一种选择是采取某种行动，这种行动与权威、戒律、法律、道德等相冲突，但能够满足人的需要。其中一个广为人知的例子是“海因兹困境”：在欧洲，一个妇女得了一种特殊的癌症，快要死了，也许只有一种药可以救活她，这种药是一种镭，是同一个镇上的药商刚刚发现的。这种药造价很昂贵，但药商却索价 10 倍于原来的造价，2000 美元一小剂(也许这一小剂就可以活命)。海因兹——这个女病人的丈夫，借遍了他所有能够借的钱，才只有 1000 美元。他对药商说，他的妻子快要死了，他求药商便宜点把药卖给他，或要他缓期再把钱付齐。药商说：“不，我发现了这种药，我要靠它赚钱。”海因兹绝望了，他撬开了药铺，为他的妻子偷出了药。

问题是：海因兹应当这样做吗？

对这个道德困境每个人都要给出选择，并说明理由。科尔伯格对于是否应该偷药的想法不感兴趣，他想知道的是，他们这样做的理由是什么。通过研究，科尔伯格发现，道德行为的发展与自我的五种能力紧密相关，这五种能力是：智力能力、预测未来事件并且能够选择更有利的未来而不是选择更少报酬的当下的事情的能力、维持持久的集中注意的能力、控制非社会的幻想的能力、满足自我和他人的能力。

在此基础之上，科尔伯格进一步将道德的发展区分为三个层次，并将这三个层次细分为六个阶段：

1. 第一层次：前常规道德

在这个阶段，道德戒律还是外在于自我的，尚未内化于心。

儿童遵守权威的道德戒律主要是从他们的行为后果来进行判断的，受到惩罚的行为是坏的，得到赞许和奖励的行为则是好的。

这个层次又可分为两个阶段：

第一阶段，主要是自我中心阶段。道德的判断建立在对惩罚的畏惧和对权威毫不怀疑的拥护上，这种处罚越厉害，他们认为行为就错得越严重。

第二阶段，这个阶段是现实的利己主义或者说是天真的享乐主义时期。孩子们面对道德的判断是出自于具体的行为后果，而不去考虑事情本身的价值和意义；孩子们遵守道德是为了得到奖赏或满足个人目的，他们也会在某种程度上关心他人，但这种关心也是出于获得报偿的目的。

2. 第二层次：常规道德

大约从10岁开始，在这个时期，个体力图遵守戒律和规范以便获得他人的赞许或维持社会秩序，他们的行为动机不再是获得赞赏或避免惩罚，而是赢得社会的赞扬、避免社会的批评。他们此时也清楚地意识到了他人，并对其进行仔细的考虑。

这个层次又包括第三阶段和第四阶段：

第三阶段，这个阶段的主要特征是相互的期望。道德行为主要是通过他人的赞许、同意和帮助而达成，他们已经能够从行为的动机来评判行为本身的道德意义，他们判断道德的标准是他们所认为和自己亲近的人，如自己的朋友和家属的期待，他们希望成为一个好人——好的男孩或好的女孩。

第四阶段，这个阶段的特征是维护社会秩序。这时，个体开始关注社会的法律，他们将法律与道德等同起来，道德的选择不再依靠奖惩，也不再依靠与他人的亲密关系。相反，他们认为，法律和戒律维护着社会秩序，应该遵守。

3. 第三层次：后常规道德

这个阶段也被称为原则道德。在这个阶段，人们认识到还有许多比法律更重要的道德原则，这种更广义的道德原则有可能会与法律或权威发生冲突。

这个层次包括第五阶段和第六阶段：

第五阶段，这个阶段的主要特征是社会契约。人们认识到法律的必要性并遵守它，因为法律与个人的权利和大多数人的利益是一致的；但他们也认识到法律是可以变动的，法律是为了促进人类的进步，否则可以改变甚至废除它。

第六阶段，这是道德发展的最高阶段。道德的确立不是取决于法律或社会契约，而是取决于更加崇高、更加超验的良心原则。这些原则是抽象的、普遍适用于全人类的，当然也包含了个人的权利，反映了正义、平等，并且尊重全人类的尊严。

这就是科尔伯格的道德发展论。科尔伯格理论在吸引了许多人的注意之际，也招来了许多人的批评。有人认为科尔伯格的第六阶段并不是采用经验的方法，而是一种假设的和推理的结果。科尔伯格本人也认识到了这个问题，他发现，实际生活中很少有人达到这个理想的道德阶段，更少有人经常保持在这个阶段。对科尔伯格的批评还包括：他的道德阶段划分是否是普遍的，是否是不可更改的；也有人严厉地批评科尔伯格，因为他的道德理论反映的仅仅是西方的、自由的价值观，反映的是男人的道德观；甚至科尔伯格的方法的有效性也遭到了怀疑，因为有人宣称，他同样采用了科尔伯格的方法，但却得出了截然不同的结果。

五、学习理论

学习理论通常也被称为行为主义，它的理论奠基人是伊凡·巴甫洛夫和约翰·B·华生。行为主义的出现是对早期本能理论的批评。华生认为，如果心理学是一门真正的科学的话，心理学家应该研究的只能是能够看见并且能够度量的东西。我们所能够观察的、能够分析的就是行为，是机体所做和所说的，而“心”和

"本能"等词只是些抽象的、无法度量的、无法进行研究的概念。因此，真正科学的心理学应当去研究行为，这就是行为主义产生的原因。行为主要强调的是我们如何学习特殊的行为，所以，行为主义常常又被称为学习主义。

行为主义对行为的无意识的动机不感兴趣，他们的核心问题是人类行为的学习，而人类行为的习得中，环境的影响被强调得异常突出。因此，行为主义常常被贴上机械论和决定论的标签，行为主义关于人类行为学习的理论是贯穿终生的。

1. 华生的行为主义理论

约翰·华生(1878—1958)，美国心理学家，他被认为是行为主义理论的创造者。华生的行为主义理论主要有以下几点。

(1) 强调行为是研究的目标。华生的行为主义中的一个基本前提是，心理学应该建立在对公开的、外显的人类行为的观察和研究之上，而不应该立足于对无意识的动机和认知过程的抽象思维之上，因为这些都是不可观察、不可分析、无法研究的。

(2) 强调环境对行为塑造的影响。华生赞同英国哲学家约翰·洛克的观点，他同样认为，婴儿就如同一块白板，他期待着由人类的经验来书写，儿童没有什么天生的倾向，他们究竟能够长成一个什么样的人，完全取决于环境对他们的影响以及父母和其他具有重要意义的人如何对待他们。环境和教育是行为发展的唯一条件，所以，华生大胆地断言："请给我十几个强健而没有缺陷的婴儿，让我放在我自己的特殊的世界中教养，那么，我可以担保，在这十几个婴儿中，我随便拿来一个，都可以训练其成为任何专家——无论他的能力、嗜好、趋向、才能、职业及种族是怎样，我都能够任意训练他们成为一个医生、或一个律师、或一个艺术家、或一个商界首领、或可以训练他成为一个乞丐或窃贼。"

(3) 强调刺激——反应模式。华生否认本能的概念，否认遗传对人类行为的影响。他认为，行为的发展是受到外在环境刺激的结果，正是由于外在的刺激才导致了行为的反应，所以，行为发生的公式是刺激(S)——反应(R)。此外,我们可以从刺激中预测反应,同样,也可以从反应中推测刺激。

(4) 反对阶段论,主张连续论。华生反对弗洛伊德等人关于人类成长的观点,他认为,人类的成长并不是像弗洛伊德等人所认为的那样受生理的影响,是一个具有明显不同的阶段所组成的过程。华生认为,人的成长是一个连续的行为变化的过程,这个过程受到了人周围环境的影响,而且人与人之间的影响是具有很大不同的,人与人的成长当然有明显的差别。

2. 斯金纳的操作性条件反射理论

伯尔赫斯·F·斯金纳(1904—1990),美国当代著名的心理学家。斯金纳接受了华生的行为主义思想,同时,又把华生的行为主义思想继续向前推进了一大步。

操作性条件反射最早是由斯金纳提出的,他认为,我们的行为可以操作外在的环境,从而产生一定的结果,这个结果的本质将会决定我们的行为重复出现的可能性。如果最后的结果是奖赏或积极强化,我们的行为重复出现的可能性就会增加;如果最后的结果是惩罚,我们的行为重复出现的可能性将会减少。

斯金纳认为,操作性条件反射理论可以解释儿童以及成人的行为变化和发展。由于父母的赞扬,儿童能够学会许多行为反应,如洗脸、诚实、与同龄伙伴友好相处等,成年人同样也会因为声望的提高、财富的积累、事业的成功等的刺激而去不断地努力工作。

像华生一样,斯金纳同样认为,人的习惯是由于环境或者说是由于我们的学习经验而决定的,每个人的学习经验不同,决定了每个人行为习惯也必然不同。因此,斯金纳不相信在儿童的成长过程中有一个攻击性阶段,或者说,在人的本质中有一种攻击性本能,因为这种攻击性是由于周围环境的不同、行为结果的不同而导致的。一个男孩,如果他的游戏伙伴很软弱,那么,他的攻击性就会被加强;相反,如果他的游戏伙伴坚决予以反击,那么,他的攻击性就会被压抑或减弱。

斯金纳的操作性条件反射理论在家庭、学校和社会中的许多领域都得到了广泛的应用，其中，在行为矫治方面，斯金纳的影响越来越大。斯金纳倡导通过积极强化，而不是通过惩罚或威胁来达到行为的矫治，这对我们社会工作者尤其具有意义。越来越多的人承认，斯金纳的理论可以解释人类行为的许多方面，人的行为可以采用不同的形式，人的习惯既可以出现也可以消失，而这一切都取决于对行为结果消极或积极的强化，这就是斯金纳的伟大贡献。

当然，也有人批评斯金纳过多地强调了外在的刺激对人类行为的塑造作用，从而忽视了认知过程中注意、记忆、反思等对人类行为的影响。这项任务的完成就落到了班杜拉的身上。

3. 班杜拉的社会学习理论

阿尔伯特·班杜拉（Albert Bandura，1925— ），美国心理学家，他的贡献在于强调认知在人类学习中的高度地位。他的基本思想大致如下。

(1) 观察学习。观察学习是班杜拉社会学习理论中的一个基本概念。观察学习，顾名思义，就是指通过观察别人的行为及其结果而进行的学习。观察学习最显著的特征在于，学习者不是通过直接的刺激—反应模式来学习，学习者本身也不直接介入行动过程本身，不亲自接受强化，不直接作出反应，学习者只是通过观察他人的行为，从而模仿并塑造自己的行为。一个 3 岁的幼儿，当她观察她的母亲怀抱婴儿时，她也会学着去抱更小的婴儿或她的布娃娃。一个 12 岁的青少年，当他看到成年人因为吸烟得了癌症时，他也会因此而停止吸烟。

(2) 认知的重要作用。班杜拉对斯金纳理论的进一步发展，主要就表现在他对认知在人类学习过程中的突出强调。在班杜拉看来，在行为过程中人决不是像机器人一样被动、机械，学习的成功很大程度上在于人的认知能力的发挥。班杜拉将观察学习视为一个过程,这个过程又可分为注意过程、保持过程、运动过程、复现过程和动机过程五个部分。如果没有认知能力的支持,观察学习是不可能出现的,我们必须注意被观察者的行为,同时还要积极地整理、吸收,然后将这些信息储存到我们的记忆之中,以备我们将来的模仿。

(3) 替代强化。班杜拉认为,行为是通过赞赏和惩罚得到强化的。在观察学习中,人们同样可以通过观察其他人受到的赞赏或惩罚从而得到行为的强化,这种强化被称为替代强化。一个成年人因为盗窃而积聚了一些不义之财,而且没有被人发现,那么,他的孩子可能会认为这是一条便捷的致富之路,而且不会受到社会的惩罚,他的孩子就可能也去偷盗;如果这个成年人的盗窃被发现并受到了严厉的惩罚,那么,他的孩子可能再也不敢去偷盗。

(4) 交互决定论。在社会学习理论的发展中,华生是典型的环境决定论者,他认为人只能被动地接受环境的刺激。斯金纳的立场同样很难为人接受,他强调我们是我们的经验的产物,但与此同时,我们对于我们的经验却很少有发言权。班杜拉修正了这些偏颇的理论,他认为人本身是有认知能力的。人是积极的、能动的,人并不是外在影响的单纯的反应者,人们对收到的刺激进行选择、组织并进行转化。班杜拉创造了一个新的名词——交互决定论,他认为,人及其环境互相成为各自的决定因素,人的行为可以被解释为认知、行为和环境诸多决定因素之间连续的、互惠的相互作用。

社会学习理论对于理解人类行为和社会环境之间的关系,提供了一个非常好的理论构架。社会学习理论关于婴幼儿行为的学习,同样可以适用于成年人身上。除了对正常行为的解释之外,社会学习理论的另一个重要贡献就是行为矫治,社会学习理论已成为行为矫治中最成功的方法之一。此外,社会学习理论强调环境的强化作用以及替代强化的意义,这要求我们每一个人都应当从自身做起,切实地为儿童的成长创造出一个健康的环境。

除了众多的赞许之外，也有很多关于社会学习理论的批评。有人认为，社会学习理论忘记了无意识、心理动力等因素对行为的影响，同时也低估了感觉对行为的影响。另外，也有人批评社会学习理论注重的是行为表面，而不太注意去寻找行为的内在原因。最后，有人认为社会学习理论虽然关注的是人的行为学习，但很明显，他们忽视了生理因素的地位和影响，并且忽视了人的生理发育可能引发的相关变化。

六、人本主义心理学

人本主义心理学通常也被称为心理学中的第三思潮，这主要是相对于精神分析和行为主义（学习理论）这两种心理学派别而言的。人本主义心理学的产生和发展，可以说是对精神分析和行为主义两种思潮的反动的结果。精神分析学派的研究对象主要是有精神障碍的病人，从这种角度出发，他们强调人的发展受制于本能，是一种本能决定论；行为主义的研究对象是鸽子、老鼠和狗等动物，他们根据对动物的研究成果来判断人的行为理论，他们认为人的发展主要是受制于环境的，是一种环境决定论。人本主义心理学批判了这两种观点，他们采用了整体主义的观点，不拘泥于某一动机、某一本能或某一环境，力图揭示人类成长的各个侧面；同时，在研究对象的选取上，他们选取健康的人进行研究。这样，他们摒弃了行为主义的机械主义观点和弗洛伊德的悲观主义观点，对人类抱着积极、乐观的态度，人本主义因此呈现出一种截然不同的理论特色。人本主义心理学的理论特征，集中而明确地表现在人本主义心理学协会的章程里。

人本主义心理学主要是面对整个心理学的一种方向，它不是一个独立的领域和学派。它主张对人的价值的尊重，主张对不同的心理学学说的尊重，对可接受的方法持开放态度，对探讨人类行为的新的方面表示兴趣。作为当代心理学的第三种力量，它所关注的一些研究课题，在以往的心理学理论和体系中几乎不为人所重视，如情爱、情感、自然状态、热情、自我实现、高峰体验、勇气以及相关的概念等等。

人本主义心理学的主要代表有马斯洛和罗杰斯等人，我们在这里主要介绍马斯洛的基本理论。

亚伯拉罕·马斯洛(Abraham Maslow，1908—1970)，美国著名心理学家，他的人本主义心理学中最著名的概念是"自我实现"。马斯洛主要关注的是人的积极的、健康的侧面，其研究对象主要选取一些生活得最完满的人，林肯、爱因斯坦、贝多芬以及他个人的一些朋友。通过研究，他发现这些人表现出一些共同特征：他们是现实的、创造性的、自我接受的、独立的、充满目的性的，对精神性的事物感兴趣的，有自己的亲密伙伴；同时，他们都表现出对自己的人类同伴的深切关注，最主要的是，他们的生活中都有高峰体验。"高峰体验"是马斯洛的另一个著名的概念，它主要是指在某一个特殊时刻，人充满巨大的快乐和顿悟，由此超越日常经验，与生活和世界和谐、统一起来，并成为一个整体。这就是马斯洛所说的自我实现，也是人所能达到的最高层次。

在马斯洛看来，自我实现意味着运用我们的能力最大限度地实现我们的潜能，如果一个人确信他应该并且能够实现这个希望的话，这个人就已经走上了自我实现的道路。自我实现的达成是一个过程，它要求人们首先要满足两个系统的需要：第一个系统的需要是基本需要，这个需要也被称为匮乏需要，它主要包括生理的需要，如吃饭、喝水等，还包括心理的需要，如安全、爱和自尊等。没有这些基本需求的满足，人就无法生存；第二个系统被称为超越需要，这个需要也被称为发展需要。这是高层次的需要，主要包括对认识的渴望，对真与美的感知，对成长与圆满的渴望。只有在基本需要得到满足之后，我们才能去追求超越需要的满足，基本需要的满足要比超越需要的满足更加迫切，更加急需。

马斯洛进一步将基本需要和超越需要再细分为五个层次，每个层次都比它上面的那个层次更为基本，只有满足一个层次的基本需要之后，我们才能更进一步地去追求更高一级的需要的满足。这五个需要层次呈阶梯状分布，它们分别是：

第一级：生理需要。包括饥饿、睡眠、干渴等生理需求，这是人生存的基本保障。生理需要是人类动机的基础和重要组成，如果生理需要得不到满足，其他的需要都无从谈起。

第二级：安全需要。主要包括对安全、保护、稳定和自由的需要，对恐惧和焦虑的排除，这里所要满足的是人的现在和将来的安全感。

第三级：爱与归属感的需要。主要包括对家庭、团体和朋友的需要，力图克服的是孤独和孤单。

第四级：尊重需要。主要包括他人对我们的尊重以及我们对自身的尊重，个人被尊重的实现就是为社会所推崇的能力的实现，就是个人在社会上成功的象征。

第五级：自我实现的需要。主要是指我们能够将自己的潜能最大限度地发挥出来，包括高度的道德感、民主创造性、帮助人类的使命感以及最重要的代表——高峰体验。

在马斯洛的晚年，他又提出了比自我实现更高一级的需要，这就是自我超越的需要。

第六级：自我超越需要。在这里，人把自己与普遍的价值等同起来，将自己与整个人类联系起来，经常有高峰体验，尤其是关于存在或神圣的体验。

人本主义心理学对人类成长提供了一种崭新的解释，通过动机和需求的变化，我们可以理解同样一个人在他的一生中，他的奋斗目标和生活兴趣为什么会不断地发生变化。而且，人本主义心理学对人始终保持积极的乐观主义，这使我们重新看到了人的健康、光明的一面，鼓舞了我们的生活希望和信心。

对人本主义心理学的批评集中表现在：其一，认为马斯洛等人所描绘的人的动机和需要的层次太单纯、太理想化了，忽略了家庭和社会中许多复杂的因素；其二，人的需求层次并不一定是按照马斯洛所设定的由低到高的顺序依次发展，这一点在穷困潦倒但却矢志不渝的伟人身上尤其突出。

七、库利的镜中自我理论

查尔斯·霍顿·库利(1864—1929)，美国社会学家、社会心理学家。库利被认为是最早提出自我发展理论的社会学家之一，与自我发展理论相关的有三个主要观点：人与社会的关系、镜中自我、首属群体。

1. 人与社会的关系

在个人与社会的关系上，库利坚决反对将个人与社会完全对立或割裂开来，他反对个人主义，同样也反对集体主义，反对社会实在论。他认为，社会是一个有机体，是一个通过互动而存在和发展的各种过程的复合体；社会是一个统一体，在社会这个庞大的互动组织中，它的任何一个组成部分的变化都不可避免地会影响到所有其他的部分。在此基础之上，他认为，个人与社会本质上是不可分离的，个人与社会是同一事物的普遍性和个别性的两个方面。因此，库利的结论是：孤立的个人，是在经验中不存在的抽象概念，同样，当人们把具体的个人从社会中抽掉之后，社会也就变成了一个抽象概念。

2. 镜中自我

镜中自我是库利的一个核心概念，这个概念是在库利的代表作《人类本性与社会秩序》一书中提出的。镜中自我的主要观点是：在与他人的互动过程中，我们通过感知他人对我们的反映和评价，从而建立起我们的自我意识、自我形象和自我评价。他人犹如一面镜子，我们正是从他人这面镜子里发现了自我。在日常生活中，我们通过镜子看自己的脸、身材和衣服，根据这些形象是否符合自己的愿望而产生满意或不满意的心情。同样，通过他人这面镜子，也就是通过他人的反映和评论，我们看到了自己的外表、风度、行为、性格等是否合适、是否需要得到强化或修正。此外，库利还将这种自我认识区分为三个组成部分：对他人眼里的我们的形象的想象、对他人对这一形象的评价的想象、某种自我感觉。

值得注意的是，库利在表述镜中自我理论时，反复用到一个词——想象，他把社会互动首先视为人们彼此间的相互想象，社会事实同样被定义为人们彼此间相互的想象，因此，社会便成了人们观念中的一种关系。在这里，我们可以从另外一种角度，再一次感受到库利的一个重要观点——人与社会是互相联系、不可分割的有机整体。

3. 首属群体

库利首次正式提出了首属群体这个概念，首属群体的主要特征是亲密的以及面对面的交往、互动与合作。库利的首属群体主要指的是家庭、邻里以及儿童游戏伙伴，其中家庭是最重要的首属群体。通过首属群体，人的自我意识和社会意识得到了发展。

库利的思想受到了人们的批评，有人指责他过于强调个人与社会的不可分割，忽视了个人与社会之间的冲突；也有人批评库利过于强调首属群体的影响，忽视了社会力量这个更加巨大的影响因素。但尽管如此，人们依然无法承认库利对社会学发展所产生的影响，而米德正是其中一位。

八、米德的符号互动论

乔治·赫伯特·米德(1863—1931)，美国社会学家、社会心理学家和哲学家，符号互动论的主要创始人和代表者。米德继承和发扬了库利的思想，他认为，象征符号诸如动作、面部表情、语言等是社会生活的基础，我们正是通过这些象征符号而达到互动，社会其实也就是通过象征符号而进行社会交往过程；在这些象征符号中语言最为重要。

米德比较值得关注的理论是关于自我的学说，在自我的学说中，又包括两个重要组成部分：一是自我的两个组成部分——主体我和客体我，二是自我的三个发展阶段——模仿、游戏和比赛。

1. 自我的两个组成部分

米德认为自我有两个组成部分——主体我(I)和客体我(me)。主体我是主观的，它涉及我们如何看待我们自己，主体我同时也是自发的、创造性的和不可预测的，代表的是本能的、自然的、非社会化的自我；客体我则是客观的，它涉及他人如何看待我们，客体我代表的是自我的社会化的一面，也就是社会化的自我，反映了法律、习俗以及共同体的组织规范和期望。在自我的两个组成部分中，米德更多强调的是客体我。在自我发展过程中，客体我比主体我出现得更早。在米德看来，自我的发展本质上就是主体我和客体我这两者之间不断地互相作用的过程。

2. 自我的三个发展阶段

(1) 模仿阶段。这主要发生在 1 岁以内，主要任务是模仿。刚生下来的婴儿也会模仿他人，但这些模仿行为是毫无意义的。很快儿童开始了理解，通过对他人的角色模仿，儿童会渐渐地开始接受角色。这里有一个很重要的概念——重要他人，指的是在儿童生活的初期，对自我影响很大的人。儿童就是通过对重要他人的扮演和模仿，从而发展自我的。

(2) 游戏阶段。这主要发生在 2 岁到 4 岁之间。在这里，儿童能够从他人的观点来看待自己，能够实践他们所扮演过的角色，但孩子们并没有将游戏中的角色看做是真的，这时客体我也已经形成。

(3) 比赛阶段。这主要发生在4岁之后，在这个阶段，自我发展的主要表现是能力的提高，儿童可以参加同时有很多参加者并且有组织秩序的游戏活动。这个游戏可以帮助儿童学会与其他参加者相处，此时，儿童已经开始与家庭以外的许多人和团体发生了联系，孩子们开始关心自己在比家庭更大的群体中，当然也包括社会中应该扮演的角色，社会要求和期待的概念在孩子们心目中已经渐渐形成。这里同样有一个很重要的词——概念化他人，这是米德的一个概念，他认为，给予个人以自我的统一性的有组织的社区或社会群体，可以称之为概念化他人。概念化他人的态度就是整个社区的态度，比如，在像球队这样的社会群体中，作为社会活动的有组织过程，就它受到所有成员经验约束这一点而言，这个球队就是一个概念化他人。能够扮演概念化他人的角色时，就有了内在化的社会，也就是说，客体我已经完全形成。

米德的思想所产生的影响是积极的、巨大的，它直接导致了符号互动理论派别的产生，美国哲学家杜威认为米德在社会心理学领域引起了一场革命。尽管如此，米德的思想并非是无懈可击的，比如，关于概念化他人这个主要概念，有人批评说，这里没有主体自我而只有社会的期待；也有人批评说，米德只看见了概念化他人，而没有考虑到次属群体。除此之外，米德还面临着一个更为致命的攻击，那就是符号互动论的中心假设本身不适于实证检验。因此，米德的理论实际上是一个无法接受实证检验的理论。

以上我们简要介绍了与人类成长和社会环境相关的几种理论，他们从不同的方面对自我成长的阶段、成长的内容、成长的方式以及与社会的相互关系都作出了不同的回答。除此之外，还有一些同样值得我们关注的理论，比如社会生物学对遗传因素的重新强调，比如环境辩证法对不断变动之中的人与环境之间的关系的强调，比如结构功能主义对社会系统的分析、对失范的探讨，以及当代理论学说中关于异化理论的深入讨论，如此等等。应该说每一门理论都提出了独到的、创造性的理论，但是也应该承认，没有一种理论实际上能够真正完满地解决人类成长与社会环境中的所有问题。也可以说，每一种理论都提供了一个独特的理论视角，因此，在接下来的深入分析和探讨中，我们力争兼顾多种理论，从多个角度出发，对人类成长和社会环境的内容关系进行全面的、深刻的研究。

☞ **延伸阅读：**

[1]（美）扎斯特罗等. 人类行为与社会环境. 师海玲等，译. 北京：中国人民大学出版社，2006.

[2]（美）阿什福德等. 人类行为与社会环境. 王宏亮等，译. 北京：中国人民大学出版社，2005.

[3] 冯友兰. 中国哲学史. 北京：中华书局，1984.

[4]（英）罗素. 西方哲学史. 李约瑟等，译. 北京：商务印书馆，1998.

[5]（英）吉登斯. 社会学. 赵旭东等，译. 北京：北京大学出版社，2003.

[6]（英）特纳. 社会理论指南. 李康，译. 上海：上海人民出版社，2003.

[7]（美）费尔德曼. 发展心理学：一生的发展. 陈萍等，译. 北京：北京大学出版社，2006.

[8]（美）简卢文格. 自我的发展. 韦子木，译. 杭州：浙江教育出版社，1998.

第二章 社会环境分析：性别

与其他动物一样,人类行为的影响因素同样也包含生理上的发育和成熟,这是一种必不可少的基础。但是,与动物不同的是,人的行为与发展更多地受到了社会环境的影响,尽管这种社会环境同时也受到了人的作用。在社会环境对人的行为的影响因素中,一个重要方面就是社会意识形态,意识形态对人的影响是无形的但又是巨大的,马克思早已对此作出了深入而透辟的分析。从人的行为发展来看,具有重要影响意义的意识形态因素主要包括阶级、人种、种族、性别、年龄歧视等因素,这些因素贯穿于几乎所有的社会,同时渗透于每个人的生活之中。正是由于这些因素,同样的人才具有了明显的差异性。更为严重的是,在差异性的名义之下,不平等性也粉墨登场,由此而产生的社会问题进一步影响到了每个人的成长与生存。在我们国家,从目前的发展情形来看,更值得关注的是性别问题。

第一节 性别差异

就人类这个存在事实而言,为了便于分类、识别、组织和管理,人类发明了许多种区分的标准和方法,如种族、人种、单位、国家、阶级、语言、性别、年龄等等。这些标准和方法都有它们各自独特的适用范围和重要意义,但是,其中只有两项标准或方法对于全人类来说都具有普适性,它们是性别和年龄。从我们所关心的主题——人类行为与社会环境——这个角度出发,年龄的意义主要表现在,随着年龄的增长,生理的变化相应地会导致人的心理和社会构成的变化以及社会对不同年龄的人们的看法。这里涉及一个重要问题——年龄歧视,主要是指社会对某个特定的年龄段的人尤其是老年人的偏见、拒绝和剥夺,这个问题我们将在老年期详细探讨。至于性别,相比之下,它对人的行为的影响就显得更加重要、更加持久，也更加普遍。这种影响是从出生到死亡贯穿终生的。性别的影响如同空气一样存在于我们生命中的每时每处，从怀孕时期未来父母对胎儿性别的殷殷厚望和提前鉴别，到出生后父母对婴儿根据性别不同而采取不同的抚养方式；从儿童和青少年在家庭和学校中接受暗含性别歧视的社会化过程，到成年人进入社会后在求职、升职等发展过程中所遭遇的性别歧视等等，性别的问题已经深深地融入我们的生活之中，而且深刻地塑造着我们的人格，影响着我们的生活。马克思曾经将阶级社会中的人区分为无产阶级和资产阶级两大对立的阵营。女权主义者更是宣称，人类社会中普遍存在着另外两大阶级：男人和女人，这两大阶级之间同样充满了压迫和反抗。这样的结论也许有些夸张，但它从一个侧面提醒我们，性别问题决不可轻视。

人类两大性别的存在是一个不争的事实，也是一个历史悠久的存在，但是，人类却有意无意地忽视了这种有差别的存在特征，有意无意地因循着问题多多的性别刻板模式。真正对性别问题开始觉醒并且进入一个富有成果的研究时期，则还只是晚近之事。西方对性别问题的研究主要从社会学和女权主义等方面入手，并且已经获得了相当的成果。我们国家理论界对于性别问题的关注才刚刚开始，真正的理论研究也才刚刚起步。但这种理论上的消极滞后绝不意味着我们在性别问题上并不存在问题，恰恰相反，在我国的传统文化中，充满了许多轻视、漠视、歧视、蔑视女性的思想，比如女子出嫁之后随夫姓，夫死之后寡妇为其守节、殉烈，夫死之后家中之事从长子而不从母亲，又如皇帝的三宫六院七十二嫔妃，有钱人的招妻纳妾，中国古代房中术中讲求的是御女而不是做爱以及道家养生之道中对女性的工具性利用等等。我国古代对女性的歧视之深重，即使圣人如孔夫子也未能免俗，他曾断言："唯女子与小人为难养也。"新中国成立之后，妇女翻身做了主人，但遗憾的是，目前又有一些对女性的歧视现象死灰复燃，如包二奶、女强人的困惑、女大学生分配难等等。这些都是传统性别观的负面影响，所有这些都要求我们更积极地进行性别的研究，更积极地宣传科学的性别理论，从而使我们每一个男人、每一个女人都能够生活在一个自由的、科学的世界之中。

我们在将要进行的性别问题研究中，主要讨论三个问题，即性别差异、性别社会化、性别歧视及其社会影响，这三个问题之间存在着一种内在的关联性。性别之间存在着一种很明显的差异，比如平均身高、体重、行为中的攻击性、社会的要求等等；性别的差异经过社会化，最终内化于个体之中，同时，作为一种意识形态而合法化的存在并发生作用；由此导致性别歧视的产生，性别歧视以各种形式表现于社会之中，作用于个体之上；最终性别歧视再次导致新的性别差异，这就形成了一个不断深化的循环过程。

性别差异也就是男人与女人之间的差异，这是日常生活中经常被人发问的一个问题。在性别问题研究中，性别差异是一个首要的问题，两性之间的差异究竟表现在什么地方？这种差异到底发展到什么程度？这种差异是如何产生的？这种差异是否可以改变？应当如何改变？只有这些问题认识清楚了，我们才有可能展开性别的社会化过程研究，才有可能批评、矫正各种各样的性别歧视。

需要注意的是，当我们谈到性别时，我们所指的并不仅仅是自然和生理意义的性别，比如男女生殖器的差异等。性别的含义常常还包括了非生理的因素，主要是社会属性意义上的性别，也就是社会环境作用结果下的性别，比如男儿有泪不轻弹、女子无才便是德等。以自然和生理为基础的性别被称为生理性别，英文中用 sex 表示；由于社会因素影响而造成的性别被称为社会性别，英文中用 gender 表示。目前，理论界的探讨主要集中在 gender，也就是社会性别，我们在本章中所探讨的性别同样也是指社会性别。

在具体探讨男女两性之间的差别时，人们常常从三个方面展开，这三个方面分别是：生理差别、心理差别和社会差别。需要说明的是，当我们具体谈到男性与女性的某一方面的差别时，我们是从整体上来说，是在平均的程度上而言，由此得出的结论普遍适用于男人与女人，但并不是必然的、绝对地适用于每一个具体的男人或女人。比如，一般而言，女性的平均身高要低于男性，但可能会有某个女人身高要远远高于许多男人，如此等等。

一、男性与女性的生理差别

生理的差别似乎最简单明了不过了，因为生理上所表现出来的差别常常是显而易见的，比如身高、体重。但实际上，生理上的性别差异往往很难区分清楚，而且，这种差异对人类行为的影响究竟达到何种程度也很难确定。一般而言，女性的身材容易发胖，因为女性脂肪含量高；女性的声音较之男性更尖细；男性的身体则比较结实强壮，因为男性的肌肉含量比较多；男性的声音显得低沉。但在中国古代有一个特殊的男性群体——宦官，他们却呈现出了明显的女性特征：身体发胖、声音尖细，但这并不是生理的结果，而是人为的或者说是社会作用的结果。生理的差别很难辨别和确认，但它的意义却非同寻常，男性与女性之间的差别是否属于生理性差别，或究竟在多大程度上属于生理性差别，对这个问题的不同回答决定了相关理论的具体性质。如果承认男性与女性之间的差别主要是生理性差别，那么，也就等于承认了遗传的决定作用，社会环境则基本上是无意义的。在这种情况下，唯一的答案就是接受男女之间的差别，进而接受建立在这种差别之上的诸多偏见和不平等。相反，如果承认男性与女性之间的区别中生理差别只是次要因素，社会环境的影响是主要的，也就是承认男性与女性之间的差别主要是后天的社会差别，在这种情况下，答案就积极主动了，处于不平等地位的女性完全可以从改变社会环境入手彻底改变自己的命运。如此一来，性别歧视将被证明完全是一种人为的错误和骗局。

尽管性别的生理差别很难确定，但相对来说，人们基本上同意，基因、内分泌和身体这三种因素反映了两性之间生理上的差别。

1. 基因差异

男性和女性基因上的差别表现为他们各自在染色体结构上的不同，两个X染色体结合形成的是女性，一个X染色体与一个Y染色体相结合形成的则是男性。是否因为染色体结构的不同而导致了男性与女性这两者的根本差别，目前科学家还没有找到非常有力的证据，但可以肯定的是，染色体的差异肯定对男性与女性的差异产生了重要影响，因为染色体携带有产生所有遗传特征的具体指令。很明显，缺了一个X染色体的男性受到了许多不利的影响，男子的抗病能力要弱于女子，男子的死亡率要高于女子，甚至还有30多种遗传性疾病，偏偏只发生在男人之中，这些大概也只有基因差异才能真正解释得清楚了。

2. 荷尔蒙差异

荷尔蒙是人体内分泌出的化学物质，性荷尔蒙由人类的性器官产生。性荷尔蒙主要包括：男性荷尔蒙即雄性激素，女性荷尔蒙即雌性激素以及孕期荷尔蒙。男性和女性的生殖器都可以分泌以上三种荷尔蒙，但是，男人之中的雄性激素要多于女人所产生出的雄性激素，女人之中的雌性激素则远远多于男人所产生出的雌性激素。荷尔蒙可以影响到身体的发育，也可以影响到人类的某些行为方式，男人明显地表现出在行为的攻击性上要大大强于女人。动物的实验已证明，人为地增加雄性激素便能导致动物攻击性行为的增加。青春时期，雄性激素和雌性激素的大量产生，使青年男女第二性征的变化异常明显；中年时期雌性激素和孕激素的下降，使中年妇女往往容易染上一个很有特色的病症——更年期综合征。

3. 身体差异

男性与女性身体上的差异大致有内在和外在之分。从外在来说，男人和女人在身体的外形上差异是很明显的，最显著的一个区别就是男人和女人生殖器官的不同，生殖器官的差异影响到了男人和女人性心理和性行为的不同。此外，女性乳房丰满，男性的乳房则退化为一个微不足道的小斑点，这使得女性能够承担得起抚育婴儿的伟大责任。但可悲的是，抚育婴儿的任务由此便被全部强加给了女人。从内在来讲，女人有月经、子宫，能够妊娠，这使女人又承担起了繁衍后代的光荣使命，生育婴儿、抚育婴儿这些漫长的、艰苦的工作完全落到了女人身上，这使女人极大地被束缚于家庭事务之中，进而造成了女人与男人在经济、社会等方面越来越大的差距。

曾经有人试图将女人从家庭之中解放出来。值得关注的是，现代科技的发展已经能够使男人怀孕，而且，现代舆论的引导，也使越来越多的男人加入到了对婴儿的照料之中。也许，这些举措能够在一定程度上使男性与女性的生理性差别渐渐弥合起来。男性与女性的生理差别中还有一个因素值得关注：男人比女人更强壮、更有力气，从原始社会的狩猎到农业社会中的耕作，再到现代工业社会的大生产，乃至今日的信息社会，强壮有力使男人一次又一次赢得了对女人的支配地位，或者说确立了男人对女人的统治地位。

二、男性与女性的心理差别

男性与女性在心理上的差别主要表现在个性、行为和脑力上。心理差别可以通过外在的行为表现出来，从而被人们观察和研究。在男女两性的差别上，单纯从生理角度出发，或单纯从社会角度出发，都很容易遭到对方的批评，而且在某些结论上很难解释清楚，也很难实现突破。心理上的差异成为男女两性差别新的研究热点，也就毫不奇怪了。

通过观察，我们能够发现男女两性心理上的差别，但是，我们的观察并不是在真空状态之下进行的，这样，生理因素尤其是社会因素的影响就很难被区分开来。在一次调查中，我们通过观察发现某市某地的女性普遍表现出很强的竞争意识和进取心，为什么会如此呢？经过深入调查，我们发现，原来有关组织正刻意向这些女性宣传和强化女性的自强、自立、自爱精神，在这种背景之下，我们再把这种结论视为男女两性的心理差别就显得很不妥当了。

为了克服这种干扰而更客观地进行研究，研究者们特意将婴儿作为研究的重点，因为婴儿刚降生到这个世界，而且婴儿的学习能力还很弱，社会环境对婴儿的影响还很小。如果两性之间表现出心理上的差别的话，那么，基本上可以被认为是生理因素影响的结果。

通过对婴儿的观察研究，人们发现，男婴与女婴之间存在有许多相似和共同之处。对于婴儿来说，除了生殖器的明显差异之外，人们很难将男婴与女婴区分开来，而且无论是在性格上还是在行为上，男婴和女婴都表现出了很强的可塑性。如果说男婴与女婴的心理差别是先天的，那么，肯定会有人反对，因为即使婴儿再小、学习能力再弱，但他毕竟是有外界接受和反应能力的；对于婴儿的父母来说，他们根据性别的不同而对婴儿作出的有意无意的区别对待，肯定会使婴儿本身在心理上产生微妙的变化。反过来，如果说男婴与女婴的心理差别完全是后天的社会环境所造成的，同样也会遭到激烈的批评，因为很显然，男婴与女婴无论多么相似，还是表现出了一些无法否认的差别的，比如，男婴一般来说比女婴更好动，女婴则对温度更敏感等等，这些则是社会环境所解释不了的。

在婴孩研究中，社会学家们经常提及一个典型案例：一对双胞胎男孩，在做包皮切割手术时，一个男孩的生殖器受到了致命的创伤，无奈之余，医生只能为这个男孩重新做了一个女性生殖器，并且希望男孩的父母像对待一个真正的女婴一样抚养这个手术后的男婴。6 岁的时候，这对双胞胎就表现出了很明显的性格差异，做过手术的这个男婴喜欢帮助父母做家务，喜欢与其他的女孩一起玩耍，并且希望长大以后出嫁做一个新娘；而另一个男婴此时则表现得更喜欢与男孩在一起玩耍，更喜欢玩汽车、拖拉机、枪等玩具，他则希望长大之后当一名消防队员或是警察。通过这个案例，研究者们希望说明，男性与女性之间的差别更主要的是一种社会标签的产物，也就是社会强加影响的结果。

男性和女性在心理上存在着普遍的差别，这是一个很明显的事实，但是，这种差别究竟是由生理因素决定的，还是由社会因素塑造的，又抑或是生理因素和社会因素共同作用的结果？在这个问题上争论很多，很难得出一个确切的答案。越来越多的人倾向于接受这样一个观点：在男性和女性的心理方面的确存在着普遍的差异，在这种差异的形成过程中，生理因素的作用很难被彻底否定，社会的因素则受到了更多的重视。

三、男性与女性的社会差别

在男性和女性的社会差别方面，我们主要借助于人类学的成果，也就是交叉文化的比较研究。在这里有一个基本的假设：如果所有文化背景下的男人和女人都表现出各自的同一性，我们就可以认为，两性的差别主要是由生理因素决定的；反之，如果不同文化背景下的男人和女人并没有表现各自的同一性，而是具有强烈的差异性，我们则可以推断社会因素对男性和女性的差别起到了重要的塑造作用。

在交叉文化研究中，最为引人瞩目的成果是玛格丽特·米德所取得的，这个经典性的研究反复被人们征引。玛格丽特·米德主要在新几内亚的三个部落，即阿拉皮夫、蒙图加莫、查姆布利中展开调查和研究。在男女两性的特征上，这三个部落表现出颇具典型性的差别，在阿拉皮夫部落，不论男人和女人都表现得很"女人气"，他们都显得温顺、被动、富有同情心，并且都有抚育小孩的责任；在蒙图加莫部落，所有的男人和女人都表现得很"男人气"，他们都显得阳刚、凶猛、暴烈、好战，甚至连女人也不喜欢生育和抚养小孩；在查姆布利部落，用我们现在的眼光来看，那里的男人和女人仿佛互相改换了性别一样，男人像女人，女人像男人，男人心灵手巧，待在家中抚育小孩，而且爱唠叨；女人则负责养家，不爱修饰，并且统治一切。通过对这三个部落的深入比较和分析，米德得出的结论是：男性与女性所表现出的性别差异主要受到社会环境的影响，与生理因素没有必然的联系。

交叉文化的研究给我们留下了许多值得深思的成果，尽管大多数国家和地区在政治上都是男性处于统治地位，但在另外一些国家依然出现了颇有成就的女总统、女首相、女部长、女议员等；尽管在大多数科学研究领域中男性遥遥领先，但在举世瞩目的科学家中依然有像居里夫人那样的杰出女性。虽然，单单从数量上来看，优秀的男性和女性还不成比例，但这种不平衡又是如何造成的呢？

在交叉文化研究中还有一个很值得注意的现象，在大多数的国家和地区，基本上都是男性在外工作，女性在家中做家务，但在前苏联和中国，女性则和男性一样走向社会，进入政治、法律、军队、医学和科研等高级领域。即使对于全职家庭妇女而言，其中也有一个变化的过程，在没有结婚前，很多女性都是参加工作的。结婚之后，由于生育和抚养小孩，妇女退职在家。但同样也有很多女性，在小孩渐渐长大之后，又重新走出家庭，走向社会。生理性因素不可避免地限制了女性的发展空间，这也是很明显的事实，所以，我们国家在大城市也有一些青年女性尤其是白领阶层，为了保住饭碗或谋求更大的发展，自愿不育或晚婚晚育。与此相关的另一个问题是，科技的进步和经济的繁荣、家用电器日益普及，使女性渐渐得以从繁重的家务劳动之中解放了出来；同时，社会分工的深入发展，进一步使家务劳动社会化，从而使女性在很大程度上摆脱了传统时代所无法克服的困难和难以承受的负担，这种情况在发达国家以及我们国家的发达城市中已经越来越显著。摆脱了家务和抚养小孩的负担之后，女性便同男性一样自由地投身于社会之中。被解放出来的女性才是自由的女性，自由的女性才是真正的女性。如果一定要评判男女两性之间差别的话，也许，只有这些真正被解放的自由女性才有可能和男性相比较。

交叉文化的研究成果主要在于破除了各种各样唯我独尊式的中心论，向我们展示了人类生活的多种可能性。交叉文化的研究结果表明，男性和女性之间是存在着一定差别的，但这种差别更多的是社会环境作用的结果。

第二节　性别社会化

生理、心理和社会等方面的差别最终凝固化为性别角色。“角色”这个词原来是戏剧舞台中的一个用语，它意指演员们在舞台演出中所扮演的某一个人物形象，如皇帝和武士。社会学中有一个名词“社会角色”，它指的是人们在社会这个大舞台中所担当的一种或几种角色，如父亲、教师等。通过社会角色，不同的人们对自己的身份进行确认，并与他人进行社会交往，社会角色因此成为分析社会结构和社会活动的一个有力的工具。与此相应，在男性与女性的交往过程之中，同样有一个自我的确认和自我行动的指导和期待的问题，这集中表现在“性别角色”这个概念之中。性别角色(Gender Role)不同于性角色(Sex Role)，性角色更多指的是与生理相关的性别或是与性欲和性行为相关的人的角色;“性别角色”则包含了更多的社会文化因素,指的是与作为男人或作为女人相关联的行为、动机和态度等因素,即与作为一个男人或作为一个女人相关联的社会角色。性别角色表明了对男性或女性的一种社会期望,对于一个女性来说,我们希望她温柔、体贴、洗衣、煮饭;对于一个男人来说,我们希望他坚强、勇敢、大气、成功。通过这种社会期望,男性和女性调整自己的行为,适应性别角色的统一要求。这可以帮助我们解释为什么男人和女人在各自不同的领域中,分别会表现出某些不约而同的共同性。通常男人以事业为重,女人以家庭为本,这是因为,性别角色告诉我们,这样的男人才是好男人,这样的女人才是好女人。当我们不愿意遵循传统的性别角色,或者我们所从事的工作超出了传统性别角色的界定时,常常会导致剧烈的性别角色冲突,甚至会危及我们对自我的性别认同。一度在我国媒体上曝光率很高的女强人,她们可能在事业上表现得很强硬、很泼辣、很成功,但私下里,她们可能要遭受同性或者异性的诋毁,许多人会对她们敬而远之,或者会嘲讽她们太不像个女人,一点都没有女人味。这是因为,女强人偏离了传统性别角色的既定范围。事实上,女强人本人也处处感受到了这种无形的压力,几乎所有的女强人在事业成功之际,除了欣慰之外,更多流露出来的是歉疚和痛悔,她们觉得欠丈夫、欠孩子太多,对家庭而言,她们是严重失职;作为一个女人而言,她们自认为是太不负责任,是彻底失败了。反过来,如果一个男人整天待在家中洗衣服、买菜做饭、抚养孩子,依靠妻子挣钱养家,这个男人可能会感觉自己是在“吃软饭”,他会感到羞愧不堪,他会认为自己不像个真正的男人,这里表现出的是性别角色的错位和冲突。

性别角色代表了社会对男性或女性的综合看法和期待,性别社会化可以向我们揭示出男人和女人如何形成对自己性别的想象,以及这种关于性别的想象又如何作为一个固定的模式深深地内化于每个人的头脑之中，进而影响到男女两性的生活方式和行为标准。同时，性别的社会化也可以向我们表明社会环境诸如学校、家庭、大众传媒等是如何塑造出“完美”的性别角色的。

性别社会化是在社会环境中发生和进行的，影响性别社会化的重要因素有家庭、学校、大众传媒等。

一、家庭

家庭是性别角色社会化的首要动因。性别社会化的主要时期基本上都是在家庭中进行，婴儿降生之后主要就生活在家庭之中，接触的都是家庭中的成员，家庭成员尤其是父母双亲都是“重要他人”，他们有意无意地影响着婴儿对性别的区分和认识，婴儿就在潜移默化中逐步开始了性别的社会化进程。父母被认为是婴儿一生中的第一任老师，也可以说是最重要的老师。婴儿一降生，他的性别社会化进程就开始了。一般来说，由于性别的不同，父母对待婴儿的方式也是有区别的。当婴儿哭闹时，如果是男婴，父母倾向于认为他是饿了，如果是女婴，父母常常认为她是害怕和恐惧；穿衣服的时候，父母对男孩选择的是蓝色、灰色等暗色调，对女孩则总是要选择红色、黄色等很亮、很暖的色调；如果是女孩不小心摔倒了，父母会赶紧跑上前，扶起来并关切地问是否摔痛了，如果是男孩，父母常会鼓励他独自站起来，并会大声地赞扬他勇敢；购买玩具时，小男孩买的常常是手枪、火车、摩托车等，女孩子的则常常是布娃娃等。而且父母常常反对女孩玩手枪等玩具，同时也反对男孩玩布娃娃等玩具。因为这样男孩会不像个男孩，或者女孩不像个女孩。此外，父母在赞扬小孩时，对于女孩常用的词汇是“乖”、“漂亮”等，对于男孩常用的词汇是“勇敢”、“聪明”等。父母不同的对待方式导致婴儿产生出不同的反应，最终的结果就是不同的性别角色的逐步形成和确定。

在性别社会化的过程中,父母是家庭中最重要、最具有影响力的他人。婴儿性别的社会化首先就是从对父母尤其是同性父母的模仿开始的,在许多家庭,由于生理和社会的原因,主要是由母亲育养小孩。婴儿大量的时间都是与母亲待在一起,与父亲接触的时间相对较少。由此造成的弊端显而易见:婴儿对性别的认识更多地局限于母亲、局限于女性,从而妨碍了婴儿对另外的性别即父亲所代表的男性的认识。所以,正常的情况下,应该是父母双方同时养育婴儿。对于父母双方而言,他们是婴儿性别认知的第一任老师,父亲和母亲分别代表着婴儿所将要学习和模仿的两种性别——男性和女性。在我们国家,常常把父母所代表的两种性别形象归结为“父严母慈”,这是婴儿对男性和女性最直观的一种认识,也是社会所赋予的男性与女性的两大主要特征。但在有些家庭之中,可能母亲比较强悍,处于强势地位,而做父亲的则比较退缩和软弱,处于弱势地位。这种家庭被认为是性别角色错位了,这时候最感困惑的就是家庭中的儿童。因为他们会发现,自己的父母所代表的男性和女性角色与社会上所普遍认可的性别角色发生了矛盾和冲突。此时此刻,这个小孩处境就十分痛苦。他只有两条出路,要么怀疑父亲和母亲的“不正常”,要么彻底陷入性别角色的困惑之中。此外,父母自身的特殊变故,比如说离异或第三者插足,除了对婴儿心灵的极大伤害之外,还会直接影响婴儿对性别角色的认知。在这种情况下,儿童通常会对父母中过错的一方或第三者产生愤怒、仇恨、蔑视,这种消极的、否定性情绪会直接转移到过错方所代表的性别整体上,从而产生性别偏见和性别歧视。

二、学校

学校也是推进和强化男女性别社会化的一个重要因素。人的一生中大约有一二十年时间是在学校里度过的，而且这段时间正是一个人学习和塑造自我的重要过程和时期。学校所施予人们的影响是全面的、系统的和深入的，性别角色的社会化在学校里通过多种方式得到强化和推进。其中，最主要的途径是通过课堂传授的教学内容来影响学生的性别角色意识。在幼儿园就已经有意识地开始这种区别和训练，女生通常被分到舞蹈班，男生通常被分到武术班。老师对幼儿园的学生要求也不一样，女生被要求要听话，调皮是绝对不能容忍的；而对于男生来说，尽管老师口口声声禁止男生调皮，但暗地里还是纵容这种行为，因为他们觉得男生将来要独当一面，要创家立业，太听话了反倒会吃亏。在教学内容上的男女有别，从幼儿园到小学，从中学到大学，再到研究生阶段都有不同程度的存在。在中学阶段的体育课上，男女学生常常被分别施教，男生去踢足球，女生则去练习体操；在专业课上，男生多选择理科，女生多选择文科；在大学里，我们更发现男女性别比例的严重失调，理工科院校绝大部分是男生，师范院校和外语大学中则大半是女生；另外，在幼儿园老师讲给儿童听的故事中，在大中小学的教材中，包含了大量的有关性别角色的暗示性内容，伴随教学计划的展开，这些内容会逐渐灌输进学生的内心之中。

在学校里，老师对待男生和女生的态度和期望被称为一门隐性课程。因为这是一种无形的教育，但它对男女生性别角色的发展产生的影响却是十分明显的。许多老师潜意识中认为，男生比女生要更聪明、更重要，所以在学业上，老师往往对男生要求比较严格，期望值也很高，男生常被鼓励要读书、要上进，而女生则被认为将来只要有一个好职业、捧一个好饭碗就可以了。在中小学里，男生和女生的比例差不多，但女生的成绩要比男生好得多，而到了大学尤其到了研究生阶段，女生的比例就少得惊人。这里面当然并不完全是智力的因素，更多的还是性别的社会期待问题。有很多女生对高学历抱有一种恐惧感，她们害怕高学历会对男人产生无形的压力,甚至有很多女人担心有了高学历之后反倒找不着对象、成不了家。在一般人眼里,丈夫是个博士,妻子可以是个初中生,但如果反过来,丈夫是个初中生,妻子是个博士,这样的家庭可能就有点儿不小的问题了。

在学校里,还有一种情况常常被人忽视,但它对男生和女生的性别角色的形成却有着不小的影响,这就是教师中男性和女性之间的比例。在幼儿园里,几乎清一色全是女老师,这直接妨碍了幼儿社会性别的健全发展,因为男性的角色很少出现,孩子们接触的几乎全是女性角色;在小学里也是女老师居多,而在大学和高等研究所,男教师的比例则远远超过了女教师的比例;同时,几乎所有的大学校长和著名教授全部都是男性,这造成了一种很危险的看法:女性在智力上不如男性,小学和幼儿园教育是不重要的,是属于女性的天地。

三、大众传媒

大众传媒主要包括电视、报纸、广播、杂志、流行歌曲以及最新出现的所谓第四媒体——电脑或互联网。通过这些媒体,我们可以获得大量的信息和娱乐,同时,我们也应该承认,这些大众传播媒体对我们的生活内容、生活方式和生活态度都产生了很大的影响,大众传媒也不可避免地要影响到我们性别社会化的进程及具体内容。

电视被认为是目前我们生活中最具影响力的传播媒介。很显然,现代生活节奏的加快、生存空间的日益窘迫,导致了人们心理压力的增加和心绪的焦躁,人们已经不大可能去认真思索和细心体味生活中的哲理与诗意了。于是,人们更多地诉诸于直观、生动、形象、快捷的电视工具。每天傍晚,数不胜数的人们围坐在这个不起眼的魔盒面前,不假思索地接受着各种各样“电视专家”

的忠告，漫不经心地咀嚼着冗长而乏味的肥皂剧。电视的魔力由此进入我们生活的各个角落。大众传媒归根结底是流俗的产物，电视伙同广播、报纸等媒体共同为我们策划和描绘出了男性和女性的模范榜样。新好女人应该是丰乳肥臀、瘦身细心、相夫教子、以家庭为事业，新好男人则以"酷"为纲、牺牲家庭、献身事业。在媒体铺天盖地的宣传攻势下，很少有人能够抗拒得住这种性别角色的标准。所以，我们会看到，一下子会有那么多的男人像高仓健那样扮酷，一下子又会有那么多的女人忽然像小燕子那样装天真、扮无邪、装疯卖傻。

在大众传媒中，最遭人非议的则是广告中的女性形象。在广告中，洗衣机、洗衣粉、电冰箱、洗碗机、吸尘器等日常家用器具的主角都是兴高采烈的家庭妇女；衣服、首饰、化妆品等消费品的主角都是年轻貌美的女性；奶粉、奶瓶、尿布等婴儿用品的主角都是心满意足或忧心忡忡的母亲。在这些情景中，即使有男性作为主角出现，也多是打着爱妻的旗号，为女性购买这些用品。很明显，女性的世界被定格在家庭之中，女性的角色也被界定为母亲、妻子和准母亲、准妻子。在传统上认为属于男人专用的物品的广告中，也出现了女性的形象，令人无法忍受的是，这时的女性往往是作为一种特殊形象而出现的。在摩托车和汽车的广告中，常常会有一个年轻貌美的女性跨骑在摩托车上或斜倚在汽车旁，脸上闪现着充满诱惑力的微笑，这被称为"香车美女"。另外，为了扩大销量、吸引观众、提高商业利益，报纸、杂志的封面上常常刊登出性感女性尤其是女明星的大幅艳照。在这里，女性很不幸成了被利用的工具，成了欲望的对象。

之所以会出现这种情况，原因很简单，用女权主义者的语言来表述，这是男性霸权社会的必然产物，这是男性世界中男性视角的不可避免的结果。

电视的出现已深深地改变了我们的生活，从目前的形势和趋势来看，电脑和互联网的出现对我们生活的改变程度肯定又要远远大于电视的影响。我们很欣喜地看到,目前我国互联网上的女性网民已经大幅上升。互联网这个虚拟世界究竟会对男女性别的社会化产生什么样的影响,现在下结论还为时尚早,但毫无疑问,这是一个值得我们密切关注并深入研究的极有价值的课题。一般认为,互联网最大的特征就在于它的虚拟性,但是,这个虚拟性并不等同于虚无性,互联网的虚拟性是有意义的虚拟性,或者说是一个有现实意义的虚拟性。我们从网上购物、网上交友、网上求职、网上自我宣传等这些具有实际意义的内容上就可以得到印证。此外,互联网虽然是虚拟的,但互联网上的人并不是虚拟的,也许可以说,互联网是一个与现实生活世界有联系,但又有着巨大差别的另一个世界。互联网上所表现出来的是人在这个虚拟世界中特有的另一种生活形态,在互联网上流行着一句众所周知的名言:“在互联网上没有人知道你是一条狗。”互联网的虚拟性是一个屏障、是一个保护伞,在这里人人都隐去真身,国家、种族、年龄、身份还有性别都被完完全全遮蔽了,只有独立的个体在交往;互联网的虚拟性又是一座桥梁,它使不同地域的人突破了空间和时间的局限,不是面对面,而胜似面对面地进行交往。正是因为互联网的这些独特之处,所以,在互联网上,等级森严的壁垒被打破了,论资排辈的现象被破除了,信息垄断的屏障被撤除了,性别歧视的偏见被摒除了,这是一个便捷、自由、公平的世界,这里靠的是个人的品格和才情。这样,我们才会看到,有许许多多的人,不论男人还是女人,通过互联网,迅速走向了成功之路。正因为互联网撤除了现实世界中许多人为的壁垒,所以,才有可能使男人真正回归男人,使女人真正回归女人,并且使男人和女人有可能在同一条起跑线上进行竞争,有可能使男人和女人在同一个公平的、自由的世界里交往和生存,这也许是互联网对性别社会化所能作出的最大贡献。

除了家庭、学校和大众传媒之外,还有其他一些因素也对性别的社会化产生着不可忽视的影响,如同龄群体、单位和职业等。

在人的成长过程中，同龄群体始终对人的行为发展产生着重要影响，尤其是在青春期，这是一个很特殊的时期，在这个阶段，人的生理发育速度超过心理的成熟速度，由此产生了许多困惑和冲突，但他们同时又强烈地反传统、反社会、反权威，对于他们来说，只有同龄群体才真正具有影响力。这当然也表现在性别的社会化的影响上，比如心理上的求新猎奇、行为上的故作姿态、语言上的夸张矫饰等等，这些特征在青春期男女性别角色的社会化中都表现得淋漓尽致。即使对于心理、生理都已经成熟的中老年人而言，他们也很难摆脱同龄群体的影响，红色是女性比较喜欢的颜色，可对于中老年妇女而言，她首先考虑的可能是“这种红颜色太鲜艳，是小姑娘或青年女性的衣服，中老年妇女不应该穿这种衣服，而应该穿上深颜色的如蓝色或灰色的衣服”。又如，我们一般倾向于认为撒娇是女性特有的专利，青年女性常常通过撒娇来展现自己独特的魅力。可是，如果一个七八十岁的老太太也时不时撒娇的话，我们可能会感觉有些不伦不类，甚至会感到有些哭笑不得。对于大多数的中老年妇女这个群体而言，她们更多表现出来的共同特征是成熟、含蓄、内敛，而不是千娇百媚、风情万种。同龄群体的共同的性格特征对男性同样也是非常重要的，一个二三十岁的青年男子可能会表现得血气方刚、坚毅果敢，而一个七八十岁的老年男子则可能会表现得沉着、自然、豁达。在这里并没有简单的对与错的问题，只不过比较而言，同龄群体表现出了某些更普遍的特征，从而使某些因为种种原因出现得不是很普遍的现象渐渐地被忽视，并最终被视为不合时宜的或索性就是错误的特征。同龄群体的心理或行为特征最终作为一种模式被固定下来，性别的社会化很显然也只能在这种同龄群体既定的框架之下进行了。

在性别角色社会化进程中，还有一个值得一提的影响因素——职业，职业对人的重要性是显而易见的。从广义来说，正是由于职业的多样性的存在，才导致了人们日常生活的丰富多彩,才导致了社会物质的充裕,才导致了社会的结构性和有序性,才导致了人类社会有秩序的发展;从狭义来说,正是由于职业的存在,才导致了个人自我和身份的确认,才导致了个人对社会的有效参与,才导致了个人社会关系的维持和拓展,才导致了个人成就感的实现。这些影响同样也发生在人类性别的社会化上,在人类发展的早期,职业或社会的分工主要是建立在性别的划分之上的。在原始社会,男子负责狩猎,女子负责采集。当然,在有的社会中,因为性别的原因,完全将女性排除在各种职业的范畴之外,这是按照性别划分职业的一种极端情况。在现代社会中也不同程度地存在着按性别划分职业的情形,人们曾经在长时间里理所当然地认为护士、幼儿园教师、服务员、秘书诸如此类的技术含量低的服务性职业都是属于女性,而科学家、律师、工程师、经理、部长等技术含量高的职业则是专属于男性的。在这种职业区分里,暗含着这样一种假设:男性与女性之间存在着质的差别,男人是强壮的、有力量的、智慧的、勇敢的,女人则是柔弱的、富有情感的、细心的、忍耐的,这种差别后来又被演化成男女两性间的不平等,即男人优越于女人,这为性别歧视铺平了道路。在这种男女有别的假设基础上,在这种男女有别的职业之中,男性和女性分别朝着两个不同的方向在进行着性别的社会化,这造成了男性与女性之间人为的而不是自然的不同。

在现代社会,关于男女差别的理论重新受到了检讨和批评,人们更倾向于认为男性与女性是被造就的,也就说是男性和女性并非天生如此,而是社会环境的影响和改造的结果。在这种理论指导下,男性与女性之间的差别被缩小到人本身所能够克服的程度之内。这样,职业的性别区分便失去了理论基础,大量的女性进入了传统上属于男性的工作领地,涌现出了许许多多的女律师、女工程师、女科学家、女经理、女部长,乃至女总统;与此同时,男性也开始进入传统上属于女性的工作领域,出现了许多男秘书、男服务员、男幼儿教师等。职业划分标准上出现的性别模糊化现象，对男女两性性别的社会化有着深远的影响，这使人们不再以机械刻板的模式来区分男性和女性，不再戴着有色的性别眼镜去歧视女性；男人和女人不再作为对立的、斗争的两大阶级而存在，而是作为一个紧密相连、不可分割的统一体而存在。这样，当我们遇到某一个人之际，我们的眼中出现的既不是大男子、小女人，也不是大女子、小男人，我们所看到的首先是一个具体的、大写的人。以人而不是以男人或女人作为评判人的首要标准，这可以说是男女性别社会化中最具有影响意义的一个进步。

第三节　性 别 歧 视

人类社会由男性和女性两种性别构成，男性与女性两者之间的关系可以说是人类最持久、最普遍的一种关系。但很多时候，人们却在有意无意之中维持或创造着关于两种性别的错误的看法，性别歧视（sexism）就是其中争议很大、影响很深的一个观点。

如同种族歧视和年龄歧视一样，性别歧视也被认为是一种意识形态，是一种维护男性和女性之间的不平等的意识形态。性别歧视主要通过对男女两性之间自然的、生理的差别的强调和夸大，来宣扬男性优越于女性的合理性。性别歧视虽然宣扬男性优越于女性，主张人类的一半对另一半的偏见和压迫，但令人奇怪的是，性别歧视的主张却得到了大部分男性甚至还有许多女性的赞同，由此可见性别歧视影响之深、伪装之精。

一、性别歧视的理论误区

其实，性别歧视的理论基础和内在逻辑非常简单，它们首先肯定男性与女性之间的生理差别,再由这种生理差别推导出男女两性之间的性别偏见,在性别偏见的基础之上,进一步得出性别不平等的结论。性别不平等由此作为一种貌似合理的理论而存在,所有这些最终导致了性别歧视这种错误的观念摇身一变,转化为冠冕堂皇的意识形态。借助于这种意识形态,性别歧视理所当然地被确立起来,并进一步渗透于社会制度和现实生活之中,性别偏见、性别歧视和性别不平等也因此而被合理化,披上了合法性外衣。

性别歧视的理论误区是显而易见的,它的致命错误主要表现在两个方面。第一是性别歧视的理论出发点,即性别差异。性别歧视者往往过分夸大性别间的差别,尤其是生理上的差别,而且他们常常混淆性别的阶段性差别和终生性差别、局部性差别和整体性差别、生理性差别和社会性差别,这导致性别歧视者不可避免地犯下了以偏概全的错误。其中,尤其值得注意的是,性别歧视者常常有意无意地混淆男女两性之间的生理性差别和社会性差别,并且过分强调生理性差别。现有的科学研究已经表明,男女两性之间的差别在很大程度上不是生理的、先天的差别,更主要的是社会的、后天的差别。这意味着男女两性之间的差别不是天生的、不可改变的,而主要是社会环境影响的结果,是可以改变的。性别歧视的人为性和非科学性在此暴露无遗。性别歧视的第二个错误在于逻辑上的偷换概念,很显然,性别差异并不等同于性别不平等,而性别歧视者则是直接从性别差异推导出了性别的不平等,这当然是不正确的。这也是为什么"差异"和"不平等"成为女权主义的两大核心话语的根本原因。

性别歧视者为自己辩护的得力工具主要有两个。第一个是两性之间的差异,这也是性别歧视者最重要的一个工具,但恰恰是这一点遭到了猛烈的攻击和批评。因为到目前为止,生物学上的研究成果并不足以支持性别歧视的成立。即使已经得到承认的某些生理性差别,比如,男性的逻辑和空间思维能力更强一些,女性的语言和情感能力更强一些等等，也并不足以确保性别歧视理论的成立。性别歧视的第二个武器是社会分工的不同，在性别歧视者看来，社会分工的不同是以人的能力差异为基础的，目前，在大多数国家和地区，大多数男性操纵着高级的、创造性的、领导性的职业和职位，而大部分女性则从事着低级的、服务性的、辅助性的职业，由此可以证明男性优越于女性。但是，在这看似合理的论证中，性别歧视者有两个问题很难回答。

其一，在人类社会演进的过程中，虽然男性曾经长期占据统治地位，比如，原始社会中以男性狩猎为主，以女性采集为辅，男性成为生活的主要支柱。但是，性别歧视者不知为何忽略了一个同样重要的事实，即在人类发展史中曾经存在过一个持续很长时期而且影响非常深远的社会——母系社会。在母系社会中，毫无疑问，女性是处于社会的统治地位的，母系社会存在的事实足以驳倒性别歧视者的所有理论观点，这也是性别歧视者不愿面对母系社会的最根本的原因。此外，比较而言，在人类社会的早期发展中，科学技术的地位并不是很重要，人们更多依靠的是身体条件比如体力而生活。但如今的社会则是一个高科技、高信息的社会，不论男人还是女人，都是依靠脑力而不是体力获得生存和发展的，男性单单凭借体力上的强壮已经不能或很难取得对女性的优势地位了。事实已经证明，科技的发展为女性的解放作出了巨大的贡献。

其二，性别歧视者常常从既成事实出发，也就是从目前男主外、女主内这个家庭男女分工的不同出发，力图证明性别歧视的合理性。许多女性结婚后待在家中，做家庭主妇，做全职太太。即使外出工作的妇女，下了班也急匆匆地往家里赶，双职工家庭中一般以女性料理家务为主，这使得大多数人将女性与家庭更多地联系了起来，家务劳动常常被视为女性的专职工作。同时，家务劳动又被视为单调的、机械的、重复性的、非创造性的。而且，家务劳动在大多数情况下并没有被正式纳入社会分工之中，家务劳动不能以经济效益和社会效益来衡量，也就是说，家务劳动并不能创造财富，相应地，女性因此常常被否认其社会价值以及自身的存在价值，被认为是依靠男人而生存的，由此，女性被视为低于男性的第二等的性也就毫不奇怪了。但是，对于性别歧视的这个偏见的批评和反击同样也是强有力的。批评者认为，女性之所以长时间待在家中，这主要是社会分工的结果。现在的科学研究已经表明，男人其实与女人一样细腻、敏感、多情，男人同样可以抚养小孩，可以料理家务，只不过由于生理上的特殊原因，从孕育到生育再到哺育这段时间中，小孩更多地需要与母亲待在一起，这使母婴之间产生了亲密的母子之情，从而在此后的时间中，母亲更愿意花时间来抚养小孩，而小孩也更愿意与母亲和谐、温暖地共处。由于照看小孩，母亲只能减少或辞去社会上的工作，将更多的时间投入到家庭之中。很显然，这并不是女性不能胜任社会性工作，更不是女性能力低于男性的证明。另一方面，尤其值得注意的是，到目前为止，随着社会分工的进一步科学化和精细化，家务劳动也在社会化，家务劳动也逐渐成为社会分工的一个组成部分。在新的社会情景中，家务劳动不仅表现出极其高超的艺术性和科学性，而且成为新的社会经济增长点，钟点工、家政公司、托儿所、养老院、净菜服务社等等都衍生成为新的工作种类，不仅是女性，并且越来越多的男性也积极投身到这些职业当中，这使得越来越多的人意识到了家务劳动的重要性，女性的地位也由此被越来越多的人所认识到，理所当然地，性别歧视的第二块理论基石也就不攻自破了。

二、男性性别歧视

性别歧视的中心是主张男性优越于女性，性别歧视的危害主要表现在以牺牲人类的一半即女性的利益去维护人类的另一半即男性的利益。在女权主义及其他相关社会力量大张旗鼓的声讨之下，性别歧视对女性所造成的偏见、不平等和歧视已经引起了广泛的社会关注，并且引发了许多积极的社会改革行动。但是，令人深思的是，性别歧视并不是一件很简单的事情，对女性的偏见与歧视的批判和清除并不意味着性别歧视的彻底灭绝。人们已经开始注意到，性别歧视是发生在男性和女性之间的一种现象，性别歧视不可能不对男性发生影响。许多人不假思索地相信，性别歧视贬抑女性，尊崇男性，当然是对男性有百利而无一害了。但事实上，性别歧视对男性所产生的影响并非都是正面的、积极的，越来越多的负面影响和消极作用正在逐步被揭示出来，男性同样也作为性别歧视的受害者被推到了社会的前台。相对于女性所受到的歧视而言，男性所受到的歧视可以说是一种"积极的"歧视，这种"积极的"歧视主要表现为：社会在为男性提供了更高的地位的同时，也将更多的责任和期望强加给了男性。在日常生活中，我们更多看到的是男人成功时的骄傲与自豪，但却很少关注男人所背负的沉重的责任和义务。对性别歧视的深入批判和反省，使男性所遭受的"积极的"歧视呈现在了每个人的面前，男性歧视的主要表现有如下三个方面。

1. 成功的压力

几乎在每个男人的心中，都深深地埋藏着一种复杂的成功情结，可以毫不夸张地说，在男人的心中，除了性的冲动之外，最持久、最强烈的冲动就是对于成功的渴望了。成功是每个正常人的正常要求，可是，像男人这样对成功近乎病态的渴望则值得深入分析了。也许可以说，男人对成功的渴望和焦虑是男人、女人和社会共同谋划的一个结果。从男人的角度来说，性别歧视把男人供奉上了一个高高的祭坛，这使男人首先将自己视为一个必须成功的人；从社会的角度来讲，大多数优越的地位都被男人所占据，这无形中将成功与男人等同了起来，这样，要想成为一个真正的男人，就必须追求成功，并且获得成功；从女人的角度来讲，这里有一些很有意味的现象,女人可以坦然面对失败,甚至可以心安理得地无所事事,因为男人和女人都相信,“女子无才便是德”;另一方面,所谓才女、所谓聪明女人则常常引起男人甚至包括女人的敌意和拒斥。但是,对于男人来讲,情况就完全不同了,调查表明,女性对男性最富攻击性、最具杀伤力的一句话就是:“你太没用,是个窝囊废!”没有任何一个男人可以面不改色心不跳地接受这句评语,因为,这句话完全否认了一个男人,它对一个男人的打击是彻底的、根本性的、毁灭性的。

女人牺牲了自己,将自己应得的权利让渡给了男人,同时,将自己的希望也转嫁给男人,所以,女人不能容忍男人的不成功;社会将男人视为成功的化身,所以,社会也不允许男人失败;男人自认为自己是优越于女人的,自己是家庭、社会和世界的主人,所以,男人也同样不能容忍自己的失败。女人、男人和社会共同为男人穿上了一只成功的红舞鞋,男人注定只能在成功的道路上不停地舞下去,在成功这条不归路上,男人付出的实在太多太多。

2. 责任的重负

对于男人来说,责任和成功是密切相关的,男人因为被塑造为成功的代表,所以,必然要承担更多的责任。与此相应,男人因为要承担许多责任,所以,男人注定只有成功一条宿命。在对女性尤其是已婚女性的调查中,大多数女性最不能容忍的男性的缺点就是不负责任。责任在很多时候成了男人的代名词,一个“负责任的”男人既要承担起家庭养护的责任,同时又要承担起事业成功的责任。这些责任像绳索一样束缚着男人,这些责任像山一样压在男人心头。很少有男人能够在任何时候都轻松潇洒地担当起所有的责任,更多的时候男人是在疲于应付各种各样的责任,顾此失彼的狼狈、一事无成的焦虑深深地困扰着许多“有责任的”男人。终日拚命于事业的男人回到家里面对的是妻子被冷落后的怨忧,而整天厮守于家中的男人则更要忍受妻子“无能、没用”的指责。疲于奔命的男人大部分时间都不得不陷于家庭、事业的两难境地，所以很多男人苦笑着说："男人就是难人，男人生来就是要作难的。"在责任的压力之下，男人更多的时候是在超负荷运转。40岁左右的男人常常是愁眉紧锁，因为他上有老、下有小，中间还有妻子，时时处处都需要他挺身而出。我国有些男性在40岁左右便英年早逝，他们都是在超常的压力下猝然崩溃的。30岁左右的男人同样有无穷无尽的责任，单单是家庭的责任就已经让这个而立之年的男人穷于应对了，所以，30岁左右的男人常常萌生出"逃家"的感觉。很多人希望从家庭中逃离出来暂时摆脱所有的责任和压力，轻轻松松、无牵无挂地放松一下自己，也难怪，男人将大部分生命投进了责任之中，为了家庭、为了事业忘我地拼搏，可是，他们却独独无暇顾及他们自己！

3. 情感的压抑

按照常情常理，男人因为承担了更多的责任，因为要努力追求成功，所以，男人必定要遭受更多的烦闷、忧虑、恐惧和绝望等情感。可是，在日常生活中，我们更多看到的则是女人丰富多样的情感表现，而男人则像石佛一样，很少有生动的情感表露。许多人认为男人粗心、无情，其实大谬不然，男人同样是多情的，因为"无情未必真豪杰"。可是，为什么男人都要将自己的感情深深埋藏到内心深处去呢？这同样也是性别歧视的一个不幸产物。因为女性是第二等的存在，女性被塑造成一个情感的动物。所以，作为优越于女性的男性，自然不能像女性一样轻易流露感情，否则就会被蔑视为"像女人一样"。男人因此被塑造成铁骨铮铮的硬汉，男人需要的是像山一样的坚强和沉默。当一个小男孩摔倒在地，并痛苦得放声大哭时，父母一般会鼓励他独自站起来，并且认真地劝慰他："你是个小男子汉，男子汉不哭。"眼泪被视为女人的专利武器，而男人则有泪也不能轻弹。如果一个女人遇到了困难和挫折，感受到了孤独和寂寞，她可以尽情地放声大哭一场，也可以无所顾忌地倾诉出来，而真正的男人则只能将痛苦、孤独、绝望等极端情感深深地压抑到内心深处，实在忍无可忍之际，他也只能找一个无人的角落偷偷流泪，然后重新以坚强乐观的面貌站到众人面前，这就是传统的男人和女人的标准角色和行为方式。心理学研究表明，如果一个人过分压抑自己的话，有可能会导致心理的病态结果。这可以解释为什么现实生活中男人比女人更容易疯狂，更容易自杀！公平地说，男人所受到的压力要比女人大得多，只不过传统的性别角色成见使男人不愿或不敢表露这些压力罢了。现在，对男女性别角色的研究更加趋于科学和公正，男性和女性一样获得了更加宽松和自由的生存空间。因此，我们听到了男人发自内心的沉重慨叹："男人活得也挺累。"同时，我们也听到了更加振聋发聩的呐喊："解放男人！"

三、女性性别歧视

与男性性别歧视比较起来，女性性别歧视显得更加直接、更加全面、更加深刻，女性歧视的危害显得更加深重、更具破坏性。女性性别歧视几乎渗透进了我们生活的方方面面，从语言到传媒、从工作到家庭、从日常生活到意识形态，全都深深地打上了女性歧视的烙印。

1. 语言中的女性歧视

语言既是文化的组成部分，又是人们日常交往的重要手段，语言生动、直观、形象地反映出了女性所受到的歧视。在使用国家最多的语言——英语中，he 表示男性第三人称，she 表示女性第三人称，在不分男女的情况下，指称任何一个人时，用的是 he 而不是 she；man 表示的是男人、丈夫，同时，又被用来表示所有的人、表示全人类。即使在《圣经》这本最具影响力的书中，上帝也是一个 he 而不是 she 。用男人来代表男人和女人，用男人来代表全人类，这给人的暗示很明显：只有男人才是人类真正的代表，而女人则是附属的、次要的。所以，女权主义力图要做的一件事就是：清除语言中的性别歧视，例如，女权主义重新创造了一个新词 chairperson 来代替 chairman。在使用人口最多的语言——汉语中，同样也存在着大量的女性歧视现象，“妇”字古体为“婦”，而“帚”字则被解释为笤帚、扫帚，如此一来，妇女的形象和意义就是拿扫帚的人，妇女的任务自然就是扫地等家务劳动了。很多表示贬义的汉字也大多是以“女”字作为偏旁而构成的，比如，奴、妄、奸、嫉、妒、妖、婪、嫖等等。以“女”字作偏旁不外乎是想表示这些不雅的事情大多是与女性有关的，或主要是女性所为。汉语中还有一些常用的词组，比如，美女蛇、狐狸精等，可以看出，这些词要么对女性大加贬抑，要么将女性彻底妖魔化，这使女人的形象遭到了极大的扭曲。当我们说一个男人“像个女人一样”时，一定会极大地激怒他，他会感觉受到了莫大的侮辱，因为这等于彻底否定了他作为一个男人的存在。汉语中还有一些使用频率很高的语句：“红颜薄命”、“女人是祸水”、“唯女子与小人难为养也”、“最毒莫过妇人心”、“女人就是麻烦”等等，这些语句为女性描摹出了一副可怕的形象。但真正可怕的则是，这些语句长时间内一直流传不断，以致男人和女人对此都深信不疑。

2. 工作中的女性歧视

女性解放的一个重要途径就是工作，但恰恰就是在工作中，女性遭受到了最不能令人忍受的歧视。如今的年代，招聘、应聘、求职、转岗已经成了一种个人的生活方式和生活状态，同时，也是一种普遍的社会现象。令人担忧的是，在正规的招聘现场，在正规的传媒广告上，许多岗位赫然注明：只招男性，不招女性。在每年的大学生毕业求职过程中，几乎所有的女性都会遭遇到这种令人愤慨而又无奈的女性歧视问题。在实际工作中，许多重要的工作岗位也大都由男性把持着，比如经理、厂长、校长、部长等等，这种男性垄断高级职位的现象已经成为一种非常普遍、非常自然的现象，以至于提到经理、厂长、校长、部长等高级职位时，人们直接的反应就是：这些都是男人的岗位，在这些岗位上的都是男人。

因此，现在出现了一种很奇怪的现象：如果一个经理或厂长是男性，我们直接称其为经理或厂长；相反，如果这个经理或厂长是女性，我们则一定要在经理或厂长前面加上一个"女"字。但从来没有人在称呼一个男性经理或厂长时，在他的称谓面前加上一个"男"字。在我国的各级媒体上，在公布全国人大代表、全国政协委员等高级人员名单时，如果是男性，则直呼其名，如果是女性，则必须要在这个姓名之后加上一个括号，并注上一个"女"字，这已是沿袭多年的习惯和传统。此外，许多单位不愿意招收女性员工，即使勉强招收，往往要附加很多苛刻的额外条件，比如，若干年内不许恋爱结婚，单位分房子时以男方为主。工作之中的性别歧视还有很多，例如，男女同工不同酬，在升迁机会和空间上，女性明显要比男性少得多等等。

3. 婚姻中的女性歧视

虽然婚姻是由男人和女人共同组成的，但男人和女人对待婚姻的态度却大不相同。社会流行的观点是：对于女人来说，婚姻是她的一切；对于男人来说，婚姻是他的一部分。换句话说，女人以家庭为事业，男人以事业为家庭。正因为婚姻仅仅是男人的一部分，所以，男人结婚之后仍然可以有事业、有朋友，他甚至还会觉得婚姻限制了他的自由，妨碍了他的发展。对于女人来讲，情况则完全不同，婚姻被认为是女人唯一的生活支点，因此，结婚之后，家庭成了女人的王国，女人则成了家庭的国王。丈夫和孩子成了女人生活的最高理想，女人毕生的任务是在经营家庭这个事业上取得成功。除了含辛茹苦操持家务之外，女人更主要的任务是看住自己的丈夫，保护自己的家庭王国不被破坏和侵略。对于女人来说，要想紧紧地看住自己的丈夫，她绝对不能凭借事业上的成功，因为女人通常是以放弃事业为代价而接受婚姻的。即使某些女人侥幸取得了事业上的成功，这种成功反倒会将男人远远吓跑。所以，女人要想牢牢地吸引住自己的丈夫，她只能在自身上而不是事业上下工夫，这注定了女人在婚姻中的可悲结局。

女性在保卫婚姻的漫长战役中最有力的武器是漂亮，因此，女人通常采用的方式是：美化自己。容貌因此成为女人生命的维系，大多数女人最喜欢听到的一句话是，男人赞美她长得漂亮，哪怕她事实上并不漂亮。即使是婚姻中的女人时时也要问自己的丈夫："我还漂亮吗？"容貌对于女人的重要意义是无论如何高估也不会过分的，女人对容貌有着近乎病态的追求，从美容到美发，从美指甲到美牙齿，从整形到瘦身，从耳环到项链，从手镯到脚镯，从假头发到假睫毛，从割双眼皮到隆乳房……从上到下，由内至外，凡是能够美化的全都彻底美化，然后再涂上眼影，抹上口红，喷上香水……如此层层包装之后，我们真怀疑面前的这个人究竟还是不是个女人？此外，女性对化妆品、首饰和时装的心醉神迷也很是令人吃惊，也许这就是"女为悦己者容"的具体表现。

正因为容貌对女性来说意义非凡，所以，与容貌相关的另一个因素——年龄也因此而具有非同寻常的含义。对于女性来说，贸然地探询她的年龄是很不礼貌的，也是不能容忍的。也许因为容貌与年龄之间有着一种紧密的联系，年龄的衰老会直接导致容貌的凋落，透过年龄我们可以清楚地揣测出女人的青春尚有几许，这会使女人陷入极度的痛苦和尴尬之中；而隐瞒年龄之后，没有人知道女人的青春将逝，没有人知道女人对青春无常的恐惧。在消失了年龄的世界里，也许青春可以超越时间，也许女人可以永远容颜照人，对时间的恐惧其实就是对容颜易逝的恐惧。时间是女人的敌人，因为它将女人最珍贵的容颜偷偷带走；时间是男人的朋友，因为它将男人最重要的成熟悄悄带来。

性别歧视的错误是明显的，危害是深重的，可以肯定的是，无论男人还是女人都是性别歧视的受害者。因此，破除性别歧视就成为当务之急。如何破除？关键在于男人和女人的"归位"。对女人来说，要"到位"，要自强、自立、自爱、自信；对男人来说，不要"越位"，要消除大男子主义，要卸去生命中不能承受的重负。只有这样，女人才可能成为真正的女人，男人才可能成为真正的男人,性别歧视才可能真正根除。也只有这样,男人和女人才可能作为真正的大写的人而存在。

第四节 性别的理论基础

性别社会化问题,在当代已成为一个理论研究的热点,许多理论家对此都颇有建树。我们在这里主要介绍两类最具影响力的理论,其中一种是来自社会学界的声音,另一种是来自女权主义的声音。

一、社会学的理论基础

在社会学界,有许多学者和流派直接或间接地论及了性别的社会角色问题,比如韦伯、帕森斯等人,比如结构功能主义、冲突理论、符号互动理论等。这里,我们主要介绍结构功能主义和冲突理论。

1. 结构功能主义

在性别社会化问题的研究中,结构功能主义的代表人物是塔尔科特·帕森斯和罗伯特·贝尔斯这两个人。结构功能主义强调秩序和均衡,强调人类社会有一个趋于平衡的基本趋势,这是性别角色社会化理论展开的一个基本背景。结构功能主义关于性别社会化的理论内容主要包括两方面,其一是侧重于社会分工,其二是侧重于家庭分工。性别角色的差异及相应的社会化必须要确保社会和家庭的平衡和有序。

关于社会分工,结构功能主义者认为:在人类社会早期,妇女由于生理的原因,必须要承担起怀孕、生育和抚养婴儿的重任。

人类的婴儿与其他动物相比，有更长一段时间无法独立生活，需要父母的照料，妇女因此长时间待在家中照看小孩，同时承担起家务劳动。与此相应，男人由于生理的原因不能怀孕，不能哺育孩子，而且男子比女子更加身强力壮，于是男人就担当起了狩猎以及防卫的责任，男子大部分的时间是在家庭之外度过，这就形成了人类社会早期以性别为基础的社会分工。在这个社会分工中，男人占有体力上的明显优势，男人可以为妇女提供必需的食物，可以保护家庭免遭外来入侵，这使男性占据了统治地位，女性则接受男性的保护和统治，随着时间的推移，这种以性别为基础的社会分工逐渐确立了起来。与此同时，男性占据统治地位，女性位居从属地位的社会结构模式也逐渐确立了起来，这种模式和结构代代相传，并最终融入了人类社会的普遍价值观念体系之中。我们当前的男女社会分工正是这种传统的产物。

关于家庭分工，在研究小群体的过程中，结构功能主义者认为：一个有效的小群体中必须有两种领袖，一种是工具性领袖，他通过使其成员遵守纪律，从而实现小群体的目的；另一种是表意性领袖，他主要负责解决内部冲突，达到协调一致。结构功能主义者将这个原理应用到了家庭研究之中，他们认为，家庭中同样应当有分工，其中男人扮演工具性领袖，女人扮演表意性领袖，男人外出做工挣钱，养家糊口，女人则待在家中照看小孩，协调家庭内部的各种关系，并且满足家庭中的情感需求。这样的家庭是一个分工合理的家庭，是一个和谐的没有冲突的家庭。相反，假如家庭中没有分工，女人也像男人那样外出挣钱，扮演工具性领袖，这个家庭肯定是要陷入矛盾和冲突之中的。

结构功能主义者力图维护传统的男女社会分工，这使他们招致了许多的批评，批评的主要观点认为，现代社会与传统社会相比已经发生了巨大的变化，因此，传统的男女社会分工肯定是不合适的，而且女性明显地处于一种被压迫的从属地位。结构功能主义恰恰回避了男性居于从属地位，女性居于统治地位的可能性。

2. 冲突理论

冲突理论是对结构功能主义进行批评的一个主要力量，其主要代表人物是德尔·柯林斯。冲突理论强调现代社会与传统社会的根本不同，因此，男女性别的社会分工绝对不可能一成不变。在导致社会结构变革的因素中，冲突理论强调经济和技术两大重要因素，男女性别的社会分工主要是由于经济和技术的变化而导致的。

从技术的角度来讲，早期社会中，人类无法控制自身的生育，妇女被束缚于接二连三的怀孕和对孩子的抚育之中。而现在，生育技术的发展，使妇女从生育的重负中解放了出来，有精力、有可能更多地走出家庭，走向社会。另外，早期社会中科技落后，主要依靠体力谋生，男人凭借生理的优势占据了主导地位，而现代社会科技的进步使体力已不再起决定作用，这使男人在体力上的优势几乎消失殆尽，妇女有了更多与男人竞争的机会与可能。

从经济的角度来看，在狩猎为主的时代，男人负责狩猎，但他们的打猎收获却并非总是有保障的，女人负责采集野果蔬菜等物品，同样可以提供家庭所需的食物，这时，男女之间的不平等相对较小；在半农半牧的社会中，男人负责开垦或放牧，体力的优势使他们占据了家庭地位的优势，这时，因为男人的贡献大于女人，所以男女之间的不平等就开始增大；在农业社会中，男人负责重活以及手工业等其他经济活动，女人则进一步后退，从而使男人与女人之间的不平等达到了顶点；在早期工业社会中，男子承担了大量的劳动，女子则因为所得报酬很低，需要男人来维持生活，这时候男女之间的不平等依然很明显；在现代工业社会中，女子同样进入了高收入、高级别的工作岗位，这使男女之间的不平等发生了新的改变，男人与女人之间更多的是一种平等关系。从人类的演化进程中冲突理论得出的结论是：经济上的不平等直接导致了男女性别之间的不平等。

冲突理论认为男女性别之间的不平等其实就是男人对女人的统治和主宰，这是建立在男女两性之间利益冲突的基础之上的。女人的顺从，确保了男人的优势地位，而男人作为既得利益者，肯定不愿意轻易改变既成的男女性别社会分工。为了改变这种不平等现象，应当鼓励和促进女子与男子在必需的程度上发生冲突，从而最终取消性别社会角色的类别。

二、女权主义的理论基础

社会性别理论的产生很大程度上应该归功于女权主义运动的发展，女权运动的直接起因源于对男性压迫的反抗、对女性权利的争取。虽然女权运动的关注对象是女性，但很显然，女性角色和地位的改变必然相应地导致了男性的角色和地位发生改变，而且对女性的深入研究也很大程度上依赖于对男性的深入研究，对男女两性的同时关注最终导致了社会性别理论的产生。女权主义对社会性别理论的另一个重要贡献在于，女权主义为社会性别理论提供了基本的理论思想。女权主义经历了不同的发展时期，产生了不同的理论流派，女权主义的理论触角几乎遍及了社会性别理论的各个角落，女权主义所关注的主要论题有母权制与父权制、公共领域和私人领域、生理基础对男女两性的影响、男性对于女性的优势、男女两性同体的可能性及其优越性，以及不同国家、不同种族、不同肤色的妇女问题等等。除了这些基本理论之外，女权主义还探讨了一些具体的问题，如妇女回家、针对妇女的家庭暴力、色情物品、卖淫现象、性骚扰问题等。女权主义的这些理论与实践不仅为社会性别理论的发展打下了坚实的理论基础，而且极大地拓宽了社会性别理论的视野。从这种意义上来说，社会性别理论很大程度上其实就是女权主义理论的结果。

女权主义理论的发展大致经历了如下几个流派：自由主义女

权主义、马克思主义女权主义、社会主义女权主义、激进女权主义、后现代主义女权主义等。

1. 自由主义女权主义

自由主义女权主义是在女权主义运动的第一次浪潮中形成的。女权主义运动的第一次浪潮产生于 19 世纪后期,主要关心的问题是妇女的选举权的争取、女性平等的受教育权利以及女性的就业问题。自由主义女权主义的理论背景是法国大革命以及欧洲的启蒙运动,主要代表人物是英国的沃尔斯通·克拉夫特和约翰·斯图亚特·米尔。

沃尔斯通·克拉夫特的代表作是《为女权辩护》,这部著作被称为是第一部女权主义著作。在这本书里,沃尔斯通·克拉夫特批判了卢梭关于男女两性生理上的差别导致了男女两性在社会角色上的差别的观点,她认为,在理性和理智方面,女性并不低于男性,男性与女性应当享有平等的受教育权利,正是因为教育的缺乏,才导致了女性的不平等地位。

米尔的代表作是《妇女的屈从地位》,在这部著作里,他认为,妇女的屈从地位决不是一种自然的现象,而是人为的结果,是男人对女人强迫的结果,是生活习惯、社会教育和社会压迫的结果,这导致了女性表面上的低劣和实际上的屈从。

2. 马克思主义女权主义

马克思主义女权主义很明显首先是受到了马克思主义思想的影响,接受了马克思关于资本主义和私有制的相关分析。他们认为,妇女的被压迫根本上是起源于生产资料的私有制。妇女所受的压迫主要是被资本主义制度所压迫,而不是被男人所压迫,因此,解放妇女,改变妇女被压迫地位的途径就在于推翻资本主义制度、废除生产资料私有制。马克思主义女权主义承认,阶级压迫而非性别压迫是最基本的压迫形式。但他们马上要面临的问题是:为什么在消灭了阶级的社会中,比如说在社会主义社会中依然存在着男女性别的不平等。

3. 社会主义女权主义

社会主义女权主义如同马克思主义女权主义一样，承认女性的被压迫是一个经济事实，是资本主义制度下阶级压迫的产物。同时，社会主义女权主义又强调男女两性之间的关系的重要性。他们认为，“阶级”不仅使之从生产资料角度区分为无产阶级和资产阶级，也产生出“女人”和男人这对性别歧视，性别的压迫也是阶级压迫的另一种形式。这样，女性所承受的压迫就变成了双重的，即第一重是阶级压迫，第二重是性别压迫。因此，妇女的解放必然要求一方面废除阶级压迫，另一方面也要废除男性所施与的性别压迫，必然地，社会主义女权主义的最终目标便是消灭阶级的压迫。

4. 激进女权主义

激进女权主义尤其强调的是男性对于女性的性别压迫，男性和女性之间的差异同时也得到了极度的强调。激进女权主义的核心概念是父权制，这个理论最早由凯特·米丽特引入。父权制最早是用来描述前现代社会由男性来做家长、做统治者的一个普通名词，米丽特将它引入女权主义话语系统之后，“父权制”这个词就变成了女权主义反对男性压迫的一件极有力的武器，而且充满了意识形态的色彩。父权制在这里指的是一种系统化的、制度化的男性压迫女性的政治体系，也就是说，在工业、农业、军事、政府、社会、大学、中学等社会的各处都充满了男性对女性的压迫，甚至连女人最私密的性经验也逃不脱性别的压迫，因为本质上个人也是政治的（Personal is political），激进女权主义的结论使人不能不感到震惊。激进女权主义的第二个重要议题是关于男女两性的生理差异，激进女权主义非常强调男女两性之间生理差异的重要性，正是这种生理上的不便，才导致了女性实际生活中的诸多不平等，比如性交活动、怀孕、哺育婴孩，在这些经验中，女性的生理特征使她们不得不处于一种屈从的地位，所以，激进女权主义者倡导生物革命、倡导技术进步，以此来解放妇女，比如避孕技术、试管婴儿、无性繁殖等等，这些技术的进步会帮助妇女摆脱由于生理原因而导致的被动情形。

激进女权主义还提出了其他一些与男女两性生理差异相关的话题。弗洛伊德认为女性有一种“阳具羡妒”心理，而激进女权主义则认为并非如此，反倒是男性会生出一种“乳房羡妒”或“子宫羡妒”心理。女性的主要特征是关怀、爱和保护，而男性则常常表现出暴力、对立和争斗的特征。因此，激进女权主义者更热衷于赞美和倡导女性的特征，她们甚至自豪地高喊：“女性是美好的”，“女性是优越的”。也许正是因为激进，所以许多人并不赞同激进女权主义的观点，但不可否认的是，也正是因为这种激进，许多人才无法轻易否定激进女权主义，因为它的的确确提出了许多令我们不得不加以关注和深思的问题。

5. 后现代主义女权主义

后现代主义女权主义指的是后现代主义和女权主义相结合的一个产物，但是，在很大程度上，后现代主义女权主义是一种值得怀疑的结合，因为这种结合在给女权主义带来理论上的建设的同时，还给女权主义带来了理论上的破坏甚至毁灭。

对后现代主义女权主义产生影响的主要是福柯、拉康和德里达三位男性思想家。从建设性的角度来讲，后现代主义为女权主义提供了更丰富的论题。福柯关于权力、身体、性、语言的集中论述，都在后现代主义女权主义中成为热门话题。当然，这其中的解释和探讨更多地充满了女性的经验色彩。后现代主义同时还为女权主义提供了观察社会的新的途径，后现代主义对巨型理论和宏伟叙事的扬弃、对普遍主义和本质主义的否定、对传统二元对立观的批判、对多元论的倡扬等等，都成了后现代主义女权主义演练思想的熟练工具。

值得注意的是，后现代主义在给女权主义带来思想激发的同时，还带给了女权主义极大的危害。这种危害不仅影响到了传统女权主义的许多重要概念和命题，甚至还影响到了女权主义作为一种理论而存在的根本。首先，女权主义是一种政治哲学，它充满了强烈的政治取向和意识形态色彩，但后现代主义恰恰又是非政治的或后政治的，这就使后现代主义处于一种极其尴尬的境地；其次，后现代主义反对普遍主义和本质论，这使“女人”、“父权制”、“男人”等核心概念都失去了理论上的存在基础；另外，后现代主义反对二元论思想，这使对男人和女人这个传统的二元对立存在一下子便被消解得无影无踪。后现代主义的理论使得传统女权主义要么否定自身，要么完全改变自身。但无论采取哪一种方法，女权主义都难逃被破坏和被毁灭的命运，因此，有这样一种说法：“一个女人不可能既是一个女权主义者，又是一个后现代主义者，即‘后现代主义女权主义的不可能性’。”①

除了以上几种主要理论流派之外，女权主义还有其他一些新的发展形式，如生态女权主义、心理分析女权主义、第三世界女权主义、分离主义女权主义等，每一种流派都提供了一些新的值得女性和男性关注的问题。生态女权主义者是西方环境保护运动不断深入发展的结果，她们强调的是女性与自然之间的亲和性；心理分析女权主义则宣称第三世界的女性与欧美发达国家的中产阶级白人女性所遭遇的压迫是有很多不同的，她们强调对女性而言，除了所谓的“姐妹情谊(sisterhood)”之外，还有更加值得注意的种族主义、殖民主义和帝国主义；分离主义女权主义则认为女权主义是理论，女同性恋则是实践，她们力图通过女性同性恋来反对男性压迫，维护女性利益，更极端的措施则是要建立女性文化，最终将女性与男性隔离开来，这种极端的女权主义很让人怀疑，它究竟要引导女性走向何方？

女权主义的发展从根本上来说，是一个以男性为参照系来认识女性自身的过程，同时，也是一个在男性世界里重新确立男女两性关系的过程。女权主义为此付出了足够的艰辛，也赢得了丰

---

① 转引自李银河：《女性权利的崛起》，中国社会科学出版社，1997 年版，第 131 页。

厚的回报,从性别歧视到阶级压迫、从种族歧视到殖民主义和帝国主义的压迫和剥削,女权主义将女性受到的压迫因素揭示得淋漓尽致;从单纯追求与男性的平等到辩证地强调男女两性之间的差异,从女性与男性的彻底分离到男女两性的双性同体,女权主义将男性与女性的关系的各种可能性全部呈现出来;从妇女待在家中操持家务到妇女勇敢地走向社会、积极参与社会分工,从妇女的重新回家到妇女对家庭和事业的辩证对待,女性的角色地位也逐步被明晰起来。

具有深长意味的是,女权主义以解放妇女为目标,最终却引申出了另一个更有意义的话题:“解放男人!”正是由于女权主义的深入发展,我们才对女性有了足够的了解;也正是因为女权主义的进一步发展,我们才注意到了另外一个同样值得注意的群体——男人。女权主义使女人和男人一同走入了我们的理论视野,使我们不得不重新审视传统的男女两性的社会角色与关系,由此不但促使了性别社会学的产生,同时,使我们不得不认真反省长期以来我们不假思索却心安理得生活于其中的文化、意识形态、社会分工、社会组织等诸多的社会环境因素。

☞ **延伸阅读:**

[1] (美) 帕特南. 女性主义思潮导论. 艾晓明等,译. 武汉:华中师范大学出版社,2002.
[2] (美) 弗里丹. 女性的奥秘. 程锡麟等,译. 成都:四川人民出版社,1988.
[3] (法) 波伏娃. 第二性. 陶铁柱,译. 北京:中国书籍出版社,1998.
[4] (美) 吉里根. 不同的声音. 刘晖,译. 北京:中央编译出版社,1999.
[5] (法) 布尔迪厄. 男性统治. 刘辉,译. 深圳:海天出版社,2002.
[6] (英) 麦克因斯. 男性的终结. 黄函等,译. 南京:江苏人民出版社,2002.
[7] (美) 凯特·米列特. 性的政治. 钟良明,译. 北京:社会科学文献出版社,1999.
[8] 李银河. 妇女:最漫长的革命——当代西方女权主义理论精选. 生活·读书·新知三联书店,1997.

第三章

社会环境分析：家庭

作为人类生活的基本单位，作为社会组织的基本细胞，家庭在人类行为与社会环境的关系中起着一种举足轻重的作用，这种重要性直接取决于我们对家庭的定义、家庭的结构、家庭的功能等方面的认识；同时，也取决于我们对现实中家庭问题的把握以及对未来家庭变化趋势的预知。

第一节 家庭的定义

虽然说，事实上家庭几乎时时存在、处处存在，但是，真正要对家庭下一个完满的定义，还是非常困难的。这一方面是由于家庭本身的复杂性所决定的，另一方面也是由于家庭不断地发展变化所造成的，人们曾经从不同的方面对家庭作出过许多不同的定义。

有人认为，家庭主要是人与人之间的生理结合。这种定义完全否弃了家庭的社会性，显得过于简单，过于片面，遭到大多数人的反对。

有人认为，家庭是以婚姻为根据的社会单位。这种定义强调婚姻对家庭构成的重要性，但如此一来，许多没有结过婚的单身汉又当如何归类？更何况，在目前的生活中单身独居的人数正呈上升之势，同时，离婚和丧偶之后的单身住户又当如何归类呢？难道他们都只能算无家之人吗？

有人认为，家庭应当按户来算，一个家庭就是一户。但以户为标准的问题是，在我们国家，在一些大学或企业中，许多人共同拥有一个户，但却绝对不是一个家庭；而与此同时，一个家庭因为夫妻分居或子女就学等原因，却有可能同时拥有几个户，难道他们应该算作几个家庭吗？

有人认为，家庭是人类自身再生产的社会单位。这是将人口的繁衍作为判别家庭的标准，但是，现在有许多丁克式家庭自愿不育，这些家庭如此一来就不能被视为真正的家庭。

有人认为，家庭是以婚姻和血缘关系为纽带而构成的社会单位。如果以此为标准的话，许多依靠领养而结合起来的家庭就失去了存在的依据，而这明显是不合情理的。

几乎所有关于家庭的定义都是跛脚的，总是存在各种各样的问题，也许最科学最完满的定义是将家庭的所有特点都尽可能地涵盖其中，因此，总结一下以上各个定义，我们对家庭尝试性地给出这样一个界定：家庭是以婚姻和血缘关系，或者以法律领养关系所构成的一个社会单位，同时，家庭成员还应当有共同的生活。这个定义揭示了构成一个真正家庭所必须同时具备的几个条件：

第一，家庭是个群体的概念，它不是指向个体，也就是说，家庭中至少应该有两个以上的成员构成。

第二，婚姻是家庭的基础和根据，这意味着由婚姻而结成的夫妻构成了家庭的核心，夫妻关系是组成家庭的第一种基本关系，是判断家庭的第一标准。

第三，由血缘关系或领养关系而构成的父母子女关系和兄弟姐妹关系同样构成了家庭的主要组成成分，这是组成家庭的第二种基本关系，是判断家庭的第二标准。

第四，家庭成员之间应当有共同的生活，有一定的经济联系和特殊的情感交往。

需要指出的是，这里所下的关于家庭的定义，仅仅是从更有利于论述人类行为与社会环境的关系这个角度出发而得出的。这个定义暂时排除了某些特殊形式的家庭，例如，由同性恋者所组成的家庭以及由于各种原因而独居的人们所构成的家庭，但这决不意味着对这些家庭形式的否定和拒绝。

第二节 家庭的社会特征

从家庭的定义中可以看出,家庭至少是由两个或两个以上的具有特殊关系的成员所组成,因此,家庭绝不等同于动物的聚集,也决不是简单的、随机的人群的组合,真正的家庭最根本的特征应该被归结为社会性的,而不是个体的或动物性的。关于家庭的社会特征,人们在现实生活中有许多种表示,比如,家庭是一个最基本的社会细胞、家庭是一种最基础的社会单位,也有人认为,家庭是一种社会制度、家庭是一种社会群体、家庭是一种社会组织,如此等等。对家庭特征的不同强调,揭示出了家庭本身的复杂性,而这种复杂性很大程度上正是取决于家庭的社会性特征。也正因为如此,人们常常将家庭视为一个小社会,在这种意义上,家庭所代表的是社会的缩影,更进一步也可以说,复杂的社会正是从家庭中一步一步演化出来的,社会其实也正是一个大家庭。

家庭的社会特征,主要可以归结为如下几种。

一、家庭具有历史性

家庭是社会的缩影,这个特征表明家庭自身是随着社会的发展而不断发生变化的,这意味着家庭并不是一个抽象的、永恒的概念,家庭本质上是一个历史的概念。我们必须承认,尽管家庭几乎在所有的民族中,在所有的社会形态中都普遍存在,但家庭在人类历史发展过程中并不是从来就有的,而且家庭也不是永恒不变的。家庭自身有一个产生、发展和变化的过程。时至今日,家庭的发展和变化也并没有停止，反而有更多的、更新的家庭形式不断地产生出来，从原始时期的杂居合群到父母、兄弟姐妹伦理关系的介入，从一夫多妻、一妻多夫到相对文明的一夫一妻，从异性婚姻到同性结合，家庭不断有新的内容和新的形式产生出来。与此相应，家庭中的结构和成员关系也在不断发生变化，社会的文明化和科技的高速发展，使大批妇女获得了解放，妇女们走出家庭，迈向社会，传统的家庭妇女转变为新时代的新型女性，这直接导致了夫妻关系的新的调整。当然，这也必然带来家庭观念的质的变化。此外，家庭的结构越来越核心化，随着家庭的功能越来越社会化，人们不可避免地会用一种新的思想来反观家庭的本质，这一切，很显然是由家庭的历史性特征所决定的。

二、家庭是一个社会体系

家庭是一个社会体系，这主要包括两个层面的意义。第一个层面是指家庭本身是一个社会体系，家庭的成员如父母和子女构成了这个体系的基本成员，家庭成员之间构成了一种相互作用的复杂体系，如父母与子女的关系。我们常常认为主要是父母对子女发生影响，父母决定和塑造了子女的发展，新的研究成果表明，子女同样也有力地影响着父母的发展，一个调皮的男孩或一个文静的女孩，他们对父母的改变是有很大不同的。而且有子女的夫妻和无子女的夫妻，他们的差异不仅表现在家庭结构上，同样也表现在对于夫妻自身的改变。有了子女后，夫妻可能会感觉经济压力增大了，夫妻之间的感情交流也可能相应减少了，但为人父母的夫妻同时却能获得一种从夫妻到父母的转变，以及相应的成熟感、责任感、幸福感和充实感。第二个层面是指任何一个家庭都不是孤立存在的，一个家庭可能要受到邻居家庭的影响，也可能要受到社区环境的影响。当然，一个家庭也绝对不可避免地会受到它所存在的整个社会大环境的影响,我国计划生育政策就对现时我国的家庭产生了极其深远的影响。

家庭作为一个社会体系,不仅是复杂的,同时也是变动的。这种变动同样也有两层含义:第一层含义是指家庭自身的变动,包括子女的结婚离家、夫妻的衰老或死亡等等;第二层含义指的是社会的发展所带来的家庭的变化。在我国,社会的发展使男女性别角色重新得到界定,男女性别关系重新得到调整,这使传统家庭的大男子主义思想以及男主外、女主内的家庭分工失去了存在的依据,新型的家庭由此合情合理地产生了出来。

三、家庭是一个社会群体

从家庭成员的结合形式来看,人们将家庭看作为一种社会群体,因为很明显,家庭成员构成了一个基本的组合单位,而且家庭成员分别担任了相对固定的社会角色,家庭成员之间的关系也具有一定的稳定性、持久性和连续性。

群体是社会学研究的核心问题,社会学家们注意的群体有多种不同的表现形式,其中一种最基本的划分是首属群体和次属群体,两者之中,首属群体具有更重要的意义。按照美国社会学家库利的解释,首属群体具有亲密地、面对面地结合和合作等特征。首属群体是基本的,这主要是指它们对个人的社会性和个人独立性的形成的影响是基本的。根据这个定义,家庭毫无疑问应该是首属群体。人的一生中几乎所有的时间都是在家庭中度过,家庭为人们的社会化提供了最基本的条件,同时也为人们的社会生活提供了基本的环境。家庭成为人们的寄托、依靠和归宿,人类最亲密、最持久、最重要的关系如父母与子女的关系、兄弟姐妹的关系都是由家庭所提供,人类最直接、最面对面的交往与合作也主要发生在家庭之中。从婴儿的牙牙学语和蹒跚学步到兄弟姐妹的互助与依靠再到父母对子女的抚养和教育，家庭这个基本群体始终伴随着人们心理、生活和社会的不断成长，家庭既是人们成长的出发点，又是人们奋斗的最终归宿，同时，家庭也是人们一生之中永远不变的根本依靠。

四、家庭是一种社会制度

家庭被认为是人类社会中最普遍、最基本、最古老的一项社会制度。作为社会制度，家庭主要强调的是家庭成员的结合法则和活动规定，这构成了一定历史条件下家庭关系和家庭活动的规范体系。一般而言，家庭制度包括婚姻制度、生育制度和家庭制度。

制度的规范作用是人类社会生活有序化、合理化的基本保障，家庭制度的作用很明显就在于规范人类的家庭生活。很难想象，如果没有家庭制度的规范，人类的家庭生活会变成什么样子。夫妻之间的责任和义务，父母与子女之间的责任和义务等一系列的问题很可能得不到真正的实现。

家庭制度还有一项很重要的作用就在于，家庭中的成员从一开始就逐渐学习对社会制度的适应和接受，因为家庭制度是从属于社会制度的。当然，家庭制度也可能会反过来影响社会制度，比如我们国家某些地区出现的“包二奶”和婚外恋现象就已经形成了不良的社会冲击。

第三节 家庭的形式

家庭看似简单，但实际上却是一种非常复杂的社会现象，家庭表现出了许多值得我们关注的社会现象，也正因为如此，人们从多种不同的角度出发，将家庭区分成了许多不同的形式。大致说来，家庭的划分标准及相应的划分形式有如下几种。

一、按照家庭成员所担当的身份的演变，家庭可以分为养育家庭和生殖家庭

在养育家庭中，家庭成员主要以子女的身份出现，从时间上讲，包括家庭成员从出生至成年结婚生育之前的时期。家庭成员在养育家庭中的主要生活内容表现为，家庭成员以子女的身份出现，接受父母的养育，逐渐成熟起来。在生殖家庭中，家庭成员开始结婚并生育，他们的角色相应地从子女演变为夫妻或父母，这意味着家庭成员组建了新的家庭并开始了新的家庭子女养育。

当然，在现实生活中，对于男女双方而言，养育家庭和生殖家庭的关系还存在着具体的差别。一般而言，女性出嫁之后离开了父母，她的养育家庭和生殖家庭就是两个不同的家庭，但如果是女方招上门女婿，那么，女性的养育和生殖就将是同一个家庭，相应地，男性的养育家庭和生殖家庭在这种情况下就是两个不同的家庭。但大多数情况下，是男性将女性娶回自己家中，于是，男性的养育家庭和生殖家庭就将是同一个家庭。不过，需要注意的是，在现代社会中，男女双方结婚之后，往往是同时搬出双方父母的家庭，另外成立一个新的家庭，并且独立生活，这样，男女双方的养育家庭和生殖家庭都将是两个完全不同的家庭。

二、按照家庭成员的关系及规模，家庭可以划分为核心家庭和扩大家庭

核心家庭又被称为小家庭，其家庭成员主要包括已婚夫妻及其未婚子女。扩大家庭又被称为大家庭，它主要由一个或一个以上的核心家庭再加上其他亲属而组成的家庭，其家庭成员主要包括祖父母、父母、子女以及叔叔、伯伯、姑姑等等。核心家庭和扩大家庭是历史发展和社会变迁的产物。一般认为，扩大家庭是前工业社会或者说是农业社会的产物，而核心家庭则是现代工业社会的一个直接结果。一个很明显的事实是，在现代工业社会中，扩大家庭越来越少，而核心家庭则越来越普遍。

扩大家庭作为一种历史的存在，自然有它自身存在的理由。扩大家庭的优势是很明显的，首先，扩大家庭人口众多，这除了给人以家庭兴旺的感觉之外，还使家庭成员能够感觉到家庭是作为一种强大的力量而存在的。在我国尤其是农村地区，家庭的庞大常常具有一种异乎寻常的重要意义，它不仅使家庭成员具有强烈的安全感，而且往往还能提高家庭成员的社会影响力。其次，扩大家庭能够给家庭成员提供经济支持和保障，提高家庭成员承受意外变故的能力。再次，扩大家庭还能够从情感上为每一个成员提供爱、友谊、关怀以及认同感、归属感等精神需求。

当然，扩大家庭的弊端同样也是非常明显的，而且应该承认，扩大家庭是弊大于利的，这也是造成扩大家庭日益衰减的重要原因。从根本上来讲，首先，扩大家庭更多地强调的是家庭作为一个整体而存在，家庭的利益高于单个家庭成员的利益。在这种前提下，家庭成员的个性、价值、情感和自由等常常遭到压抑和剥

夺。我们国家某些偏僻的、经济贫困、教育落后的地区出现的换亲现象，也就是通过交换家庭中的女性，从而使两个不同家庭中的男性达到结婚的目的。这种现象很明显是以女性成员的牺牲来达到整个家庭繁衍后代的要求，是典型的牺牲家庭成员利益从而保全家庭利益的一种极端愚昧的现象。其次，扩大家庭产生了一种遗患无穷的后遗症，家庭成员在遇到困难时，不是诉诸个体或社会组织，而是依靠家庭的力量或家族的势力。这不仅导致了家庭功能的错位和越位，同时也严重地妨碍了社会组织和社会制度的健康发展，我国普遍存在的办事情讲究拉关系、走后门现象，很大程度上就是这种恶劣影响的一个表现。再次，扩大家庭为了管理和统治众多的人口，往往容易产生独断的家长制而不是科学的管理方法，这种家长制作风不仅影响到了行政、事业单位，同时也影响到了企业单位，由此造成的错位和损失真是触目惊心。另外，扩大家庭还有一个很难摆脱的痼疾：因为家庭成员众多，许多关系非常复杂，成员之间的经济纠纷以及颇具中国特色的婆媳矛盾、妯娌矛盾、叔侄矛盾等等严重影响了家庭的正常发展。而且因为家庭成员众多，许多家庭可能是三世同堂乃至四世同堂，代沟问题同样也不可避免。扩大家庭的弊病还有很多，这直接导致了核心家庭的出现，并且使核心家庭一直占据着家庭构成的主导地位。

比较而言，核心家庭最大限度地避免了扩大家庭本身很难克服的诸多弊端，但同时，核心家庭又尽可能地保留了扩大家庭的多种益处，因为尽管与养育家庭分开居住，但两者之间的血缘关系并没有遭到削弱和断绝，彼此之间的交往也并没有因此中断。许多核心家庭的成员会在节假日聚集在养育家庭，与父母和其他亲属团聚、交往，如果遭到意外变故时，核心家庭的成员首先求助的对象也往往是养育家庭的相关成员。

核心家庭一个很重要的特征是，家庭结构内部只存在一个核心，或者有一个权力中心。核心家庭的结构除了已婚夫妇及其未婚子女这种标准形式之外，还有配偶家庭和单亲家庭两种变异形式。其中，配偶家庭又可分为未育配偶家庭和空巢家庭，单亲家庭又可分为父单亲家庭和母单亲家庭。但不论何种形式，核心家庭的共同特征都是只有一个核心，家庭规模小，家庭成员关系单纯。这带来了核心家庭独有的诸多优点。

核心家庭最大的优点可以说是为夫妻关系的健康发展提供了一个良好的空间。在扩大家庭中，夫妻往往需要承担家庭的责任和义务，同时，夫妻关系还有可能受到婆媳关系、妯娌关系等其他因素的影响，此外，经济因素、住房因素等都有可能极大地影响到夫妻关系的协调；而核心家庭则为夫妻关系发展营造了一个不受干扰的私密空间，日常生活中，也有许多夫妻在扩大家庭中矛盾争吵烦不胜烦，建立独立的核心家庭后，所有的矛盾和烦恼都渐渐化解了。尤其重要的是，夫妻之间的情感也日益亲密、日益热烈，即使偶尔有矛盾，也是夫妻之间或与子女之间的矛盾，这种矛盾很明显就简单得多，也更容易解决。核心家庭的第二个优点是利于子女健康成长。核心家庭中子女是父母唯一呵护的对象，是父母全力教育的对象，子女的地位得到了提高，子女在物质上、心理上和情感上能够得到更周全、更细致、更丰富、更完满的关怀和照顾，父母有可能将更多的精力和财力投注到子女身上，这使子女健康成长有了充分的保障。有许多人感叹现在的小孩更加聪明、更加成熟，核心家庭的增长可以说是其中的一个重要原因。核心家庭的第三个益处表现在对家庭成员独立精神的培养。在核心家庭中，无论经济上还是感情上，更多地要求夫妇双方的自立、自主和自强，他们需要独立面对整个生活世界、独立面对生活的压力和挑战，独立的精神就成为一种必需的精神和品质。核心家庭还有其他许多益处，家庭成员关系比较简单，彼此更容易和谐相处，家庭更加容易管理，家庭的矛盾冲突大量减少，家庭所受到的外部干扰明显减少等等。

核心家庭除了具有如上所述的优点之外，它同样也具有明显的缺点，这种缺点和优点共同构成了核心家庭相互联系、相互对峙的两个侧面。核心家庭因为规模小、关系简单，所以它最明显的缺点就是风险抵抗能力弱小，稍微严重的问题都可能引起核心家庭的剧烈震荡。核心家庭的这个特征同样也导致了它的另一个缺点，即核心家庭的成员交往有限，在感情上很难获得足够的支持和交流，这容易导致家庭成员的自恋和交往障碍。与此相关的第三个缺点是，核心家庭中如果父母双双就业，则子女的看护和教育就成了一个很棘手的问题，同样地，父母年高之后的赡养也是一个很难解决的问题。在我国尤其在实行计划生育政策之后，仅仅依靠核心家庭自身的力量，已经很难解决相关的小孩和老人的问题了。常见的解决办法大致有两种：其一是寻求养育家庭主妇们及亲属的帮助，其二是求助于社会相关机构如托儿所和养老院等。

三、按照婚后夫妻居住地点不同，家庭可以分为从男居、从女居以及新居制

从男居指的是结婚后，女方及其子女搬到丈夫家中居住生活；从女居正好相反，指的是结婚后，男方及其子女搬到女方的家中居住生活。在我们国家传统时期，比较常见的是从男居，从女居则是一种极少出现的特殊情况。而目前，我们的社会中更加流行的既不是从男居，也不是从女居，而是新居制，男女双方结婚后既不到男方家中，也不到女方家中，而是另外在新的住宅区建立核心家庭，新居制为已婚夫妇提供了更加隐私、更加个人化的生存空间。

四、根据家庭之中权力分配的不同，家庭可以分为父权、母权和平权家庭

父权家庭指的是男人居于家庭中的统治地位，他决定和掌管财产、子女教育及婚姻等家庭事务的权力。在几乎所有的社会中，父权家庭是最主要的家庭形式。母权家庭指的是妇女在家庭中处于支配地位，她决定家庭中的大小事情应该如何处理。真正完全由妻子掌管家庭的情况比较少见，在一些特殊情况下，母权家庭也可能会产生，因为战争、疾病或自然灾害导致男人在家庭中缺席或去世，这时，家庭只能依靠妻子来管理。还有一种情况是因为男女之间严重不平衡，比如男人失业，无力养家，或女方在社会地位或经济收入上远远高于男方，这种情况下，也可能会出现母权家庭。现代社会中越来越多的人在尝试第三种类型，即平权家庭。平权家庭意味着男性和女性的权力是平等的，他们共同管理自己的家庭。平权家庭的出现，主要是因为女性解放意识的增强、女性经济收入的提高、女性社会地位的提高等。在现代青年中，比较流行的 AA 制家庭，正是平权家庭的一个特例。

五、按照婚姻形式的不同，家庭可以分为一夫一妻、一夫多妻以及一妻多夫

一妻多夫是非常少见的，只有在极特殊的情况下才可能会

有,因为过度的贫困以至亲兄弟只好共同娶一个妻子,或者在男女性别比例严重失调的地区也可能会发生这种情况。比较而言,一夫多妻则是一种普遍得多的多偶制家庭。当然这里面包含了一些歧视性的偏见,在这种情况下,妇女往往并非与男人一样具有同等的人格,而是被当作了财富的标志,妻子多则标志着该男子的经济实力雄厚或社会地位高。

现代文明社会中普遍的家庭形式是一夫一妻制,一夫一妻制的普遍化除了男女性别比例接近平等外,更重要的还是因为男女性别之间真正在权利和尊严上达到了平等。当然,这决不意味着一夫一妻制的家庭已经绝对完美。事实上,一夫一妻制家庭也有自身难以克服的固有弊端,在日复一日的雷同生活中,如何不断地在同一个对象身上寻找情感的新的激发点和闪光点,这是深深困扰一夫一妻制家庭的一个难解之谜。许多一夫一妻制家庭经过漫长岁月的冲刷之后,感情渐渐消退了,只剩下了责任和义务在艰难地维持名义上的家庭。为了逃避婚姻苦役,有的人走上了婚外恋的危险之旅,有的人则踏上了离婚的不归之路。国外则有人在尝试连续的一夫一妻制、交换配偶、群婚村等多种试验形式,这也可以说是对一夫一妻制家庭的一种批评、一种挑战。

除了以上五种分类标准之外,家庭还有其他的一些分类标准:按照通婚范围,家庭可以分为异族通婚和族内通婚家庭;按照血统承传,家庭可以划分为父系家庭、母系家庭和双系家庭等等。家庭分类标准的多样性至少表明了两个问题:一方面,家庭本身是复杂的;另一方面,家庭本身也存在着不断发展的可能性。

第四节 家庭生命周期

作为一种社会制度、社会组织和社会群体,家庭在表现出复杂性的同时，还表现出了另外一种特征，即历史性。也就是说，随着历史的发展和社会的变迁，家庭在结构方式和组织形式上存在着不断的发展变化。除了这种广义的发展之外，具体到每一个现实的家庭，它同样存在着具体的发展变化，这种理论表现为家庭生命周期理论。

在家庭生命周期理论中，最具有影响力的思想是由伊夫朴·杜瓦尔提出的，她将家庭生命周期划分为互相联系、逐步发展的八个阶段：

第一阶段，夫妇家庭。这主要是在结婚之后，尚未生育孩子，家庭中只有夫妇二人，家庭的核心只是夫妇二人。

第二阶段，抚养孩子家庭。指的是从家庭中第一个子女出生到该子女 2 岁半左右，这时期家庭的主要任务是抚育孩子。

第三阶段，学前儿童家庭。指的是从第一个子女 2 岁半到该子女 6 岁，也即学龄前期。

第四阶段，入学儿童家庭。指的是从第一个子女 6 岁到13 岁。

第五阶段，青少年子女家庭。指的是从第一个子女 13 岁到该子女 20 岁。

第六阶段，家庭成员出走阶段。指的是因为上学、工作和结婚等原因，从第一个子女到最后一个子女陆续搬离父母的家庭。

第七阶段，中年夫妇家庭。指的是从空巢家庭开始一直到夫妇二人退休。

第八阶段，老年夫妇家庭。指的是从退休一直到夫妇二人去世。

杜瓦尔的家庭生命周期理论包含了一个基本思想：家庭是由人组成的，人有生命周期，家庭同样也应该有生命周期。从杜瓦尔所划分的八个阶段来看，家庭生命周期的划分标准正是按照人的生命周期来划分的。不过，这里包含了两种人的生命周期，第一种是夫妇，他们从结婚到生育子女再到退休和去世，这构成了一个生命周期;第二种是子女,他们从出生到幼儿到儿童再到青少年和成人,这构成了另外一个生命周期。其中,夫妇的生命周期构成了人生后半个生命周期,子女的生命周期则构成了人生前半个生命周期,夫妇和子女的生命周期结合起来就构成了一个完整的人的生命周期,当然,更主要的还是构成了一个完整的家庭生命周期。杜瓦尔的家庭生命周期理论中,还包含着另一个基本思想:家庭是有生命周期的,同时,家庭在生命周期中不同的发展阶段上是有各种不同任务的,一个家庭的发展任务是要满足不同阶段的需求。因为"家庭生活中出现的一定阶段是与人们成长的需要相联系的,成功地满足人的需要,会给以后带来认可和成功,不能如此则导致家庭生活中的不愉快,被社会所反对和带来家庭继续发展下去的困难。"①不同阶段中的需求,主要包括三种,其一是生理需求,其二是文化规范,其三是人的愿望和价值观。

杜瓦尔的生命周期理论也遭到了许多人的批评。批评者认为杜瓦尔主要是以第一个子女的成长变化来划分家庭生命周期,这样一来,还有一些更复杂的多子女的家庭,它们很难从杜瓦尔的思想中得到足够的解释;此外,杜瓦尔的家庭生命周期太过于简单化,只选取了一种最普遍、最正常的家庭发展模式,而实际生活中,还有许多特殊的家庭发展情形,如离婚家庭、子女先于夫妇死亡的家庭、无子女的家庭等等,这些特殊情况是被排除在杜瓦尔的家庭生命周期理论之外的。

杜瓦尔的家庭生命周期理论尽管有许多不足,但应该承认,它还是有很强的解释力的,也给家庭研究带来了极其有益的启示。它使我们认识到,首先,家庭是有着自身的独立的生命周期的;其次,家庭的生命周期是与家庭成员亦即人的生命周期紧密相连的;此外,很现实的一点是,现代社会中,尤其是在中国社会,

① 转引自罗斯·埃什尔曼:《家庭导论》,中国社会科学出版社,1991年版,第7页。

更普遍的家庭结构形式是夫妇再加独生子女，这种家庭正是杜瓦尔家庭生命周期理论分析的标准模本。

第五节 家庭关系

家庭关系简单说来就是家庭成员间的关系，我们每个人终生都置身于家庭之中，同样地，我们每个人几乎终生都不可避免地置身于家庭关系之中。家庭关系的好坏直接涉及我们每个人的生活。是否能够处理好家庭关系，这不仅关系到我们每个人，同样也关系到与我们相关的其他家庭成员的生活质量。

家庭成员的构成一般来说并不复杂，但家庭关系的形成相对而言却要复杂得多，许多人感叹“清官难断家务事”、“家家有本难念的经”，这正是对家庭关系复杂性和家庭关系处理的困难性的一种生动写照。

家庭关系的构成一般包括如下几种：夫妻关系、父母和子女关系、兄弟姐妹关系、祖孙关系、婆媳关系、翁婿关系、姑嫂关系、妯娌关系、连襟关系等等，这些关系共同构成了一个互相联系、互相影响的家庭关系的网络，其中任何一种家庭关系的紧张，都有可能影响到整个家庭的稳定与和谐。“牵一发而动全身”也是对家庭关系复杂性和相互关联性的具体写照。

在这些家庭关系中，夫妻关系是核心，父母子女关系是重点，婆媳关系则成为关键。此外，还有姑嫂关系和妯娌关系，这些都是非常重要同时却又极难处理好的家庭关系。许多家庭都曾经困扰于这些家庭关系的紧张和冲突，许多人也曾为此而被搞得焦头烂额，苦不堪言。

家庭关系如此重要，为了更好地认识和处理好家庭关系，我们有必要首先对家庭关系的特征有一个基本的了解。家庭关系的特征大致有如下几个。

(1) 家庭关系是社会关系。家庭作为社会细胞、社会组织、社会群体和社会制度而存在,相应地,家庭关系就绝不仅仅是家务之事,不仅仅是家庭组织中成员的关系。家庭关系包含了许多社会因素,是作为社会关系的一种而存在的。此外,社会是在家庭的基础之上建立起来的,这也就是说家庭关系与社会关系具有内在的、本质的共通性和可比性,而且家庭的变化很大程度上受到了社会发展的影响,这决定了家庭关系的社会特征。

(2) 家庭关系以婚姻和血缘为发生根据。与其他的社会关系比较起来,这是家庭关系最显著的特征之一。同事关系以工作单位来确定,同学关系以学校为基础,邻里关系则以居住的物理距离作为判断标准,而家庭关系则是以婚姻为根据,以血缘为延续而建成的关系。社会的变迁也必然会影响到家庭关系的远近和家庭关系的具体内容等等。家庭关系不仅包括了社会性的因素,同时也包括了自然性或生理性的成分,因此,家庭关系的特点可以被表述为:以婚姻为起点,以血缘为纽带,以社会为基础。

(3) 家庭关系具有明显的代际性。社会关系中的一个特征是等级性,家庭关系则是以代际关系为层次的。代际的层次性指的是家庭在同代人、两代人或隔代人之间的关系,它更多表明的是家庭关系中的连续性和传承性。代际性并不等同于等级性,但两者之间却并非没有内在关联性,我国传统家庭中的"家长制"便是一个很好的例子。家庭关系的代际性同样也要受到社会环境的影响,西方国家的家庭关系多为单向的接力模式,而中国的家庭尤其是传统家庭则多为双向的反馈模式。

(4) 家庭关系贯穿人的一生。同事关系、同学关系以及邻里关系等其他社会关系往往是一种相对松散的、局部的、短暂的关系,而人的一生从摇篮到坟墓几乎都离不开家庭,家庭关系是一种伴随人的终生的关系,它对人的成长具有持久的、重要的影响。

(5) 家庭关系的亲密性、一体性。正是因为有婚姻和血缘为基础，所以家庭成员之间的关系表现得尤其亲密，而且家庭成员也往往以家庭为统一体，彼此之间形成一种稳固的、强烈的一体化感觉，这种亲密性和一体化是其他社会关系远远无法类比的。日常生活中人们也曾采用家庭关系来表达彼此间的特殊的亲近关系，如将祖国比喻为母亲，将普天下人类的认同感表达为兄弟姐妹关系，将单位和社区表达为家等等。

（6）家庭关系的影响因素。影响家庭关系的因素有很多，最基本的因素是家庭人数和家庭的结构类型。家庭成员越多，家庭关系就显得越复杂，相应地，家庭成员越少，家庭关系就越简单。美国家庭问题专家波沙特（J. H. S. Bossard）发明了一个家庭互动定律，他用 $\frac{N\times(N-1)}{2}$ 这个公式来计算家庭关系的种类，其中，N 代表家庭成员数目，假如某一个家庭中共有 10 个人，那么，其家庭关系总共有 45 种。

除了家庭成员数量之外，家庭结构对家庭关系的影响同样很重要。有两个家庭，其成员总数同样为五个人，但一个是核心家庭，一个是扩大家庭，这样，两个家庭所表现出的家庭关系从具体内容和种类上来看，肯定存在着很大的差别。影响家庭关系的其他因素还有很多，家庭成员个人人格的复杂性、家庭中的代际层次多少以及社会法律、道德、风俗等因素，它们都以不同的方式对家庭关系发生影响。此外，除了这些共同的特征之外，具体到每一种家庭关系，它们所表现出的具体内容和特征还有着具体的差异。

在家庭关系中，存在比较普遍而且影响比较深重的主要有夫妻关系、亲子关系、婆媳关系等。

一、夫妻关系

夫妻关系是家庭关系的核心，其他的家庭关系都是围绕夫妻关系而展开的。所谓“夫妻和,家道成”指的就是,夫妻关系的好坏,对整个家庭的和睦与兴盛具有决定性的意义。

从形式上看,夫妻关系表现为在法律许可下的男女两性相对稳定和持久的结合。这种结合一般情况下主要是以爱情为基础,所以,通常情况下决定夫妻关系的根本因素应该是夫妻之间的爱情。真正以爱情为基础而结合起来的夫妻关系相对来说更热烈、更亲密、更持久。爱情具有一种不可思议的魔力,它能够帮助夫妻度过困境,营造美好生活。

不过,在现实生活中,即使以爱情为基础而形成的夫妻关系,也并非总是处于和谐美满状态,相反,争吵、冲突、对抗乃至离婚却常常在大多数婚姻中都有不同的表现形式。夫妻之间的矛盾冲突太普遍了,以致人们认为这就如同勺子不可能不碰锅一样,市面上也因此充斥着大量关于婚姻指导、夫妻调适等方面的书籍。

夫妻之间之所以会存在着各种各样的冲突,这既有夫妻双方对爱情和家庭的理解问题,同时也有其他相关因素的影响。

1. 对爱情的理解

婚姻和家庭是建立在爱情基础上的,对爱情的理解直接影响夫妻的关系。许多人认为,爱情是纯洁的、永恒的,但事实上,爱情并不是空穴来风,也不是海市蜃楼,爱情是有一定的物质基础和生活条件的。在爱情方面,人们常常反对门当户对,其实爱情恰恰是需要门当户对的,只有共同的生活基础、共同的个人修养才有可能激发出真正的爱情。所谓有共同语言,其实就是对爱情要门当户对的一种直观解释。此外,爱情的纯洁性表现为两情相悦、两性的怦然心动,表现为妙不可言的缘,表现为一个人对恰恰属于自己另一半的痴痴追寻,而有些人则错将同情乃至异性间的友爱理解为爱情,这为夫妻关系的悲剧埋下了伏笔。再次,爱情是一种强烈的、爆发性的情感,这种情感虽然强烈,但毕竟还是情感,而情感毫无疑问是很难持久的。而且爱情是有一定的现实基础的，现实基础的变化，相应地会导致爱情的变化，也就是说，爱情可能更纯粹、更强烈、更持久，但也完全可能会更淡化乃至完全消失。很多夫妻不了解爱情的变化情形，更不了解如何去爱惜和培养这份珍贵的情感，这只能导致夫妻关系淡化、无感觉乃至死亡。

2. 对家庭的理解

许多人常常过于理想化，过于浪漫化，将爱情视为婚姻和家庭的主要或唯一的目的，这样，家庭的角色就显得过于简单化，过于片面化。另外，家庭自身也有一个发展过程，在结婚一年之内，只有夫妻二人，爱情是唯一的主导因素；但一两年之后，小孩降生了，夫妻的爱情可能就要逐步让位于对小孩的抚养和教育了，这时候，许多家庭很容易产生矛盾，因为浪漫的、神圣的爱情消退了，或者以更含蓄的形式表现着。有很多夫妻不能适应这种过于具体、过于现实乃至过于琐碎的家庭生活的突然转变，误以为爱情已经消失了。于是，建立在爱情基础之上的婚姻开始动摇，这也是为什么许多家庭在结婚头一年被称为“蜜年时期”，而结婚第三年，则许多家庭容易形成矛盾冲突甚至迈入高离婚时期。

事实上，婚姻和家庭并非仅仅是依靠爱情而组合起来的，家庭更主要的还是一种有机的社会组织，家庭所承担的功能除了对爱情的呵护之外，还有夫妻之间性的需要的满足、家庭成员的社会化、家庭成员的情感支持以及经济功能等。一个家庭真正和谐稳定地运转起来，需要的是多种功能的多方面满足，仅仅有爱情是不够的。现实生活中，有许多家庭是因为夫妻性生活不协调而破裂的，也有家庭是因为子女的生育和教养而走向冲突的，还有一些家庭是因为夫妻中某一方面感情外移而导致悲剧结果的。

3. 其他因素的影响

除了夫妻之间以及子女问题之外，还有许多因素会影响夫妻关系的发展，比如婆媳关系，这可以说是夫妻关系的一个杀手锏。婆媳关系是我们中国家庭中的一个根深蒂固的痼疾，有许多夫妻因为婆媳关系的紧张而走向夫妻关系的矛盾、对立甚至反目。夫妻关系其实是很脆弱的，因为夫妻关系不是血缘关系，而是姻亲关系，没有内在的、稳固的、根本性的联系，再加上现代社会越来越强调个体性，越来越强调家庭的开放性和自由性，因此，家庭解体的现象越来越多，夫妻的离婚率也越来越高，夫妻关系也不得不面临一系列不断涌现的新问题。

正因为夫妻关系很重要，同时又很脆弱，因此，夫妻双方更应该拿出更多的爱心、更多的耐心去精心呵护。良好的夫妻关系除了对爱情、婚姻、家庭的正确理解和深刻把握之外，还要求夫妻之间有良好的沟通技巧。两个人如影随形般终生厮守，冲突和矛盾肯定是在所难免的，很多时候，夫妻之间的矛盾冲突并不是根本性的，但因为夫妻双方沟通不及时，或沟通方法有误，反倒会使小事酿成大祸。许多夫妇吵架之后才发现其实本来就没有什么大事，而且即使是大事也是可以化解为小事的；还有一些夫妻就不那么幸运了，他们一怒之下走向离婚，离婚之后才发现，原来没有必要如此小题大做，但此时此刻却已是追悔莫及、覆水难收了。

二、父母子女关系

如果说父母是家庭的核心的话，子女则构成了家庭中另一个不可忽视的重点。家庭关系主要就是围绕父母关系和父母子女关系而展开的，父母和子女关系在家庭中的地位和意义是绝对不可忽视的。父母子女关系的特征主要有三个方面。

1. 家庭中的基本三角

父亲、母亲和子女构成了家庭中的基本三角，这个基本三角决定了家庭的基本结构，同时也决定了其他家庭关系的进一步展开及其具体内容。“婚姻的意义就在于建立这社会结构中的基本三角。夫妇不只是男女间的两性关系，而是共同向儿女负责的合作关系,在这个婚姻的契约中同时缔结了两种相连的社会关系——夫妇和亲子。这两种关系不能分别独立,夫妇关系以亲子关系为前提,亲子关系也以夫妇关系为必要条件。这是三角形的三边,不能短缺的。"[①]中国人信奉"不孝有三,无后为大",由此可见子女在家庭中的地位和意义。现实生活中,有许多人晚婚、晚育或不育,但自愿终生不育的夫妇毕竟还是少数,许多夫妇不能生育时宁肯去领养一个孩子,也不愿意一生一世只有夫妇二人默默相守。在这里,子女已经不仅仅局限于传宗接代的意义,子女的意义更多地表现在完整家庭结构、完满家庭生活、提高和充实夫妇生活,可见子女在父亲、母亲、子女这个家庭三角结构中显示出的重要性。

2. 父母与子女的双向互动作用

父母对子女的影响是显而易见的,从生育子女,到抚养子女,再到教育子女,父母对子女的影响无时不在,无处不有。但这并不等于说父母与子女之间只存在父母对子女发生影响这种单向的关系,尤其需要引起我们注意的是,子女同样也对父母发生着重要的影响。子女对父母最根本的一个影响就是,子女的出现使夫妻二人进入了一个新的家庭角色——父亲和母亲。从为人夫、为人妻,再到为人父、为人母,这是一个角色的质的转变。这个角色的转变不仅促进了夫妻生活方式和生活内容的改变,同时也使夫妻的人格更加完美、更加成熟。子女的出现使夫妻进入了一个全新的世界,这个全新的世界对于人的健康成长具有不可替代的重要意义。子女对父母影响的第二个特征是,这种影响是贯穿人的一生的。即使刚刚出世的婴儿也对父母产生着重要影响,婴儿的出生使父母发现了新的理想和寄托,发现了新的生活目标和希望。同时,在具体哺育婴儿过程中,婴儿的情绪和反应会给父母带来无尽的惊喜或者烦恼;青少年时期的子女也会给父母带来无

① 费孝通:《生育制度》,商务印书馆,1999年版,第65页。

穷无尽的成长中的欢乐和痛苦;而成年子女给父母带来的则是更多的体贴和关怀,对老年父母的赡养就是一个具体的表现。

3. 父母与子女是平等的

让所有的父母都接受这个观点可能会有些困难,有的子女即使已经成年甚至结婚生子,他的母亲依然会理直气壮地说:“不管他长多大,仍然是我儿子。”这句话的潜台词就是,因为他是我儿子,所以,他还是不成熟的,他是不独立的,至少不比我成熟,我还是可以也应该管束他的。这句话恰恰有悖于父母与子女的平等关系原则,但也正是这句话,恰恰成为许多父母谈论子女的一句通行话语。

父母与子女的平等关系大致有两层含义。第一层含义是指父母与子女在人格上都是独立的、平等的,子女并不是父母的附属品。有些父母尤其是母亲总认为,孩子是我身上掉下来的肉,孩子是我不可分割的一部分。这种父母常把孩子作为自己的附属品或私有财产,从而忽略了子女也是一个独立的个体。在一些悲剧事件中,因为种种原因无法或不愿再生活下去的母亲,因为担心子女受苦受罪,于是,便作出一些难以令人理解的极端行为,她们会抱着孩子一起跳河自尽,这些近于疯狂的爱子行为,其实反倒使子女成了他们的牺牲品。父母与子女的平等关系的第二层含义是,父母更多的是将子女作为朋友来看待,子女并不是低于父母的二等家庭成员,这种朋友式的父母子女关系最大的好处是给子女的成长提供了足够的自由空间,同时也使父母地位的确立更主要地取决于父母成熟的人格魅力,而不是依靠父母自上而下严厉苛刻、粗暴简单的吵、骂、打。父母子女的平等关系绝不会损伤父母的地位和尊严,它只不过对父母提出了更高更严的要求;父母子女的不平等关系反倒是有百害而无一利,它一方面破坏了父母的形象和地位,另一方面也会限制或扭曲子女的健康成长。有许多花季少年离家出走,骨子里就是对简单粗暴的父母的激烈反抗。

三、婆媳关系

婆媳关系历来是家庭关系的一个焦点。这不仅是因为婆媳关系的好坏直接影响着整个家庭生活的好坏，而且也是因为自古以来，婆媳关系就很难处理好。

俗话说得好："婆媳吵，全家恼；婆媳和，全家乐。"婆媳关系的好坏，对整个家庭关系的走向具有举足轻重的影响力。这是因为，夫妻关系是家庭关系的核心，而婆媳关系又是通过同时身为儿子和丈夫两种角色的一个男人而联系起来的，婆媳关系直接把两代夫妻关系全部牵扯了进来，因此，婆媳关系的好坏，自然决定了整个家庭的和睦或紧张程度。

令人深思的倒是，为什么在所有的家庭关系中婆媳关系一直很难相处？不管是新社会还是旧社会，婆媳关系的紧张始终是一个难解的顽症。许多男人都曾在这双层夹板气之中百思不解，痛苦万分。

婆媳不和的一个重要理由也许应该归结于一个微妙的心理原因，婆媳关系是以一个男人为中介而联系起来的，这个男人又同时与两个女人具有异乎寻常的关系。从婆婆的角度而言，这个男人是她的儿子；从媳妇的角度而言，这个男人是她的丈夫。婆婆对这个男人的感情是母子之情，媳妇对这个男人的感情则是爱情。这两种感情都是非常强烈、非常持久的，同时，又具有非同一般的针对性、排他性，甚至还有一些独占性。这两种感情都要求完全地拥有这个男人，表现在实际生活中，就是对这个男人的竭力占有，所以，婆媳关系的问题也常常被归结为两个女人争夺一个男人的斗争。在现实生活中，常常出现这样的情形，如果丈夫与妻子的关系特别亲密时，婆婆不但不高兴，反而会表现出失落感，甚至嫉妒感；另一方面，如果丈夫特别孝敬婆婆，与婆婆关系很亲热时,妻子也会觉得受到了冷落,甚至为此而醋意大发。虽然说母子之爱与夫妻之爱这两种情感在本质上完全不同,但毕竟这两种情感指向的是同一个具体的对象,而婆婆与妻子所关心的并不是这两种情感的差别,而是唯一的这个关注对象的归属问题,因此,纷争和矛盾肯定就在所难免了。

婆媳不和的第二个原因也许可以归结于双方对家庭权力的争夺上。按照传统的观点,男人主外,女人主内,家庭对女人具有一种异乎寻常的重要意义,家庭是一个独立王国,女人就是家庭王国的国王。从婆婆的角度来讲,作为儿子的这个中间男人是她的一个臣民,从媳妇的角度来讲,作为丈夫的这个中间男人是她的独立王国的一个臣民。婆婆的家庭王国与媳妇的家庭王国并不是同一个家庭王国,无论作为儿子还是作为丈夫,这个中间男人都是家庭王国中一个极其重要的成员,这个男人却绝对无法一身二分,同属两国。因此,婆媳为了捍卫自己的独立王国的完整性和神圣性,肯定会再一次展开对这个中间男人的争夺,这只会再一次加剧婆媳之间的紧张气氛。

婆媳不和的第三个原因可以归结为婆婆与媳妇之间的相互关系上。首先,从家庭结构上来看,婆媳之间形成了一种母女关系,但婆婆与媳妇仅仅是通过一个男人而联系起来的,她们之间并没有直接的血缘关系,也没有直接的姻亲关系。媳妇一般被认为是“外来人”,因此,婆媳之间常常只有形式上或名义上的母女关系,而并不具备有血缘关系而结成的母女关系的实际特质,婆媳之间至多只能是一种“准母女关系”。其次,婆婆与媳妇是两代人,不可避免地会在生活习惯、思想观念等多方面形成代沟,这也使婆媳之间很难沟通,很难避免摩擦。第三,婆媳关系是两个女人之间的关系,而女人与女人总是很难相处的,一个很明显的比较是,媳妇虽然很难与婆婆相处,但却能很轻松地与公公相处,这种差别只能归诸于男女之间的不同了。

婆媳不和的第四个原因可以归结为生理和心理问题。据

2001年7月29日的《今日快报》报道，我国武汉市精神病医院主任医师刘小林提出了一种新的解释，他认为，婆媳不和的主要原因是因为媳妇的“产期抑郁症”恰好遭遇到了婆婆的“更年期综合征”。产期的妇女受到很多因素的困扰，情绪一直很不稳定。孕期的妇女往往担心胎儿是否健康、能否顺产、是男是女等问题；孕后的妇女不再是家人关注的中心，刚出生的孩子则成了家庭的绝对中心，媳妇心中充满的是强烈的失落感，如果出生的是个女孩，媳妇的压力就更大、更重。对于职业女性来说，因为脱离了原来的工作环境，她变得异常脆弱，特别在乎家人对她一言一行的态度。此外，她还要考虑原来的工作是否发生了新的变化、能否适应等等，这使媳妇常常陷入压抑、乏力、烦躁、偏激、悲观等等异常情绪，这被称为“产期抑郁症”。另一方面，婆婆正好又处于更年期，内分泌系统发生的变化使婆婆变得易怒、唠叨、褊狭、斤斤计较于芝麻般的琐事，这种情况被称为“更年期综合征”。可以想象的是，“产期抑郁症”的媳妇和“更年期综合征”的婆婆在相当长的时间之内又不得不生活在一起，如同针尖对麦芒，在这种情况下，婆婆和媳妇之间要想避免矛盾的产生的确是很困难了。

影响婆媳关系的因素还有很多，社会环境同样会对婆媳关系产生深刻影响。在传统社会中，婆婆在婆媳关系中始终处于强势地位，婆媳关系的基本内容就是婆婆对媳妇的压迫，在这种情形下，媳妇就是受气包的代名词；在现代社会中，妇女的地位提高了，不论是社会地位还是家庭地位都产生了翻天覆地的变化，新一代的妇女有了稳定的经济收入，接受了良好的文化教育，而婆婆则相对显得缺少稳定的经济收入，没有多少文化水平，并且又年老多病，在这种情形下，婆媳关系又发生了新的变化。过去婆婆压迫媳妇演变成了今天婆婆与媳妇平等，在有些家庭还出现了媳妇嫌弃婆婆甚至虐待婆婆的恶劣现象，这无论从道义上，还是从情感上都很难令人理解、更难令人接受，这也再一次引发了婆媳关系的紧张和冲突。

在婆媳关系中,处于中间的男人始终是置身于一种异常敏感的地位,婆媳关系的好坏很大程度上取决于这个男人的协调作用,只可惜很多男人并没有意识到这些,他们要么是帮着婆婆欺负媳妇,要么是更多地帮助媳妇虐待婆婆,要么是置身婆媳斗争的漩涡中一筹莫展,所有这些行动抉择都丝毫无助于婆媳矛盾的化解,反而会使这个可怜的男人越来越深地陷入婆媳斗争的水深火热之中。

值得注意的重要家庭关系还有兄弟姐妹关系。兄弟姐妹关系是由父母子女关系衍生出来的,它大致包括兄弟关系、姐妹关系、姐弟关系和兄妹关系等等。兄弟姐妹关系可以说是同辈群体中最亲密、最强烈、最深刻的关系了。因为他们有共同的父母,有共同的血缘,有共同的生活环境,所以,兄弟姐妹之间存在有异常明显而又异常强烈的认同感和同一感。也正因为如此,我们常常看到,在同一个家庭的兄弟姐妹之间,充满了发自内心的、无私的、无怨无悔的奉献和牺牲精神,每一个兄弟、每一个姐妹都拥有同一个使命,拥有同一个生命,他们紧紧地团结在一起,结成了一个牢不可破的集体,形成了一个更加庄严、更加伟大的新的生命。也正因为如此,兄弟姐妹关系成为最纯洁、最亲密的同辈关系的代表。日常生活中,人们也常用兄弟姐妹关系来表示彼此间的亲密友好,称兄道弟或呼姐唤妹,这表明人们之间的关系已经远远超越了“同志”所表达的含义,“四海之内皆兄弟”、“姐妹情谊就是力量”这些看似普通的口号,曾经以神奇的魔力使原本形同陌路的人最终走到了一起。

家庭关系的表现形式还有很多,需要注意的是,随着社会的发展,家庭关系无论在内容还是形式上都发生着相应的变化,现代工业社会中人们生活的节奏越来越快,人员的流动越来越频繁,这使家庭越来越呈现小型化趋势。家庭小型化的必然结果就是家庭关系的种类减少,这样的家庭中一般只存在夫妻关系、父母子女关系,其他的家庭关系如翁婿关系、婆媳关系等因为居住的相对分离也日渐淡化，仅仅作为家庭的背景而存在着。另外，我国由于计划生育政策的推广和实施，使得大多数家庭中只有一个孩子，这样，传统的兄弟姐妹关系便失去了存在的基础，即使这个名称仍然被沿用，但它所表示的内容肯定已经大为削弱、不同以往了。

第六节 家庭功能

家庭具有崇高的社会地位和深远的社会意义，这表明家庭能够尽可能地满足人们的各种需要，同时也意味着家庭具有多种功能。事实上，家庭的功能的确是多种多样的，它具有为家庭成员提供保护、对家庭成员进行教育、帮助家庭成员交流感情以及繁衍后代等功能。家庭功能有一个发展、变化的过程，相对来说，最具代表性的家庭功能主要有性欲的调控、子女的养育（人口再生产）、情感的慰藉。

一、性欲的调控

我们常常说人是一种高级动物，这句话有两层含义：第一层含义是承认人是一种动物，人与动物有着许多共同特征；第二层含义是指人虽然是动物，但他是高级动物而非普通的动物。这种高级用马克思的话来表示就是，人是社会关系的总和。简而言之，人具有两种相关特性，一种是动物性，另一种是社会性。同样的道理，性对于人而言，也具备两种特性，一种是动物性，另一种是社会性。

从动物性角度来看，性欲是一种动物式的本能，是先天的、与生俱来的。孔子的话很好地表达了这种观点,“食色,性也”。性与食是人的一种基本本能,如同人饿了就要吃饭一样,性其实也是另一种生理上的饥饿。当这种饥饿产生时,它必然要求有必要的满足,而且这种饥饿是不可能永远满足的,也不可能一劳永逸的。可以毫不夸张地说,只要有生命存在,就必然有性的要求,尽管这种性需求的形式和内容可能会有所改变。从这个角度来说的话,人的一生其实就是在性饥饿与性满足之间的挣扎、抗争和实现的过程,弗洛伊德将性作为人生最原始、最根本的驱动力,尽管有些夸张,但并不是没有理由的。

从社会性角度来看,人是社会的存在,除了自慰,性的满足必然要涉及他人,因此,性的社会性特征就显得尤为明显。在这里,性的满足就不再仅仅是私人的事情,而更多的是一种与公共利益相关的社会事务。也正因为如此,在性的问题上,没有一个国家是采取完全放任态度的,所有的国家都对性采取了一定的引导和调控手段。这一方面是为了最大可能地满足个人对性的需求,另一方面是为了更好地维持社会秩序的稳定和持久。国家对性的调控方式一种是用法律来强制,另一种是用道德来监督,第三种是用舆论来引导。最深入、最彻底也最具影响力的调控方式则是通过家庭来实现的,也就是家庭的调控。

家庭作为性欲的调控手段,它的产生有历史和现实的原因,具体来讲,主要有如下几个因素。

1. 乱伦禁忌

许多国家和社会都禁止同一个家庭成员之间发生性的关系,禁止家庭成员之间婚姻关系的成立,有的国家还进一步禁止家庭亲属之间的婚姻关系。从优生学的角度来讲,人们认为,近亲结婚容易导致所生子女在体力和智力上的退化或病变;从社会学的角度来看,家庭成员之间乱伦通婚的后果是相当严重的,它会直接导致家庭秩序的混乱、家庭权力的失控、家庭成员身份确认的困难。如果父亲与自己的女儿结婚,那么,母亲与女儿之间将变为姐妹关系，父亲与女儿之间将不是父女关系，而是夫妻关系，而兄弟姐妹之间则改变为母子关系，至于父亲与女儿所生育的子女，则更加不知道在这个家中究竟该如何称呼每一位家庭成员，甚至连他们自己的身份和地位也将很难把握。家庭的混乱相应地要导致社会的混乱；家庭的确立，则使这种混乱无序状态重新呈现出了合情合理的秩序。

2. 稳定的性满足

性的生物性和社会性特征决定了性虽然是自然的、本能的需求，但并不能因此而随心所欲。乱伦的禁忌、社会秩序的要求，使得性的满足必须遵守一定的规范，建立一定的制度，这种规范化、制度化的性满足最终通过家庭得以实现。家庭使乱伦和滥交得到了最大限度的避免，同时，又使性的自然需求得到了最大限度的满足。家庭使男女双方分别以情感和社会等综合标准选取自己最合适的性对象，并且以法律的形式稳固下来，这样男女双方就可以自由地、长期地进行性爱活动，同时享受法律的庄严保护。

卖淫也可以使人获得性满足，但是，在卖淫和买淫生活中，性是作为一种赤裸裸的商品而进行交换的。在家庭之中，夫妻之间的性满足则是以爱情为基础而展开的。因此，应当承认，只有家庭才是使合情合理的性满足得以实现的唯一途径。

性满足是家庭建立的重要因素，但并不是唯一因素。西方一位终生独身的伟大哲学家认为，婚姻是夫妻对双方性器官的合法使用。西方也有学者认为，婚姻是合法的卖淫。这些偏颇的观点注意到了性的生物性，却忽视了性的社会性。同时，他们将家庭的性满足功能夸大到了极端，但却忽视了家庭的其他重要功能。

总的说来，家庭对性欲的调控是成功的，但我们应该知道，现行的家庭制度也是历史发展的产物，这注定了它决不会是绝对完美的。很明显的一个问题是，由于各种各样的原因，自愿或非自愿独身生活的男人或女人，他们的性生活在目前的家庭范围之内肯定是无法解决的。另外一个很重要的问题是，贯穿终生的一夫一妻制,在提供了固定的性对象的同时,也拒绝了其他可能的性对象,许多人不能忍受婚姻生活的单调重复,有的逃出了围城,有的衍生出了婚外情,有的则在责任的名义下维持着虚妄的婚姻生活。这不得不使我们去认真思索:究竟是我们错了,家庭错了,还是我们的婚姻制度错了?

二、子女的养育

在避孕和堕胎技术产生之前,两性的结合在大多数情况下都伴随有子女的出生。在混乱无序同时又缺乏约束的情况之下,子女是最大的牺牲品,这时的孩子只能是无父无母的黑孩子或私生子,这些孩子在社会中是被排斥和受歧视的。孩子的健康成长需要有住所的提供、食物的保障以及情感的慰藉,而这些基本的保障对于只愿享乐不愿负责又无人惩罚的男女两性来讲,是绝对不可能实现的。从长远来看,这是不利于社会的繁荣和持续发展的,这使得制度化的性满足即家庭成为必然。家庭的出现还有一个关键的意义,它确认了子女在家庭和家族意义上的身份,家庭使子女真正成为家族延续的重要保证。现实生活中,子女常常被誉为小太阳,成为家庭运转的中心,子女的这种至高无上的地位正是由于家庭所带来的福音。家庭对于子女的第三个意义就在于,家庭为子女提供了一个现实的社会地位和社会身份。社会对孩子的认识和接纳往往是通过孩子的家庭背景来展开的。孩子本身是平等的,但孩子的家庭间存在有明显的差异,家庭的差异使孩子人为地被区分了开来。像农民家庭的孩子、工人家庭的孩子、知识分子家庭的孩子等等,这种先定的、非因孩子本身而带给孩子的差别从积极的意义而言,它为孩子在社会上谋得了一个位置,储备了一些资源;从消极的意义而言,它限制了孩子的选择自由,造成了与生俱来的人为的不公平。家庭是孩子走向社会的一座桥梁，虽然它指明了方向，但如何向前走，则主要还是掌握在孩子的脚下。

三、情感的慰藉

对于真正的人而言，仅仅有充裕的物质是远远不够的，仅仅依靠物质而支撑的生活是缺乏意义的，是很难幸福的。情感的重要性常常超过了面包和金钱，在现代社会，人们对于情感的追求却是越来越难了，工作竞争的压力、职业转换的频繁，使同事之间除了工作上的联系之外很难再发生出充满人情味的其他关系。现代生活节奏的加快，家庭迁徙的相对自由，更使人与人之间常常形同陌路。在拥挤的城市里，人们下了班就把自己锁进有防盗网和防盗门保护的家里，彼此隔膜到甚至连周围的邻居都不熟悉的地步，每个人都是孤立的，每个家庭也都是孤立的，这种可怕的孤独感常常萦绕在人们的心头。在熙熙攘攘的人流中，人们越发感到心灵深处的孤独和寂寞，社会已经很难像个大家庭一样为我们提供情感的慰藉。

家庭成了最后一个堡垒、最后一个港湾，家庭是人们认同感和归属感最强的最后的一块净土。血缘关系使家庭成员联结成了一个牢不可破的紧密实体，也正因为如此，家庭中才充满了理解、同情和支持，家庭中才充满了友情、亲情和爱情。只有在家庭中，人们才能脱掉层层保护的伪装，袒露真实的心声，宣泄真实的情感，才能真正获得情感的慰藉。

家庭的其他功能还有促进社会化、提供经济支持等多种，不过值得注意的是，与传统的家庭比较起来，现代家庭在规模上缩小了，在功能上同样也减少了，现代家庭的功能正在淡化、转换或社会化。比如教育的功能，子女的教育早期由家庭承担，现在则由各级学校承担；又如养老，传统上主要是家庭养老，现在则多是社会养老。但与此同时,子女的生育、情感的慰藉正在成为许多家庭功能的主题。

第七节 家庭问题

家庭问题,顾名思义,指的就是与家庭直接相关或者是发生在家庭之中的问题。例如婚姻解体、夫妻争吵、婆媳矛盾、子女教育、老人养老等等。需要强调的是,家庭是一个重要的社会细胞,是一种社会组织和社会制度,因此,家庭问题很显然并不仅仅是“家务事”,而更多的是一种社会问题,家庭问题的产生和表现深深地打上了社会影响的烙印。具体到我们国家目前的现实情况,家庭问题主要表现为独生子女教育、老人养老、家庭暴力、离婚、包二奶、婚外恋等问题,这些问题是我们国家社会发展变化的直接结果,在很大程度上已经转变为影响深远的重大社会问题,引起了学术界和社会上的广泛关注。

一、家庭暴力

家庭暴力是存在已久但直到新近才引起人们深切关注的一个社会问题。家庭暴力区别于一般暴力之处在于,它是发生在家庭成员之间的暴力伤害,是在家庭范围之内出现的暴力行为。具体来说,家庭暴力是指一个家庭成员对另一个家庭成员所施予的暴力伤害。这种暴力伤害表现为肉体上、心理上以及性方面的伤害。家庭暴力可以是丈夫对妻子的伤害,也可以是妻子对丈夫的伤害;可以是父母对子女的伤害,也可以是成年子女对父母的伤害;还可以是兄弟姐妹之间的暴力伤害。

长期以来，家庭暴力一直是一个禁忌的话题，许多家庭成员即使遭受了严重的暴力伤害，也不愿意把它讲出来。即使现在越来越多的人开始勇敢地站出来揭露家庭暴力，但人们始终感到，家庭暴力仍然是一个令人困惑的难题。家庭本来被认为是温馨的港湾，家庭成员又是最亲密、最具认同感的群体，可是，为什么恰恰在这些最不该发生暴力行为的地方却屡屡出现暴力伤害？人们对此提出了很多的猜测和解释，最普遍的理由是，家庭暴力是家务事，家庭中的暴力伤害是不违法的。这种想当然的理解绝对是错误的。虽然家庭是一个相对私密的空间，但是家庭作为社会的重要组成，它必然要接受社会规范的约束，没有任何理由使家庭成为法律和道德制约的禁区。第二种理由可能认为，正因为是亲人，所以才会毫无顾忌地对其发泄不满情绪。这里的误解在于，人们对于家庭成员寄予了过多的期望，他们认为家庭成员应该理解、宽容和支持对方，家庭是缓解压力的发泄地，所以许多家庭成员在工作中受到了委屈之后，常常会把火气带回家中，并且统统发泄给无辜的家庭成员，以此求得平衡。这种理由根本不值得一驳，这是一种十足自私的心理在作怪。事实上，很难找到一个充足的理由来对家庭暴力的存在作出一种合情、合理、合法的解释与开脱，也就是说，家庭暴力于情、于理、于法都是站不住脚的。所以，我们可以毫不犹豫地判定家庭暴力是反常的，非道德的，非法的。

大量的调查研究表明，在家庭暴力的诸多形式中，丈夫对妻子、父母对子女、成年子女对老年父母这三种暴力伤害形式最为普遍。这三种暴力伤害有一个共同特征，即被伤害的对象相对而言都居于一种明显的弱势地位。难道这是人类残存的原始的、野蛮的弱肉强食的动物性特征在作怪？抑或是强权即真理这种简单的、粗暴的观念的流露？或者它是人性本恶的一种昭示？人们很迷惘，这是否可以作为家庭暴力普遍存在的第三种借口呢？

除了这些共同的理由之外，每一种具体的家庭暴力的产生还有它所独具的理由。

丈夫对妻子的暴力伤害在我国传统社会尤其是在北方地区比较普遍,这与丈夫和妻子的不同身份和地位有密切关系。在我国封建社会,女子并不具备与男子平等的社会身份和地位,婚姻的结合常常不是以爱情为基础,而是出于非爱情的动机,如家族的联盟或部族间的交换等等,女人是作为工具而被利用的,女人是社会和男人的牺牲品。在家庭中,女人更是没有地位,她的重要性甚至还不如她的长子。即使建国以后,我国有很多地区在家里来客人时,妇女要回避,甚至不能与客人同桌吃饭,只有男人才有资格作为家庭的代表接待客人、出席宴席,这使大男子主义一度很是风行。在自由开放的现代社会,许多人却依然信奉男人主外、女人主内的家庭模式。当夫妻之间在家庭和事业上发生矛盾时,几乎所有家庭的解决办法都是让女人作出让步和牺牲,甚至就在不久前,许多人还在高呼"妇女回家",还在奉劝妇女回去做全职家庭妇女。在这种可怕的观念之下,丈夫与妻子无论是在人格上还是在家庭地位以及社会地位上都是不平等的。这种不平等直接导致了社会和男人对女人的歧视。丈夫对妻子的暴力伤害主要原因并不在于体力上丈夫比妻子更强壮有力,而是在于男女之间的社会地位不平等。这也可以解释为什么许多妇女在遭受丈夫的虐待时并没有选择离婚。因为妻子已经被社会强化为一个弱者,她接受的观念使她认为她应该被男人管制。所以,许多受到伤害的妻子不是去抗争,而是反复地自责"都是我不好",要么就是无助地感叹"我的命怎么这么不好"。而且在这种情况下,离婚的代价更大,因为离婚之后,妇女的遭遇可能更困苦,她有可能连经济上的困难都很难克服,更不用说走出情感上的困境了。因为离婚的女人需要承受社会双重的压力和歧视。妇女的软弱和无助毫无疑问会再次激发和强化男人的暴力意识。

父母对子女的暴力伤害是另一个引人注目的话题。子女被认为是父母在生物性和社会性上的一种延续,所以,子女常被视为父母的未来、父母的希望。我国许多父母也把子女视为掌上明珠倍加呵护，有的父母更是将子女视为小太阳、小皇帝，由此可见子女在父母心目中的重要性。但是，令人惊奇的是，即使在父母的极端爱心中，子女仍然常常遭受到肉体上和精神上的暴力伤害。如何解释这种爱与暴力的矛盾冲突，这恐怕要涉及社会、心理等诸多因素了。可以肯定的是，即使对子女施以暴力的父母，他们最初的出发点仍然是对孩子的关心和爱护。为什么从爱的极端出发最终却落入暴力伤害的另一个极端？常见的解释是，父母对孩子的期望值太高了，所有的父母都望子成龙、望女成凤，但孩子的天性使他们常常暂时达不到父母的期望，于是，父母便会由爱生恨、恨铁不成钢，而我国许多家庭又相信“棍棒下面出孝子”、“不打不成器”，面对令人失望的孩子，父母便会出手殴打。

虽然父母的动机是为了孩子变得更好，这也是父母对孩子暴力伤害时最冠冕堂皇的理由，但是很遗憾，这个理由是不能成立的。首先，面对毫无还手能力，而且又缺乏自控能力的孩子，不管何种程度的暴力伤害都显得太残忍、太粗暴了；其次，从教育学的角度来看，这只能说明父母教育孩子的无力无能，指望通过暴力来解决问题，只会适得其反。许多孩子正是因为父母的暴力干预，在心灵中烙下了暴力的阴影，长大成人之后，就有可能也同样使用暴力手段解决家庭问题乃至社会问题，这不能不说是一个莫大的悲剧。

父母暴力伤害子女的第二个原因是，父母常常认为子女并不是一个独立的个体。所以，日常生活中，有的妇女自杀时，怕孩子没有母亲时受罪，居然会抱着个孩子一起跳河；还有的妻子，当受了婆婆或丈夫的委屈时，她不是与婆婆和丈夫据理力争，而是通过虐待孩子来达到惩罚婆婆和丈夫的目的。不管把孩子当作妻子的一部分还是丈夫的一部分，根本上都没有意识到孩子从出生之日起就是一个独立的、自由的、有尊严的个体，这样孩子成为受气包、成为出气筒就很容易理解了。

父母对孩子暴力伤害的第三个原因是,人们一般认为孩子尤其是低龄儿童还不是一个真正的人,所以也不会以一个真正的人的标准来对待他,就如同人们可以随意伤害一只动物而无需有丝毫的愧疚感一样。

家庭暴力的存在是广泛的,家庭暴力这种来自最亲密的人的伤害是致命的,因此,如何制止家庭暴力的产生就显得尤为紧迫。从家庭暴力的产生根源来看,防止和杜绝家庭暴力现象应该是一项综合的社会性工作,它需要每个人都站出来并且伸出援手。真正应该做的事情有三件:第一件是教育。教育家庭成员要认识自己、认识他人,同时还要尊重自己、尊重他人;妇女还一定要自立、自强、自爱、自重。第二件是保护。全社会要对妇女、儿童和老人这些弱势群体采取实质性的保护措施,提供物质支持、社区帮助以及法律和道德的支持。第三件是惩罚。对于实施家庭暴力伤害的人,必要时应当依法处理,用法律的武器进行打击,让法律真正保护每一个需要保护的人。事实上,许多国家也都是这样,通过法律的手段来遏制家庭暴力的发散和发展。

二、离婚

几乎所有的男性和女性在缔结婚姻时都怀着一份美好的希望,即希望能够永结同心、百年好合,都海誓山盟,表示海枯石烂永不变心。因为没有任何一对夫妇是为了离婚而结婚的,但事实上,仍然有许多夫妇由于种种原因不得不劳燕分飞,走向离婚的不归路。

在我们国家,很长一段时间里,离婚是一个被刻意回避的话题。人们信奉的理念是:“宁拆十座庙,不毁一桩婚。”同时,舆论、道德和法律等社会力量也竭力挽救和阻止婚姻的破裂,因为大多数人相信,离婚是不良的现象,离婚率过高标志着社会秩序的混乱与不安。因此,许多夫妇尽管彼此早已没有了感情,但迫于种种压力，仍然不得不勉强凑合下去。随着社会的进一步发展，人们的思想观念发生了很大的改变，对婚姻的看法也产生了相应的改变。我们看到，离婚的现象越来越普遍，社会对离婚现象也越来越宽容，这使我们不得不重新审视关于离婚的相关思想。

离婚率升高的一个主要原因是人们对婚姻的看法发生了改变，原来附加到婚姻之上的许多虚妄的东西被除去了。婚姻不是上帝的旨意，也不是人生的唯一抉择，婚姻从高高的神坛步入了寻常的生活，婚姻本质上只是男女二人因为情感的耦合而走到一起来，婚姻更主要的是取决于两个人对自己未来生活的自我选择，而不是屈从于二人世界之外的其他因素。

离婚率上升的第二个因素是因为女性社会地位的上升。现代社会的公平、自由、开放和多元化使女性获得了空前的发展机遇，越来越多的女性走出家庭，走向了工作岗位，而且越来越多的女性纷纷进入了更重要、收入更高的工作岗位，这使女性很大程度上摆脱了对男性的依赖，能够真正独立决定自己的命运。

离婚率上升的第三个因素是社会的宽容、开放和自由。离婚在某种程度上恰恰体现了人们对婚姻的认真和严肃，体现了人们对婚姻的理想化态度。婚姻观念的这些变化导致了两方面的变化，一方面，人们越来越看重婚姻的意义，越来越希望能够从婚姻中寻求情感的慰藉和生活的支持，就是说人们对婚姻的期望值普遍提高；另一方面，由于人们对婚姻越来越苛求完美，而实际生活中完美的婚姻又不可能时时处处都存在，这反倒更容易导致婚姻的破裂。相关调查资料表明，除了感情不和之外，有许多在从前看起来并非严重的事情，在现在却常常导致婚姻的解体。夫妻性生活不协调、夫妻双方家庭的矛盾、子女教养的问题，甚至家务的分配、家庭财务的支出等，这些似乎微不足道的因素都有可能使一对夫妻走向离婚。

离婚的后果是多方面的，它直接涉及的对象包括离婚夫妻及其子女，尤其是子女问题很棘手。许多人也正是从子女的角度出发反对离婚。当事夫妻也往往出于对子女的考虑放弃或推迟离婚,其普遍的理由是为了孩子不要离婚,因为离婚对子女身心两方面都可能会有致命的伤害。现实生活中,离婚家庭的子女确实更多地表现出孤僻、沉默、自卑、智力的延滞、情感的变异等等,因此,离婚受伤害最大的是子女而不是夫妻双方。

但是问题在于,为了子女不受伤害而勉强维持婚姻,夫妻双方就不受伤害吗?这对于夫妻双方难道就公平吗?而且勉强维持实际上已经死亡的家庭是否真的对子女有益处呢?整天吵架、打骂不休,或者终日形同陌路,在这样的家庭中生活,实在看不出对子女有什么好处,表面看起来父母双全的子女,其实根本享受不到父母的关心和爱护。实际上,越来越多的事实表明,离婚对子女而言并不一定就是绝对的坏事,反倒可能会产生许多好处。因为尽管父母离婚了,但夫妻双方与子女的血缘关系却是割舍不断的。离婚之后,子女依然拥有父亲和母亲,离婚之后的父亲和母亲也往往更加珍视与子女的关系,他们此时往往会付出更多的关怀和爱护。对于离婚夫妻双方而言,离婚之后,双方的关系不再像从前那样紧张,也有可能对子女付出更多的关怀和爱护,这当然对子女也是有利的。除此之外,更重要的是,离婚夫妻从此可以结束不满意的婚姻,重新寻找和建立更加完美的家庭。因此,我们赞同的观点是:为了孩子,为了当事夫妻,该离婚时还是离婚为好。毕竟在婚姻和家庭中,夫妻双方才是最重要的构成要素,子女仅仅是夫妻生活的一个结果,这个结果虽然很重要,但决不能代表婚姻的全部。

家庭问题实质上是社会问题,家庭问题的真正解决需要的不仅仅是家庭成员的支持,更需要全社会的广泛支持。在我国,独生子女问题、老人问题、包二奶现象等等,这些家庭问题的解决实际上是一个综合的社会工程,这需要我们每个人都伸出手来!

☞延伸阅读:

[1](德)恩格斯.家庭、私有制和国家的起源.北京:人民出版社,1972.

[2]（美）埃什尔曼. 家庭导论. 潘允康等，译. 北京：中国社会科学出版社，1991.
[3]（美）诺丁斯. 始于家庭：关怀与社会政策. 侯景景，译. 北京：教育科学出版社，2006.
[4]（美）约翰·布雷萧. 家庭会伤人. 杨历险，译. 北京：蓝天出版社，1999.
[5]（美）麦格德里克. 成长中的家庭. 高隽等，译. 北京：世界图书出版公司，2007.
[6]（美）萨提亚. 新家庭如何塑造人. 易春丽等，译. 北京：世界图书出版公司，2007.
[7]（美）海灵格等. 谁在我家. 张虹桥，译. 北京：世界图书出版公司，2007.
[8]（美）尼古拉斯等. 家庭治疗——理论与方法. 王曦影等，译. 上海：华东理工大学出版社，2005.

第四章 社会环境分析：社会政策

在当下中国，对于社会政策的关注已经逐渐成为一种共识。事实上，除了学术研究本身的全球化动力之外，社会政策研究的兴起既与当今中国政府改革以及市场和社会的相应改革有关，同时，也与社会工作学科的兴盛有着密切关系，这其中，最关键的原因还在于，社会政策是人的行为非常重要的一个宏观影响因素。

第一节　概念的比较分析

如果单纯从时间上来看，对社会政策的相关研究起步较早，但是，大体来说，学界比较公认的社会政策研究的正式渊源始自1837年德国学者组织的“社会政策研究会”。令人遗憾的是，尽管迄今为止对社会政策的研究将近百年，但对于社会政策的实质定义，学界却一直聚讼纷纭。从好的一方面来说，这代表着社会政策学科巨大的发展空间；从坏的一方面来说，这很容易导致社会政策学科建设根基的动摇，影响社会政策研究共通范式的形成，而这则是判断一个学科是否成熟的关键维度。

尽管存在着诸多困难，本书还是力图对社会政策作出一个解读，希望能够寻找出一个相对通用的交流话语。对于社会政策概念的分析主要包括以下两个方面。

一、相关概念分析

社会政策概念的出现并不是一个孤立现象，与社会政策这个名词相连的往往还有公共政策、社会服务、社会行政、社会工作以及社会福利等概念，理清这些概念之间的内在关联性有助于我们准确理解和把握社会政策。

首先,关于公共政策。这是最容易和社会政策相提并论的一个概念,同时也是最容易产生混淆的一个概念。关于公共政策本身的定义并没有多大争议,笔者个人比较接受美国学者威尔逊的界定,他认为,公共政策是具有立法权的政治家制定出来的、由公共行政人员来执行的法律和法规。① 尽管对于公共政策的界定还有许多不同的维度,但本质内容基本一样。问题的根本在于,公共政策与社会政策的边界究竟在哪里?比较通行的观点认为,公共政策是整体,社会政策是部分,隶属于公共政策。问题在于,这个定义只是将社会政策贬为公共政策的一个殖民地,社会政策最多只是一个二级研究领域,由此取消了社会政策作为一门独立学科存在的合法权利。目前看来,这个观点问题很大,因为社会政策事实上已经逐渐成长为一个独立的研究学科。

其次,关于社会服务。尽管有些激进学派认为,社会政策的研究目的不一定只是社会服务,还包括社会控制等政治功能,但是,大多数人还是愿意接受社会政策很大程度上是与社会服务有着密切关系的观点。相应地,社会政策在很大程度上是一种社会服务的推广手段,如同公共政策之与公共服务一样。

再次,关于社会行政。单从概念上来说,社会行政与社会政策其实是不一样的,尽管日常生活中我们常常将两者并提,甚至将社会政策附属于社会行政。本质上来说,社会行政主要强调的是管理、组织、执行等具体过程,而社会政策则可能涉及社会行政背后更具本体意义的追问。也正因为如此,有学者认为,中国目前正在进入的是一个社会政策时代,而不是社会行政的时代。

最后,关于社会工作。因为社会政策很大程度上关系到社会服务的实施,而社会工作已经成为世界性的一种社会服务实施的专业方法,所以,不可避免地,社会政策在这里与社会工作形成了

① 转引自杨伟民编著:《社会政策导论》,中国人民大学出版社,2004年版,第58页。

交汇，这是我们谈论社会工作与社会政策内在关系的一个基本背景。

二、具体定义比较

关于社会政策有许多不同的定义，我们希望从众多的定义中寻找到一些共同点。

马歇尔(T. H. Marshar)认为，社会政策"主要指的是与政府有关的政策，这些政策涉及向公民提供服务或收入的行动，通过这些行动对公民的福利有直接结果。因此，其核心由社会保险、公共救助、健康和福利服务、住房政策等组成。"①

蒂特马斯(Richard Titmuss)则从社会需求的角度对社会政策作出了另一种解读，他认为，社会政策应该包括社会福利或社会服务、财政福利以及职业福利等三个组成部分，其中，大家耳熟能详的社会服务只是社会政策的冰山一角。这个定义最大的启发在于，将社会政策与社会需求紧密结合了起来，这给我们带来了理解社会政策的一个新视角。尤其对于同样非常强调案主需求的社会工作来说更是如此。

汤姆·伯登(Tom Burden)认为，"社会政策主要与国家干预的形式有关，而国家干预则影响到了人们生活的机会和条件。社会政策研究通常集中于诸如教育、社会保障、福利和健康教育、住房提供等干预领域——这些活动我们视之为组成了福利国家。"

马丁·瑞恩(Martin Rein)的定义很有特色，他认为，"社会政策可以被定义为市场体系之外的干预。这样来定义社会政策

① 以下关于社会政策的国外定义，参见杨伟民编著：《社会政策导论》，中国人民大学出版社，2004年版，第43～50页。

可以允许我们忽视价格机制显示的偏好,并避免接受作为效率标准的利润的检验,使我们可以集中于可替代的方案——这样的方案主要是对人类的需求负责,并有助于整合、有助于共同体意识的形成。因此,社会政策被认为是社会生活中那些不太具有交换特征的方面,在其中等价交换被单方面的转移所替代,这种替代由具有某种合法的身份或属于某个社会群体来证明其正当性。”

拉特里迪斯(Demetrius Latrids)则认为,“社会政策是向全体人民提供公民权利的媒介物”,社会政策“是与整个社会的基本状况及其发展相联系的,是与人类与环境的关系问题,以及与个人的幸福相联系的。虽然社会政策着眼于宏观层次,但是,许多社会政策是从与社会科学相关联的个人、群体、社区的行为中派生出来的。这是一个强调在社会的制度和结构因素之间,以及整个人口和个人之间进行合作和分担责任的领域。社会政策是改变基本的社会关系和社会形象,改进全体人民、社会阶级和个人的生活条件以及生活方式的共同的工具”。

关于社会政策的定义还有很多,无法一一列举,即使已经列举出来的定义也包含了笔者个人的理解偏好,也许一千个人眼中就会有一千个社会政策定义,这种多元化的理解未必无益。就本人言,我认为,关于社会政策的诸多定义中,除了普适性特征之外,比较值得关注的有四点:

第一点是对于社会需求的强调;

第二点是对满足社会需求所采用的社会手段的强调;

第三点是关于满足社会需求的部分主体也就是社会组织的强调;

第四点是对于社会政策的终极目的也就是社会公正的强调。

这四点构成了在社会工作领域中理解社会政策的基本内核。

第二节　基本特征和主要论域

社会政策的定义揭示了社会政策的基本特征，同时也厘定了社会政策的主要研究论域，这两个内容构成了社会政策的核心。

一、基本特征

社会政策的特征有很多，从不同的侧面出发可能会有不同的发现，本书将社会政策的特征主要概括为以下几点：

1. 政治性

尽管越来越多的人强调社会政策的社会性，但需要注意的是，无论如何，社会性始终脱离不了政治性，在社会政策的研究中，关于意识形态始终是一个不可回避的话题。事实上也的确如此，不同社会政策的选择首先受到的制约往往来自于意识形态，不管我们是否愿意正视。在这方面，新马克思主义和女性主义的研究是典型代表。

2. 价值性

除了政治性，社会政策还有一个非常鲜明的价值取向，尽管学者往往更加乐意谈论价值中立。社会政策涉及了差异性或多元化的个人和群体，因此，价值的偏好就无法绝对避免，不管是有意还是无意。现实之中，决定社会政策满意度的往往不是政策技术，而是更加深层的价值导向。

3. 差异性

社会政策植根于具体的时间和空间之中，因此，差异性就成为必然。这种差异集中体现在历史性和社会性的区别上。换句话说,不同时代、不同国家的社会政策都会有巨大的差异。对于当前中国来说,最重要的是建构本土化的社会政策,而不是盲目照搬西方国家。

二、主要论域

社会政策是一个涉及领域非常广泛的学科,想要概括社会政策的所有研究领域几乎不可能,本书尝试着从过程和主题两个维度对社会政策的研究内容进行简要的概括。

1. 关于过程

社会政策既是一种理念,也是一种过程。这种过程主要表现为社会政策的制定、分析、计划、执行、评估等完整流程,其中的每一步都构成了社会政策的研究内容。

美国学者霍巴特·伯奇(Hobart A. Burch)将社会政策视为一个由一系列活动所构成的集合体,这些相关活动被概括为“六P”。[①]

第一个P是政策分析(Policy Analysis),主要涉及社会政策相关的信仰、价值、情境、使命以及取向等问题。

第二个P是政策行动(Policy Action),主要涉及社会政策的具体执行等过程。

第三个P是政治(Politics),主要涉及社会政策背后的权力博弈和利益协商等问题。

第四个P是计划(Planning),主要涉及社会政策的实施构想和执行方案谋划。

第五个P是方案(Program),主要涉及社会政策实施的明确

---

① 参见杨伟民编著:《社会政策导论》,中国人民大学出版社,2004年版,第30页。

方法和途径。

第六个 P 是项目(Project)，主要涉及社会政策具体实施的特定构成。

霍巴特·伯奇所提出的“六 P”可以视为社会政策过程研究的核心构成内容。除了以上内容之外，社会政策倡导以及社会政策评估也可以另行增补为社会政策研究的重要构成。

2. 关于主题

如果说霍巴特·伯奇是从动态的过程来对社会政策基本内容进行概括的话，那么我们还可以从静态的结构性组成来概括社会政策的研究内容。

正如前面的不同定义所不约而同的指向一样，关于社会政策的研究内容，从普适性角度大概可以概括为社会福利、社会保险、公共救助、健康、住房、教育等涉及社会服务的众多问题。

需要特别指出的是，由于历史和社会的具体差异，不同国家不同时代的社会政策研究往往呈现出不同的研究主题，比如目前中国对于医疗保障、就业问题、贫困救助、社会排斥以及社会融合的研究就构成了非常重要的研究主题。

第三节　将社会工作纳入社会政策主流

从社会服务的角度来看，社会政策与社会工作构成了一场接力运动。事实也的确如此，社会政策与社会工作越来越紧密地结合在一起，在发达国家和地区，社会政策构成了社会工作的强有力推手，而社会工作则变成了社会政策实施的有力武器。

从目前中国来看，如何因应时变，重构本土化的社会政策，将社会工作引入社会政策，从而在制度上保证社会工作从边缘到中心就成了迫在眉睫的一个研究议题。

在国际范围内,类似的革命性行动主要体现在女性主义实践中,女性主义所倡导的社会性别主流化(Gender Mainstreaming)取得了巨大的成功,可以成为我们倡导社会工作主流化(Social Work Mainstreaming)的生动样本。

"社会性别意识纳入决策主流"是女权主义发展过程中的一种现实结果,是女权主义学术追求和政治诉求比较完满的一种结合,也是目前妇女学界比较主流的一种观点,尤其表现在妇女学研究群体的普遍追求之中。作为一种国际化的潮流,究竟应该如何理解,如何实施,这并不是一件轻而易举之事。下面从理念、目标、策略和支持体系等多个方面对"社会性别意识纳入决策主流"做一个尝试性解读。①

一、理念分析

"社会性别意识纳入决策主流"也被称为"社会性别主流化",按照联合国 1997 年的定义,"社会性别意识纳入决策主流"是一种战略,将妇女和男子的关注事项和经验作为一个整体,纳入政治、经济和社会等所有领域的政策和方针的设计、落实、监测和评估,使男女都能平等受益,终止不平等现象,最终实现男女两性平等的目标。

"社会性别意识纳入决策主流"包含了一个非常根本的概念——"社会性别",因此,对社会性别的理解就成为首要任务。

1. "社会性别意识纳入决策主流"的历程

按照女权主义的解释,社会性别也就是 Gender,主要对应于

① 以下内容参见王瑞鸿:《从男性中心到男女两性中心》,华东理工大学学报,2004 年第 4 期。

生物性别也就是Sex，社会性别的提出被女权主义视为妇女理论中的一次哥白尼式革命，社会性别的革命性意义在于，它鲜明地指出，性别更主要地不是源自于先天的生物遗传，而是得自于后天的社会环境塑造，是社会重构的结果。因此，顺理成章的结论就是，妇女尤其是现实社会中的妇女主要是后天社会文化的塑造结果，妇女的不平等更主要的是由于社会和文化的不平等所造成的。所以，改变妇女现实中的不平等的根本途径，主要在于改变现实社会的不平等。而社会现实的改变最直接的途径在于对社会政策的改变。遗憾的是，传统的社会政策更多体现出来的却是一种性别的盲区，或者说，传统的社会政策只是男性霸权的自治区，是女性沉默和失声的伤心地。因此，社会政策的变革就成为男女平等的焦点。

在目前这个男性色彩非常浓厚的社会中，广大女性很难一下子进入决策中心，作为一种替代性解决方案，性别意识引入决策主流就成为必需。从这个意义上来说，“社会性别意识纳入决策主流”实际上是社会性别理论的一种合理延伸，也可以说，是社会性别理论的一种现实化或具体化。

2. “社会性别意识纳入决策主流”的改良性质

“社会性别意识纳入决策主流”之所以被称为“社会性别主流化”的主要原因在于，决策尤其是社会决策或公共决策的主体是政府，决策的客体是大多数或全体公民，妇女学专家希望通过国家行为的强制作用，将社会性别观点深入到每个公民内心之中，从而使性别平等意识为大多数人所具有，尤其是为政策的制定、执行、评估这些权力阶层所拥有，也就是为最具社会影响力的人所拥有，为大多数政策的作用者所接受，而为主流的社会阶层所接纳自然也就是主流化了。

很显然，“社会性别意识纳入决策主流”在这里代表的思路主要是自上而下，而不是自下而上。它所倡导的变革方式主要是在既有的体制之内，借助于权力阶层的性别平等意识的苏醒从而推动广大社会成员的性别平等化建设;而不是通过广大社会成员的性别平等意识的自觉,从而影响权力阶层的政策制定。正是在此意义上,可以说,它更多具备的是改良的性质而不是革命的特征,尽管它也非常强调对整个社会进行结构性的变动。“社会性别意识纳入决策主流”的主要误区在于,它对性别意识应该纳入的所谓主流的理解上出现了偏差,事实上,性别意识应该纳入的所谓主流并不是或者说并不仅仅是权力阶层,而应该是更广大的社会成员这个群体。这种致命的误解使女权主义很容易陷入贵族化的沙龙风暴之中,而不是演化为一场群众性的社会革命。

3.“社会性别意识纳入决策主流”的根本诉求

从联合国关于“社会性别意识纳入决策主流”的相关定义可以看出,“社会性别意识纳入决策主流”的真实含义在于彰显两性差别,强化性别意识,从而提升妇女地位,最终达到两性平等、维护性别公正。应该说,这种理想追求顺应了全世界范围之内人与人之间自由化、平等化的主流趋势。

人类历史上曾经以各种冠冕堂皇的借口长期大范围存在着诸多显而易见的歧视、压迫和不平等,例如,种族间的压迫、民族间的殖民化、阶级间的剥削等等,妇女与男性之间的不平等则被视为人类历史上最漫长、最广泛、最深刻的一种不平等,妇女的解放因此也被赋予了一种特殊的意义,被认为是人类继民族解放、种族平等、阶级解放之后最具深远意义的第四次解放。

从这个意义上来看,“社会性别意识纳入决策主流”实际上就是妇女寻求自我解放的一种持续努力,而这种解放也不应该仅仅局限于使妇女与男性的平等化,它的深层含义在于,这是一场人类自身的革命,是人类自我的认识与校正,是人与人的平等化的必然结果。也正因为如此,妇女解放的程度被视为社会进步的主要尺度,同时,妇女解放的程度也被视为人类文明的根本标准。

二、目标分析

“社会性别意识纳入决策主流”的目标非常高远、非常理想，从实际操作的角度出发，我们可以将这个宏伟目标解析为以下四点。

1. 强化性别意识

性别意识如同阶级意识一样，重在通过差异的强调来突出身份的不同，从而显示立场的不同。女权主义受到了马克思主义的影响，力图通过对性别意识的彰显来强化男女两性之间的不同，在差异之中凸现女性的身份和地位，在不平等之中强化女性奋斗的理想和目标，在差异和不平等的深刻揭示中不断警醒女性的性别意识，最终达到女性主体意识的确立。

2. 注重性别分析

如同阶级分析对于马克思主义的重要性一样，性别分析同样也是女权主义分析男女之间社会关系的有力武器。性别分析是对性别差异的体系化贯彻，主张借助性别意识来透视纷繁复杂的社会现实，尤其是男女两性之间的结构关系，通过性别分析使男女两性在社会地位、社会资源等方面的差异与不平等的现实情形和真正原因进一步明确化。

3. 维护性别公正

一个理想的社会至少应该是一个公正的社会，这个社会公正主要体现为社会成员之间的公正，性别的公正也是社会公正的一个具体体现，而且是社会公正的根本性象征，毕竟一个社会是由男性和女性两种人共同构成的，而且女性还占据了社会的半边天，很难想象一个半数成员得不到公正对待的社会会是一个真正公正的社会。

此外，性别平等是女权主义的理想奋斗目标，但这种性别的平等不是指男女两性对社会成果绝对平等的分享，而更多地是指男女两性在社会活动参与、社会成果分享的原则和程序上的公正，只有建立了性别的公正，才可能会有性别的平等。

4. 推动性别发展

性别的发展更主要的是指男女两性在社会平等基础之上的自由发展，性别发展既是女性解放运动的最终目标，又是女性解放运动的具体过程。

需要指出的是，这里所说的性别发展并不仅仅是指女性自身的发展，同样也包括男性自身的发展。性别发展的真实含义在于重构和谐发展的新型男女关系。许多女权主义者其实并没有完全理解性别发展的真正旨趣，激进的女权主义者要么以被压迫者的面目出现，要么以被虐待者的姿态出现，相应地，在女性解放道路的选取上，偏激乃至反理性、反常识就成为许多女权主义者很难逃脱的宿命。激进女权主义者要么选择鸵鸟似的性别隔离主义，要么选择报复似的翻身做主人的做法，这种错误的性别发展观最终导致了女权主义被整体妖魔化。

三、策略分析

“社会性别意识纳入决策主流”很显然更加注重的是对政策决策层的影响，以及对政策执行层的影响，从这个意义上来讲，“社会性别意识纳入决策主流”既是一种过程，更是一种战略。相应地，我们可以根据政策的制定、执行、监察和评估的完整运行过程将“社会性别意识纳入决策主流”具体化为四项策略：

1. 为决策层、执行层、监察层和评估层提供性别意识的训练，加强他们对性别议题的敏感度及认知度

从理论角度以及国际经验可以看出，通过强化决策层的性

别意识来推动社会性别意识主流化是一种相对来说比较有成效的方法。目前，许多国家都已经开始对决策层进行社会性别意识训练，我国有些地方也在进行，但这并不是一件轻而易举之事，因为现实中的决策层大多是男性，传统的男性中心主义会使他们对社会性别意识产生强烈的抵触情绪，所以，深入的培训、反复的培训、持续的培训、多样化的培训，乃至强迫性的培训就成为必需。社会性别培训在这里更多地成了一项社会化工程，它需要的是社会性的投入，而不仅仅是女性的简单呼吁。计划生育在我国的推广过程就是一个鲜明例证，决策层对计划生育政策高度重视，甚至上升为基本国策，这大大刺激了各级领导和干部对计划生育政策的推行与实施，最终导致了计划生育政策内化到了每一个社会成员的内心深处，成为广大社会成员生育行为选择的自觉规范。

2. 训练决策层、执行层、监察层和评估层使用性别分析工具，使他们意识到妇女与男性的目的诉求差异性以及相应的问题解决差异性

性别分析的理论侧重点主要有两个：差异和不平等。所谓差异主要强调男女两性之间生理、心理和社会等多方面的不同，这要求决策层、执行层、监察层对男女两性不应不加区别地对待，相应地，在社会政策的制定和审视中也不应该是无性化、中性化或单一性别化。所谓不平等主要面对的是两性之间社会的不平等，这要求决策层、执行层、监察层更多地应该从社会和政策层面反省，而不是简单地还原到生物层面。因此，扫除决策层、执行层、监察层和评估层的性别盲区，强化他们的性别意识，树立差异性平等的性别发展观就成了当务之急。

3. 将性别平等意识具体化、现实化和社会化

为了确保性别平等的真正实施，确保社会性别的真正主流化，决策层、执行层、监察层应该更多地采取一些具体的、富有实效的活动和计划，从而使“社会性别意识纳入决策主流”真正落到

实处。其中,制定性别平等指标体系,对性别平等进行及时、全面的监测和评估就成为最迫切、最现实的选择,我国目前在这方面做得并不十分理想。

从可操作要求出发,建议这个性别平等指标体系具体分解为几个主要的子体系:教育指标体系、就业指标体系、政治参与指标体系、社会保障指标体系、家务分配指标体系、社会政策本身指标体系等等。这个指标体系的监测与发布最好能够整合社会方方面面的力量,建立足够的权威,不仅面向妇女工作者,而且面向决策层、面向全社会。

此外,建立多层级、全方位的性别平等权益促进委员会,以确保社会性别的真正主流化。这个性别平等委员会最好能够实体化、权力化,具体操作中可以借鉴我国各类权益保障部门的经验,广泛吸纳各层级政府力量和各方面社会力量,从而使性别平等真正落到实处。最现实的方法是由各级妇联为主承担此项任务,但同时应该强化妇联的职能,赋予妇联更大的主动性、自决性,让妇联真正成为一个权力部门。当然,政府权力部门的积极扶持,新闻媒体等社会力量的广泛参与也是成功的基本保障。

4. 不断地向政府宣扬社会性别观点,促使政府将社会性别观点落实到社会各个层面和角落

向政府宣传社会性别观主要可以有两种道路:一是内在的道路,这主要依赖于妇联,因为现实中的妇联实际上也是政府的组成部分;二是外在的道路,这主要依赖于媒体的宣传以及各种社会力量的呼吁和压力。当今的社会是一个信息激增的社会,在信息的传递过程中,新闻媒体起到了越来越重要的作用,所以,当今的社会也被称为"媒体社会"。中央领导已经明确了新闻媒体对党和政府的监督作用,妇联以及其他妇女工作者应该充分注意加强与各种传统和新兴媒体的沟通,通过媒体扩大和强化女性的声音,将性别意识普及到社会的各个角落。

四、路径分析

“社会性别意识纳入决策主流”不是一个抽象的理论，也不是一个空洞的假说，而是一个具体化的、甚至经验化的操作性过程。在实际生活中，将社会性别意识上升为国家意志，也就是将社会性别意识贯彻和落实到公共政策之中，常见的比较可行的行动方案主要有如下几种：

第一，自上而下。这种方案的实施路径首先在于影响上面的决策层，然后再通过决策层向下影响普通社会成员。这种方案的实施效果更多依赖于决策层的社会性别意识的强弱，其社会代价最小、社会效率最高，但这种方案比较理想化，现实生活中实施难度相对较高。

第二，自下而上。这种方案的实施路径首先在于改变下层社会成员的性别意识，然后再通过社会成员进一步影响上层决策者。这种方案的实施效果更多地依靠广大妇女自身的力量，依靠妇女的力量对决策层形成一定的压力，从而促动决策层的性别意识觉醒。但这对妇女自身的要求很高，对妇女自身的团结要求也更高。

第三，自上而下和自下而上相结合。这是现实生活中最为常见的一种方案，也是实施效果相对较为理想的一种方案，是前面两种方案的折中。但这种方案要求妇女团体和决策高层之间能够保持一种良性的互动关系，而不是紧张的对立或冲突关系。

五、社会支持网络分析

社会性别本身就是一个复杂的社会现象，社会性别主流化同样也是一个异常复杂的社会事实和过程，它涉及多种权利的博弈。李慧英在《社会性别与公共政策》一书中，将与此相关的因素划分为 13 个，每一个因素都构成了特定的权利象征，社会性别主流化其实就是在这样一个权利场中的艰难抉择。这 13 个因素分别是①：

第一，男女两性的经历以及不同的需求。这是政策制定的一个基本出发点和归宿。

第二，男女自下而上地参与。通过这种参与方式可以真实地彰显女性的声音。

第三，代表性政治机构。这是性别利益诉求的有力保障。

第四，政治承诺。这是性别意识上升为社会政策的关键所在。

第五，政策。这是性别利益现实化的具体保证。

第六，资源。这是性别诉求转化为社会现实的有力支持。

第七，责任承担机构。这是社会性别主流化的另一个重要保证。

第八，程序。社会性别主流化无法脱离程序的科学和公正。

第九，人员的培训和发展。这是社会性别主流化的实施主体。

第十，方法。社会性别主流化所要求的方法往往不同于以往的既定方法。

第十一，项目的实施。合适的项目可以将社会性别真正贯彻落实到社会之中。

第十二，调查研究。社会性别的现实性和历史性要求相应的科学方法来调查和研究。

第十三，理论建构。社会性别的真正发展最终得益于理论的

---

① 参见李慧英主编：《社会性别与公共政策》，当代中国出版社，2002 年版，第 308 页。

建构。

六、超越社会性别主流化

许多人常常将社会性别主流化等同于社会性别进入社会决策,其实,大谬不然。社会性别主流化的真正诉求在于将两性平等观念贯彻到社会的各个方面、各个层次,最终达到性别平等、维护性别公正,推动两性和谐发展。而社会性别进入决策主流其实只是社会性别主流化的一种实施工具或实施方案。

现实生活中之所以将社会性别主流化等同于社会性别进入社会决策,主要原因在于,社会政策是以国家的名义对社会成员的行为或利益进行调节,因此,进入社会决策,实际上也就等同于主流化了,这是对社会性别主流化的一种简单化、庸俗化的理解。这种误解会在一定程度上削弱社会性别主流化的革命意义。社会性别主流化的真实含义在于社会性别的社会化、全面化。从这个意义上来理解的话,社会性别主流化的实质在于让每一个社会成员都能够接纳社会性别意识、维护性别平等、捍卫性别公正。由此出发,社会性别主流化的实现方式可以从以下几点入手。

1. 强化国家和政府的责任

社会性别平等化和主流化最有力的保障应该是国家这个最高权力实体,同时,建构公平的社会环境,确保社会成员公平的发展,这也是国家不可推卸的责任。即使在当今"小政府、大社会"的背景之下,这依然是一个真正的责任政府的存在底线。

2. 批判现行社会政策

现行社会政策主要产生于男权社会,而且主要是由男性制定和主导,不可避免的是,男性经验成了决策的基础,男性利益成了决策的目标所向,广大女性就成了沉默的和被遗忘的群体,女性的经验被有意漠视,女性的利益被有意拒斥,女性的生活价值更多地附属于男性。这导致了女性存在的主体性被遮蔽，同时也导致了女性存在的独立性被野蛮剥夺。在这种男性霸权主义的森严壁垒中，批判和反省就成为必然的选择。

3. 注重法制作用

政府的强力推动和政策的强制执行，是社会性别主流化的有力保障，这其中，法律的力量应该引起足够的重视。当今社会其实也是一个法制社会，市场经济的到来、个体化社会的形成、陌生人社会的出现使人与人之间的关系发生了重大转变，传统的血缘关系和地缘关系已经趋于崩溃，建立在业缘关系基础之上的人际关系更加趋于松散化、陌生化、契约化和理性化，这些变化使法制的作用日益明显，依法治国也正是在这种社会基础之上顺理成章的产物。对于性别平等的实施来说，法律的强制作用可能远远胜于道德、习俗等传统的社会调控方式。

4. 加强女性的"四自"精神

自尊、自信、自立、自强是女性独立自由的基本前提，也是女性赢得社会尊重的根本保障。在当今日益市场化的社会中，各种各样的利益和诱惑越来越多、越来越强，重提"四自"精神更显得尤为必要、尤为紧迫。

5. 赋权于女性

女性的问题大多源自于女性自身资源和权能的缺乏，而不是女性自身能力的不足，以社会和国家的名义赋权于女性、增能于女性，从而帮助女性自立、自强，这也是目前推进女性发展的世界性成功经验。

6. 女性的团结

个体的力量永远是有限的，群体的力量永远是无限的，妇女应该更好地团结起来，以集体的力量与社会性的不平等相抗争。而且团结起来的女性从一个侧面也会对决策者形成一定的群体压力，这既是妇女自我力量的宣示，也是性别公正的有力保证。女权主义的标志性口号"姐妹团结就是力量"(Sisterhood is power)值得每一位女性深深铭记！

7. 社会同情和支持的争取

按照女权主义的说法，“个人的就是政治的”(Personal is political)，也就是说，妇女个体的问题本质上是社会的问题，相应地，妇女的问题要想得到真正的解决必须得到社会的全面支持，必须对社会进行彻底变革。此外，妇女的问题永远离不开男性的影响，妇女应该学会从权利男性中获取足够的同情和支持，而不是意气用事地踢开男人闹革命，更不应激进地将男性作为阶级敌人打倒和消灭，这既不合理也不合情，但却是许多女权主义的通病。

“社会性别意识纳入决策主流”只是女性解放运动发展过程中的一个历史性产物，随着社会性别意识的深入化和普遍化，随着社会发展的文明与进步，“社会性别意识纳入决策主流”终将被超越，男性与女性的和谐发展也终将翻开新的一页，这既是我们的期盼所指，也是我们的努力所向。

☞ **延伸阅读：**

[1] (英) 安东尼·哈尔等. 发展型会政策. 罗敏等，译. 北京：社会科学文献出版社，2006.

[2] (美) 皮尔逊. 福利制度的新政治学. 苗正民，译. 北京：商务印书馆，2004.

[3] (美) 吉尔伯特. 社会福利政策导论. 黄晨熹等，译. 上海：华东理工大学出版社，2003.

[4] (德) 考夫曼. 社会福利国家面临的挑战. 王学东，译. 北京：商务印书馆，2004.

[5] (美) 威廉姆. 当今世界的社会福利. 解俊杰，译. 北京：法律出版社，2003.

[6] (英) 霍华德·格伦内斯特. 英国社会政策论文集. 苗正民，译. 北京：商务印书馆，2003.

[7] (英) 希尔. 理解社会政策. 刘升华，译. 北京：商务印书馆，2003.

第五章 胎儿期

胎儿期指的是从受孕开始直到出生这段成长时期。长时间以来，人们对胎儿期关注不够，真正富有成果的研究不多。一般人习惯于认为，人的生命是从新生儿呱呱坠地开始算起，新生儿第一声嘹亮的哭声才真正宣告了一个生命的诞生。其实大谬不然，因为道理很简单，新生儿在降生之前就已经作为一个生命在母亲的子宫中实实在在地存在了10个月。新的医学、心理学和社会学等研究成果表明，胎儿期是人的一生中发展最快、变化最快的时期；同时，胎儿期的成长和变化并不是简单的、与世隔绝的，胎儿期的发展和变化受到了母亲、父亲以及社会环境的重要影响，这是一个很复杂的过程，它不单单是一个生理事实，更是一个社会事实；此外，胎儿期的发展结果会对人的一生产生持久的影响，同时也会对父亲、母亲以及相关的家庭成员产生重要的影响；最后，对胎儿期的深入探讨有助于我们重新思索关于人、关于生命的概念，从而使堕胎、人工流产等许多重大的社会问题有一个更加科学、更加完满的解决方案，以便更好地保卫生命的权利，维护生命的自由，捍卫生命的尊严，这是我们研究胎儿期的基本理由和前提。

第一节　胎儿的发育过程

胎儿期的发育时间，如果从受孕时开始计算，约有266天；如果从母亲最后一次经期来计算的话，大概有280天；如果按照每月28天来计算的话，胎儿期总共有10个月，“十月怀胎”就是在这种意义上来讲的。当然，这里指的是正常情况之下胎儿的发育时间，也有早产儿在母亲的子宫中只待了180天之后便生产出来的。一般而言，胎儿期的发育过程可以被区分为三个阶段：卵细胞期、胚胎期和胎儿期。

1. 卵细胞期

从卵子与精子的成功结合开始,卵细胞期大约持续 3 周时间。这是胎儿发育的第一个阶段,是一个日趋复杂的发展形成阶段,它为胚胎阶段打下了坚实的基础。

2. 胚胎期

胚胎期是一个关键阶段,它从第 4 周开始直到第 8 周或第 9 周,胚胎期主要是一个生长的过程,在这个阶段,身体的主要部分以及重要的器官已经开始形成,眼睛、耳朵、鼻子、嘴巴、心脏以及性器官等在这个时期已经开始形成,手和脚也在开始形成,胃、食道、血管以及神经系统也开始形成并发挥作用。这个时期的胚胎已经变得开始像个“人”了,它开始运用和协调已经形成的结构组织,通过超声波,此时可以感觉到胎儿的运动。胚胎时期需要精细的保护,因为一旦胚胎遭到了有害物质的侵袭,由此所产生的后果常常是永久性的,而且是不可逆的。令人非常遗憾又非常吃惊的是,在这个极其关键同时又是极其危险的阶段,大多数的妇女竟然会没有发现自己实际上已经怀孕了,更谈不上采取相应的保护措施了。

3. 胎儿期

胎儿期包括从第 9 周开始直到婴儿出生这段时间,这是胎儿继续发育和完善的阶段。在这个阶段,所有的器官都已完全形成,所有的系统都具有整体的功能,这个时候的胎儿看起来更像是一个人,母亲能够清晰地感觉到一个新的生命的躁动和不安。

在胎儿的实际发育过程中,7 个月的胎儿已经为外部世界的生活做好了基本的准备工作,如果有精心的护理,这个时候早产的胎儿是可以生存下来的。我国民间也有“七成八不成”的说法,也就是说,7 个月的胎儿早产的话可以成活,而 8 个月的胎儿则很难成活。实际上,8 个月的胎儿比 7 个月的胎儿更加成熟,从理论上来讲,7 个月早产儿的存活儿率为 50%,而 8 个月早产儿的存活儿率为 85%。胎儿在母腹中待的时间越长,它发育得就越完善,存活的几率也就相应地越来越大。但是,需要注意的是超过正常预产期的现象,出生上的滞后和超时对胎儿并没有什么好处,反倒可能带来对胎儿的严重伤害。

第二节　影响胎儿发育的因素

"胎儿期是一个重要的发展方向路标,因为它标志着:(1) 生物和环境影响一生的相互作用;(2) 持续一生的父母影响的开始。"[①]这表明,一方面,胎儿的孕育和发展并不仅仅是一个简单的生物事实,并非仅有胎儿就可以完成,母亲在胎儿的成长中扮演了至关重要的角色;另一方面,胎儿的孕育和发展还是一个复杂的社会事实,它要受到诸多社会环境的深刻影响。大致而言,影响胎儿发育的主要原因有:遗传的影响,国家政策的宏观影响,母亲本身的决定性影响,以及其他社会因素的影响。

一、遗传的影响

尽管遗传对人类的影响究竟有何种程度的重要性一直被争论不休,但是没有一个人能够否认遗传的的确确对人的成长发生着影响。胎儿发育中最基本的影响因素就是生物性和遗传性。遗传主要和染色体有关。人体中总共有 23 对染色体,胎儿体内的染色体主要由父母所给予。染色体由脱氧核糖核酸构成,脱氧核糖核酸包括了整套的遗传密码,也就是说,脱氧核糖核酸包含了胎儿今后发展的基本指令和蓝图。在适当的环境和条件保障

① (美)詹姆斯·卢格:《人生发展心理学》,学林出版社,1996 年版,第 108 页。

下，这些指令和蓝图就会成为现实。我们可以说基因的影响是很大的。比如身高、皮肤的颜色以及智力的高低，尤其是孪生子女，或同父同母的兄弟姐妹之间表现出的许多惊人的相似性等等，这些其实都是基因作用的结果。

基因的影响虽然重要，但是对基因的意义的评估也有一个正确的度的把握问题，简单的、机械的基因决定论是没有充足的理由和根据的，往往会导致一些错误的甚至可怕的结论。纳粹德国对德意志民族的狂热褒扬，对犹太人种的惨无人道的灭绝就是由此产生的人类历史上空前的灾难。“一般说来，基因携带的指令并不是像用难以擦掉的墨水写的那样，再也不肯修正、改变、涂抹掉的了，它们并不是一成不变的，相反地，基因往往在不同的程度上以不同的方式像一支队伍一般运动，尽管有时候似乎由某一基因决定某一特征。”[①]此外，基因的指令和蓝图在多大程度上变为现实，还在很大程度上依赖于外部社会环境的作用，外部环境的作用力量在许多时候是强于基因的遗传力量的。两个孪生子女，虽然他们可能具有相似的或共同的基因，如果放在不同的环境中，用不同的观念和方法进行训练，他们最终表现出来的差异性很可能远远大于共同性。又如，同样一个人，因为成长环境和教育方式的差异，他可能会成为一个优秀的计算机专家，也可能会成为一个高智商犯罪分子，当然，他也可能一辈子默默无闻。这里所表现出来的差异性，更多的不是因为遗传因素，而是因为社会环境的不同所造成的。

在胎儿的发育过程中，有一个特别值得注意的问题——出生缺陷。所谓出生缺陷，就是指胎儿一出生就伴随有心理或生理上的残疾。生一个聪明健康的宝宝是所有父母的最大心愿，也是优生优育方针的基本要求。但不幸的是，我国每年都有大量的新生儿有出生缺陷，在世界范围内，每14个新生儿中就会有一个具有

---

① (美)詹姆斯·卢格：《人生发展心理学》，学林出版社，1996年版，第109页。

出生缺陷。具有出生缺陷的婴儿不仅使父母痛苦不堪，同时也成为家庭和社会的沉重包袱。出生缺陷的形成部分因素在于遗传基因的缺陷，部分是因为母亲为胎儿提供的生存环境有问题所致，但大多数的出生缺陷则是由于遗传与环境这双重因素综合作用的结果。不过，值得注意的是，现代科技的发展使人类能够早日发现并及时防范或终止胎儿出生缺陷的实际形成。“有证据表明，可以通过医学及饮食、健康、情绪状态、腺分泌及其他对母亲的血液化学组成有影响的因素的改变，能够以积极或消极的方式影响子宫内的环境，可以通过怀孕前后的遗传咨询、放射及药物治疗来影响发育中的胎儿的遗传成分。”①目前，人类在基因的研究上已经取得了突破性进展，我们有理由相信，这对于人类重新认识和把握自己肯定会具有不同寻常的意义。

二、母亲的影响

母亲为胎儿生存提供主要环境，母亲是胎儿生活资料的主要供应者，是胎儿最亲密、最直接的联系者，因此，母亲对于胎儿发育的影响是至关重要的。母亲的几乎所有情形都会对胎儿产生重要的影响，而且母亲对胎儿的影响也决非仅仅包含在胎儿期，在胎前期，母亲的基本条件和准备工作同样也会对胎儿产生深远的影响。

1. 年龄

一般认为，最佳的孕育年龄应是母亲在 20 到 30 岁之间，在这个时间段孕育最为适宜，这不仅对胎儿而且对母亲来说都是比较安全的。母亲的年龄超过了 35 岁，则被认为是高龄产妇，这是一个高危阶段，最直接的后果是胎儿容易因为分娩困难导致死

① （美）詹姆斯·卢格：《人生发展心理学》，学林出版社，1996 年版，第 109 页。

亡,或者因为母亲自身条件的变化而导致胎儿的出生缺陷。当然,对于高龄产妇本身而言,她也要承担相应的风险,不过,需要注意的问题是,尽管年龄直接导致了母亲自身状况的变化,但是年龄并不是唯一的决定因素。在我国,由于计划生育政策的深入人心,生活方式和生活观念的转变,越来越多的人接受并实行晚婚晚育,许多妇女超过 30 岁才开始怀孕,她们同样生出了健康活泼的宝宝,而且高龄产妇本人也并没有留下诸多病症。这里主要的原因是现代医学技术的发达使人们在一定程度上克服了生理的局限;同时,越来越多的高龄产妇受过良好的教育,具有较好的健康状况,养成了科学的卫生习惯,再加上周密的孕期保健和护理,这使年龄对胎儿和母亲的危险性大大降低了;另外,年龄其实也并不是仅仅在生理方面发生作用,它还常常转化为心理问题和社会问题。几乎所有的高龄孕妇都会受到种种教科书或专家的认真告诫:"高龄怀孕和生产对母亲和胎儿都有危险。"高龄产妇因此背上了沉重的心理包袱和社会压力。从这个角度来看的话,年龄给孕产妇在心理和社会上所造成的压力已经远远超过了年龄在生理上实际所能产生的不利影响,年龄问题在这里就已经不仅仅是年龄自身的问题了。

年龄的影响除了高龄孕妇之外,还有另外一种情况,即低龄产妇,也就是低于 20 岁的孕产妇。对于这些年轻妈妈而言,她们自身的发育尚未彻底完成,更不用说为胎儿的孕育做好充分的准备了,年轻妈妈更容易遇到的问题是低体重胎儿、死胎、分娩困难等不利情形。

胎儿是母亲和父亲共同孕育的结果,尽管母亲的年龄对胎儿影响很大,但是父亲的年龄对胎儿的发展却影响很小,甚至接近于零,父亲年龄的实际意义主要体现在胎儿出生前的准备工作以及胎儿出生后漫长的抚育工作之中。

2. 营养

胎儿的健康成长需要摄取大量的营养,胎儿摄取营养的主要方式又是通过母亲完成的，同时，胎儿所吸收的并不是母亲体内储存的脂肪，而是母亲当时所吸收的食物，因此，母亲的饮食和营养状况就对胎儿的发育具有异常关键的作用。所有的医学专家都在劝告母亲要合理地、充足地、全面地把营养吃进去，因为很显然，母亲的良好营养其实就是为胎儿提供了一个充足的食品仓库。母亲的饮食一方面是为了自身的健康，另一方面更是为了胎儿的成长。孕妇常常表现出惊人的食量，有时在大量的饮食保证下，孕妇还经常出现营养的欠缺，主要问题就在于胎儿将母亲吸收进来的营养又摄取了很多。

母亲对营养的储备最好是从受孕之际开始，对营养的吸收要求科学、合理、全面和充足。怀孕的妇女因为孕期反应可能会产生呕吐或厌食，或者因为担心体型的极度发胖而害怕进食。从对胎儿的爱心和责任心出发，母亲也必须克服重重困难，尽可能地坚持进食，而丈夫则应该尽可能地合理搭配饮食，从情感上和心理上为妻子创造一个更加适宜的环境。

孕妇需要竭力避免的两个问题是营养的不良和营养的不足，这两种情况都会对胎儿产生非常不利的影响。一般说来，营养比较好的孕妇生下来的婴儿比较健康，对疾病的抵抗能力强，而且比较聪明，大脑发育相对较好。相对而言，营养比较差的孕妇所生的婴儿常常体质虚弱，健康状况差，疾病抵抗能力弱，同时在大脑的发育上也会受到一定程度的损害，而且营养差的孕妇更容易出现早产儿、低体重儿甚至导致婴儿的死亡。

母亲的营养对胎儿的影响是非常重要的，这种影响会持续到婴儿出生以至成人很长一段时间，后天的努力比如加强营养、注重教育等，也许可以起到一定的弥补作用，但后天努力所要付出的代价与孕妇所应付出的努力相比较，则实在相差太大了。

3. 情绪

母亲的情绪变化对于其自身的影响是很显然的，关于母亲的情绪状况对胎儿所可能产生的影响，目前尚有许多有待进一步证实的观点,但大多数人相信,孕妇的情绪变化会直接影响到胎儿的正常发育。也正因为如此,在怀孕时期,母亲都是处于细心周全的保护之中,丈夫会尽可能地为妻子创造一种愉快轻松的气氛,力图使妻子保持情绪上的愉悦。陪妻子散步,为妻子播放明快的音乐等等,丈夫会通过诸如此类的办法来调节妻子的情绪,由此为母腹中的胎儿提供健康的成长环境。

尽管母亲与胎儿各自都有一套相对独立的神经系统,两者之间并无直接的关系,但大量的观察证明,母亲的情绪变化的确能够影响到胎儿的情绪及身体变化。母亲情绪的变化最终会导致自己体内激素和其他化学物质的分泌,对胎儿的神经系统产生刺激或抑制作用,由此而导致胎儿的情绪变化,这样,母亲情绪的变化便与胎儿的情绪变化相应地联系了起来。

母亲情绪对胎儿的影响包括了两方面的含义:一方面,积极愉快的情绪有助于胎儿的健康成长;另一方面,消极的、恶劣的情绪会对胎儿产生极为不利的影响,母亲过度的、持久的紧张情绪会使胎儿躁动不安;母亲如果遭受重大的精神刺激,或夫妇严重失和,会造成胎儿出生后形成病态的性格和不健全的人格。

4. 其他因素

与母亲相关的因素中,还有许多值得密切关注的情形,它们同样会对胎儿的发展产生关键的影响。

其一,疾病。胎盘是母亲和胎儿血液循环之间的一个天然屏障,但这并不是一个绝对安全的屏障,它并不能将所有的有害物质全部有效地阻挡;而且许多对母亲本人可能并无严重影响的因素,对于胎儿来说则可能是极其严重的;此外,胎儿本身并没有足够的抗体以抵御病害。因此,许多有害物质穿过胎盘侵入胎儿,从而使胎儿患上各种各样的病症,如天花、麻疹、水痘、腮腺炎等;另外,如果母亲不幸患上了梅毒、淋病、肝炎、霍乱、糖尿病等疾病时,胎儿被感染的几率非常大,生出来的婴儿会出现各种各样的残疾,严重的还有可能导致胎儿的死亡。

其二，药物。越来越多的医生和父母开始关注药物对胎儿所产生的影响。人们常说“是药三分毒”，很多药母亲服用之后并没有什么不良反应，但对胎儿来说则可能产生灾难性的反应。婴儿中常见的“四环素牙”，就是由于孕期母亲服药不慎所造成的。国外有一种帮助母亲减轻孕期反应的药物，叫做反应停，孕妇们服用之后，却生出了一大批发育不完全或肢体残缺和畸形的婴儿，这也是药物对胎儿的负面影响所致。正因为药物可能会对胎儿产生诸多不利影响，所以有大量的母亲在怀孕期间即使生了病也不敢服药。这似乎又走向了另一个极端，其实只要在医生的指导下，并不是所有的药都不能在孕期服用的，也不是所有的药都会对胎儿产生破坏性影响的。

其三，吸烟。我国的男性烟民比例很大，女性烟民也呈上升趋势。吸烟除了对自身的伤害之外，更主要的是对胎儿的伤害。这种伤害一方面是来自孕妇本人的主动吸烟，另一方面是由父亲所造成的孕妇的被动吸烟。吸烟容易导致胎盘的血管收缩，从而减少和阻止胎儿吸取足够的氧气和营养。吸烟所造成的直接恶果是所生胎儿的低体重，并且容易引起胎儿的早产、流产和死亡。

比吸烟更危险的是孕妇对毒品的滥用，滥用毒品不仅毁灭了孕妇的健康和美好生活，同时也使胎儿成了直接的牺牲品。有的胎儿甚至一生下来就患有严重的毒瘾，在毒品的熏染下出生的胎儿很有可能在心理、身体和社会等方面受到终生的损害，严重的则可能使胎儿出生后低体重、烦躁易怒，甚至导致胎儿的死亡。

母亲能够对胎儿发生影响的因素还有很多，母亲酗酒可能会导致胎儿营养不良，延缓胎儿生理和心理的正常发育，严重的还会导致胎儿的畸形或死亡；母亲的 RH 因素，如果不幸的话也可能导致溶血儿的产生。其他如母亲的身高、体重以及孕史都会对胎儿产生不可忽视的影响，母亲对胎儿的影响是多重的、多途径的，我们只能说，孕妇无小事。对于每一个希望生育健康宝宝的母亲来说，她还是应该时时处处小心谨慎为好，对孕妇自身的照顾其实就等同于对胎儿的照顾。

三、社会因素

每个人都无法脱离社会的影响,孕妇当然也无法摆脱社会的影响,这种社会影响同样又会进一步影响到胎儿的发展。家庭的社会地位和富裕程度是一个很重要的影响因素,一个家庭社会地位越高,经济越富裕,孕妇越有可能获得充足合理的营养以及科学、全面的医疗保健服务,这样的家庭中出生的孩子越有可能发育健康;相反,社会地位低、经济拮据的家庭,孕妇所需获得的营养供给和医疗保健就很难有充裕的保障,这样家庭中出生的孩子更容易出现各种各样的问题;此外,家庭的不同同样会导致父母在照顾胎儿的方式方法上显出差异来,工人家庭、农民家庭以及知识分子家庭,他们对待孕妇以及孕妇本人对待胎儿的态度和具体方法上肯定存在明显的不同,这种差异会直接影响到胎儿的成长发育。

除了家庭之外,社会本身的发展变化也会影响到孕妇,从而进一步影响到胎儿的发展。社会的整体性、历史性的进步和发展,首先使社会物质供给丰富多样,从而使孕妇的营养供给得到充分的保障。我国 20 年前与 20 年后的物质丰裕程度简直不可同日而语,两个不同时代的孕妇所能获得的营养供给当然更是无法相提并论了。此外,社会的进步相应地伴随着医疗技术的进步,孕妇由此所获得的医疗保健无论是在技术支持还是设备提供上都有巨大的不同,原来无法解决的问题现在也许已经变得易如反掌了。再者,社会观念尤其是社会普遍流行的关于胎儿孕育的观念会影响到胎儿的成长发育,我国有些地方很流行“酸男辣女”的说法,于是,有许多想要生男孩的孕妇纷纷去大吃特吃酸的食物;也有些地方的人认为,如果想生个漂亮的孩子,就应该多看漂亮的娃娃，于是，很多孕妇在卧室中悬挂一幅漂亮娃娃的图片，或者买一个漂亮的布娃娃放在床头，日夜观摩，以期望真的生出一个漂亮的宝宝。我国民间还有许多诸如此类的关于胎儿孕育方面的秘方，这些秘方依然在影响着许许多多的人们，包括那些将要出生的新人们。

第三节 胎儿的出生

胎儿在母腹中经过 10 个月的孕育之后，已经成长为一个独立的具有生命力的小生灵，这时候，胎儿就要出生到这个世界上来了。此外，7 个月的胎儿各种发育已经相对完善了，如果早产的话，加上细心的照顾，他同样可以生存下去。

胎儿的出生过程大致可以分为三个阶段：

第一阶段，扩张阶段。阵痛开始出现，胎儿被推压到产道，羊膜囊破裂，羊水开始流出来，子宫颈扩大放宽。这个阶段头胎大约持续 14 个小时左右，此后各胎大约需要 8 个小时左右。

第二阶段，产出阶段。胎儿的头首先进入产道，最终胎儿整个被分娩出来，这个阶段头胎大约需要 90 分钟左右，以后各胎大约需要 30 到 45 分钟左右。

第三阶段，产后阶段。胎盘和脐带被取出，周围的血管都被挤压和封闭，这个阶段大约持续几分钟。

在胎儿的分娩过程中，有一些问题值得注意：

其一，胎儿的头颅中骨骼尚未完全接合，如果受到过大的压力，会导致胎儿脑血管破裂。此外，由于分娩时间过长或其他原因而导致胎儿缺氧，这是胎儿出生时可能会遇到的两个最大危险。由此而造成的后果是很严重的，甚至会导致胎儿的死亡。

其二，在分娩过程中，为孕妇所使用的某些药物，诸如麻醉针剂或止痛药剂等,这些药物可能会对胎儿产生一定的负面影响。因此,为了胎儿的健康,分娩过程中应当尽可能地少用或不用药物。

其三,应当尽可能地让丈夫或未来的爸爸亲身参与到胎儿分娩的整个过程之中去,这样做的第一个好处是,丈夫可以减轻妻子的紧张和压力,并能给妻子提供其他人所无法提供的帮助和支持;第二个好处是,未来的爸爸可以体察到妻子的甘苦,感受到胎儿生育中的痛苦与欢欣,从而对妻子和孩子有更进一步的认识。这毫无疑问将有助于增进夫妻关系,而且也将有利于加强爸爸与孩子间的关系,从而使新的家庭有一个良好的开端。

第四节　胎儿出生对家庭的影响

胎儿的出生,尤其是头胎子女的出生,是家庭中一件重大事件。它对家庭所造成的影响是全面的、深刻的和持久的。这种影响主要表现在夫妻角色转换、兄弟姐妹关系调整以及家庭秩序的重建等方面。

一、夫妻角色的转换

胎儿没有出生之前,家庭的构成主要是两人世界,夫妻关系是家庭的唯一中心。胎儿出生之后,最大的变化就是夫妻的角色被转化为父母的角色,这意味着夫妻二人除了夫妻关系的维护之外,又多了一重父母与子女的亲子关系,夫妻关系与亲子关系共同构成了家庭中最重要的三角关系。虽然家庭是以夫妻关系为核心而组建的,但是,当胎儿尤其是头胎出生之后,父母与子女的关系往往成为了家庭关系新的核心，夫妻关系则在有意无意之中退居次要地位。

胎儿的出生，使夫妻角色转变为父母角色，这本身并非仅仅是简单的角色的改变，它更意味着夫妻在人格上的完满和生活历程上的成熟。以是否为人母、是否为人父来判断一个人是否成熟，这个判断标准还是有一定的合理性的，因为子女的出生为夫妻打开了另一扇观察世界的窗户，通过对子女的认识，夫妻双方可以反过来更好地认识自我、丰富自我、完善自我；而且子女的出现使夫妻有了更多的责任和义务，需要有更强的能力来应对更加复杂的生活现实；子女的出现还使夫妻双方不得不成熟，或者说不得不加快成熟的进程；此外，子女的出现还使夫妻产生了另外一种强烈的爱——对孩子的爱，这种爱不同于夫妻之爱，但比夫妻之爱要更深沉、更宽广、更丰富，人世间最圣洁、最崇高的感情常常是发生在父母与子女之间，而不是在夫妻之间，比如伟大的母爱、崇高的父爱。当然，还有一点不能忘记，那就是，子女的出生使夫妻产生了一种惊喜和愉悦之情，而且与新生儿的相处往往能使夫妻产生一种极其难得的青春再现的感觉，因为夫妻所共同面对的是一个生机勃勃、生机盎然的珍贵生灵，很少会有人面对他而毫不动情。

胎儿的出生，也给父母带来一些负面影响。最大的问题是，夫妻的核心地位让位给了子女，家庭中过多的关怀被投注到了子女身上。因此，夫妻尤其是丈夫一方常常有一种被遗忘、被抛弃的感觉，如果不及时调整，这很容易导致夫妻关系的紧张。大多数夫妻刚结婚而没有孩子时是关系最密切、最融洽的黄金时期，随着孩子的到来，夫妻之间很容易产生矛盾，这是一个极易导致夫妻离婚的危险时刻。与此相关的还有另外一个因素，那就是子女的出现使家庭的经济一下子紧张了起来，而且繁琐的家务更是源源不断，夫妻之间可能苦于经济的拮据以及家务的繁重，这些不仅会影响到夫妻双方的工作及社会活动，而且还会剥夺夫妻间的亲密沟通,侵占夫妻间的私密空间,因此,家庭危机的爆发就不可避免了。

二、兄弟姐妹关系的调整

我国由于实行了计划生育政策,大多数家庭都是独生子女,但是,也有一部分家庭因为种种原因生育了两个或更多的子女,这也是国家政策许可的。少数民族由于政策的关系,可以不只生一个子女;农村地区的家庭,头胎子女如果是女孩且又相隔若干年后,可以生育第二胎;城市家庭中如果头胎有残疾,也可以生育第二胎。此外,由于离婚重组家庭以及领养子女而组成的家庭,在某些情况下,同样可以生育。这时候,家庭中的子女就不再是一个,而是两个或两个以上了,在这些情况下,胎儿的出生必然面临的一个重要问题,就是现有子女之间如何重新调整彼此间的关系。

一般而言,不管在何种情形下,头胎子女常常成为家庭的核心,得到来自父母的所有的关爱。但是,当第二胎子女出生之后,这种格局便发生了微妙的变化,父母可能会把更多的精力投入到对新生儿的照顾上去,使长子长女很容易产生被冷落、被遗忘,甚至被拒绝、被抛弃的感觉。在这种情况下,新生儿的出现对于长子长女来说,并不是一件快乐的事情,而可能变成为一件不愉快的事情。于是,他们可能会对新生儿抱有一种敌视的态度,他们会去踢、去咬新生儿,或者故意去攻击父母,其实这些举动都是长子长女内心恐慌,担心失去父母关爱的一种极端表现。尤其是被领养的孩子、前夫或前妻生育的孩子以及患有各种残疾的孩子,他们的这种感觉会更强烈,他们的行为表现可能会更极端,这就要求做父母的更细心、更耐心、更公平,应该用各种方法来宽慰长子长女,使他们确信父母依然非常爱他们。除此之外,父母还应当使长子长女明白，新生儿是作为他（她）的弟弟或妹妹而出现的，强化长子长女的哥哥或姐姐的感觉。这样，长子长女会更积极、更主动地接纳这个新生儿的到来，而不至于造成兄弟姐妹关系的紧张，以及随之而来的父母与长子长女之间关系的紧张。不过，最重要的一点是，父母应当切切实实地把父母之爱播撒到每个子女的心田之中。

三、家庭秩序的重建

新生儿的降生打乱了原来家庭的运转程序。除了夫妻角色的转换、兄弟姐妹关系的调整之外，还要面临着家庭收入的支出分配、闲暇时间的重新利用等一系列问题。在相当长的一段时间里，家庭需要付出极大的物力、财力和精力来确保新生儿的健康成长和科学教养。对于一个家庭来说，一开始可能会陷入手足无措的忙乱状态。为了尽快走出这种忙乱状态，很多年轻的夫妻请来了自己年老的父母来帮助。老年人的到来可以给年轻夫妻带来生活上的照顾和心理上莫大的安慰，但是，老年人的到来也常常带来另外一些意外的烦恼。首先，老年人与年轻夫妻在如何养育孩子的问题上经常会发生冲突，老年人常常以经验为根据，年轻人常常以书本为根据，这使得孩子的养育成了一个棘手的问题，尽管老年人和年轻人都是从对孩子的挚爱而出发的。其次，老年人的生活方式、饮食习惯还有思想观念都有可能与年轻人存在着明显的代沟，这使老年人与年轻人之间又多了一层矛盾和纠纷；而且，老年父母不可避免地会好心地介入年轻夫妻的家庭事务之中去，这更容易导致两代父母之间的冲突。这些问题往往是年轻夫妻一开始所没有预料到的，到了矛盾公开化之时，想要解决已经非常困难了。有许多年轻夫妻最终陷入了夫妻、子女、老年人这些多重矛盾之中，从而导致了家庭关系的紧张和恶化。其实,这些所谓的矛盾冲突更多的是一些无恶意的或善意的误解,这就要求年轻夫妻能够有更多的爱心、更多的耐心以及更多的技巧,从而使两代人之间尽可能地加强交流和沟通,使矛盾得以化解,使家庭秩序得以重新建立起来。

胎儿的孕育及出生,既不是自然的生理现象,也不是纯粹个人的事务,它更主要的是家庭的事务、是社会的现象。胎儿的问题其实是社会意义上的人类自身再生产的问题,因此,胎儿的孕育和出生常常被纳入社会政策的控制范围之中,接受社会政策与法规的宏观调控。在社会许可的情形下,胎儿的孕育和出生才具有社会意义,否则,胎儿的孕育和出生则很难为社会所接纳,使胎儿很难在社会上寻找到真正属于自己的立身之地。比如私生子,就是违背了社会政策规范,从而丧失了在社会中的生存位置;再如,我国计划生育作为一项基本国策而确立下来,这样,胎儿的孕育和出生便成了关系到国计民生的一件重大事情。任何一个公民都没有权利随心所欲地怀孕和生育,擅自怀孕和强行生育被视为是违反计划生育政策的行为,由此所生的子女只能成为没有身份和地位的"黑孩"。胎儿的孕育和出生被视为社会现象的另一个原因是,社会的发展变化要影响到胎儿的孕育和出生。我国的所谓白领人士中普遍存在着晚育和不育的现象,虽然白领们自身也很愿意拥有健康漂亮的孩子,但是白领们所从事的工作充满了竞争和压力,这使他们为了确保饭碗不被别人抢走,从而不得不暂时或永久性地压抑或放弃孕育胎儿的念头,不得不将做父母的理想悄悄埋藏到心灵深处。很明显,从胎儿期开始,遗传和社会这两种因素已经开始发生影响,新生儿呱呱坠地之后,随着人的逐步成长,遗传和社会这两种因素便围绕着人的生活而进一步延续下去,并且一直贯穿到人的一生。

☞ **延伸阅读:**

[1] (美) 谢弗勒. 人类的潜能. 石中英,译. 上海:华东师范大学出版

社,2007.
[2] (美) 斯金纳. 科学与人类行为. 谭海力,译. 北京：华夏出版社,1989.
[3] (美) 威尔逊. 论人的天性. 林和生等,译. 贵阳：贵州人民出版社,1987.
[4] 杨国枢. 中国人的心理. 南京：江苏教育出版社,2006.
[5] (英) 瓦尔·西蒙诺维兹等. 人格的发展. 唐蕴玉,译. 上海：上海社会科学院出版社,2006.

第六章

婴儿期

婴儿期指的是从0～2岁这段发育和生长时期。2岁后的儿童一般要进入托儿所，由此开始进入丰富而又复杂的社会生活。婴儿期的重要性不仅在于这个阶段婴儿无论是生理还是心理都是发育最迅速的时期，更重要的还在于，婴儿期为此后人的一生所无法脱离的社会生活打下了坚实的基础。许多家长不愿意输在起跑线上，从而日益重视婴儿的生长和教育问题也正是因为这个道理。

第一节 新生儿的特征

新生儿指的是胎儿从母体分娩出生直到第4周这段时期，日常生活中，人们也常常将“满月”视为婴儿发展的第一个有重要意义的生长阶段。但是，真正对新生儿取得科学的认识还是新近之事，大约半个世纪之前，人们普遍认为新生儿是完全被动的、非有组织的，著名的心理学家威廉·詹姆斯认为新生儿的世界是“纷繁、嘈杂、混乱无序的”，著名的儿童教育家和哲学家约翰·洛克也认为，刚出生的婴儿只是一个“白板”。现在的研究成果已经证明，这些见解都是错误的，新生儿并不是如人们所想当然的那样是无能力的、被动的和虚空的，新生儿降临到这个世界之际，就已经具有了许多能力，也正因为有这些先天的能力，才使新生儿得以更好地在这个世界生存和发展起来。

在新生儿的先天能力中，最引人注目的是反射能力。新生儿的反射能力有几十种，比如打喷嚏、打哈欠、揉眼睛等等，常见的还有如下几种：

(1) 觅食反射。当母亲的乳头轻轻碰触新生儿的嘴唇，或者用手指轻触新生儿的面颊或嘴角区域时，新生儿便会将头转向刺激来源方向。

(2) 吮吸反射。把母亲的乳头或手指放入新生儿的口中,新生儿便会有节奏地吮吸和挤压它们。

(3) 游泳反射。将新生儿面朝下放入水池中,新生儿会产生像游泳一样的踢蹬动作。

(4) 抓握反射。把手指或小棍放到新生儿手心,并轻推,新生儿会用手紧紧抓住它。

(5) 步行反射。将手扶在新生儿的腋下,让新生儿光脚踏在平整的地板上,新生儿便会像正常走路一样,抬起一只脚,然后再抬起另一只脚,并力图向前迈步。

(6) 摩罗反射。将手托在新生儿后背,将其平放,然后轻轻将新生儿头部放低,或者在新生儿面前突然发出声响,新生儿先是双臂伸向两侧并张开手指,然后会将胳膊和手收回到胸前,呈现出拥抱的动作。

(7) 眨眼反射。将光照射在新生儿的眼睛上,或者在靠近新生儿的头部拍手,新生儿会快速闭上眼睛。

新生儿的反射能力所保持的时间是不同的,有的反射能力是终生不会消退的,比如眨眼反射和吮吸反射;有的反射能力则在一段时间之后便自然消失了,比如摩罗反射,一般 6 个月左右便消失了;游泳反射则在 4～6 个月后消失,行走反射 2 个月后也会消失。

新生儿的反射能力具有积极的重要的意义。从最基本的意义来看,反射能力保证了新生儿得以生存下去,新生儿的觅食反射、吮吸反射确保了新生儿能够找到母亲的乳头并顺利吮吸乳汁。如果新生儿连觅食和吮吸的基本能力都没有,还要母亲一点一点地去教导,这肯定会造成新生儿的大量死亡现象。此外,新生儿的反射能力经过训练和成熟之后,往往成为此后更复杂的人类行为的基础,比如行走反射,有证据表明,如果经常得到训练,这个婴儿会比其他的婴儿提前几周开始行走。当然,实际生活中,这种训练并不一定有多少好处,因为婴儿自身的发育规律问题,过早行走反倒对婴儿有许多坏处。最后,还有一点非常值得注意的是，新生儿的反射能力还能够建立起母婴之间的特殊关系，新生儿对母亲的紧紧拥抱和抓握，新生儿对母亲乳头的寻找，对母乳的吮吸会使母亲产生一种难以名状的满足感和自豪感，因为她是新生命的源头，是新生命的依靠，她分明感觉得出新生儿很难离开她，也不愿离开她。而且在新生儿吮奶的过程中，常常出现有规则的暂停，母亲此时会轻轻摇动他，于是母亲和新生儿之间便建立起了一种亲密的互动关系，暂停—摇动—吮奶—暂停—摇动……

除了反射能力之外，新生儿还具有其他一些能力，诸如视觉、听觉、嗅觉、触觉等。而且几乎所有的新生儿一生下来便能够发出嘹亮的哭声，啼哭可以视为是新生儿的语言，由此表达他的饥饿、痛苦等多种感受，并与母亲形成特定的交流。

新生儿的这些特征向我们表明，新生儿降临到这个世界之际，他不仅是一个充满生命力的存在，而且还是一个具有多种能力的存在，他已经为进入人类社会生活做好了初步的准备。

第二节　婴儿的运动能力发展及其意义

婴儿时期被认为是人的一生中发展最快、变化最多的时期之一。婴儿的运动能力尤其发展迅速，人们常说婴儿是见风就长，一天一个样，就是形容婴儿发展变化的快速和多样的。

一、婴儿的运动发展顺序

从大的动作来说，婴儿的发展顺序大致如下：

1 个月时,婴儿可以抬起下巴;

2 个月时,婴儿可以抬起胸部;

3 个月时,躺着的婴儿可以抓取物体;

4 个月时,婴儿在他人的帮助下,可以坐起来;

5 个月时,婴儿可以拿着东西坐在母亲膝上;

6 个月时,婴儿可以坐在高椅上,抓住悬挂的物体;

7 个月时,婴儿可以独立地坐起来;

8 个月时,婴儿可以借助他人的扶持站立起来;

9 个月时,婴儿可以依靠桌椅等物体站立;

10 个月时,婴儿可以自己爬行;

11 个月时,婴儿可以在父母的牵引下开始走路;

12 个月时,婴儿可以独立抓住桌椅等家具站立起来;

13 个月时,婴儿可以爬台阶;

14 个月时,婴儿可以独自站立;

15 个月时,婴儿可以独立行走;

16 个月时,婴儿可以独自蹲下并站起;

19 个月时,婴儿可以扶着物体越过障碍棒;

20 个月时,婴儿可以开始跑,但还不稳;

23 个月时,婴儿可以扶栏上下楼梯;

24 个月时,婴儿能双脚跳起来。

婴儿的手和细微动作发展同样也遵循一定的顺序,4～5 个月的婴儿可以将物体紧紧抓住不放,5～6 个月的婴儿可以将方块积木从一只手传递到自己的另一只手中,7 个月左右的婴儿可以将纸撕碎,9 个月的婴儿可以将树叶捏起来,14 个月的婴儿可以自发地乱涂乱画,15 个月的婴儿可以搭 2～5 块积木,18 个月的婴儿可以使用汤匙,当然免不了要洒出来,21 个月的婴儿可以双手捧碗,24 个月的婴儿可以一页一页地翻书。

二、婴儿运动能力的发展与父母的关系

婴儿的运动能力发展表现出了很明显的顺序性、统一性和规律性，当然，这其中由于种种原因，具体到每个婴儿来说，也会表现出明显的个体间的差异。一般来说，婴儿都是先学会爬，然后再学会站立，最后再学会行走；但是，也有的婴儿根本就不会爬，而是直接学会了站立和行走。比如，大多数婴儿在 15 个月时开始行走，有的婴儿由于体质好，或由于父母的早早训练，在 11 个月时就开始行走了。婴幼儿的运动发展只是一种一般的、普遍的统计结果，父母亲完全没有必要刻板地、机械地对号入座、简单比照。实际生活中，婴儿的运动发展完全有可能提前，也完全有可能滞后，在一定的程度内这些都是正常的，父母没有必要忧心忡忡，过度紧张。有的父母看到自己的孩子在坐、站立或行走方面比其他的同龄孩子要慢一些，便显得非常着急，甚至担心这可能会影响到婴儿的智力发育，其实这种担心也是毫无根据的，婴儿在坐、立和行走上发育慢一点并没有太大关系，只要不是落后太多，都属于正常，根本不会影响婴儿智力的正常发育。

许多父母都盼望着自己的孩子能够更快、更健康地成长，父母的这份心情自然是可以理解的，每天看着自己的孩子一点一点地成长起来，这种激动、这种喜悦是对年轻父母的最大安慰和回报，有的父母因此迫不及待地早早就开始训练婴儿学坐、学站或者学走。需要提醒年轻父母们注意的是，这种拔苗助长的行为完全违背了婴儿自身的发育规律，这不仅不会使婴儿早坐、早站或早走，反倒会给婴儿造成意想不到的伤害。因为婴儿的骨骼和肌肉并没有完全发育成熟，在婴儿的骨骼中，有机物含量较多，无机盐则含量较少，这使得婴儿的骨骼硬度较小，弹性较大，

也较容易变形；而且婴儿脊椎骨之间的软骨盘比较厚，外面的韧带则比较松。在这种情况下，过早地学习坐和站立，会导致婴儿的脊椎发生变形；过早学走路则容易使婴儿双腿发生弯曲，导致“罗圈腿”的出现。相信所有的父母都不愿看到这种局面的发生，欲速则不达，父母无论如何焦急，都不应该违背婴儿自身的发展规律。

在婴儿运动能力发展的过程中，除了超前引导问题之外，还有另一个问题值得注意。有的父母认为婴儿的坐、站立和行走都是自然的事情，到了一定时候会自然而然地实现，因此，对孩子完全放任，或不愿认真训练婴儿，这种态度也值得商榷。实际上，父母的适当介入还是很有意义的，一方面，这会加深父母与孩子之间的交往和互动，增进父母和子女之间的关系；另一方面，也会使婴儿适当地提前几周学会站立和行走，而这对婴儿来讲是很有助益的，并且是可以接受的。相反，如果父母一味采取放任的态度，这一方面会导致父母与子女之间的疏离和冷淡，另一方面也会挫伤婴儿学习站立和行走的高昂热情。

婴儿的运动能力发展并不是一个简单的生理问题，它同时还涉及父母、社会以及文化等许多问题。从生理的角度而言，遗传起到了关键的作用；从父母的角度而言，父母的介入和引导直接影响了婴儿的运动能力发育；从文化的角度而言，不同的文化对婴儿有不同的观念，这直接影响到父母看待婴儿的态度，从而间接地对婴儿产生影响；从社会的角度而言，经济的发展、食物的供给、医疗保健的保障等许多因素都会对婴儿的成长产生深刻影响。

三、婴儿运动能力发展的重要意义

婴儿的运动能力发展并不是一种简单的生理现象，这意味着婴儿生理发展的影响决不会仅仅局限于生理范畴。实际上，这种影响越出了生理领域，进一步影响到婴儿的心理发展以及社会发展等诸多方面。具体来论，婴儿运动能力发展的重要意义有如下几点：

(1) 接触和认识的方式增多了。躺在怀抱或摇篮里的婴儿只能去听、去看、去嗅、去感觉，而且还要受到许多的限制；在开始爬和行走后，婴儿可以用手拿、用嘴咬、用脚踢、用身体接触等，婴儿这时几乎可以将全身的感觉器官全部调动起来，从而感知这个世界。

(2) 接触和认识的范围增大了。当婴儿躺在摇篮里的时候，他所面对的主要是一个平面的世界；当他能够站立时，他所面对的是一个多维的世界；当他能四处行走时，他所拥有的是整个世界。运动能力的发展，使尽可能大的世界尽可能全面地呈现给了这个惊奇的婴儿。

(3) 心理变化。婴儿始终对这个未知世界充满惊奇，运动能力的发展满足了他的惊奇感，同时又进一步扩大了他的惊奇感。而且站立和行走本身就会给婴儿带来骄傲感和自豪感，从而使婴儿在心理上进一步丰富起来。

(4) 社会交往的增加。运动能力的发展如行走使婴儿有可能突破家庭的范围，除了父母和家人之外，结识更多的同龄群体或其他亲朋好友，从而加强社会联系，进一步促进社会化的展开。

(5) 智力的促进。运动能力的发展一方面本身就可以刺激和促进智力的发育，另一方面，由于运动能力的发展而导致的心理、认知以及社会交往等方面的深入、复杂和多样化，必然会从多方面促进智力的发展。运动能力的发展与心理和社会能力的发展之间存在着一种相互促进的正向关系，在具体实践中，有足够的事实可以证明这一点。

第三节 婴儿的认知发展

婴儿的降生除了生物学意义上的出生之外，还包含着心理学意义上的出生。对于新出生的婴儿来说，他不仅具有有意义的反射行为，同时还具有更重要的认知能力，如视觉、听觉、触觉等，这使得婴儿不再局限于简单的、反射为主的或依靠本性的生活，而是很快变成一个能够学习、能够思维、渴望社会交往的积极的、主动的、具有一定意义的个体。

一、皮亚杰的认知理论

婴儿的心理发展研究具有双重的重要意义，一方面可以揭示婴儿自身的心理发展；另一方面也有助于揭示人类思维发展的基本起源。因此，关于婴儿心理的发展研究始终是一个充满洞见，同时又充满争议的研究领域。皮亚杰则被公认为是儿童心理学研究中的代表性人物，尽管他的研究成果也正在遭到越来越多的挑战和批评。

皮亚杰认为，人的认知发展总共分为感觉运动阶段、前运算阶段、具体运算阶段和形式运算阶段四个时期，而婴儿期则属于第一个时期即感觉运动阶段。感觉运动阶段最主要的特征是，婴儿在这时期主要不是依靠大脑，而是通过感觉，通过视觉、触觉、味觉、听觉等，通过用手抓、用牙咬、用身体接触等感性方式来达到对外在世界的认识。也就是说，这段时期幼儿的学习特征主要是依赖于感觉和动作经验。

皮亚杰认为，感觉运动阶段可以具体再细分为六个阶段。

1. 反射活动

这段时期从出生到满1个月为止。这时，婴儿伴随着出生即具有多种反射行为，如吮吸、抓握、看、听等，婴儿的认知主要是依靠这些反射行为。而且在不同的婴儿中，这种反射性行为表现出了一定的共同性。但是，随着婴儿的进一步成长，这种简单的反射行为也开始发生变化，婴儿会进一步作出行为的调节和修正，以便进一步认知更复杂的外在世界。

2. 初级循环反应

这个时期从1个月持续到4个月。婴儿在这阶段中，通过对能够导致满意结果的行为的不断重复，逐渐获得了对行为的简单控制，发展出简单的行为习惯，如吮手指等，这个时期的婴儿还开始根据外在环境来改变自己的行为。但总的来说，婴儿的调适更多的是根据自身的基本需要，而且此时的婴儿依然还没有意识到他们的行为对外在环境的影响。

3. 第二级循环反应

这个阶段从4个月持续到8个月。此时的婴儿对自身的控制能力在增强，他们开始模仿他人的动作。当然，因为此时婴儿尚不能灵巧地、快速地自我调适，所以他们模仿的动作不是陌生的，而是他们比较熟悉并且练习或实践过多次的行为。同时，婴儿的行为更多地不是趋向本身，而是趋向外部。另外，图式的作用也开始显现出来。

4. 习得图式的协调

这一阶段从8个月持续到12个月。这个时期的婴儿开始组织图式，通过图式进一步发展出新的、更加复杂的动作。此时的婴儿表现出两个具有意义的认知发展：其一，婴儿的行为更加具有意向性，也就是说目的更加明确；其二，婴儿已经认识到客体或目标是永存的，虽然他们可能看不到它，但这并不意味着客体的消失或不存在。此时的婴儿可以更有效地预测事情的发展，行为更具有针对性，他们有时甚至会去改变这些经验。另外，婴儿还可以模仿与他们经常的行为有所不同的动作。

5. 第三级循环反应

这个阶段从 12 个月持续到 18 个月为止。此时,婴儿不是简单地重复,而是有变化地重复,他们的行为是试验性的、创造性的,婴儿更有意识地去实验和探索对问题的解决方法,他们对客体永存的认识也更深入。

6. 应付环境的新办法的创造

这个阶段从 18 个月持续到 24 个月。前五个阶段是感觉运动能力发展的所有阶段,第六个阶段实际上已经不再是感觉运动阶段,因为在这个阶段婴儿开始发展的是新的心智的能力,婴儿解决问题的方式不再是简单的尝试然后修正错误,而是符号性的。此外,这时婴儿对行为的模仿不再是当下的、即时的,而是过后的、依靠记忆而模仿的。

尽管皮亚杰的理论正在遭受越来越多和越来越激烈的质疑和批评,但不可否认的是,皮亚杰的理论具有很强的解释力和包容性,这也是许多无论持批评还是赞同意见的人都很难忘却皮亚杰的一个原因。

二、婴儿的智力开发

婴儿的认知发展过程特征表明,首先,在婴儿的智力发展过程中,婴儿本身并不是消极的、被动的,而是扮演着一个积极的、主动的角色,婴儿自身积极地介入了智力的发展过程,这要求我们首先应当将婴儿作为一个积极的、主动的、发展中的主体来看待,而不是仅仅以父母的意志为根据。其次,婴儿自身智力发展有一定的规律,遵循一定的程序,这就要求父母们在设计婴儿的智力发展活动时不能急功近利,不能急于求成,而应当切实根据婴儿的智力发生发展过程来设定具体的开发活动。我们需要注意的是，尽管婴儿一出生，甚至在胎儿期就已经具备了学习能力，但这种学习能力仅仅是初步的、简单的，决不能以成人的眼光来看待婴儿。许多父母过早、过多、过深地为婴儿设置智力开发活动，这样往往会导致事倍功半，严重的还会对孩子造成消极的或破坏性的影响。最后，我们应当知道，6 个月到 24 个月这期间是婴儿教育的关键时期，父母们一方面千万不能掉以轻心，放手不管；另一方面也不能急于求成，关键是以科学的精神、严肃的态度来认真对待。现在的父母越来越重视婴儿的早期智力开发，但最终并不是每个父母都能够随心如愿的，这里除了热情之外，更需要的是科学和理性。在婴儿的智力开发过程中，虽然婴儿本身是一个积极的主体，应当给予充分的认识和尊重，并且给他们提供足够的自我探索和发展的机会与空间，但是，相对而言，父母还是起着更具决定性的作用，父母对智力开发的目标设定、对游戏活动的具体设计、对玩具的选择以及父母对婴儿的教育理念等等，都会成为婴儿智力发展过程中的极具影响力的因素。

第四节 婴儿的语言发展

Infancy(婴儿)这个词来源于拉丁文，本意为“不会说话”，这意味着语言对于婴儿期来说是一个标志性的事件，语言的出现，是婴儿期发展中的一个具有里程碑意义的变化。事实上，语言也是整个人类最具代表性、最有特色的特征之一，有人甚至认为语言是人与动物的一条主要分界线，因为动物不能够创造出像人类语言这样高级、复杂、多样的语言。此外，人类尤其是婴儿，在语言的最初产生和学习上表现出了惊人的统一性和普遍性，这不仅表现在不同民族的婴儿在语言发展过程中经历着共同的发展阶段，同时也表现在某些发音如“爸爸”、“妈妈”的相同和近似性上，这使我们对婴儿期语言发展的研究具有了非同寻常的意义。

一、语言发展的理论

语言的发展研究是一个进步很快、成果很多的领域,代表性的理论主要有行为主义理论、转换生成理论、模仿理论以及认知理论等。

1. 行为主义理论

行为主义的语言发展论主要以斯金纳为代表。斯金纳认为,语言同行为一样,是通过操作性条件反射而习得的,“强化”在语言学习中起到了重要作用。当婴儿有意无意中说出“爸爸”或“妈妈”这两个词时,父母会非常高兴,会激动地去拥抱或亲吻婴儿,会微笑着鼓励婴儿,婴儿在得到父母充分的肯定和奖赏后,会更加努力地说出“爸爸”和“妈妈”;相反,如果婴儿说出不正确的词后,父母会有温和的惩罚,比如更少的微笑等,这会使婴儿认识到不能和不要说这些词。

行为主义理论可以解释语言发展的早期阶段或低级言语的发生,但是,婴儿在语言学习中所表现出的明显的创造性和主动性,如婴儿很早就对句子结构能够运用并以此来不断造句,这却是行为主义理论所解释不了的。

2. 转换生成理论

转换生成理论主要以语言学家乔姆斯基为代表。乔姆斯基认为,每个句子都可以分为深层结构和表层结构两个组成部分。其中,深层结构通过转换规则变成表层结构,从而被感知、被传达。语言是利用规则来创造和理解的,语法则是自然生成的。

具体到婴儿的语言发展,乔姆斯基反对斯金纳的学说。他认为,语法是语言中的重要因素,但语法本身又是非常复杂的,婴儿不可能自己发现语法，也很难被教会认识语法，更不能通过强化和模仿而习得，所有的婴儿在出生时都先天赋有“语言获得装置”(Language Acquisition Device，简称LAD)，这使婴儿能够将词语按照语法组合成有意义的句子，并且能够听懂和理解他人说出的句子。乔姆斯基还认为，这套“语言获得装置”在所有的语言中都是共同的，因此，不同语言的婴儿，一开始都能够听懂和说出有语法规则的句子。

乔姆斯基的转换生成理论遇到了很大的挑战和激烈的批评。首先，乔姆斯基所谓的“语言获得装置”很难得到证实，它更多地只是一种理论上的假设；其次，婴儿最初的话语并非都是合乎语法的；再次，婴儿的语言学习事实上也不是直接的、一蹴而就的，而是一个逐渐上升和发展的过程；最后，很显然，乔姆斯基过于推崇先天的因素，而大大忽略了环境尤其是社会环境的引导和决定作用。

模仿理论的代表是阿尔波特和班图拉，认知理论的代表主要是皮亚杰。关于婴儿语言发生理论的分歧，主要在于如何估计生物遗传和社会环境及经验这两种因素的地位及影响。应该承认，这两种因素都对婴儿的语言发展起到了重要作用，片面强调某一方面是不合适的。在婴儿语言发展理论上后来又产生了一种理论——互动论。互动论强调与生俱来的能力以及社会环境这两个因素互相作用、共同促进了婴儿语言的发生和发展，婴儿本身先天的能力和婴儿强烈的与他人交往的欲望，再加上丰富多样的后天语言环境，肯定能够大大促进婴儿的语言发展。

二、语言的发展阶段

婴儿的语言发展表现出一种惊人的共同性和普遍性，不仅遵从同样的发展阶段，而且这种发展阶段也几乎都发生在同样的时间段中,这是人类语言发展中一个很值得注意的现象。

婴儿的语言发展大致可以划分为前咿呀语、咿呀语、独词句和电报式语言几个阶段。

1. 前咿呀语

婴儿最早的语言就是其哭声,几乎所有的婴儿一降生到这个世界都会发出嘹亮的哭声,哭声一方面为后来的语言产生创造着生理性的基础,另一方面,哭声本身就是一种语言,通过哭声婴儿会传达出他的具体内容。父母们一般都有经验,从婴儿哭声的轻重、长短、急缓和大小可以推测出婴儿到底想"说"些什么,是尿布太湿了,或者是肚子太饿了,或者是太冷了、太害怕了等。除了哭声之外,婴儿还会发出其他一些口头声音,也即一些类似于元音的比如"oo"的声音。

2. 咿呀语

在6个月左右,婴儿开始能够发出辅音和音节,能够将元音和辅音拼起来,常见的声音有"babababa"、"nananana"等。有许多年轻的父母认为,此时婴儿已经会喊"爸爸"、"妈妈"了,其实,这还仅仅是一种下意识的声音拼读。"baba"在婴儿的口中说出时,并非就是很明确地指向自己的爸爸,它完全可以是一种无意识的发声。但应该承认的是,咿呀语为后来婴儿真正的语言拼读开了一个很好的头,而且从父母的角度而言,听着孩子不停地咿咿呀呀,这本身就是一种欣喜和激动,此时此刻,盼望婴儿早日说话的心情已经越来越难以控制了。

3. 独词句

十几个月的婴孩已经开始懂得许多词语的意义,不过对语言的正确运用还有一个过程,独词句就是婴儿语言发展过程中最重要的一环。在这个时期,婴儿每次说出的都是一个词,而不是两个词或一句话。一般而言,婴儿最早说出的独词句经常源于会动的物体,如汽车、球、猫等;还有熟悉的动作,比如再见、上、下等;以及家庭内的变动结果,比如脏、热、湿等。婴儿的独词句在表达上常常出现两种情况：其一是词义太狭窄，婴儿在说出"玩具"这个词时可能专门指的是他所玩的小火车，他可能会认为另一个小朋友玩的布娃娃并不能被称为"玩具"；其二，词义太宽泛，如说"汽车"这个词时，可能指的并非仅仅是小汽车，而是将所有四个轮子又会开动的物体全部叫做"汽车"。但总归有一点，我们应该明白，婴儿在说出一个词时，他们表达的意思是多样的，这些要根据具体情形来进行具体的分析。

4. 电报式语言

在18～24个月左右，婴儿的语言能力进一步得到发展，已经能够将两个词合到一起，像"我吃"、"妈妈走"等等。此时的婴儿尚不能说成一个完整的句子，但他保留了一个句子的主要部分，而且大部分时候婴儿是不会将主语和谓语的顺序搞错的。

三、影响婴儿语言发展的因素

婴儿的语言发展是一个综合性的复杂过程。能够影响婴儿语言发展的因素同样十分多样，大致而言，可分为两类：其一是生理因素，其二是社会环境，这两方面因素共同决定了婴儿的语言能力发展。

从生物性角度而言，婴儿听觉和知觉的发展、声带的发育、中枢神经系统的成熟等都会影响到婴儿的语言能力。此外，婴儿的性别也会对婴儿的语言发展产生影响。调查显示，一般女孩要比男孩早几周学会说话，但反过来，男孩要比女孩早几周学会走路，这里究竟是不是生物因素在起作用，或是社会对性别的不同要求在起作用，这就很难有一个截然的判别了。

除此之外，婴儿的气质特征也会对婴儿的语言发展产生影响。比较外向、活泼的婴孩要比比较内向、安静的婴孩先学会说话,而且可能掌握更多的词汇。外向的婴儿有更多的渴求来探索外在世界,有更多的想法渴望表达,这往往促使他们更早、更快、更多地使用语言,从而促进语言的发展。而内向的婴儿凡事采取消极被动的态度,对外在世界的探索行动相对较少,而且如果有想法要表达时,往往会等到有足够充分和熟练的词语时才会开始表达,这导致了内向婴儿语言发展的相对落后。

在婴儿的语言发展过程中,最值得引起注意的是母亲的作用。因为生理和社会的原因,母亲与婴儿相处最为密切,而且母子之间相处的时间也最长,这使母亲不可避免地对婴儿会产生更深刻、更广泛的影响。婴儿在语言发展过程中,存在着对语言的理解和表达之间的不平衡现象。婴儿在说出第一个词之前,其实已经理解并记住了许多的词,也就是说,语言的理解和储存对婴儿语言的发展有很重要的作用。因此,许多母亲甚至在胎儿期就已经开始与胎儿对话,孩子出生后,母亲更热切地经常向婴儿说话,虽然这是单向的交谈,但婴儿同时必然会对母亲的言语产生反应,尽管不是表现在口头上。在婴儿能够简单会话之后,母子之间的交流就变成了双向的,母亲一般会采用一种结构比较简单、发音比较清楚而且语速比较慢的语句来与婴儿交谈,此时婴儿的积极参与不仅能使婴儿早日学会说话,而且会使母亲产生激动和欣喜之情。母亲们在这个时候一方面应当多向婴儿讲话,同时也应当鼓励婴儿尽可能多地讲话。另外,母亲还应当使婴儿多方面接触和认识外在世界,多方面参与日常生活实践,这些多侧面的努力必然会促进婴儿语言的快速发展。还有一点需要注意,有的母亲可能觉得婴儿的语言比较好玩,或者害怕婴儿听不懂大人的语言,于是经常模仿婴儿的言语来与婴儿交谈,比如用“灯灯”来代替台灯,用“汪汪”来代替小狗等,其实这些完全没必要,而且是有害的,因为这样做就在一定程度上剥夺了婴儿进一步扩展语言的机会,阻碍了婴儿语言的发展。

第五节 自我的产生与发展

伴随着婴儿运动能力的发展，婴儿有更多的机会和能力去接触外在世界；伴随着婴儿认知能力的发展，婴儿渐渐地能够认识周围的世界，意识到了外在的物体和他人即使看不见也是同样存在的；伴随着婴儿语言能力的发展，婴儿的记忆和归类能力又一次得到了加强，生物、认知、情感以及社会能力的综合发展，导致了婴儿具有重要意义的一种心理诞生——自我的产生。

婴儿期自我的产生与发展大致可以划分为三个阶段：自我的认知、自我的归类和自我的调控。

一、自我的认知

胎儿期和新生儿一般很难将自身与父母亲及外在环境区分开来。随着日益的成熟，婴儿渐渐开始能够将自己与外在世界区分开来，并且进一步将自己与他人包括母亲区分开来。这种日益加深的分离使婴儿产生了一种个别化的趋向，使婴儿自身渐渐独立了出来，从而使婴儿的自我渐渐产生出来。对自我的认知可以说是婴儿自我产生的首要一步，一般而言，15 个月左右的婴儿已经意识到了自我，并且能够对自我产生认知。我们常常会发现这时的婴儿喜欢照镜子，而且常常对镜子里的自己发笑，或者趴上去亲吻自己，他们很明显会把镜子里的自己认出来，并且表现出强烈的亲密感。此外，如果我们拿出一些混有其他人的照片让婴儿来辨认，婴儿往往会很准确地将自己挑选出来，他们往往还会迫不及待地微笑着说："这就是我"，或者直接用自己的名字称呼：

"这就是游游"等。这清楚地表明,婴儿已经能够将自己从外在世界和他人中分离出来,婴儿的自我意识已经觉醒,也就是说,婴儿已经能够自我认知了。

婴儿的自我认知能力的获得相应地会使婴儿产生另一种能力——移情(empathy)。通过移情作用,婴儿可以以同情的态度去理解和感受他人。日常生活中,我们常常会发现婴儿有一件自己非常喜欢的玩具,他因此也常常会向他喜欢的小伙伴推荐;婴儿发现了一种他很喜欢的食品,他也常常会竭力向自己的父母推荐。婴儿的这般举动,是希望父母和小伙伴能够从中得到愉快和满足,因为婴儿相信父母和小伙伴与他的感受应该是一样的。这种移情和同情(sympathy)的能力虽然仅仅是初步的,但这对于婴儿心理和社会能力的正常发展却有着不可忽视的作用,正确地加以引导将有助于婴儿此后学会处理与他人的社会交往,从而走好人生的第一步。

二、自我的归类

与外在世界和他人的区分使婴儿产生了自我意识,而婴儿对自我的确认又使婴儿有可能进一步作出对自己、对他人的初步的、简单的归类。在18~30个月左右的婴儿中,许多婴儿已经能够按照年龄、性别、身高、胖瘦以及好坏开始对自己和他人进行归类和评判了。这其实是婴儿对自我认识的进一步深化,同时也是婴儿对世界和他人认识的进一步丰富和细致化。

不过,需要引起注意的是,第一,婴儿此时的区分和判别标准还很简单,他们的推理也难免机械,比如对大人与小孩的划分,如果婴儿被告知父母是大人,那么,很多婴儿会想当然地认为自己是"小人"而不是小孩或婴儿;如果婴儿所接触的女性都是长头发的,那么,婴儿也会不假思索地认为长头发的男人也是女人;至于婴儿在好人和坏人的判别标准上就显得更加机械、简单和武断了，他们往往会因为一个人长相丑陋或衣着不雅而直接将他们推断为坏人。第二，婴儿此时分类和判断的标准其实大都来自于父母或亲友的影响，因此，作为父母尤其应当注意自己的行为，给孩子树立良好的榜样，并且应当向婴儿灌输健康的、科学的为人处世观点，否则，很容易引起婴儿自我判别的混乱，甚至有可能误导孩子的成长。

三、自我调控

随着婴儿自我意识的进一步明确和增强，婴儿的自我调控欲望也在相应增强，同时婴儿的自我控制能力也在进一步提高。18个月左右的婴儿自我控制能力已经开始出现，这同样是一件意义重大的事情，因为只有出现了自我控制能力，婴儿的自我意识才可能会有更积极、更适当的表现，婴儿也才有可能更好地与他人进行社会交往。

自我控制能力的出现往往会有两种现象相伴产生：第一种是服从意识。在服从意识支配之下，婴儿会更好地控制短暂的、盲目的冲动，从而更积极、更主动地去领会和遵从父母的指导和命令，会表现得很乖、很听话。许多父母都很喜欢这种驯顺的孩子。在托儿所里，老师们一般情况下也更愿意带领和教导遵守纪律的孩子。但事实上，过于听话的孩子未必就肯定是好孩子或优秀的孩子。因为过于听话往往会导致孩子个性的被压抑，导致孩子发展空间的被限制，而且在这种情况下，孩子往往会蜕变为消极、被动、不敢探索、害怕出格等等。第二种是反抗意识。两三岁的小孩经常会表现出一种逆反心理，对家长的话常常不听，往往显得似乎很有主见，更愿意自己决断自己的事情，他们常常爱说“我自己……”或者“我就不……”“我偏不……”许多父母为此伤透了脑筋。应该承认,这种行为本身正是婴儿自我意识增强的一种表现,也是婴儿自我控制能力提高的一种表现,尽管表现方式可能使父母觉得难以接受,身处此境的父母首先应当冷静下来,在具体处理这类问题时,除了多一分爱心、多一点儿忍耐之外,还应当多动一些脑子,父母首先应当问一下自己:“孩子为什么会这样做?这样做到底对不对?不对的话又如何来引导?”如果孩子的选择是正确的,父母就应当放下架子,让孩子自作主张;如果孩子的选择是不合适的,父母就应当运用一些巧妙的方法来引导孩子,比如父母可以告诉孩子“邻居的孩子就不是这样做的”,“让我们一起来比赛,看谁先把饭吃完”等等,这样可以转移孩子的注意力,既达到了父母的意愿,同时又避免了伤害孩子的自尊心。有的家长这时候表现得比较简单粗暴,要么大声呵斥,要么扭打孩子,这样也许会一时奏效,但对孩子的伤害可能会更多、更深,其结果不仅会伤害孩子的自尊,而且还会给孩子留下一种很不良的心理阴影,似乎暴力能够解决一切问题,天长日久,当孩子遇到困难时,他也可能会采取暴力的方式。而且最主要的是,暴力的结果不可避免地会导致父母与子女关系的紧张,子女也可能会因此而疏远和憎恨自己的父母,如此一来,问题就更加复杂化了。实际上,过于逆反的孩子往往是与父母的影响分不开的。有足够的证据表明,如果父母给予孩子更多的爱和更多的关怀,那么,孩子表现出逆反的几率便小得多。许多父母常常认为婴儿什么都不懂,怎么教养都可以,其实大谬不然,从胎儿期开始,做父母的就有必要时时刻刻树立起模范的榜样了。

婴儿时期自我的控制能力虽然开始发展,但是,婴儿的自我控制能力相对而言依然是很脆弱的。此外,婴儿对许多情况的判断常常是不准确的,这决定了婴儿尽管已开始有了自我控制能力,但仍然无法独立地生活,无法独立地面对这个陌生的世界,作为父母应当给予婴儿更加细心的照顾以及更加细致的提醒。婴儿自我意识的增强和自我控制能力的脆弱常常容易导致一些意外事故或悲剧的产生，比如婴儿被开水烫伤了，被玻璃划破了，或者婴儿爬上了阳台，不小心掉下来了等等，这更提醒年轻的父母对孩子一定要尽心尽力尽责。

自我的发生和发展是婴儿期的一件重大事情，许多学者都对此作了富有成果的探讨。其中，精神分析学者玛格丽特·马勒(Margaret Mahler)的观点值得注意，她将婴儿期自我的发展具体划分为六个阶段：①

第一，我向期(Autism)。这个时期包括从出生到2个月，也被视为胎儿期的继续，婴儿很少或几乎不关注外在世界，他更多关注的是自身的内在情感。

第二，共生期(Symbiosis)。这个时期从2到5个月，婴儿尚且不能将自己同母亲区分开来，也不能将一个人与另一个人区分开来，不能将自己与外在世界区分开来。这种情形在5个月将结束时发生了改变，婴儿的自我概念开始形成，能够将自己与母亲区分开来，也能够将自己的母亲与其他人区分开来。

第三，分化期(Differentiation)。这个时期从5到10个月，婴儿开始注意到了自我，也注意到了他人，有了"我"和"不是我"的意识区分，婴儿同时也将注意的目光转移到了外部世界上，婴儿自身同母亲、同他人、同外部世界的区别和分离开始成为这个时期的主要特征。

第四，实践期(Practicing)。这个时期从10到15个月，婴儿在身体和心理上都日趋成熟，自我的认知逐步表现出来，从母亲身边开始走出并向外在世界积极探索。

第五，重建期(Reapproachment)。这个时期从15到24个月，婴儿要重新建立与母亲的关系，尽管此时婴儿本身依然很依恋母亲，但婴儿自身的成长使他有必要离开母亲，向外部世界进发。婴儿自身的独立性与婴儿对母亲的依赖性这种矛盾是婴儿

① (美)詹姆斯·卢格：《人生发展心理学》，学林出版社，1996年版，第261页。

和母亲都必须面对的难题。

第六,个别性和心理常性期(Individuality & Mental Constancy)。这个时期从24到36个月,婴儿开始表现出相对稳固的心理个性与特征,自我得到进一步的确认。

第六节 婴儿与父母的互动关系

对于亲生婴儿来说,父母是他接触最早,同时也是接触最多的人,婴儿与父母的关系构成了婴儿及此后生命发展中最持久、最重要的一种关系。从本质上来看,婴儿与父母的关系是一种血缘关系,是终生都无法改变的;从起源上来看,婴儿与父母的关系在婴儿出生之际,甚至也可以说是在胎儿期就已经确立起来了。在这种持久的、稳固的亲子关系中,不仅母亲和父亲影响着婴儿,同时婴儿也在不断影响着母亲和父亲。

一、婴儿对父母的影响

许多人都相信父母始终在决定性地影响着婴儿的发展,但是,不能忽视的还有亲子关系的另一方面,即婴儿同样也在极大地影响着父母,这是一种双向的互动过程。

父母对婴儿的影响很明显,我们需要重点指出的是婴儿对父母的影响。一个简单的事实是,婴儿毕竟不是石头,不是无生命的物体,婴儿是一个活生生的人,而且是一个不断在成长的人,所以,婴儿必然会对父母发生影响,而且这种影响同样也是发展的、多样的。

婴儿对父母最大的改变表现在父母人格等社会性的综合改

变。人们常说婚姻是一所学校,有孩子的婚姻则可以被认为是一所高等学府,它使男孩和女孩变成了男人和女人,而婴儿的出生则使男人和女人真正成熟起来,他们的社会角色也从男人和女人转变成了父亲和母亲。这种角色的转变使父亲和母亲突然之间涌生出了无限的责任感、义务感、使命感以及巨大的爱,这促使父亲和母亲在心理和社会性上真正开始成熟起来,父性和母性成为人类最高尚、最伟大的象征,也恰恰说明了这一点。

除了人格上的成熟之外,婴儿的到来对父母的影响还有许多潜在的但同时又是深远的影响。婴儿的出生首先会使家庭的经济压力增加,这必然会促使父母去更加努力地工作,以便赚取足够的钱来养家,而且婴儿期的漫长所带来的直接问题便是家务的增多,父母必然要将更多的时间花在对孩子的照料上。这样,父母的工作节奏、闲暇安排必然要重新调整,由此导致的是父母的生活方式、生活态度的重新改变。

婴儿的出生被视为父母的爱情结晶,几乎所有的父母都是非常喜欢自己孩子的,初为父母的人常常脸上挂满了微笑,终日情绪高昂、兴奋不已。人们总以为恋爱使人变得温柔细腻,其实,孩子的出生使为父为母的人整个的心灵都融化了,他们变得更加温柔、更加细心、更加体贴、更加充满爱意,也更加像一个完美的人。

在婴儿对父母的影响中,有一个因素颇为值得关注,那就是婴儿的性别。除了我国旧有的传统陋习——重男轻女之外,我们还应看到,男孩与女孩对父母的影响的确大有不同。一方面表现在父母的抚养态度及教养方式上,对女孩,父母常常温柔、呵护、细心教导;对男孩,父母则常常更加放任、更加自由,给予他更多的发展空间。另一方面,婴儿的性别也反过来影响到父母,男孩因为活泼、好动,爱闯祸,父母可能要更多经受烦恼和焦躁情感;女孩因为恭顺、乖巧,父母则可能更多地享受到亲切和愉悦之情。

婴儿性别与父母的关系中还有一个引起争议的问题,即不同性别的婴孩对于相应性别的父母的亲和性问题。弗洛伊德提出了“恋父情结”和“恋母情结”的问题，有许多人批评和反对这种观点，但不能否认的是，日常生活中的确有性别因素对婴儿与父母的亲和性产生影响。我国流传很广的一句话是“女儿是父亲的小棉袄”，也就是说，女儿更加亲近父亲；相应地，男孩更加亲近母亲。几乎所有的父母在婴儿一出生时，就会有人告诉他们这个“真理”，这种观点在生活中的确在某种程度上得到了验证。如何解释这种现象，弗洛伊德的理论虽然有启发性但肯定是不合适的，要想真正解释清楚这个问题，也许我们应该不仅仅将眼光盯住婴儿期之内，而应该放眼婴儿此后直到成人这个更广阔的进程之中。

除了这些比较大的方面之外，婴儿对父母的影响还有一些很具体的表现。在刚出生的婴儿的抚养过程中，母亲对婴儿的喂食和哺乳不是根据教科书规定的一日几餐，每餐分别在什么时候，母亲常常是按需喂养，婴儿什么时候饿了就马上喂养，这就需要母亲时时注意观察婴儿的反应。另外，婴儿最重要的语言是哭，哭声中传达着不同的信息，母亲需要认真辨别婴儿哭声中所包含的真正意图。此外，婴儿另一个常用的语言是微笑，不仅父母的微笑会“传染”给婴儿，婴儿的微笑同样能够感染父母，婴儿的微笑会使父母感到最大的宽慰和满足。1 岁多的时候，当婴儿能够喊出第一声“爸爸”和“妈妈”时，所有的父母都会为之心花怒放，所有的辛苦全都烟消云散；2 岁左右的婴儿渐渐长大了，会说话了，会走路了，相应地，婴儿与父母交流的能力更强了，这时的父母会更加细心地照看孩子，父母与婴儿之间的双向互动也变得更加频繁、更加深入了。

婴儿时期被认为是人的一生中成长速度最快的时期，人们常说婴儿是见风就长，一天一个样。每天看着自己的孩子不断地呈现出新的成长面貌，相信每个父母心里都会有一种无法言语的自豪和快乐，这种充实感、满足感、自豪感，也许是婴儿给予父母的最直接、最生动、最感人的影响吧！

二、父亲对婴儿的影响

由于生理的原因，男人不能怀孕，不能生育，因此，婴儿常被视为是母亲的心头肉，是从母亲身上掉下的肉；又因为生理的原因，男人也不能哺乳，所以，婴儿绝大部分时间是与母亲在一起；由于社会和文化的原因，男人被视为养家糊口的人，男人更多的时间花在家庭之外，而不是家庭之内；由于现实的原因，产假和哺乳假是单位给予女性的，而没有给予男性，因此，男人也就没有更多时间去抚养婴儿。凡此种种，诸多历史和现实的原因使人们形成了一种根深蒂固的成见，哺育婴孩是母亲的事情，男人不能也不必做这些事情，其实这是一种偏见，而且是一种极其有害的偏见。人们都认为没有母爱的孩子是不幸的，需要大声疾呼的是，没有父爱的孩子同样也是不幸的，因为父亲同样有权利也有能力给予孩子一份爱，而且父爱在许多方面是补充乃至超过了母爱的，对于婴儿来说，真正完满的爱是同时拥有父爱和母爱。

父亲能够给予婴儿足够的爱，这个事实是毋庸置疑的。除了怀孕、生育和哺乳之外，母亲所能给予婴儿的爱，父亲几乎都能给予，实际生活中，越来越多的父亲越来越深入地介入了对婴儿的照顾之中，从买菜烧饭到洗衣服、换尿布，从抱小孩到与婴儿游戏，父亲几乎涉足到婴儿成长的每个角落。

父亲对婴儿的影响不在于父亲与母亲一样能够给予婴儿所需要的爱，关键在于父亲所给予婴儿的爱是不同于母亲所给予婴儿的爱，而同时父亲这种独特的爱又是婴儿所需要的，并且对婴儿具有重要的意义。

社会赋予了男人和女人不同的角色和地位，因此，父亲和母亲所能给予婴儿的爱也相应地会有这种社会性的不同。一般而言，母亲以阴柔为主，父亲以阳刚居多，婴儿与父亲和母亲的接触也可以被认为是对这个世界的两个组成部分的全面接触。很明显，单单接受母亲的关怀对于婴儿来说肯定是不健全的，同时接纳父爱的影响，这势必会使婴儿对这个世界有一个更加深入而全面的体验。

"随着父亲的积极参与，他们同母亲一样给了婴儿需要的刺激。父亲增强婴儿体验的接触方式同母亲是不一样的。当父亲抱着婴儿时，婴儿感觉到同被抱在母亲怀里是不一样的。爸爸看上去不一样，说话声音不一样，体味也不一样。他给孩子带来一种多样化的体验，婴儿需要听到一种深沉的声音，感觉到一个男子搂抱孩子的方式。是爸爸把孩子在空中荡来荡去，让他骑在肩上。看看在爸爸走进屋子时婴儿的神色吧：他的脸蛋变得快活起来，某种新的、使人兴奋的东西注入到他的日常生活中去……"①

父亲与母亲的差别更具体、更直接地表现在对婴儿的态度和方式上。我们看到，即使在新生儿期，父亲也更经常或更愿意去动婴儿的胳膊，或搬起他的腿，或者逗他笑，而母亲更多地则是微笑地看着孩子或轻轻拍着孩子。随着婴儿越来越大，父亲与婴儿的交往也越来越"激烈"，父亲常常会把婴儿高高地抛向空中，或者与婴儿做些"打仗"游戏，而母亲则常常给婴儿唱歌、讲故事，或者看着婴儿玩玩具。值得注意的是，婴儿对父亲的反应常常是热烈的，婴儿对父亲所带来的游戏也表现出更多的乐趣，因此往往更喜欢与父亲一起做游戏。在与父亲相处的过程中，婴儿表现出更多的哭泣和愤怒，但婴儿同时也表现出了更多的欢乐和狂喜。调查资料表明：20个月的婴儿在与父亲的游戏中表现得比与母亲的游戏中反应更强烈，30个月时，这种差别更加明显，2岁多的孩子在与父亲的游戏中表现得更加投入、更加有兴趣、更加具有合作性。

---

① (美)詹姆斯·卢格:《人生发展心理学》，学林出版社，1996年版，第246～250页。

一般而言，在与婴儿的交往互动过程中，母亲表现得更加传统、更具有静态性，父亲则表现得更具动态性、更多冒险性、更多创造性。因此，从与父亲的游戏和互动中，婴儿能够获得更多的刺激，产生更多的交流，获得更多的创造性。当然，婴儿同样能够获得更多的欢乐和激动，与父亲游戏的交流性和互动性特征直接促进了婴儿的社会交往能力的提高。与此相关的还有另外一个重要问题，那就是婴儿的社会性别意识的产生与父母的不同影响相关。可以肯定的是，父母的不同作用绝对会影响到婴儿的社会性别意识，这个问题的进一步展开则要到儿童早期。

三、母亲对婴儿的影响

母亲与婴儿的关系一直是亲子关系中的研究重点，人们最早注意到的就是母子关系。母子之间同样存在着双向的互动关系，传统的研究中心是母亲对子女的影响，近年来，越来越多的人开始注意到了子女对母亲的影响作用。婴儿时期是母子关系发生的起始之点，由此奠定了母子关系持续发展的基础。

婴儿时期母亲对子女的影响一般有两个研究方向，其一是母爱对婴儿的影响，其二是母亲抚养方式对子女成长的影响。当然，这两个问题实际上是互相交织在一起，很难截然区分开来的。我们在这里主要研究母爱对婴儿的影响。

我国有句妇孺皆知的古诗，形容母爱如同“三春之晖”，意思是母爱如同春天的阳光，是婴儿成长的必需。在母爱与婴儿的关系研究中有一个著名的心理学家约翰·鲍比(John Bouby)，他认为，婴儿对母爱的渴望是一种人类固有的本能，是一种与生俱来的本性，“婴儿对母亲的爱、对母亲的陪伴的饥渴如同他对食物的饥渴是一样的，其结果是，母亲的离去必不可免地引起了一种强烈的失落感和愤怒感”。[①] 鲍比的理论当然有可疑的地方,但他所揭示的事实却是不容置疑的,实际生活中,我们的确常常发现,婴儿对母亲表现出了深深的眷恋,对母爱表现出了极度的渴望,母爱对于婴儿同样产生了深刻的影响。

母爱之予婴儿大致表现为两种情况：其一是过多的给予,即溺爱;其二是过少的给予,即母爱的剥夺。

1. 溺爱

人们常说“过犹不及”,母爱对于婴儿是必需的,但过多施与母爱反而会对婴儿造成不应有的伤害。目前,我们国家由于计划生育政策的推行,一个家庭一般只有一个孩子,很多母亲对自己的婴儿是集万千宠爱于一身,“捧在手上怕掉了,含在嘴里怕化了”。婴儿已经不再是孩子,而是成了“小太阳”,成了家庭中的“小皇帝”。父母对于婴儿是倍加呵护,对婴儿的要求也是有求必应,“要星星不敢给月亮”,母亲尤其明显地表现出了“护犊情结”。母亲的心情是可以理解的,但由于溺爱而给婴儿造成的一系列问题则实在令人忧虑。在溺爱中成长起来的婴儿往往表现出过于强烈的自我中心主义,他们常常是自私的、任性的、脆弱的、缺乏自理能力的,而且被溺爱的婴儿还表现出社会交往能力的欠缺。这些在人格上、心理上、社会交往上所表现出来的弱点和缺点随着婴儿的渐渐成长越来越明显地表露了出来,被溺爱的婴儿有一个共同的特性,即永远长不大,长期摆脱不了母亲的怀抱,很难真正达到心理上的断乳期。

2. 母爱的剥夺

“根据安徒生(Anderson)及卡特(Carter)的观点,母爱的剥夺可以从量的剥夺及质的剥夺两方面来描述。这名词通常是指母亲与子女之互动不足,以及一些导致亲子互动不充足的情境。母

① (美)詹姆斯·卢格:《人生发展心理学》,学林出版社,1996 年版,第 246～250 页。

爱的剥夺并不能照字面上的意义，以有无母亲而定，而是视儿童实际上有无收到此项效果而定。”①

母爱的剥夺第一种情形是，有母亲，但因为种种原因，母亲无法给予婴儿足够的爱。在我国，由于核心家庭的增多，生活节奏的加快，生活压力的增大，许多父母生育了孩子，但对孩子的照料却是有心无力，最常用的解决方法是将孩子托付给他的奶奶或外婆。父母也许认为由于“隔代亲”的缘故，爷爷奶奶会对子孙更喜爱，而且他们有过养育孩子的经验，肯定能将子孙照顾得更好。其实问题不是这么简单，最根本的一点在于祖孙之情并不能代替母子之爱。被奶奶带大的孩子在身体上可能发育很健康，但在心理上常常表现出两种问题：其一是对父母的隔膜，孩子可能会认为是自己不乖，母亲不再爱他了，不想要他了。婴儿此时可能会责怪自己，导致自卑、孤独心理，也可能会憎恨母亲，导致报复和攻击行为。其二，被奶奶带大的孩子有时会过多地被奶奶同化，比如走路慢吞吞，说话絮叨叨等，这种过早的“老态”对于婴儿来说很显然是不合适的。

有母亲但仍导致母爱剥夺的一种原因是由于婴儿自身的缘故。婴儿患了自闭症或其他心理或神经上的障碍，使婴儿很难接受母爱，很难与母亲互动，这个时候，母爱的意义显得尤其重要。

有母亲但仍导致母爱剥夺的另一种原因是由于父母的缘故。父母整天陷于“家庭战争”之中，母亲心情糟糕透顶，自然不可能给予婴儿足够的爱。一般来说，父母关系和谐融洽，家庭环境健康明朗，在这样的家庭里，婴儿更容易获得母爱，也更容易获得父爱，这是婴儿成长的理想环境。

母爱剥夺的第二种情形是由于种种原因失去母亲而造成的，失去母亲的一个主要原因是由于离婚。离婚最大的受害者被认为是无辜的婴儿，在调解离婚案件时，人们常说的一句话就是“要

① 沙依仁：《人类行为与社会环境》，五南图书出版公司，1986年版，第48页。

为孩子想想”。失去母亲之后,仅仅有父爱是不够的,在这种残缺的爱中成长起来的孩子常常是冷漠的、孤傲的,他甚至会憎恨母亲,因为孩子感觉是母亲抛弃了他,离婚家庭中孩子的遗留问题很多,这些问题又往往是很难消除干净的,这会影响到孩子今后的生活。

失去母亲而导致的母爱剥夺还有另一种情形,即婴儿被父母抛弃。由于重男轻女的缘故,或者由于婴儿有先天的残疾,或者由于婴儿是私生子,都会导致父母对婴儿的抛弃。这种被剥夺的母爱是残忍的、最恶劣的,由此给婴儿造成的伤害也是最深重的,因为这时的婴儿不仅失去了母爱,而且失去了父爱,甚至失去了所有应当获得的其他亲人的爱。更严重的是,婴儿由此也失去了本来应有的社会身份,失去了所应得到的社会认同,这种被遗弃是全面的、彻底的,它所带给婴孩的挫伤是毁灭性的。当我们踏入孤儿院时,这种感觉尤其强烈,这也是为什么孤儿院的孩子往往没有在完整的家庭中成长起来的孩子更健康、更聪明的主要原因。

☞ **延伸阅读:**

[1] (美) 菲尔德. 婴儿世界. 李维,译. 成都: 四川教育出版社,2006.

[2] (美) 谢弗. 发展心理学: 儿童和青少年. 邹泓等,译. 北京: 中国轻工业出版社,2005.

[3] (美) 斯滕伯格. 认知心理学. 杨炳钧等,译. 北京: 中国轻工业出版社,2006.

[4] (美) 伯格. 人格心理学. 陈会昌等,译. 北京: 中国轻工业出版社,2004.

[5] (美) 科尔伯格. 道德发展心理学. 郭本禹等,译. 上海: 华东师范大学出版社,2004.

第七章 幼儿期

幼儿期一般指的是从3～6岁这个发展时期。在这个时期，大多数孩子都将离开家庭进入幼儿园，所以这段时期又常常被称为幼儿期；同时，在这段时期的发展中，游戏成为儿童表现自我和探索世界的重要方式，并对儿童的发展产生深刻的影响，因此，这个时期又被称为游戏期；此外，儿童大多在7岁左右进入小学，3～6岁期间的发展为此后进入小学打下了坚实的基础，所以这段时期又被称为学龄前期。

幼儿期的儿童继续着婴儿期的发展，同时，在生理、心理情绪以及社会行为上进一步发生着迅速而又明显的变化，这是幼儿真正开始进入社会生活的基本前提。

幼儿期的发展表现出了如下三个明显的特征。

一、异质性越来越强

幼儿时期无论是在生理、心理还是社会行为上都在发生着强烈而迅速的变化，因此，幼儿的异质性就表现得越来越明显。这种异质性不仅表现在幼儿间性别上的差异，同样也表现在幼儿彼此个体上的独特性。即使对同一个幼儿来说，随着时间的推移，他(她)也不断表现出新的成长特征。

二、心理与生物和环境的逐渐分离

虽然人的发展中心理、生理和社会环境的影响是一个互相联系、密不可分的整体，但是，在幼儿时期，尤其是4岁之后，心理的作用慢慢重要起来，并逐渐上升到一种决定性的地位。“神经系统加工和储存信息能力的增强，使人的经验对人类行为产生日益增长的影响。生物和环境的力量逐渐受制于决定人的发展的第三种力量，即正在形成中的自我(the self or ego)。随着对自我的感觉和能力变得越来越强，儿童的行为开始与自我相关，而不是仅仅与生物的和外界的因素相关。这时，自我概念(self-concept)作为指导和判断的参照点变得越来越重要，儿童开始作为决定自己行为的积极参与者而行动。”①

三、参与社会实践活动的需要和愿望与幼儿实际经验和能力之间的矛盾与不平衡

幼儿自我的发展促进了独立性的提高，对世界的好奇心与探索欲又强化了他们参与社会实践活动的渴望，但幼儿自身经验的匮乏、能力的局限又使他们无法自由自在、随心所欲地进入社会生活世界，这种发展的不平衡造成了幼儿期很重要的一个矛盾状态。

第一节 自我评价的建立

3岁以前是自我发展的第一个基本阶段，这个时期自我的发展主要表现在婴儿对自我与外部世界的区分、对自我与他人的区分以及对自我的初步意识上。3岁之后，尤其是幼儿时期，随着生理、心理和社会交往的增强，自我获得了进一步的发展，在这个阶段中，自我最具代表性的发展表现在幼儿自我评价能力的形

① (美)詹姆斯·卢格：《人生发展心理学》，学林出版社，1996年版，第279页。

成上。

3岁以前的儿童,当看见照片或录像中的自己时,他们还不会用第一人称“我”来指代自己,而是直呼其名,“这是游游”、“游游最漂亮”等等。3岁之后,幼儿意识到了“我”指称的就是自己本人,他们能够用“我”而不是本人的姓名来指称自己了,这意味着自我意识的觉醒和建立,而自我意识的觉醒必然导致幼儿对自我本身的观照和评估,这就是自我评价的产生。

几乎所有的心理学家和儿童社会工作者都意识到了儿童的自我的产生和发展,尤其是自我评价能力的出现对儿童发展的重要意义。

自我评价简单来说也就是一个人对自己的感觉,对自己的看法,对自己的评价。一个幼儿认为自己是“漂亮的孩子”、“聪明的孩子”,或认为自己是“不乖的孩子”、“坏孩子”等等,这些都是幼儿自我评价的实际表现。越来越多的人已经意识到,自我评价对幼儿乃至成年人有着决定性影响,正向的、积极的自我评价更加能够激发人的潜能,使人走向成功;而负面的、消极的自我评价则更多地使人压抑自身的潜能,使人遭受挫折和失败。对于幼儿来说,合理的、积极的自我评价显得尤为重要,令人遗憾的是,我国传统文化比较注重含蓄内敛,因此,我国儿童乃至成年人的自我评价常常偏低,由此产生的消极影响在现实生活中表现得非常广泛、非常深远。这从一个侧面也可以解释为什么我国的儿童和成年人在现实生活中更多表现出来的是消极、保守、退缩的姿态。西方国家风行的一些“成功学”之类的书籍,归根到底都是在强调“积极的心态”、“肯定的自我”对成功的决定性影响,这并不是毫无道理的。

自我评价是一个人对自我的整体评价,但这个整体也包含了一些重要的组成部分,具体来说,与自我评价密切相关的有以下几个影响因素。

(1) 生理上的安全感。幼儿只有当他感觉到生理上是安全的，身体不会受到伤害时，他才会有安全感，才会有自由感，才会有足够的信心。身体上的被伤害、被损毁会直接导致心理上的挫折感和不公平感，这会直接影响一个人的自我评价。被虐待的儿童，有身体残疾的儿童，他们的自我评价往往偏低，也正因为这个缘故，就要求我们对这些“非正常”的幼儿寄予更多“正常”的关怀。

(2) 情感上的安全感。自卑的幼儿、常常遭受讥讽和咒骂的幼儿，他们丧失了情感上的自然和安全，这会导致幼儿心理上的紧张、被拒绝等消极感情，从而影响他们信任他人，阻碍他们与他人的正常交往，这同样不利于树立合理的自我评价标准。

(3) 自我同一(认同)感。只有当幼儿发展出了自我意识，知道“我是谁”，并且认同自我，具有自我同一性时，他们才能够区分出自我与他人，才能够为自己的行为负起责任，才能够和谐地与他人交往，在与他人的合理交往上建立自我评价的一个重要参照标准。

(4) 归属感。幼儿能够确认自己获得真正的归属，能够真正被父母、老师、同伴等从内心接纳，这种内在的归属感有助于幼儿不断去寻求和建立与他人的良好关系，并由此产生独立意识和相互依赖的感觉，这也是自我评价建立的一个重要基础。

(5) 成就感。幼儿能够确信他是有能力的、是会成功的，这样，他会乐意去尝试学习新的事物，学做新的事情，并且能够坚持到底，直到获得最后成功。有成就感、相信自己能够成功的人，他的自我评价往往是很高的。同样的道理，自我评价很高的人也更有可能取得成功。

(6) 性别的认同。合理的、坚定的性别认同同样可以提高自我评价。当我们夸奖一个男孩是“勇敢的男子汉”，或赞扬一个女孩是“漂亮的美少女”时，常常能够激起他们无限的自豪感和幸福感；反之，当我们说一个男人像个女人，或者说一个女人像个男人一样时，这种性别的否定对他们造成的打击是彻底的、毁灭性的，无论是男人还是女人，很少有人能够承受得起这种批评，尽管这种批评本身恰恰是并不科学的。

自我评价的诸多组成要素意味着一个事实：自我评价是全面的、深刻的、具体的，这要求我们在指导幼儿建立科学的自我评价时，在保护幼儿积极的自我评价时，同样应该注意全面性、深刻性和具体性。

虽然每个幼儿的自我发展都有其特殊性，但大多数幼儿在自我发展的过程中，还是表现出了一些具有普遍性的特征。一般而言，幼儿的自我发展尤其是自我评价建立过程中，常常表现出以下共同特征。

一、幼儿早期自我评价的确立很大程度上取决于成人的影响

父母、老师以及其他关系密切的成年人对幼儿的评价具有决定性的作用，幼儿对自己的评价常常依赖于或者盲从于成年人对他的评价。一个小女孩会认为自己是非常漂亮的，因为妈妈夸奖她漂亮；一个小男孩也会坚定地认为自己是很勇敢的，因为老师表扬他，夸他很勇敢。人们发现，父母对孩子的爱、良好的家庭环境、愉快的生活、合理的自由等因素与幼儿较高的自我评价的建立是有关联的，老师的态度和言语对幼儿的自我评价同样具有重要的影响。父母大都希望孩子具有较高的自我评价，这就要求父母为孩子创造一个宽松的、自由的生活环境，对孩子不能一味殴打、谩骂和讥讽，而应当科学地批评、积极地鼓励。鼓励对于幼儿来讲常常具有意想不到的积极效果，做父母的不妨一试。相应地，老师对于幼儿也应该坚决杜绝体罚、讥讽和贬损，而要更多地进行鼓励，以便激发孩子的积极性，从而塑造出健康、活泼、积极向上的好孩子。

幼儿到了后期，随着心理的成熟和认知能力的提高，他们对于自己的自我评价逐渐有了一定的独立性，对于成年人所给予的评价不再盲从，而有可能会持一定的反对和批评态度。此时，父亲如果说一个小女孩不漂亮，这个小女孩可能会着急、愤怒，并且竭力争辩；同样地，老师如果故意偏袒某个小朋友，或者对另外的小朋友反应冷淡，也很容易导致小孩子的被伤害感乃至对老师的逆反心理。有些家长和老师想当然地认为幼儿什么也不懂，怎么对待他们都可以，其实大谬不然。

二、幼儿的自我评价经历着一个从注重外部的、具体的、可见的笼统评价转变为注重内在的、心理的细致评价的过程

幼儿虽然开始有了自我概念(self-concept)的能力，但初期幼儿往往关注的是外在的特征。比如，一个3岁左右的幼儿可能会这样概括自己："我叫游游，我有一件很漂亮的裙子，我会自己刷牙，我有两个红色的气球。"这时幼儿的自我评价更多的是建立于这些外在特征，比如他的名字，他的玩具，或者他的日常行为等。一个幼儿可能会认为自己是个好孩子，因为他会自己刷牙，他会自己吃饭等。

在幼儿后期，幼儿已经不再局限于对外部细节的关注，他们开始注意到了情绪、态度等心理性特征，尽管幼儿心理的感觉和认知还是很浅显的。比如，他们尚且不能理解和区分诸如"我是友好的"、"我是绝望的"、"我是值得信赖的"等等这些性情和气质特征，他们大概要到学龄期才能渐渐开始理解和区分。幼儿后期开始通过对内在心理的概括来进行自我评价，他们常见的表达形

式是“我很乖,因为别的小朋友推我,我想推他,可是我没有推他”等等。

三、幼儿的自我评价往往是不确切的

幼儿常常作出过高的自我评价,这里主要有两方面的原因。其一,由于幼儿不会自发地将自己与其他同龄伙伴进行能力或技巧方面的比较,因此很难形成对自己准确的认识,如幼儿常常认为自己比其他的小朋友更漂亮或更勇敢;其二,幼儿还不会对自己的能力或技巧进行科学的区别,幼儿更倾向于认为自己是一个“十项全能冠军”,如说他(她)不仅歌唱得好,而且画画得好,故事同样也讲得好。学龄期的儿童对自己的认识和评价相对而言就更趋于合理和科学,这时的儿童可能会认为自己在跳舞方面很好,而在算术方面则比较差。自我评价过低或过高都会对幼儿产生消极的甚至有害的影响,而幼儿本身又无法作出正确的自我评价,作为家长或老师更应该努力引导幼儿建立科学的、合理的、积极的自我评价。

自我评价的建立有助于幼儿自信心、自尊心等的确立,有助于幼儿个性的形成,有助于幼儿正确地认识自己、科学地评价自己、合理地支配自己;自我评价的建立同样有助于幼儿认识他人,与他人交往,并且积极参与到丰富的社会生活实践之中,这也是人们越来越重视儿童的自我发展的一个重要原因。

第二节 性的觉醒

在关于性的理论研究中,毫无疑问,弗洛伊德占有着极其重要的地位。尽管人们有各种各样的理由可以反驳弗洛伊德的理论，但我们还是应该承认，弗洛伊德的理论尤其他对儿童性心理发育的研究给我们提供了宝贵的思想财富。

与许多儿童教育学家和儿童工作不同的是，弗洛伊德公开承认儿童时期性的发育。他认为从儿童时期即已经伴随着性的萌生，从出生到18个月，这是口唇期，儿童热衷于吮婴儿奶头，由此通过对口腔的刺激获得快乐的体验；从18个月到3岁是肛门期，儿童通过排便训练，从肛门的刺激中获得快乐；从3到6岁是生殖器期，儿童的兴趣转移到了生殖器，如男孩的阴茎、女孩的阴唇等，儿童主要通过手淫的刺激来获得快乐的体验。

许多人不承认或者不愿意承认弗洛伊德的性学理论，把它斥为“泛性论”，并由此又走向了另一个极端——“非性论”。其实，“泛性论”和“非性论”都是不科学的，科学的态度应该是承认性是自然的、正常的；同时，也应该承认，性的发展在人的一生中是有一个渐进过程的；此外，还应该承认，人的性发展并非一开始就集中在生殖器上，而且即使在性成熟期，人类的性也并非仅仅表现于生殖器上的，而这些思想在弗洛伊德的学说中并非找不到，也并非无足轻重。

有很多事实可以证明，婴儿自降生之日起就开始有性意识或类似于性的意识。人们观察到，男婴的阴茎有时会出现勃起现象，而女婴出生后不久，就会出现阴道分泌物增多，有时还会出现阴道节律性收缩；此外，人们也注意到，婴儿也会出现一种类似于成年人的性反应的现象和过程，比如，婴儿会表现出面部潮红、呼吸加快、肌肉节律性收缩、全身颤抖，然后出现满足后的松弛和安详。可以肯定的是，婴儿的这些表现肯定不同于成年人的性反应，也绝对不是有意识的性心理反应，但是，我们也绝对不能否认这些的确是与性有关的反应，至少应该承认，婴儿已经初步具有了性反应的功能，而且婴儿从这种反应中获得了相应的快乐和心理上的满足。

我们同样也会看到,大多数婴儿在接受哺乳时,常常一边含着母亲的乳头,一边用手抚摸着母亲的乳房,而且婴儿常常要用手摸着母亲的乳房才会安详地入睡;此外,当我们有意无意地逗弄孩子的生殖器时,婴儿常常表现出明显的兴奋状态;更为普遍的现象是,婴孩常常表现出对肌肤相亲的渴望,被拥抱在母亲怀里的婴孩是安详的、幸福的,当婴孩烦躁不安时,母亲的抚摸往往能使婴孩很快安静下来,即使会独立行走的儿童,也常常表现出"肌肤的饥饿感"。儿童非常渴望母亲的拥抱和抚摸,母亲的拥抱和抚摸带给儿童的是极大的欢乐和满足。通过比较,不难发现,婴儿的各种反应与成年人的性反应表现出了明显的共同性,从性反应的角度来讲,婴儿是无意识的,但是,从对这些快感的陶醉和追求来讲,婴儿的表现就未必是无意识的了。不过,对于母亲来说,在处理婴儿时期与性有关的问题时,所遇到的麻烦并不是很多,婴儿的认知能力尚且十分低下,婴儿的性反应更多是无意识的。因此,父母要注意的是,加强婴儿身体尤其是生殖器方面的清洁卫生,避免不必要地刺激婴儿的生殖器,同时,在拥抱和抚摸婴儿时,要给予婴儿足够的快乐和满足,但不要去唤醒与性有关的联想,不要过早、过多地向婴儿灌输与性有关的思想,为婴儿创造一个健康的、自然的成长环境。

与婴儿时期不同的是,幼儿在生理和心理上进一步发育起来,尤其是伴随着幼儿自我意识的觉醒,幼儿在性的发育方面表现出了与婴儿明显的不同,如果说婴儿的性萌动主要是无意识的话,那么幼儿的性发展则表现出了明显的有意识的特征。幼儿时期具有代表性的性发展表现形式是如同弗洛伊德指出的那样,幼儿的性兴趣开始转移到了生殖器上,幼儿开始意识到了生殖器的差别,这种差别一是表现在男性幼儿与女性幼儿的区分上,二是表现在幼儿与同性父母的区分上。许多父母从婴儿降生之日起就一直为婴儿洗澡,在幼儿时期,父母尤其是同性父母依然带着孩子洗澡,忽然有一天,幼儿开始好奇地盯着父母的生殖器看,并且会惊奇地发问："那是什么？怎么和我的不一样？我什么时候才会变成那样？"在实际生活中，异性幼儿一起玩耍时，也常常会脱下或掀起对方的衣服，仔细探索双方生殖器的差异。许多人很喜欢的一幅黑白照片，上面正是一个男性幼儿好奇地撑开自己的衣裤，同时，一个女性幼儿也好奇地伸过脑袋，睁大眼睛，与这个男性幼儿一起探究生殖器的差异，似乎他们都在问："咦，为什么你（我）长了个小雀雀，而我（她）却没有？"这幅童趣盎然的照片也正是幼儿性意识发展的一个缩影。

幼儿时期还有一个与生殖器有关的表现是自慰。幼儿时期自慰已经开始出现，因为无意中碰到或摩擦生殖器，幼儿会体验到一种异样的感觉，为了继续追求这种感觉，有的幼儿会开始有意无意地自慰。幼儿的自慰当然与性成熟的成年人是不可同日而语的，但幼儿同样也有很多种自慰方式，除了用手直接玩弄生殖器、用双腿挤压或摩擦生殖器外，一些常见的游戏活动也可能会成为幼儿的自慰方式，比如骑马、爬杆或者趴卧在床上等等，这些都会使幼儿感受到一定的性快感。幼儿此外还沿袭了婴儿时期的一些习惯，比如抚摸着母亲的乳房入睡等等。

与生殖器相关的另一个比较外在的表现是，幼儿常常会注意到男女之间在排便方式上的区别。幼儿常常好奇地询问父母："为什么爸爸是站着小便的，而妈妈却是坐着小便的？"或者幼儿会注意到同龄伙伴间的这种差异，他会问："为什么游游是坐着小便的，而兵兵却是站着小便的？"为了解开这个谜，幼儿会伸过脑袋，仔细地去观察父母双方的生殖器，同时，也会比较自己与父母或同龄小伙伴之间的差异。

幼儿时期性发展的表现还有一个同样非常普遍的现象，许多幼儿会向父母发问："我是从哪里来的，我是怎么生出来的？"幼儿的这种觉醒很让人惊奇，因为他们已经开始思考人是从什么地方来的，而这个问题显然要远远高于"我想吃冰激凌"这类日常问题。"我是从哪里来的？"这个问题不仅代表了幼儿性意识的发展，更显示了幼儿心理和认知能力的迅速提高。

幼儿时期性的觉醒和发展还有许多相关的表现形式，比如，开始亲近同龄异性的小伙伴，喜欢过家家，喜欢玩医生和病人的游戏，喜欢玩新郎和新娘的游戏等。幼儿更喜欢与同龄的亲密小伙伴"结婚"，但不会考虑到双方的性别问题，有的幼儿还会郑重其事地宣称："我想生一个小宝宝。"

幼儿期性的发展的表现是多种多样的而且是明显的，但是，也有许多父母或儿童社会工作者不以为然，他们认为幼儿无论是在心理还是认知能力上都处于很低的层次，幼儿的性表现更多的是混沌的或无意识的。因此，他们常常采取的态度是对幼儿的性表现不予理睬或严厉禁止，他们认为鸵鸟政策或大棒政策就可以彻底地解决幼儿与性有关的问题。其实，这是一种根深蒂固的错误观念和行为，弗洛伊德等精神分析学家非常强调儿童早期的发展对人生整个发展的决定性影响，现代发展心理学家也越来越重视儿童早期的健康发展对成年期的影响。性的问题是人一生中一个很重要的问题，儿童早期正确的性观念对成年时期形成健康科学的性观念和性行为方式具有非常关键的作用，这也是越来越多的家长和儿童社会工作者更加强调儿童早期性教育的重要所在。需要明确的一个关键问题是，幼儿在涉及与性或生殖器相关的一些"奇思异想"时，他们背后所渴望和追求的东西与成年人是完全不一样的，成年人可能有明确的性的追求，而幼儿则不然，他们更多怀有的是一种好奇感，或者说是一种求知欲。幼儿在谈到他（她）与小伙伴或父母生殖器不一样时，就好像是他（她）在问"为什么爷爷的脑袋是光光的，爸爸的脑袋上却有那么多头发"一样。因此，父母在遇到幼儿提及有关性的问题时，首先不要惊慌，不要害羞，不要愤怒，也不要置之不理，应该保持一种平和与自然的心态，认真对待，合理解释。父母对待性的态度会直接影响幼儿对待性的态度，因此，父母不要以为发生了多么了不起的事，也不要责骂孩子，当然更不能简单地说性是见不得人的肮脏事情。

父母正确的做法是要满足孩子正常的求知欲，毕竟对性的认识是孩子对自身和他人认识的一个重要方面和途径。不过，需要注意的是，父母对孩子有关性的问题的解释应该充分考虑到孩子的真实意愿和实际接受能力，生动、形象、简单而又科学的解释是合适的，太过详细的解释反倒不会很好，因为一来孩子接受能力有限，二来孩子对性的问题的鉴别和把持能力还有待提高。生硬的、否定的回答和拒绝肯定是不对的，这会导致更加不利的性压抑和性厌恶，会贻害孩子终生。

第三节　社会性别的产生与发展

性别一般被区分为生物性别(sex)和社会性别(gender)两种，并且社会性别以生物性别为基础。现在人们更多地将研究的重点集中于社会性别上，因为生物性别是以性器官和性激素等生物因素为前提，一生一世是不会发生变化的；而社会性别则更多地受到外在环境的影响，很显然有一个发生、发展和变化的可能与过程。“虽然各个儿童会以不同的方式发现解剖学上的性别差异，但是，一般说来，对性器官差异的认识发生于16～24个月之间的某个时候。然而，对性别差异的反应在人出生时便可发生。婴儿早在12周时就开始在性别类型基础上受到不同对待，并作出反应。”[①]也正是因为如此，许多人在探讨社会性别的产生时，又都不约而同地将目光聚集在儿童早期的成长阶段，其中比较重要的理论主要有四种：精神分析学说、社会学习理论、认知发展理论以及性别图式论。

① (美)詹姆斯·卢格：《人生发展心理学》，学林出版社，1996年版，第386页。

一、精神分析学说

精神分析学说的主要创始人是弗洛伊德，他认为人的心理和性别意识有一个发展过程，具体到幼儿期即3～7岁这个阶段，弗洛伊德将它命名为生殖器阶段，因为这段时期性的发展焦点表现在生殖器上，性别的产生也同样根源于男女幼童对生殖器的关注上。对于男孩来说，弗洛伊德提出一个重要理论——奥狄浦斯情结。他认为，这个时期的男孩意识到了他的阴茎的存在，开始手淫，男孩同时对他的母亲产生了性的感觉，他的母亲成为他强烈的爱的对象，而父亲是他强有力的竞争对手，因此，男孩十分妒忌他的父亲，他想取代他的父亲，甚至潜意识中产生了弑父情结，他想杀死他的父亲。但是，男孩也很清楚地知道，这毕竟是他的父亲，而且父亲非常强大地存在，男孩为此产生了强烈的负罪感和恐惧感，他害怕他的父亲发现他的这种心理，更害怕父亲为此对他施与惩罚，害怕他的父亲对他进行阉割，这又形成了阉割恐惧。为了逃避和更好地解决这种强烈的恐惧和负罪心理，男孩产生了一种自我防御机制，即自居作用(或认同作用)，男孩知道自己不可取代或杀死父亲，于是他转而对父亲这个强有力的存在产生了认同感，他努力变得像父亲一样。认同的结果使男孩接受了父亲男性化的行为特征，并调整自己的性别取向，由此，男孩渐渐获得了男性这个社会性别角色。

作为男性的对立面，女孩性别意识的发生也有一个相应的过程，弗洛伊德用“伊莱克特拉情结”来解释女性性别意识的具体发生。在“伊莱克特拉情结”的驱使下，女孩力图摆脱她的母亲，转而与父亲亲近，但女孩发现自己与男孩生殖器有很大的不同，女孩没有或者说是失去了阴茎，为此，女孩产生了一种“阴茎羡妒”心理，希望自己也能够得到比自己的阴蒂更好的阴茎，女孩又担心母亲为此责备她，害怕失去母亲的爱。作为补偿，女孩力图变得像母亲一样具有性方面的吸引力，以便具有阴茎的人会将她作为爱的对象，她也可以因此像男孩一样拥有更好的阴茎。这样，女孩便开始将母亲作为她的行为和心理的取向标准，并依此调适自己的行为，最终的结果是，以母亲为代表的女性性别角色渐渐开始建立起来。

弗洛伊德的理论影响很大，同时争议也很大，许多人反对弗洛伊德的一个重要理由是，他的理论中臆想的成分过多，许多理论很难得到经验的证实。另外，弗洛伊德强调的是在性别意识的产生过程中，对同性父母的认同作用起到了关键的影响，但事实上，除了同性父母之外，异性父母、老师、同龄群体、电视等媒体同样对儿童性别类型的塑造起到了重要作用。弗洛伊德还过分强调了生物因素对性别产生的作用，忽视了社会环境的强大作用。最后，弗洛伊德的性别发生理论遭到了女权主义者的猛烈攻击。很显然，弗洛伊德的学说是以男性为标准、以阴茎为中心的，女性则是作为一种不成熟的、缺失的对立面而存在的。后来的女权主义者认为弗洛伊德关于两性的学说是错误的，女性并没有也不需要有“阴茎羡妒”，反倒是男性对女性产生出了“乳房羡妒”和“子宫羡妒”等情结，因此，女权主义者可以自豪地宣称：“女性是优越的。”

二、社会学习理论

社会学习理论的中心观点是，两性角色的产生不是先天的、与生俱来的，而是经过社会学习而获得的。在具体获得途径上，社会学习派强调强化和模仿两种作用，在这里，儿童社会性别的塑造主要受到了父母、教师以及其他社会环境的综合影响。

在社会学习理论看来，强化包括奖赏和惩罚两种主要方式。

当幼儿表现出与其性别角色相适应的行为时,父母或老师便给予赞扬,这种赞扬会使幼儿更加自觉地调整自己以便适应相应的性别角色;反之,当幼儿的行为与其性别角色不相符合时,父母或老师会提出批评和惩罚,这种惩罚会使幼儿有意识地规避某些"出格"的做法,从而使自己更符合社会所遵从的性别标准。比如,当男孩子要求父母去买布娃娃时,父母会告诫他说:"男孩子要玩手枪,而不能玩布娃娃";当女孩表现出强烈的攻击性行为时,父母会严厉地批评她:"女孩应该文静,听话,不能打人,不能骂人";当一个男孩摔倒了自己爬起来时,父母会夸奖道:"好,真是个男子汉!"如此等等,在父母、老师的反复表扬和批评之中,一个男孩或女孩会逐步意识到什么是真正的男性行为,什么是真正的女性行为,从而渐渐形成了与社会期望相一致的男性角色和女性角色。

模仿是另一种学习性别角色的途径。对于幼儿来说,父母、老师、邻居以及电视等媒体中出现的人,尤其是与他们关系比较密切,同时又是强有力的这些重要他人,对幼儿更具影响力。通过对这些重要他人的观察和模仿,幼儿也会逐步确立性别行为和性别意识。通过对母亲的观察和模仿,一个女孩很小就会开始涂口红;通过对父亲的观察和学习,一个男孩很快便学会了像模像样地刮胡子,尽管他们未必会很清楚这些行为的真实意义,但他们却能将这些行为学习下来。

与精神分析理论比较起来,社会学习理论将注意力从生物因素转到了社会环境上来,从同性父母扩大到了异性父母及老师等他人,同时,也从家庭转到了更为广阔的社会环境之中去。因此,社会学习理论比精神分析学说得到了更多的赞同和接纳。

三、认知发展理论

认知发展理论认为,儿童性别意识的发展更主要的是依赖儿童自身认知能力的发展程度，因为正是儿童对性别的认知和观察才推动着儿童去分别扮演男性和女性两种角色。科尔伯格是这种观点的主要代表人物，他坚持认为，儿童性别角色发展中最重要的因素不是父母与孩子的关系，而是孩子自身认知能力的提高与发展。儿童在2～3岁之际已经有了性别意识，能够区分出自己的性别了，但是，由于认知能力的局限，此时的儿童尚不能认识性别的差异是以生理的类别为基础的，儿童往往认为两性之间的差别是根据外表或行为而区分开来的。因此，他们天真地认为，外表或行为的改变能够导致性别的改变，男孩子认为，如果穿上了裙子，他就变成了女孩子；女孩子则认为，如果头发剪得短一点，她就可以变成男孩子了。这时候的男孩还会认为他长大了可以变成妈妈，女孩也认为，她长大了可以变成爸爸。到了4岁或5岁时，儿童才开始意识到性别不是根据外表和行为而发生变化的，性别是以生理差别为基础的，因此，性别是具有常性的、无法改变的。性别常性(Gender Constancy)的获得，是儿童认知能力提高的一个直接结果。到了6岁的时候，儿童清楚地认识到了性别是一个永恒的特征，儿童对性别的作用也会有一个明确的概念。“虽然幼儿在作出行为时确实意识到自己的性别角色，但是理解性别类型的原因及其因时因地而发生的变化的能力，必须等到诸如思维可逆、逻辑推理和扮演他人角色以及理解他人观点这些心理能力发展之后才有可能产生。”①

四、性别图式论

性别图式论(Gender Schema Theory)是在综合了社会学习理论和认知发展理论的基础上发展起来的一种新的理论。性别

① (美)詹姆斯·卢格：《人生发展心理学》，学林出版社，1996年版，第386页。

图式论认为,我们的社会充满了以性别差异为基础的各种分别,因此,儿童很早的时候就获得了性别图式。这种性别图式使儿童获得了系统而深入的性别角色理论,女性应当温柔持家,男性应当艰苦创业等等。在这种性别图式的支配之下,儿童学会了依此来规范自己的行为或评判他人的行为。

以上这四种理论虽然各有侧重,但都以不同的方式解释性别的产生与发展,而且几乎都把研究的重点放到了儿童时期。应该承认,性别观念对人的发展的确很重要,因为它构成了人的自我的重要组成部分,并且时时处处影响着人的实际行为,影响着人的社会交往。但是,除此之外,更值得思索的问题是:为什么女孩必须遵从女性性别角色?性别观念是否能够包容一切?性别观念是否神圣不可改变?一个人是否可以同时遵从男女两种性别观念?

第四节 游 戏

许多发展心理学家都注意到了游戏与儿童之间存在着一种密切的联系,但在如何解释这两者的内在联系上却存在着两种不同的观点。一种观点认为游戏主要表现于儿童发展阶段;另一种观点则认为,游戏不仅存在于儿童时期,而且同样存在于人类成长的其他时期,比如青年期、成年期以及老年期等等。

事实上,这两种观点都是正确的,但同时也都是不全面的。第一种观点更主要地是强调了儿童自身尤其是幼儿时期的特征。幼儿时期主要有三种活动——学习、劳动、游戏,在现实生活中,通常是游戏占据着主导地位,学习主要是通过游戏而获得的,劳动也常常是借助于游戏得以完成的。游戏在儿童尤其是幼儿时期处于明显的中心地位,也正因为如此,人们常常将游戏与儿童紧密结合起来，有人也因此将幼儿时期称之为“游戏时期”。第二种观点则主要是强调了游戏自身的特征。游戏并非是一成不变的，游戏有一个发展和变化的过程，随着社会的发展，会开发出不同的玩具，创造出不同的游戏方法；随着年龄的增长，人的智力和需求也在不断变化，这也必然促使游戏表现出与此相关的不同形式、不同内容和不同方法。我们注意到，现在已经有许多专门供成人游戏的玩具被开发了出来，据说销量还很不错，购买玩具的成人既有青年人，也有老年人。除此之外，我们也会看到，电脑的产生使大量的游戏进入了更多的成年人心中，许多人为此心醉神迷。这些现象表明，游戏并非仅仅是儿童的专利，它是属于每个年龄段的人的，这使我们更有必要去深入探讨和揭示游戏的奥秘。

一、游戏的理论

正因为游戏在人的一生中占据着举足轻重的地位，所以，才会有许多的理论家力图从不同的角度对游戏进行深入的研究。关于游戏的理论研究，比较有影响的主要有如下几位人物。

1. 霍尔(S. Hall)

霍尔主要倡导的是“复演说”(Recapitulation Theory)。他认为儿童的发展本质上是在以另一种形式重复着人类祖先所经历的历史发展阶段，因此，游戏对于儿童是代表着一个特定的发展阶段，如同原始人走向文明人的过程中所必须经过的某个阶段一样，比如，女孩喜欢布娃娃，这种行为代表的是早期人类母性本能的复现。霍尔的游戏理论最大的弊端在于忽视了儿童自身的特征。

2. 席勒—斯宾塞(Schiller-Spencer)

他们认为游戏是一种精力过剩的表现，是把过剩的精力释放出去的一种方法,如同亚里士多德主张哲学是闲暇之余的产物一样,他们仅仅揭示了游戏产生的一种充分条件。

3. 格罗斯(Gross)

在格罗斯的著作《人的游戏》中,他认为游戏是对未来生活的一种准备,是儿童对成人生活的一种无意识的准备,比如,女孩玩布娃娃的游戏其实是在为她将来照顾真实的婴儿做准备。而这种生活准备理论又显得过于严肃、过于认真了。

4. 弗洛伊德

弗洛伊德从精神分析的角度出发,他认为游戏是一种代偿行为,是儿童对现实生活中不能实现的愿望的一种补偿方式,借助于游戏,儿童可以获得一种非现实性的满足。弗洛伊德的游戏理论与他的精神分析学说一样存在着很大的争议。

5. 埃里克森

埃里克森继承并修正了弗洛伊德的相关学说,他认为游戏是一种发泄方式,是正常人的健康的发泄方式,是情感和思想的一种发泄方式;游戏是有益的,通过游戏既可以复活快乐的经验,也可以修复精神上的创伤。实践已经证明,埃里克森的游戏理论是有益的,它被应用于心理治疗以及投射技术等方面。

6. 皮亚杰

皮亚杰主要是从认知理论的角度来解释游戏的,他认为游戏本质上是儿童用来认识事物、扩大概念、提高技能的一种方法,同时,游戏也是促使儿童的思维和行动结合起来的一种方法。此外,皮亚杰认为游戏是随着儿童认知能力的发展而发生相应变化的,儿童的认知发展先后经过感知运动阶段、前运算阶段以及具体运算阶段,相应地,儿童的游戏发展也经历了由低到高的三个阶段或三种形式——练习游戏、象征游戏、规则游戏。皮亚杰的游戏理论显然更具有合理性,赞同的人相应地也比较多。

7. 桑代克

从学习理论的角度出发,桑代克认为游戏实质上是一种学习行为，游戏遵从于效果律和练习律，社会、文化以及教育的不同，将会影响到游戏的具体差异。

关于游戏的理论还有很多，其中值得注意的还有一种，认为游戏就是为游戏而游戏(play for play)，游戏的目的就是游戏，游戏寻求的是快乐的体验。有许多人拥护这种理论，但是我们也应当看到，实际生活中，游戏却并非都是如此，游戏往往承载了另外一些成分，如学习、模仿等等。

比较以上各家游戏理论，我们会发现，如果从特定的角度来看的话，每一种理论都有可能是正确的、深刻的，但同时每一种理论也都有可能是不完全的、片面的。这意味着给游戏下一个绝对完满而又准确的定义几乎是不可能的，因为游戏往往并非如我们想象的那样简单。

二、游戏的分类

游戏的界说是多种多样的，因此，游戏的分类也必然是多种多样的，按照不同的标准可以区分出不同的游戏种类。

皮亚杰根据认知心理的发展阶段，相应地区分出了几种不同的游戏类型：练习游戏、象征游戏和规则游戏，这三种游戏分别对应着三种由低到高的认知发展阶段。

美国心理学家帕腾(Parten)根据儿童的社会性发展阶段的不同，将游戏区分为六种：

(1) 空闲游戏。空闲游戏似乎是从一个游戏到另一个游戏，或者从非游戏到游戏的过渡。儿童这时忙于四处环顾，寻找有趣的事；同时，按照旧的行为图示行事，如抚弄身体、随成年人四处走动或自己到处行走。

(2) 单独游戏。每个儿童独立地玩自己的玩具，不与其他儿童相互交往。

(3) 旁观游戏。儿童观察其他儿童游戏并提出问题,但是并不参与。

(4) 平行游戏。儿童游戏时靠得很近,但并不一起游戏,每个儿童的游戏都互相独立。

(5) 联合游戏。这是集体游戏的开端,儿童共享或互相借用玩具。

(6) 合作游戏。这是高度组织的集体游戏,具有特定的目标、工具或角色分配,并由一两位集体领袖作指导。①

此外,根据游戏自身的内容和形式的发展变化以及儿童参与游戏方式的不同,人们通常还将游戏区分为模仿性游戏、角色游戏、规则游戏、表演游戏、幻想游戏和竞赛性游戏。

与此相关的另外一种更加常用的分类方法是,根据游戏的活动方式和内容的不同,将游戏区分为感觉运动游戏、想象性游戏以及社会性游戏三种。其中,感觉运动游戏指的是通过感觉活动来控制物体或行动,这是婴儿期的主要特征,因为他们发育有限,只能局限于此,比如婴儿的爬、抓、摇、踢、咬等等;想象性游戏主要发生在2岁左右,并且在幼儿期表现得很普遍。想象性游戏更多的是以假装的形式和活动表现出来的,比如幼儿像老虎一样嗷嗷叫着扑过来吓唬他的父母亲,这时候,幼儿装作是一只老虎而实际上他并不是。在想象性游戏中,儿童表现出了令人惊奇的而且是弥足珍贵的想象力,只可惜这种天真无邪的想象力随着儿童的渐渐"成熟",最后渐渐消失了。"成熟"的人只能看到现实的社会,而丧失了五彩缤纷的想象。社会性游戏主要是指在两个或两个以上的儿童间展开的游戏,这是一种比较复杂和高级的游戏,社会性游戏为儿童的人格发展以及社会交往能力的提高起到了积极的影响作用。

① (美)詹姆斯·卢格:《人生发展心理学》,学林出版社,1996年版,第365页。

三、游戏的发展

人们常说“游戏是儿童的天性”，这句话肯定了游戏与儿童的内在联系。事实上，游戏不仅与儿童紧密相连，而且游戏还随着儿童自身的发展也在经历着内容、形式和技能等诸多方面的发展和变化。游戏的发展大体表现为如下几个方面。

1. 游戏的内容越来越丰富、越来越深刻、越来越多样

随着年龄的增长，儿童对游戏的理解和运用都在经历着一个由低级到高级、由简单到复杂的发展过程。从婴儿到幼儿，他们对游戏的理解和把握也逐步从刚开始只注意简单的、孤立的、外部的物体和运动，发展到开始注意内在的、有联系的、复杂的游戏内容。比如同样是一辆小汽车，不同阶段的儿童对它的理解和运用显然大不一样，对于婴儿来说，他只要推这个小汽车一下，或者看到小汽车在跑，他就已经很开心了；而 3 岁左右的幼儿则不那么容易满足，他可能会一直推着小汽车或牵着小汽车，或者努力坐在小汽车上，因为他还想控制和指挥小汽车的运行，同时，他还会大声报告说，“汽车到站了，我们回家了”或者“到上海的乘客，请下车”等等；7 岁之后的儿童，当然对汽车的理解就更加深刻、更加复杂了。

2. 游戏的形式越来越复杂，游戏的规模也越来越大

在儿童玩具的设计上这一点表现得很清楚，一般来说，儿童玩具在年龄层次上的区分很明显，随着年龄的增加，玩具的复杂性也在增加。婴儿的玩具一般很简单，无论是造型还是功能都比较单一；而幼儿的玩具则相应复杂多了，对于婴儿来说一个球就足够了，对于幼儿来说，他需要的是一套“炊具”，或者是一个有一套“衣服”及一套“化妆品”的布娃娃，因为幼儿已经可以用炊具做饭，也可以给布娃娃穿衣服和化妆了。此外，婴儿的游戏多是一

个人在玩,而到了幼儿乃至学龄期,儿童在做游戏时更喜欢与同伴一起玩,或者与父母一起做游戏。这样,游戏的规模扩大了,游戏的互动性也大大提高了。

3. 游戏所需要的技能越来越高级,越来越复杂

随着儿童年龄的增加,游戏的种类越来越多,规模越来越大,内容越来越复杂,因此,要想成功地做好游戏,儿童自然需要更加复杂和高级的技能,相应地,要求儿童在心理、智力乃至人格上都有一个足够的提高与发展。皮亚杰所划分的三种游戏——练习游戏、象征游戏和规则游戏,正好对应着儿童认知能力发展的三个阶段,即感知运动阶段、前运算阶段以及具体运算阶段。帕腾的六种逐渐发展的游戏分类,即空闲游戏、单独游戏、旁观游戏、平行游戏、联合游戏、合作游戏,所对应的则是2~4岁半的儿童社会意识的发展过程。游戏的发展涉及了儿童的认知能力、想象能力、创造能力以及儿童的独立意识、合作意识等众多方面的综合提高。此外,儿童的人格也在游戏中获得了发展和完善,比如集体游戏要求儿童放弃自我中心主义,培养出高度的协作精神,儿童由此渐渐克服了人格上的弊端,逐步走上了社会化的道路。

四、游戏的意义

通过对游戏的定义、分类及发展的论述,我们可以总结出,游戏的意义主要表现为如下四点。

1. 快乐经验的获得

游戏不同于学习、劳动或工作的重要理由就是,游戏没有明确的、外在的、功利性的目标,游戏是不被强迫的,游戏者是自由自愿参加的,因此,游戏的唯一所求,或者说最直接的所求应该是愉快的感受。在日常生活中,我们也发现儿童最开心的时刻是表现在游戏中,儿童最开怀的笑声也是在游戏中才能听到,也正因

为游戏是全身心的欢愉，所以才有那么多的儿童喜欢游戏，游戏也因此被归结为儿童的天性。

2. 认知能力的提高

游戏与儿童认知能力的提高表现在两个方面。其一，游戏为儿童认知能力的发展提供了机会，通过游戏儿童学会了如何烧饭、如何穿衣等基本生活技能，这有助于儿童将来的生活；同时，儿童在游戏中也认识了汽车是什么，皮球为什么一拍就跳起来等客观物体的性能，这些加强了儿童对生活世界的了解。其二，游戏的发展需要儿童提高自身的认知能力，因为“游戏的发展是与儿童心理发展的水平相一致的，从游戏的发展也可看出幼儿心理的发展过程；从游戏最初要依靠摆弄实物发展到可以依靠表象，最后发展到更多地利用词来进行，可以看到幼儿具体形象思维的发展，看到一定程度的概括和过渡到抽象思维的可能性，游戏规则从内隐向外现的方向发展，就越来越要求儿童服从游戏的规则，这就促进了不随意性向随意性的初步发展”。①

3. 社会性的发展

儿童的游戏更多的是合作（与父母、老师或同伴合作）游戏，合作游戏涉及如何处理游戏者与他人的关系问题，而这也正是人的社会性产生的一种基本形式。通过正确的游戏，儿童学会了尊重他人，学会了与他人分享，学会了与他人建立良好的关系，因而将有助于儿童进一步开展社会性的交往，也有助于儿童建立社会性的关系。

4. 性别的社会分化

幼儿时期性别意识已经觉醒，同时，由于家庭、幼儿园以及电视等其他因素的影响，幼儿的社会性别也开始形成分化，游戏常常表现出明显的性别特征。通过游戏，幼儿的社会性别进一步加剧了分化的形成和发展。

---

① 许政援等著：《儿童发展心理学》，吉林人民出版社，1994年版，第156页。

一般而言,2 岁以前的婴儿性别意识并不明显,婴儿的游戏中性别分化也不是很明显。2 岁之后,随着幼儿的逐渐成长,父母开始注意到了幼儿的性别问题,为他们购买的玩具开始打上了明显的性别特征,男孩一般是玩手枪、汽车、摩托车等玩具,女孩则主要是玩布娃娃、气球、化妆品、衣服等玩具。在游戏的具体形式上,父母或老师会让男孩去玩运动量大的、充满攻击性的游戏,如打仗、抓特务等;女孩子则多去做一些运动量小的、更注重灵巧性的游戏,如手工编织、为布娃娃穿衣服等;老师和家长也常常鼓励男孩子要勇敢、主动,要大声表达自己对游戏的感受,对女孩则要求她们要细心、文静,不要大声讲话等等。5 岁左右的孩子在游戏中,就更乐于去寻找同性小伙伴玩耍,男孩子喜欢找男孩子玩耍,女孩子喜欢找女孩子玩耍;在游戏中,男孩与女孩分别扮演着被认为是真正适合自己的角色,如男孩子扮演战士、国王、警察、父亲等,女孩子则扮演护士、老师、妈妈等。

显而易见的是,在幼儿时期的游戏中,幼儿已经在有意无意中开始了性别的分化和社会化,而且这是在家长和老师的有意强化和指导下进行的。令人忧虑的是,这种性别的分化是建立在僵化的性别模式之上的,这种性别模式暗示了女孩应该做什么,也只能做什么,男孩应该做什么,而不应该做什么,实际上就剥夺了男孩和女孩发展的多种可能性,极大地压抑了男孩和女孩的生活空间。这种僵化的性别模式的危害是异常深远的,它会一直影响人一生的发展,我们看到成年女性的生活一般情况下仍然是以娃娃、化妆品和衣服为中心,成年男子的生活则是围绕着汽车、摩托车等展开的,在一定程度上,这也可以视为是儿童时期的游戏在成人身上的一种表现。

如何克服这种僵化的性别模式?首先,也是最重要的是,家长和老师应该去除僵化的性别模式,应该用“人”的眼光来看待儿童,而不是以男孩或女孩的眼光来设计他们的未来;其次,父母为幼儿选购玩具时应该多考虑开发幼儿的全面能力,而不要过分强调"这样不像个女孩子"、"这样才像个男子汉"等等;再次,老师在指导幼儿做游戏时,应该有意识地淡化幼儿性别的差异意识,可以尝试着将男孩与女孩打乱性别,混合编组,另外,在具体游戏项目的选择上,可以让男孩去做传统上认为专属女孩的游戏,也可以让女孩去做传统上被认为是专属男孩的游戏。只有当性别意识淡化时,人的意识才有可能凸显出来,而这才是最重要的。

☞ **延伸阅读:**

[1] (美) 提姆雷克等.临床社会工作游戏治疗.肖萍等,译.上海:华东理工大学出版社,2004.
[2] (瑞) 皮亚杰.发生认识论原理.王宪钿等,译.北京:商务印书馆,1997.
[3] (奥) 弗洛伊德.性学三论.林克明,译.西安:太白文艺出版社,2004.
[4] (美) 班杜拉.自我效能:控制的实施.缪小春等,译.上海:华东师范大学出版社,2003.
[5] (法) 卢梭.爱弥尔.李平沤,译.北京:商务印书馆,2004.

第八章 儿童期

从时间上来说，儿童期包括从7岁到11岁这段生长时期；从内容上来说，儿童期意味着从幼儿期向青春期的过渡阶段，7岁左右的孩子刚刚从幼儿期发展过来，还保留着部分学龄前期的特征，11岁左右的儿童则开始了向青春期的过渡。因此，非学龄前期、非青春期是儿童期的另一种真实写照。

不过，儿童期自有属于自己的独特特征。儿童期最大的变化在于从家庭和幼儿园进入了一个全新的生活和学习的场所——学校，小学是儿童期的主要活动范围，学习而不是游戏成为儿童生活的中心。进入小学使儿童在许多方面都发生了深刻的变化，从过分依赖父母开始向服从教师转化，从独自玩乐开始向与其他小朋友一起学习转化。与同龄小伙伴和教师的密切接触使儿童对父母和家庭的依赖渐渐减轻，与同龄小伙伴的频繁交往使儿童逐步摆脱了自我中心主义的缺陷，慢慢学会了与他人的交往，这是儿童步入社会化的重要开端，学校由此成为儿童开始社会化的主要场所。在基本技能的学习和集体生活的参与过程中，儿童得到了全面而深刻的发展，但与此同时，儿童也产生出了一些不适和障碍，甚至还有许多问题，这使我们不得不对儿童期的发展和变化引起足够的重视。因为儿童期是一个重要的转折期，同时也是人生发展中一个重要的里程碑。

第一节　生理的发展及相关的问题

在生理的发展方面，婴儿时期是人的一生中第一次飞速发展时期，青春期是人的第二次高速发展时期。比较而言，处于两者之间的儿童期，在生理发展方面则表现得相对较为平静。身高和体重是发展最为明显和迅速的两个方面，与幼儿相比，儿童在身材上长得越来越高，在体重上变得越来越重。不过，相对快速的发育使儿童往往显得比较瘦削和单薄,此时此刻,父母的重要任务是给孩子补充足够的营养,从而使自己的孩子长得越来越结实,越来越健壮。

此外,在性发育方面,女性要比男性早 1~2 年,因此,10 岁左右的儿童中,女孩要比男孩长得高一些、壮一些、重一些,这是很正常的。但是,到了 13 岁左右时,男孩无论在身高还是体重的发育上都将明显地超过女孩。值得关注的是,目前,有迹象表明,男孩和女孩在性成熟方面有提前的趋势,这并不意味着人类在生物进化方面取得了突破性的进展,反倒是意味着人类的某种灾难。因为有足够的证据表明,人类的性早熟很大一部分应该归咎于环境的污染以及人类对激素的无意识摄入,我们的生活中充满了对各种各样的激素滥用现象,西瓜中加入膨大剂、蔬菜中加入催熟剂、猪饲料中加入瘦肉精……我们几乎无法避免对各种激素被动地、无意识地摄入,由此导致的这种性早熟是一种意外,是一种灾难。许多儿童尤其是女孩面对突然而至的性早熟一下子惊慌失措,正常的生活秩序完全被打乱,本来平静而单纯的心灵突然间变得躁动不安,老师和家长也不知道从何教起、如何应对。性早熟会影响男孩和女孩的生理、心理、情绪以及社会适应等诸多方面,这是一个紧迫的问题,值得引起家长、教师、心理学家以及社会工作者的密切关注。

除了身高和体重之外,儿童在整个躯体的构成上也发生了明显的变化,整体的骨骼结构变得又宽又大,人也显得又高又大。在身体结构上,成年人的脑袋在整个身体中大约占七分之一的比例,幼儿时期脑袋大约占身体的四分之一,而儿童时期脑袋在整个身体中所占的比例越来越小,也就是说,儿童从身体上长得越来越像成年人。在相貌上,儿童的鼻子、嘴巴等许多方面都在发生变化,变化的结果使儿童看起来渐渐摆脱了原来充满稚气的娃娃脸,从许多方面来看,更像是一个小大人。

身体的发展和变化对儿童来说具有许多重要的意义。首先,四肢的变长、肌肉的增强、身体的强壮使得儿童能够发展出多样的运动能力，比如跑步、跳跃、投掷等；肺功能的增强，使儿童能够更加长久地从事力量性活动。其次，大脑和神经系统的发育趋于成熟，这使得儿童能够胜任算术、语文、绘画等技能性活动。最后，身体的变化最重要的意义在于，它超越了生理的范畴，进一步影响到了儿童的情绪、认知和社会等许多更加重要的方面。“皮亚杰强调了身体能力对于人类整个发展过程的极端重要性，因为身体能力实际上是将新的行为吸收到新的结构中去的行为工具，这些结构与具体运算阶段出现的认知结构相一致。同样，学习理论者认为，躯体的运动技能是其为了条件反射的目的而产生新的反应的能力；换言之，当我们扩展了运动的反应，我们也就提高了新学习出现的可能性。当然，对弗洛伊德派学者而言，躯体的结构和功能决定了孩子的心理命运。”①

儿童时期的身体发展在整体上显得比较平静，但这并不排除儿童在个体间所表现出的差异，这种差异所造成的影响并不是可以轻易忽略的。身体发育的成熟和完满程度会影响到儿童的自我的确立。一般而言，比较健壮的男孩和比较漂亮的女孩往往容易受到家长的宠爱，受到老师的表扬，得到同龄小伙伴的尊崇和喜爱，他们是阳光下的宠儿。相反，那些过于瘦削或过于肥胖，以及那些长得比较丑陋的儿童则没有这么幸运，他们常常会受到同龄小伙伴的讥讽和嘲笑，受到家长的责难，也更容易受到老师的冷落和忽视。对于儿童来说，这是很难理解同时也是很难接受的，这些不公平对待和歧视在儿童的心灵深处投下了浓重的阴影，在这种阴影下成长起来的孩子往往容易产生心理上的问题，他们可能会变得比较羞怯、自卑、暴躁易怒，甚至对他人变得富于攻击性，对社会变得充满敌意。至于身体上的残疾，这对于儿童的影响就更加明显、更加深刻了，无论是视觉上的残疾、听觉上的

① （美）詹姆斯·卢格：《人生发展心理学》，学林出版社，1996年版，第411页。

残疾、运动能力上的残疾,还是智力上的残疾,对于儿童的影响都是深刻而持久的,甚至是决定性的。残疾儿童的自卑感更加严重,自闭意识更加明显,他们常常过分敏感,他们紧紧地保护着自己,生怕受到来自他人和社会的侵害。这种身体上的负面影响常常会伴随儿童的终生,身体上的障碍最终会转化为心理和社会上的障碍,这使得儿童在现实生活中常常处于极其被动的情景之中,残疾儿童由此成为现实社会中极其值得关注的一个特殊群体。但是,过分强调这种特殊性反倒会在一定程度上使残疾儿童进一步走向与正常社会的疏离和对抗。这是一个两难的问题,值得我们深深思索,并拿出切实可行的工作方案。

除了以上的变化之外,在儿童成长和发育的过程中,与身体相关的问题还有很多,比较值得关注的主要有以下三个方面:肥胖问题、脊椎弯曲、近视眼等。

1. 肥胖问题

胖瘦本来是人与人之间的一个正常的差异,但是,当一个人的体重超过了与他或她的年龄、性别和体形相当的标准体重的20%时,我们通常认为,他或她已经偏胖了,也就是说,这时候肥胖已经成为一个问题了。与其他生理问题一样,目前肥胖问题同样涉及生理、心理以及社会等诸多方面的问题,而且在我国肥胖问题表现得越来越普遍,越来越突出。据统计,我国的肥胖问题已经跨入了世界前10位,属于比较严重的国家。在儿童中,肥胖问题同样令人担忧,生活中到处可以看到体态笨拙而且臃肿的“小胖墩”。可以肯定的是,过度的肥胖绝对不是一件好事情。从日常生活来说,肥胖会给身体的运动带来许多不便,体育课常常成为肥胖儿童的重大难题,日常的活动也常常变成了一件苦差事;从健康角度来看,肥胖更不是一件好事情,因为肥胖不仅仅是一个生理问题,它还是一个健康和医学问题。可以说,肥胖本身就是一种病,而且肥胖还是其他许多疾病的导火索,它会导致糖尿病、冠心病、动脉粥样硬化等多种疾病;从社会心理角度来看,肥胖也会导致一系列的心理和社会适应问题。这是由于传统观念的影响,大多数人对肥胖抱有一种偏见,往往对肥胖持一种否定性的评价,肥胖的人也因此被置于一种否定性的批判之中。儿童不可避免地会受到这种社会偏见的影响,因此,肥胖的儿童常常处于一种很不利的情景之中,同龄小伙伴可能会嘲笑他、讥讽他、不愿意跟他一起玩耍,有的小朋友还会给肥胖儿童起绰号,比如“胖胖”、“肥肥”、“胖墩”等,肥胖儿童经常被人提起的常常不是他的名字,而是他的绰号。这种被拒绝、被嘲讽、被孤立、被否认的对待,会严重挫伤肥胖儿童的自信心和自尊心,扭曲肥胖儿童的自我,使肥胖儿童更加自卑,更加孤立,更加缺乏自信。为了避免受到更多的伤害,肥胖儿童会更加转向自我,更加与同龄小伙伴相脱离,而这会使肥胖儿童进一步转向对食物的无节制食用,从而导致肥胖儿童更加肥胖,最终陷入一种恶性循环之中。

很显然,肥胖在很多时候、很多地方已经演化成了一个不容忽视的问题,肥胖问题理应引起家庭、学校和社会的广泛而又深刻的关注。

导致肥胖的原因主要有以下几个:

(1) 遗传的影响。从生理的角度而言,应该说这是一种比较有说服力的解释,现代医学已经证明了这一点。人的肤色、身高等许多生理因素都可以遗传,同样,胖瘦也可以遗传。日常生活里也常常看到这种情况,一个家庭里从爷爷到爸爸、再从儿子到孙子,前后几代人往往都很胖,这种普遍性的肥胖一般来说与生活水平没有太直接的关系,它主要是遗传的结果。

(2) 对肥胖的错误理解。肥胖在我国真正成为一个具有代表性的社会问题也不过是最近几年的事情,长期以来,我国一直处于物质的紧缺状态之中,我们所感受到的更多的是饥饿的压力,我们所努力的更多的是温饱的获得。很多人倾向于认为,瘦削是饥饿的象征,肥胖则是富态和物质充盈的表现。因此,在大多数人的眼中,肥胖绝对不是一种病态,而是一种理想的、完满的代表。

(3) 父母的误导。儿童很多时候是缺乏判断力和自制力的，他们主要依赖于父母的指导。遗憾的是，相当多的父母对肥胖的严重性缺乏足够的认识，常常认为孩子吃得越多越好，肥胖至少表明孩子不缺少营养。因此，现实生活中，父母更倾向于鼓励孩子多吃多喝，以便摄取更多的营养，这大大增加了儿童肥胖的可能性。

(4) 偏食和贪食。儿童对食物的选取和食用一般不会考虑到营养的完善与否，儿童考虑比较多的是口感的好坏，所以，偏食和贪食对儿童来说经常是一对双胞胎。儿童喜欢吃的主要是肉类、糖类和饮料之类的东西，这些食物只能使儿童的口感得到满足，但却容易导致儿童发胖。

(5) 运动的减少。现在的孩子大部分都是独生子女，现代家庭之间的交往日益稀少。同时，现代社会竞争激烈、生活节奏加快，父母终日拼命工作，与孩子相处的时间越来越少，再加上可供儿童游戏的场所也有限，儿童大部分情况之下是待在家中，一个人默默地玩耍，或是孤独地陪伴着电视。运动的减少使热量的消耗相应减少，这将直接导致儿童的肥胖。过多地看电视会导致儿童肥胖，这个结论已经被相关的研究所证实。原因很简单，首先，在看电视的过程中，儿童的运动量大大减少，而运动量的减少与肥胖之间有着一种很明显的直接联系；其次，儿童在看电视的时候，时不时会吃一些零食，这些零食大都营养低、热量高，过多地吃这些食物当然也会使儿童发胖；第三，现在的电视有太多关于食物的广告，儿童通过看电视，会购买更多他喜欢吃的食品，这也是儿童肥胖的一个主要原因。

导致肥胖的原因还有很多，解决肥胖问题的关键在于对症下药、多管齐下。父母应该起到至关重要的作用，首先，父母应该对肥胖问题有一个科学的认识；其次，父母应该合理地安排孩子的饮食，坚决管好孩子的嘴，杜绝孩子的偏食和贪食现象；第三，父母应该花更多的时间与孩子相处,将孩子从电视面前引向丰富多彩的生活世界;第四,应该让孩子从事更多的体育锻炼,积极参加各种各样的活动;第五,必要的时候应该寻求医学的帮助;第六,家长、老师以及社会各界应该为肥胖的儿童创造一个宽松的成长环境。

2. 脊椎弯曲

与婴幼儿比较起来,学龄期的儿童在身体的发育上变化很大,但是,一个基本的事实是,学龄期的儿童依然是处于发展的过程之中,这意味着儿童远远还没有达到生理发展的成熟和完满。在骨骼方面同样如此,儿童的骨骼中含有的胶质较多,而石灰质则较少,脊椎骨、四肢骨等许多方面尚未完成骨化。因此,长时间的、过重的、不正确的活动有可能会导致儿童的骨骼出现变形或受到损伤。骨骼的变形或损伤如果得不到及时而有效的救治,很有可能会固定下来并且影响到儿童的终生。我国古代对妇女有一种异常野蛮而又残忍的伤害行为——缠足,就是在儿童时期趁着骨骼尚未完全骨化,破坏女性的足骨,并使其固定化。

在学龄期儿童中,脊椎弯曲是比较常见也比较严重的一种疾病。从成因上来区分的话,脊椎弯曲有先天和后天之分,先天的脊椎弯曲是儿童无法控制的,后天的脊椎弯曲则与儿童自身有着密切的关系。具体来说,后天的脊椎弯曲主要是由于儿童不正确的站姿、坐姿、写字方式、背书包的方式以及其他不良生活和学习方式所造成的。

要避免儿童的脊椎弯曲,家长和老师负有极大的责任。我国政府很重视儿童的身心健康发展,制定了一系列儿童的行为守则,家长和老师有责任和义务为儿童创造良好的条件和环境,并且督促和警醒儿童,确保他们的健康发展。

3. 近视

近视是一种关于眼睛的疾病,可分为真性近视和假性近视。我国儿童的近视率很高,许多小学生就已经早早地戴上了眼镜,实在令人担忧。导致近视的原因很多,比如学习用的桌椅高低不成比例、看书的光线太暗、看书的距离太近、看书的时间太长、过多地看电视等等。防止近视的方法有很多,如保持正确的阅读姿势、减少阅读时间、创造良好的阅读环境、减少看电视的时间、增加营养、坚持锻炼身体、坚持做眼保健操等等。其中最关键的因素应该是为小学生减负。现在的小学生学习负担太重,每天背的书包几乎要将小学生给压垮了,小学生整天忙于应付繁重如山的作业,这是造成小学生近视的主要原因。减轻书包,解放学生,这才是保护儿童、远离近视的根本。

第二节　同龄群体的形成与意义

同龄群体是儿童或青少年由于相近的年龄(一般指相同的年龄,年龄有差异的话通常保持在 1 岁之间)和相同的社会地位而结成的一个小团体,在同龄群体的支持下,儿童共同游戏、共同学习。

同龄群体的形成是儿童时期一个非常具有代表性的特征,同龄群体的形成是儿童在心理、认知和社会适应等多方面综合发展的集中表现,也是儿童进一步走向社会化的象征。同龄群体在儿童的生活和学习中起到了举足轻重的作用,很少有哪一个儿童能够不受同龄群体的影响,不管这种影响是积极的或是消极的。此外,在人的终生发展过程中,除了青春期之外,很少有哪个时期中同类群体会对人产生如此重要的影响。正因为同龄群体的这种普遍而又深刻的影响,所以,儿童时期也被称为“帮团时期”。

婴幼儿时期由于生理、心理和社会等多方面综合发展的不足,很难形成同龄群体,他们交往的主要是零星的、不确定的小朋友,或者是父母亲。在学龄期,情况则有很大的不同,首先,儿童的生理能力有了长足的发展，他们有能力更多、更远地走出家庭，走向户外。其次，由于儿童开始进入小学，在家中的生活时间越来越少，对父母的依赖也越来越少。儿童的生活中心相应地转到了学校之中，更加依赖的是老师，更加喜欢依靠和认同的是同龄群体。第三，儿童在认知能力的发展上有了很大的提高，渐渐开始摆脱婴幼儿时期过分强烈的自我中心主义，能够认识到他人的存在，也能够认识到他人是与自己不相同的，会努力尝试着学习与其他小朋友相处和交往。尤其值得一提的是，学龄期儿童的利他观念渐渐发展了起来，而且集体意识也开始建立起来，认识到了自己是集体的一员，学会了将自己与集体联系起来。第四，在心理上，儿童已经不再仅仅满足于父母的爱，他们需要友谊，需要被尊重、被承认，而这些只有同伴群体才能够真正给予。所有这些都促进了同龄群体的产生，并且使儿童更加紧密地与同龄群体结合起来。

从形式上来看，同龄群体可以区分为两大类：其一是有组织的、比较严谨的，最具代表性的是班集体；其二是自发的、比较松散的，如绘画兴趣小组、歌迷会等。除了形式上的差别之外，这两类群体还具有一些共同的特征："(1) 在一定的规则基础上进行相互交往；(2) 限制其成员的归属感；(3) 具有明确或暗含的行为标准；(4) 发展使成员朝向完成共同目标而一起工作的组织。"①

这两类同龄群体对儿童的具体影响是有区别的。在有组织的群体中，目标相对较为明确，纪律相对较为严格，组织形式相对较为固定。比如班集体，它是建立于固定的学校中，有明确的老师指导，每个班级都按照特定的形式组织起来，每个班级都有自己明确的追求目标，学生被分为班长、学习委员、小组长、普通学生等。在班级中，每个学生都有自己的位置和目标，而每个学生的目标又都服从于班集体的总目标，班集体的总目标同时又促进

① 林崇德：《发展心理学》，人民教育出版社，1999 年版，第 325 页。

了每个学生个人目标的实现;在班集体中,通过老师的指导和同学的帮助,儿童学会了接受他人、维护集体,由此开始了特定的社会化。至于自发的同龄群体,情况则有些不同。很显然,这种同龄群体主要是由儿童自发地形成的,更多地体现了儿童自己的意愿,反映了他们的特殊要求,具有儿童自我管理的特征。儿童们更乐意接受的主要是这种同龄群体,因为在这里,他们的自主性更能得到发挥,自我意识更能得到发展。但是,另一方面,同样也存在着许多问题,这里缺乏老师和家长的指导、监督与管理,儿童自身恰恰又缺乏自我约束、自我管理的能力,没有足够的自我认识,对社会缺乏深刻而全面的把握,这种随意结成的自发性同龄群体很容易使儿童误入歧途甚至容易蜕变为危害社会的团体。据媒体报道,我国甚至有一些十多岁的小学生结成了组织严密、分工细致、带有黑社会性质的帮派团体,干出了一些令人震惊的反社会的恶劣事情。这就提醒我们不能对儿童完全放任不管,应该进一步加强对他们的指导、监督和管理,尤其要加强对儿童结成的同龄群体的指导性管理。

对同龄群体的指导和监管是一个长期的过程,这主要是因为同龄群体的形成本身也是一个不断发展和变化的过程。"在学前期,基本上还没有形成同伴群体。在小学低年级,同伴交往缺乏正式的规则,团体成员经常变换。从中高年级起,同伴团体的组织结构更加完善,同伴团体的压力日益显著,开始对儿童产生深刻的影响。"①

同龄群体对儿童的影响是深刻的、多方面的,主要表现为以下几点。

1. 儿童小社会的形成

同龄群体的形成主要是年龄和社会地位相当的小伙伴的聚集,同龄群体形成之后,团体中的成员彼此有了一套组织纪律,一

---

① 林崇德:《发展心理学》,人民教育出版社,1999年版,第327页。

套相对独特而又完整的文化体系，有了仅仅属于自己的活动形式和种类，由此，团体中的儿童与其他儿童区分开来，并且与老师、家长以及其他的成人明显地区别开来。团体中的成员构成了一个相对自足、自成一体的小社会，他们主要生活于这个小社会之中。

2. 儿童亚文化的出现

同龄群体为了标新立异，为了确保团体的纯洁性、独立性和完整性，往往会发展出一整套独特的文化"体系"。他们会穿上只为他们所欣赏的衣服，会创造出只为他们所听得懂的语言，会作出只为他们所认可的看似怪异的行为，上述这些就构成了儿童亚文化的主要内容。需要指出的是，学龄期的儿童由于认知能力和社会经验的严重不足，他们所形成的亚文化往往流于形式、流于片面、比较肤浅，而且常常走向极端，甚至有的儿童同龄群体还会走向违法犯罪道路。对于老师和家长来说，如何进入儿童小社会，破译和感受儿童亚文化，教育和指导儿童的健康发展，这是一个严峻而又紧迫的问题。因为现代儿童结成特定团体的能力越来越强，结成的团体种类也越来越复杂多样，同时，儿童的自主意识和自主能力也越来越强，儿童同龄群体对老师和家长等成人的疏远和拒斥也越来越明显。

3. 同伴交往的增加

走出家庭之后，儿童对父母的依赖大量减少，这使得儿童不得不将精力转移到学校的同龄小伙伴身上。与此同时，为了更好地融入小伙伴交往圈，儿童也必然要加强与同龄小伙伴的交往。学龄期的儿童与小伙伴的交往在范围上逐步扩大，最初的交往对象主要是家庭里的兄弟姐妹，此后扩大到邻里之间的小朋友；入学之后，首先是与同班的小朋友交往，然后扩大到与同年级的小朋友交往，接着再扩大到全学校之内的小朋友；最后，儿童的交往还可能会突破学校的范围，与学校之外的小朋友进行交往。从时间上来看，学龄期儿童的交往也在增加，除了课堂时间之外，还进一步延伸到课外。对于住宿的学生而言,他们彼此间的交往则更多了。此外,学龄期儿童的交往形式和种类也愈发多样化,儿童自身综合能力的提高,使他们不仅在游戏中,而且还可以在学习及其他活动中进行交往。

4. 友谊的产生

友谊是人与人交往和共处的基础,是人类生存的基本保证。儿童同样也需要友谊。在友谊中,儿童寻求到了归属感和安全感,确认了自己,并且得到了同伴的认可。在同龄群体的交往中,儿童之间的友谊得到了极大的发展。儿童友谊的发展表现为一个循序渐进的过程,随着儿童认知能力的提高,对人际关系的深入了解,对友谊的理解从宽松走向严格,对友谊伙伴的确认从普泛走向确定,儿童的友谊群体也从松散变得越来越严谨。

儿童友谊的发展大致可以分为以下几个阶段:

第一阶段:前友谊阶段。幼儿是主要代表,幼儿没有能力形成真正的友谊概念,幼儿之间虽有正常的交往,但幼儿对交往对象的选择不是从友谊出发,而是以自己为中心,从现实的需要出发,被他选为朋友的原因可能仅仅是因为他们住得比较接近。

第二阶段:单向满足的友谊。6～8岁的儿童是主要代表,此时儿童没能摆脱自我中心主义的影响,对朋友的承认是建立在对自己的愿望和要求的单向满足之上的。儿童认为朋友就是要听自己的话,或因为她有一个漂亮的布娃娃。

第三阶段:双向满足的友谊。9～12岁的儿童是主要代表,这时,儿童对友谊的理解是建立在平等基础上的,友谊是双向的、相互的。但儿童对友谊的理解依然是不全面的,这时的友谊还是建立于相互的利益之上的,这种友谊是短暂的,是可以同享受,但不可以共患难的。

第四阶段:真正的友谊。儿童后期或青春前期是主要代表,此时的友谊与成人间的友谊已经很接近,对朋友的选择突破了特定的现实需要,是以更加崇高、更加抽象的利益为基础。

5. 促进儿童的社会化

同龄群体对儿童而言是一个全新的社会，它不同于亲生兄弟姐妹组成的小群体。兄弟姐妹之间有共同的血缘关系，彼此之间有浓厚的亲情之爱，而且兄弟姐妹之间有明显的年龄差距存在，哥哥和姐姐会忍让和迁就弟弟和妹妹。但是，在同龄群体中就完全不同了，这里没有父母的宠爱，没有哥哥和姐姐的谦让，这里需要儿童自己努力去争取，努力去证明。为了与其他小朋友相处得更好，他们需要学会承认他人，学会克服自私自利的欲望，学会宽容他人，还要学会与他人交往的技巧。同时，为了证明自己不逊于他人或者比他人更优秀，儿童还必须学会竞争、学会服从、学会领导。在这种主动学习和被动学习的过程中，儿童的人格相应地也在发生着改变，在家中作为"小皇帝"、"小太阳"而骄横无度、娇惯懒散、过分以自我为中心的儿童，在同龄群体中必须学会放弃和克服这些毛病，否则就有可能被同龄群体所拒绝。儿童对自我能力的提高、对他人的关注、对组织和团体的服从，本身就是儿童早期社会化的基本要求和具体表现。在此意义上，我们也可以将儿童在同龄群体中的生活视为儿童将来走向社会的一种预演。

同龄群体对儿童的影响还有很多，它增加了儿童的交往和适应能力，提高了对他人和社会的认识，使每一个儿童都能够找到相对属于自己的位置，使每一个群体中的儿童都得到了一种强烈的归属感和认同感。正是因为同龄群体有如此重要的影响，所以，许多老师、家长、心理学家以及儿童社会工作者都非常重视同龄群体与儿童之间关系的研究。值得关注的是，并不是每一个儿童都能够成为同龄群体中的一员，因为种种原因，往往有一些儿童在某些时候被同龄群体拒绝和否认。不为同龄群体所接受的儿童常常要承受很大的压力，因为几乎每一个正常的儿童都有一个特定的群体归属，不被接纳的儿童会感到失望、愤怒、孤独、自卑。这些负面情绪和心理状况会反作用于儿童，使他们对自己丧失勇气和信心，过分转向内倾或者自暴自弃；也可能会使他们对其他儿童变得充满敌意,对学校和社会变得充满仇恨。这会导致儿童与他人交往的信心和能力的丧失,也会导致儿童早期社会化的失败。为了防止这种情况的发生,老师和家长一方面应该密切关注儿童同龄群体的发展变化;另一方面应该教育和帮助儿童,提高他们的人际交往能力,增强社会适应能力,克服自身的人格缺陷,从而使自己更好地融入同龄小伙伴的群体之中去。

第三节 学校的社会化作用

学校的重要作用无论如何是无法低估的,因为人的成长与发展注定是要与学校紧密结合在一起。如果从小学算起,历经中学,再到大学,正常情况下,一个人在学校里将要度过二十多年的时光。假如我们再考虑到学习和教育的终身化发展趋势,一个人几乎终生都离不开学校。刚出生下来的人都是一个生物人,经过多年的学校教育和培养,人渐渐学会了对社会的认知和适应,成为一个社会人。可以说,学校是人的社会化最基本、最重要的一个场所和工具。

在学校中,对人的社会化产生影响的因素有很多,具体来说,主要有以下几个方面:教师、教材、教学方法、学校的规模和性质等。

一、教师

对于任何一个学校而言,教师和学生都是最基本、最首要的构成要素,教师和学生构成了学校中的基本关系,在这对互相促动的关系中,教师又起着主导性的作用。也正因为如此,我们对学校的探讨有必要先从教师入手。

在小学中，教师与小学生构成了一种特殊的关系。小学生尤其是低年级的小学生在认知能力上还有很大的欠缺，他们对他人和社会还不能形成独立的看法。因此，小学生对教师的依赖性还很强，这种依赖性往往会演化成盲目的崇拜和信奉。我们常常会听到小学生很认真甚至很虔诚地说："这是老师说的！""是老师让我这样做的，所以我就这样做。""我们老师真伟大！"小学生对老师常常是无条件地服从、真诚地崇拜。当然，随着小学生的逐步成长，对社会认识的深入，他们的独立性也会慢慢提高，高年级的小学生对老师也会渐渐产生怀疑和批判。

正因为小学生的这种特殊性，所以小学老师更应该注意自己的形象，注意建立良好的师生关系。不同的师生关系会对小学生产生不同的影响，而且这种影响因为发生于人生的初始阶段，它对小学生更具有深刻性和决定性，它可能会伴随儿童成长和发展的终生。小学生与老师之间的关系比较有代表性的大致有以下几种。

1. 亲子型

学龄前儿童主要的交往对象是自己的父母，刚刚进入小学时，小学生从心理上还没有与父母完全断奶，希望能够找到一个可以替代父母的人，或者是准父母。因此，在低年级的小学生中，教师往往成了父母的化身。小学生产生了一种浓浓的移情作用，温和的、年长的女教师常常被看作是自己的母亲，和善的、上年纪的男教师则常常被认为是自己的父亲。这是一种特殊的师生关系，具有双重的意义。从积极的意义上来说，这种师生关系充满了温暖和亲切，它使儿童很快与老师融为一体，融入学校这个大家庭之中，在接受学校社会化的过程中减少了阻碍与隔阂；从消极的意义来看，过于浓厚的亲子型关系会使儿童更多地沉溺于对父母的依赖之中，很难走出父母的阴影，难以形成独立的人格。同时，儿童也很难形成对老师的正确印象，分不清老师的真正角色,儿童在对学校和老师的接受过程中容易出现一些障碍。还需要注意的是,亲子型师生关系也有可能诱使老师作出错误的判断,使老师忘却了自己的教师身份。

2. 民主型

一般认为,民主型是一种比较理想的师生关系,这里老师和学生都保持着相对的独立和自由,充满较为宽松的气氛。教师在给予学生充分指导的同时,也给学生创造了自我探索的足够空间。比较有代表性的是,教师和学生之间形成的是朋友关系。这是一种平等的关系,而不是刻板的上下级的师生关系;这是双向的"教学相长"的过程,而不是单向的教和学的过程。这种民主型的师生关系一方面可以最大限度地发挥教师的指导作用,但对教师自身素质的要求是非常高的,它要求教师不仅具有丰富的知识储备,而且还应有高超的指挥和调度能力。另一方面,这种民主型的师生关系也会极大地调动小学生的积极性,激发他们的巨大创造性。我国传统的小学教育中比较缺乏的正是这种民主型的师生关系以及与此相对应的民主型的教育方式。目前的社会中,民主成了时代的主流,创造成了追求的目标,因此,民主型就成了许多人努力的方向和目标。

3. 专制型

曾经有很长一段时间,这种师生关系充斥于我国的许多学校中,但是这种师生关系越来越多地遭到了有识之士的批评。小学教育在我国的许多地方一直是个薄弱环节,小学教师的队伍建设更是难以令人满意,受过正规师范教育的小学老师少之又少,教师自身素质的低下导致了我国初级教育中的种种问题,专制型师生关系就是其中之一。即使在目前,我国小学教育中依然存在着这个问题。教师对待学生的方式显得过于简单粗暴,体罚学生的事情屡有发生,嘲讽、侮辱、谩骂学生的现象更是屡见不鲜。专制型的老师自身在人格上存在着一定的缺陷,他们过多考虑的是自己的面子,表面上维护的是"师道尊严",实际上更多忽略的是小学生的切身感受。他们所看到的只是教师对学生自上而下的管束，所运用的主要是身体上的惩罚而不是心理上的启发，所以，小学生对于专制型教师往往是畏而远之。因为过分的焦虑和害怕，小学生有时候会选择比较极端的方式来进行逃避。有的小学生因此而变得日益沉默，他害怕由此而招致教师的责骂；有的小学生因此而离校出走，对学校本身也产生了莫名的恐惧之情；还有的小学生甚至为此而自杀身亡，也许他认为自杀才是真正的解脱之路。专制型老师力图用错误的暴力来确保自己的权威，其实这只能将小学生推得更远，从老师这里、从学校这里彻底推走。

教师与学生之间的关系还有许多种，每一种关系所塑造出来的学生都是不一样的。在师生关系中，教师很明显是处于主导地位的，教师的一言一行都会对学生产生至关重要的影响。对于小学生尤其是这样。小学生如同一张白纸，他所接触的第一个老师会对他产生深刻而持久的“第一印象”，这种影响在他的生命历程中会存在很长的时间，也许会伴随他的终生。我们很多人都会有这样一种经历：即使当我们已经儿女成群、硕果累累，我们依然无法忘却我们的启蒙老师，在一定程度上，这个老师已经作为一个美好的象征深深地植根于我们的内心深处。正因为老师的作用如此重要，所以，老师尤其是小学老师就更应该对自己有一种近于完美的苛刻要求。令人遗憾的是，现实社会中，我们的小学老师远远没有达到完美的程度，反倒存在着诸多的问题，这些问题不仅影响着学生的成长，同时也严重地影响着教师自身的发展。教师的问题固然很多，如学历太低、缺乏专业教育、社会阅历局限性太强等等，然而最值得关注的是教师的心理健康问题。

教师被称为是“人类灵魂工程师”，教师的职业被誉为是太阳底下最神圣的工作，很少会有人想到教师竟然会有什么问题，更不会有人愿意想象教师居然会出现心理上的问题。但是，事实就是这样，而且比我们所能想象的还要严重。据统计，在现有的教师队伍中，患有各种各样心理疾病的人占有相当的比例，这个比例甚至还有增加的趋势。教师出现心理问题,除了对教师本人的负面影响之外,还直接影响到了学生的健康成长。对于小学教师来说,这个问题的影响显得尤为突出,因为他所面对的是几乎毫无辨别和抵抗能力的小学生。百年大计,教育为本,教师的心理健康问题应该引起全社会的充分重视。

教师产生心理问题的原因是很复杂的,它不仅涉及教师本人,而且涉及了学校、社会等许多方面。

从大的方面来讲,这是时代的变化造成的。21 世纪不仅仅是光辉灿烂的新世纪,许多人也把 21 世纪称为"精神疾病来临的时代"。在我们国家问题更加严重,目前的中国正处于剧烈的转轨时期,我们国家正经历着从传统的农业社会向现代的工业社会、从计划经济向市场经济的转变过程之中。在这种社会转型的过程中,各种各样的价值、利益和群体都在进行着重新的整合,旧的格局被打破了,新的格局却依然没有建立起来,人们一下子被抛入了一种混乱无序的情景之中,每个人都必须重新寻找自己的坐标,重新发现属于自己的一片天空。困惑、迷惘、焦虑紧紧追逐着每一个人。同时,工业社会的来临、市场经济的确立,使每一个人不得不加快步伐以追赶潮流。现在的人们再也没有了昔日的悠闲、从容和自得,每个人都是步履匆匆、神色凝重,沉重的危机感笼罩着每个人,无形的压力使每个人每天都疲于奔命,"太累了!"这句话成为大多数人的共同心声。这种无形的社会压力进一步转化为巨大的个人压力,它几乎可以压垮每一个坚强的心灵,所以,我们看到,许多大医院都纷纷开设心理治疗专科,许多地方也纷纷开展心理咨询活动,越来越多的人开始认识到心理治疗和心理咨询的重要性,因此,心理学成为当代的显学也就毫不奇怪了。教师作为一个特殊群体当然也逃不脱现实社会所带来的巨大压力,在这种难以承受的压力之下,教师出现心理上的问题当然也就不足为奇了。所幸的是,我们国家已经注意到了这个问题,并且开始采取相关的行动来加以改变。

从具体的方面来讲，教师之所以出现心理问题与教师自身所处的环境也是同样分不开的。比较而言，在所有的教师队伍中，小学老师的生活环境更加困难。小学老师的工作是异常繁重的，除了正常的读书、学习、备课、上课、批改作业之外，从课内学习到课外活动、从校内生活到校外行为、从小学生的生理变化到心理发展再到社会能力的培养，小学生的方方面面都需要教师无微不至的关怀、帮助和指导。对于小学老师而言，是没有8小时工作的内外分别的，也没有节假日的概念，教师这种职业的特殊性使他们时时刻刻都处于工作或准备工作的状态之中。教师始终是处于满负荷运转状态之中的，这么说一点都不为过。

除了工作的紧张和满负荷之外，小学教师还面临着更大的压力——升学考试的压力。由于教育资源的稀缺，并不是每一个小学生都有机会进入重点学校去读书，这就产生了必然的竞争，小学生之间的竞争这时就转化成了小学教师之间的竞争、学校之间的竞争。小学教师的收入、荣誉等许多方面都与升学率紧密相连，学校的地位和荣誉也和小学教师紧紧结合到了一起，一年一度的升学考试阶段成了小学教师最难熬的时刻。小学教师承受了太多的负担，忍受了太重的压力。虽然我们国家已经注意到了这种不正常的现象，并且采取了许多重要的措施来避免这些事情的发生，例如取消重点中学和普通中学的划分、小学生取消统一的升学考试、就近划片入学等等，但各种变相的竞争依然存在，这使得小学教师不可能从根本上摆脱竞争的压力。

虽然教师承担着过于繁重的工作，承受着过于沉重的压力，但教师所得到的报酬却与此大不相称。教师的工资在我国整体性工资结构中处于明显的劣势，小学教师在教师整体中又处于劣势中的劣势。即便如此，在我国的许多地方，小学教师常常并不能及时、足额地拿到这点工资，随意拖欠小学教师的工资已经成了屡见不鲜而又无可奈何的事情。小学教师的微薄工资俨然成了地方财政的“唐僧肉”，谁都可以啃上一口，这使小学教师产生了严重的被剥夺感、被歧视感和被漠视感。

教师就意味着奉献、意味着牺牲,如果说工资的微薄和拖欠这种困难还能够克服的话,社会对教师所形成的歧视和偏见则是无法忍受的,因为这种社会性歧视和偏见直接伤害的是教师的内在灵魂,它对教师造成的伤害是毁灭性的、根本性的。"文革"时期,教师被打倒在地,再踏上一只脚,斯文扫地、颜面皆无。"文革"之后,教师虽然得到了国家的承认,但教师的形象并没有得到多大的改善,提到教师,人们想到的常常是贫寒、穷酸、迂腐的"孔乙己"。教师的社会地位同样没有得到正确的评价和肯定,提到教师,人们想到的常常是"臭老九"、"孩子王"。在社会声望调查中,小学教师的得分非常低,人们倾向于认为,小学教师工作简单、收入菲薄、人微言轻,几乎没有什么人愿意做小学教师。民间流传甚广的一句话是:"家有三斗粮,不做孩子王",这种看法直接影响到了在职的小学教师,许多教师纷纷跳槽,以求改变自我;这种错误的看法也影响到了年轻的学生,连续多年,高考志愿填报、录取中,师范专业很难招满人,更不用说招到优秀的人才了。

社会有意无意所给予的这种整体性的、结构性的偏见和歧视,给每个教师都带来了极大的压力,这种压力不仅是物质上的,更主要的还是心理上的。教师一般都受过一定的文化教育,他们的自尊心尤其敏感,当这种巨大的压力与敏感的自尊相碰撞时,受伤的注定只能是教师。这种无法回避又难以治愈的伤害最终导致了教师心理的扭曲和变异,如果一个教师是不合格的,那么,他所培养出来的学生也多半是不合格的。对小学生来说,这种危害显得更为彻底、更为致命,小学时的异常教育,会直接影响到小学生一生的健康发展。尤其严重的是,小学生是祖国的未来,小学生的问题会进一步演化为我们整个民族、整个国家的问题。

教师的心理问题已经开始引起了我国相关部门的注意,为了加强教师队伍的建设,国家正在采取一系列的措施,比如,提高教师的待遇、加强教师的继续教育和培训、树立尊师重教的良好社会风尚等等。相应地，国家提高了教师的准入门槛，全面推行教师资格证书制度。其中，尤其引人注目的是，要想取得教师资格证书，必须首先通过心理测试，被确认心理健康之后，才有可能做一名合格的教师。

教师的心理问题不是一天两天形成的，其解决也不可能在一天两天之内彻底完成，这是一项浩大的工程，它需要全社会的共同努力。

二、教材和教学方法

在小学生的教育和成长过程中，除了教师的影响之外，教材和教学方法也是一个重要的影响因素。我国小学的教材虽然经过了多次改革，但大多只是在内容上的微调，删掉和调整的只是一些不符合时代要求的内容，如阶级斗争、个人崇拜与神化、不利于环保的文章等等。我国传统的小学在教材和教学内容上都存在有明显的缺陷，传统的教学目的是服务于应试教育，传统的教学内容的设置同样也是立足于应试教育，传统的教学目的很单一，上面要考什么，下面就开设什么课程；上面要考什么知识点，下面就教什么知识点。这样培养出来的学生充其量只是一个合格的考试机器，除了书本之外，两眼一抹黑，真正成了一个“书呆子”，几乎没有多少主动性和创造性，当然也不会有什么社会适应性。

为了真正、彻底改变这种现状，国家制定了一系列的方针和政策。最大的变化在于，从应试教育向素质教育的根本性转变，从注重应试技能的训练到强调综合素质的培养，这可以称得上是历史性的进步了。

在课程的具体设置上，国家进一步强调了体育课的重要性，要求体育必须及格才能毕业，同时，国家也明确了对音乐、美术和劳动等课程的要求，加强了对道德品质的培养。为了适应时代的发展，我国的小学中又相应地增设了一些相关的新课，如英语和电脑。如此一来，小学生所受到的教育就比较全面、综合、深入和多样化了。

小学教育是基础教育，而基础教育肩负着培养下一代的历史重任，是教育事业发展的战略重点，关涉到了我国未来的发展前途。为了进一步加强基础教育的改革，适应时代的发展，在对世界各国课程改革趋势和发展政策深入分析比较、对国内课程实施现状进行调查研究的基础上，在广泛而深入地听取了专家、学者及实际教育工作者的意见之后，2001 年国家教育部颁布了《基础教育课程改革纲要(试行)》。在这份纲要中，明确指出了我国基础课程的改革方向和具体内容。

要改变传统课程过于注重知识传授的倾向，努力发挥学生学习的积极性和主动性，使他们在获得基础知识与基本技能的同时，学会学习并且形成正确的价值观。要改变传统课程结构过于强调学科本位、科目过多和缺乏整合的现状，从整体上设置九年的课程门类和课时比例，尤其要设置综合课程，以利完善学生的知识结构；在小学、初中和高中设置综合实践活动作为必修课；另外，改变课程内容“难、繁、偏、旧”的弊端，加强课程内容与学生生活以及现代社会和科技发展的联系，关注学生的学习兴趣和经验，精选终生学习所必备的基础知识和技能。

已经有越来越多的人认识到了传统的应试教育的弊端，越来越多的人在尝试突破应试教育的束缚。据报道，上海市已于 2001 年秋季，在中小学中开设一门全新的课程——研究型课程，该课程旨在打破传统的应试教育统一教材、统一标准答案、统一教育方式的人为束缚，激发学生的想象力，强化学生的动手能力，培养学生的创新精神。该课程为学生自主学习、独立思考、自由创造、发展个性提供了广阔的时间和空间。这是一种有益的探索，代表着未来基础教育的发展方向。

与教材改革密切相关的是教学方法的改革。我国传统的应试教育中,考试与应试是中心任务和最高目标,“考考考,是老师的法宝;分分分,是学生的命根”。老师和学生以考试为指挥棒,整天疲于应付。为了更多地教给学生应试的方法和内容,填鸭式成为唯一的教学方式,满堂灌成为通用的讲课风格,题海战术成为最好的考试妙方。教师累,学生也累,教师变成了一个考试工具,学生变成了一个考试机器。

应试教育的弊端是严重的,为了刺激学生努力考试,几乎每个小学在每次考试后,都会进行习惯性的排名次,学生按照分数由高到低排列下来,考分高的学生给予表扬,考分低的学生给予批评。在老师眼中,考分高的就是优秀学生,考分低的就是差生。在这种强烈的刺激之下,所谓的“差生”有的开始心灰意冷,有的开始自暴自弃,有的产生了厌学情绪,严重的索性直接退学。当我们的孩子把学习视为一件痛苦的差事,把学校视为一个恐惧的场所,把老师视为一个不受欢迎的人时,我们不得不承认,我们的教育失败了!

现实已经证明,传统的应试教育是错误的、失败的。因为考试分数不是判定人才唯一的、终极的尺度。榜上无名,脚下有路。许多所谓的“差生”在现实社会中同样取得了丰硕的成果,相反,许多“优秀生”反倒在现实社会中默默无闻,甚至一事无成。发人深思的是,与国外的同龄人比较起来,我国的学生显得比较聪明、善于学习,但在动手能力、创造性思维等方面则显得明显不足,这再一次提醒我们,传统的应试教育已经到了不得不改革的时候了!

为了从根本上推进我国基础教育的深入改革,国家教育部在《基础教育课程改革纲要(试行)》中,同样明确指出了今后教学方法和教学模式的改革方向。

要改变教学过程中过于强调接受学习、死记硬背的现状,倡导学生主动参与、乐于探究、勤于动手，培养学生搜集和处理信息的能力、分析和解决问题的能力以及交流与合作的能力。改变课程过于注重知识传授的倾向，强调发挥学生学习的积极主动性。

教学方法和教学模式的改革是一个综合性的配套工程，它需要教师、家长、学生以及社会各个方面的共同努力。其中，首要的就是我国人才选拔制度的改革，一考定终身的考试制度不废除，就不可能会有真正的教学模式改革的成功。为了减轻学生的负担，为了把更多的时间留给学生自己支配，我国相关部门严格禁止擅自给学生补课，但是，很多学校仍在偷偷补课，很多家长仍在为学生请家教，原因只有一个，考试仍然是唯一的人才选拔途径。要想在激烈的竞争中脱颖而出，必须通过考试，而且必须考得非常出色。如果考试失败，其他的一切都是毫无意义的。这就是我国基础教育改革推广中所遇到的最大阻力。

在小学的课程中，还有一门无形的但却非常重要的课程——教师的期望。教师对学生的期望常常被称为是一门隐性学科，它会影响到每一个学生的自我评价、自我定位、自我设计和自我期望。一般的规律是，教师对一个学生的期望值越高，这个学生的自信心就越足、学习的动力就越强、学习的目标也就越高；反之，教师对一个学生的期望值越低，这个学生的自信心就越不足、学习的动力就越薄弱、学习的目标就越模糊。教师在小学生的心目中占据着极其崇高的地位，对老师常常是极其崇拜的，对老师的话因此也是奉若圣旨、毫不怀疑的。这就要求教师对每个学生都有一个真正的、准确的了解，对每个学生都有一个合适的、公平的期望值。期望值太高了，会给小学生带来不必要的心理压力，毕竟不是每一个小学生每次都能考第一；期望值太低了，会使小学生太放任自己，对自己丧失严格要求，毕竟小学生的自我认知、自我约束的能力还很低很低。

教师的期望值在实际运用的过程中容易出现的问题有两方

面：一是关于优秀生、中等生和“差生”，二是关于男生和女生。

关于优秀生、中等生和“差生”。我国传统的应试教育常常把学生人为地划分为三大类：优秀生、中等生、差生。优秀生始终是关注的焦点，中等生总是被忽略，差生则是争议和批评的中心。教师的期望值在这三类学生中的分布是不均匀的，对于优秀生，教师总是充满了极高的期望；对于中等生，教师的期望是无所谓的；对于差生，大多数教师则是不抱什么期望的。这三种不同的期望值对学生所产生的影响是截然不同的，它使好的更好，差的更差，中间的永远默默无闻。在这里，教师的错误在于，首先，他忽视了小学生是具有强烈可塑性的；其次，教师忘记了他的任务就在帮助暂时落后的小学生迎头赶上来；第三，教师忘记了教育是面向所有的小学生，他是所有小学生的老师，而不仅仅是个别小学生的老师。

关于男生和女生。性别歧视的问题在我们国家其实是很严重的，尽管我们许多人没有很明确地意识到这个事实，并且不愿意承认这个事实。人们倾向于认为，男人比女人更强大、更优越，男人应该比女人承担更多、更重要的工作。小学老师也很难避免这个误区，因此，小学老师对男生和女生的期望值就大不相同。小学老师对男生的期望值更高，他们可能希望男生能考第一名，希望男生将来能成为科学家、工程师、律师等等；而他们对女生的期望值要低得多，他们认为女生只要能够顺利毕业就可以了，女生读书是为了将来能够有个好的归宿，能够做个好妻子、做个好母亲。这种不同的期望值大大拓展了男生的发展空间，同时极大地限制了女生的潜力发挥。这种不同的期望值将同样的人塑造成了不同的男人和女人，使男人和女人从此生活于两个不同的世界之中。

教师对学生的期望是很重要也很复杂的，它不仅影响到了教师本人的形象，还影响到了学生的变化发展，同时，还进一步影响到了学生的家长和家庭。通过态度、言语、情绪和行动，教师的期望被传达到学生之中。教师的期望能够产生的效果大致有两种：积极的和消极的。从积极方面而言，教师的高期望值可能使某些学生向更高的目标努力奋斗，更加趋于优秀和成功；从消极的角度来看，教师的低期望值可能使另一些学生丧失信心、放弃奋斗，越来越远离优秀，越来越远离成功。需要指出的是，无论是出于何种原因，由于教师的期望而使学生发生了分化，并且使一部分学生最终放弃了继续学习的动力、信心和目标，这绝对背离了教师的职业道德，也违反了教育的基本原则。如何运用期望，这是每一个老师不得不深思的一个重要问题。

三、学校

除了教师、教材和教学模式之外，学校自身也是影响小学生社会化的一个重要因素。小到学校的规模、环境，大到学校的性质、地位，学校里边几乎所有的因素都会影响到小学生的成长。学校的规模大、环境整洁，可以增强学生的自信，增强学生对学校的认可和信赖程度；相反，学校的规模太小、环境杂乱，会使学生失去自信，对学校充满失望之情，从而影响到学生对学习的投入。从学校的性质和地位来说，主要的影响因素包括：学校是重点小学还是普通小学，学校是国家所有，还是个人所有或是合资制度等。

关于重点与非重点。在传统教育体制之下，我国在很长一段时期内将所有的中小学校划分为三六九等。首先，所有的学校被分为重点与非重点，然后，在重点学校中再进一步细分为省级重点、市级重点、区(县)级重点、乡级重点。重点与非重点的划分出发点是好的，但结果却是弊大于利，甚至可以说是灾难性的。重点与非重点的划分首先使各个学校之间加剧了毫无意义的竞争，引发了各个学校之间人为的信息封闭与隔绝，导致了社会资源的重复和浪费。其次，重点与非重点的划分还导致了教师之间的无谓竞争，加大了教师的心理负担。再次，重点与非重点的划分强化了小学生之间原本并不存在的不平等意识。小学生在心理和社会适应等方面还很不成熟，缺乏足够的判断能力，进入重点小学的会变得飘飘然；进入普通小学的会变得闷闷不乐、垂头丧气。重点与非重点小学的划分会使原来形影不离的游戏伙伴一下子分属于两个完全不同的世界，小学生又常常会按照这种错误的划分重新确定自己的位置，也许一生一世他就会把自己视为一个普通的人，从而放弃去争取本来应该属于他的机会；也许一生一世他就会把自己视为一个优秀的人，能够顺利达到成功，这是最好不过的事情。但是，当他遇到暂时的挫折时，他会变得难以承受这一切，他会无法容忍自己的“普通化”，此时此刻，悲剧就很难避免了。

由于划分重点与非重点学校而引发的学校与学校之间、教师与教师之间的矛盾、冲突，最终都会以不同的形式转化并强加于小学生的头上，让稚嫩而脆弱的小学生来承受如此沉重的压力，这简直是一种犯罪！

现实已经证明，重点与非重点中小学的划分是错误的。我们国家已经着手清理中小学校之间的人为藩篱，各级各类的所谓重点学校正被逐步取消，这是一个有识之举。让每一个小学生都拥有一个公正的、平等的、开放的生活世界，让每一个小学生都拥有一片纯净、明亮、自由的成长天空，这才是我们的真正所求，这才是每一个小学生的真正所需。

关于小学的所有制形式。在计划经济时代，我国的学校几乎都是国家所有。随着市场经济的确立和改革开放的深入，学校方面的改革也在进一步加大力度。这集中表现在学校的所有制形式在逐步多样化，各种各样的民办学校如雨后春笋般迅速兴起，同时，私人资本也在以不同的形式介入国家所有的公办学校，有的地方甚至把整所小学一次性地整体出卖给私营业主。对于老师和家长来说,他们对于不同所有制形式的学校所抱持的心态是很复杂的,应该承认,家长和老师们的担心并不是没有道理的,因为国家所有的学校是以社会效益为最高追求,而私人所有的学校大都是以经济利益为唯一的追求。不同所有制的学校所能够提供的教育可能相差甚大,这不能不令人担忧。家长和老师的这种心态会直接影响到在校的小学生,如同在国有企业、私营企业、合资企业和外商独资企业中的工人心态各不相同一样,在不同所有制的学校中的小学生,他们的心态当然也会大为不同。在公办小学、贵族小学、民工子弟小学等各种学校中所接受的教育内容不同,教育方式不同,共同学习的同龄群体也不相同,最后的教育结果必然大不相同,由此培养出来的小学生也必然在许多方面相差甚远。

我国学校的体制改革才刚刚开始,各种所有制的学校也刚刚浮出水面,要想很确切地探讨不同所有制的学校对小学生会造成什么样的影响,现在还为时尚早,我们目前所能做的就是密切地关注它,密切地关注各种学校里的小学生。

学校对于小学生的重要性是无论如何也不会被估计过高的。从家庭走出来,进入小学,小学生其实是进入了一个完全不同于家庭的重要场所。在家庭中,小学生与父母是依靠血缘关系和特殊的亲子之情连接到一起的,小学生可以撒娇、耍赖,父母都会迁就他;但在小学中就不同了,小学生与教师之间是师生关系,与小伙伴是同学关系,这两种关系都不具有私人性,是平等的、公开的、双向的。小学生如果想取得老师的喜爱,赢得同学的友谊,他必须自己努力去争取,而且他还必须遵守共同的规范和共同的游戏规则。这使小学生渐渐意识到了自己的社会角色,意识到了社会规范的存在,同时也进一步学会了对他人的理解、尊重和服从,这是进入并适应社会的必需。在此意义上,我们可以把小学视为一个小社会,把小学生的学校生活视为将来进入现实社会的预演。

第四节 电视的影响

作为一种传播媒体，电视在信息传播的深度、广度和及时性上已经远远超越了广播、报纸，成为第一大传播媒介。目前的中国，几乎家家户户都拥有了电视，这种极度的普及使电视进一步跃升到无可置疑的霸权地位，我们的日常生活已经很难与电视截然分开。早晨起床之后，在刷牙洗脸的时候，我们会打开电视；中午吃饭的时候，我们会打开电视边看边吃；晚上回家后，一家人也会围着电视交流感想。很难想象，如果有一天没有了电视，我们的生活会变成什么样子。正因为电视与我们的生活如此不可思议地交织在一起，所以许多专家和学者开始密切关注电视对我们的生活所可能产生的影响，尤其是电视对儿童的具体影响。

有关的调查资料显示，经常看电视的群体主要是儿童、青少年、老人和妇女。很显然，他们都是弱势群体，电视在某种程度上成了他们的寄托和依靠，成了他们生活的一个组成部分，看电视也成了他们的一种生活方式。不过，各个群体热衷于看电视的具体原因存在着明显的差异，我国儿童喜欢看电视的原因主要有以下几点：首先，我国现在的儿童几乎都是独生子女，他们没有兄弟姐妹可以一起玩耍；其次，儿童的父母大多是双职工，白天忙着上班，无暇照顾子女；再次，现代城市中人与人之间隔阂与戒备比较深重，儿童常常被锁在有防盗门、防盗窗层层保护的家中，无法与邻居的小朋友一起玩耍；第四，儿童认识的字还很少，不大可能将更多的时间用于读书。为了寻找快乐、摆脱烦恼，儿童只能求助于电视了；最后一个原因是，现在专门为儿童制作的电视节目越来越精彩，越来越有趣，越来越丰富，这也使得儿童难以离开电视。

关于电视对儿童的影响,早期的研究中,人们比较关注的是电视对儿童的负面影响,尤其是电视与儿童的暴力和攻击性行为之间的内在关系。人们倾向于认为,过多看电视导致了儿童更多的暴力和攻击性倾向。事实上,这种观点有一定的道理,但未免失之于偏颇。随着更深入、更细致的研究的展开,人们发现,儿童在看电视的过程中,有多种不同的参与方式,这导致了最终结果的不同。儿童在看充满暴力镜头的电视时,同样也是有多种参与方式,这使我们不能对儿童与电视的关系下一个简单的结论。

现在,人们承认,儿童在看电视时,至少有三种介入方式,由此导致了三种不同的结果。

第一种是净化。亚里士多德很早就对此种理论有过阐述,在弗洛伊德学派的理论中对此也有过论述。净化论的基本观点是,儿童在观看充满暴力性画面的电视节目时,暴力场面会使儿童产生一种宣泄感,儿童心里的敌意、暴力感和攻击欲望会随着电视中的暴力行为的进行而得到满足和宣泄,从而达到净化的作用。如同日常生活中儿童通过摔书本、踢桌子来发泄对老师的不满一样,通过观看电视中的暴力画面来宣泄心中的愤怒、敌意和攻击性,这是一种假想的满足,但他达到的心理宣泄和净化却是现实的。因此,净化论者坚持认为,看电视对儿童并没有什么坏的作用,相反,看电视能够减少儿童的反社会行为,这对儿童、对社会都是有利的。

第二种是激发或催化。与第一种观点相反,这种观点认为,儿童在看电视中的暴力场面时,暴力镜头会将儿童心底潜藏的暴力意识激发起来,从而增加儿童的暴力行为。心理学家的实验证实了这一点,反复观看暴力场面之后,人的暴力意识会得到明显的激发和强化。

第三种是模仿。班杜拉的社会学习理论是这种观点的最好解释,这种理论认为,儿童在观看电视中的暴力镜头时,会通过观察学习而进行模仿,由此导致暴力行为的增加。最明显的例证是，当电视连续剧《加里森敢死队》在我国播放时，许多小学生一夜之间就学会了打架、偷窃、掷飞刀。

这三种观点清楚地表明，看电视会对儿童造成一定的负面影响。除了暴力和攻击性行为的影响外，电视对儿童的消极影响还有许多，从生理上来说，过多看电视会导致儿童减少运动，导致儿童发胖，另外，儿童的眼睛还没有发育成熟，过多看电视也会导致儿童近视的发生；从心理上来说，过多看电视会使儿童转向自我的封闭，产生孤独症；从社会方面来看，过多看电视，会使儿童减少与其他小朋友的交往，减少对同龄小伙伴的认同，削弱社会适应能力，推迟社会发育的成熟。

当然，电视对儿童不仅仅有消极的影响，同样也会产生积极的影响。从认知的角度来看，看电视会促进儿童认知能力的多方面提高和发展。在看电视的过程中，儿童要调动各方面的认知能力，他首先要集中全部注意力，然后他还要去看、去听、去想、去记，只有这样，他才有可能理解电视节目的意义，这个综合的过程会反过来提高儿童认知能力的进步和发展。很多人认为现在的儿童要比过去的同龄儿童聪明得多，电视尤其是儿童电视节目的精良制作起到了重要的作用。从社会的角度来看，电视会促进儿童的亲社会行为的产生和提高。许多儿童电视节目都很注意宣扬正面的、积极的价值观，如孝敬父母、尊敬老师、友爱同伴、爱护公物、讲究卫生等等，儿童电视节目中还经常出现互相帮助、互相礼让、友好合作等情景，通过观察、激发、模仿，这些积极的行为和价值渐渐内化于儿童的心灵之中，从而促进了儿童社会化的健康发展。

既然看电视对儿童有消极和积极两方面的影响，作为家长，当然应该规避电视对儿童的消极影响，发扬电视对儿童的积极影响。家长主要应该注意以下几个方面：

(1) 教育儿童分清电视与现实社会的区别。家长一定要让儿童知道，电视是虚幻的，它不同于日常生活，是用特殊的语言和技巧制作成的，因此，电视中的许多情景在现实生活中是不可能发生的。比如,电视连续剧《西游记》中的特技镜头,儿童没有这种概念,因此,儿童在现实生活中出于好奇会有意去模仿上天入地、飞来飞去等危险动作,这很可能会导致儿童受到不应有的伤害。

(2) 加强电视节目的控制工作。儿童缺乏足够的辨别能力,良莠不分,很容易受到有害的影响。家长应该为儿童选好有益的节目,引导儿童有针对性地、有节制性地去看电视,有区别地接受电视的影响。

(3) 更多地与孩子沟通。家长应该抽出时间,与儿童多交流、多谈话、多做游戏,尽可能地多与儿童共处。同时还应鼓励儿童多发展其他的兴趣,如读书、画画、练琴等等,为儿童创造更多样的生活方式和更广阔的生活世界。

(4) 鼓励儿童多交往。家长应该将儿童从电视面前解放出来,防止儿童过度沉溺于电视,要鼓励他们走出家门,与小朋友多交往,与社会多接触,尽快认识和适应这个丰富多彩的世界。

还需要注意的一点是,家长尤其要注意起表率作用,身教重于言教,这就要求家长自身在看电视时应该有所选择和节制。此时的家长对儿童具有强大的示范效应,毕竟家长是儿童的第一任老师。

☞ **延伸阅读:**

[1] (美) 阿普尔等.教科书政治学.侯定凯,译.上海:华东师范大学出版社,2005.

[2] 斯特弗等.教育中的建构主义.高文等,译.上海:华东师范大学出版社,2003.

[3] (美) 米勒斯.儿童青少年社会工作.李建英等,译.上海:华东理工大学出版社,2006.

[4] (英) 库兰等.大众媒介与社会.杨击,译.北京:华夏出版社,2006.

[5] (美) 波兹曼.童年的消逝.吴燕莛,译.桂林:广西师范大学出版社,2004.

第九章 青春期

青春期是一个很容易令人产生幻想的美好时期，自古以来，引得多少文人墨客为之挥毫泼墨；青春期是一个很容易令人产生烦恼问题的时期，多少家长和教师为之伤透了脑筋；青春期是一个自得其乐的黄金时期，多少花季少年为之尽情挥洒时光；青春期是一个年轻的时期，不仅表现在生理、心理和社会的发展上，同样也表现在专家学者对它的研究上。

第一节　青春期的基本理论

“无论从文字上，还是从喻义上，青春期都意味着长大成人——从文字上，词根 adolescens 在拉丁文中的意思是长大；从喻义上看，粗略地讲，它指的是从开花到成熟之间的一段时间。”[①]在对青春期的理解上，有一个发展和变化的过程，早期的人们认为，人的一生可以划分为成人期和非成人期。随着研究的深入，对人类成长周期的划分越来越细致，非成人期被划分为新生儿、婴儿、幼儿和儿童期，成人期被进一步划分为成年早期、成年中期和成年晚期。专家和学者们发现，在成年期和非成年期之间还应该有一个过渡期，这个过渡期既不同于非成年期，也不同于成年期，这就是青春期。很显然，青春期被认为是从儿童期向成年期的过渡。

一、青春期的划分

对青春期内容的理解基本上没有太大的争议，但在青春期起

① （美）保罗·马森：《人类心理发展历程》，辽宁人民出版社，1991 年版，第 326 页。

止时间的具体划分上却存在着不同观点,大多数人认为应该将青春期的起始线划定在人的性成熟时刻,即 12 岁左右,如果考虑到性早熟和性晚熟的因素,提前和推后一两年都属于正常。对青春期截止线的划分上则分歧颇多,有人认为应该是 18 岁,有人认为应该是 20 岁,有人认为应该是 22 岁,还有人认为应该到二十四五岁。我们认为,对青春期的理解应该是多方面的,应该充分考虑到生理、心理和社会适应等多方面的综合发展,只有这样才可能对青春期有一个合理的划分。

从生理角度来看,相对于婴幼儿时期身体上的第一次快速增长,青春期身体上的快速增长被称为“第二次发身期”,这种身体上的发育变化主要包括内在和外在的变化,尤其是性的成熟;从心理的角度而言,青春期意味着“第二次心理诞生”,“心理诞生的主要过程是分离(separation)和个别化(individuation)。分离指的是和家庭,有时也和亲密的朋友渐渐地或突然地脱离,去寻求个别化,也就是通过形成真正的自我同一性,寻求取得新的更高程度的独立性的方法”①。从社会发展的角度来看,青春期是从儿童期向成年期过渡的桥梁,青春期的结束就意味着成年期的开始。早期的时候,童工被视为是合理的,十几岁的儿童就已经开始工作了,但现在,雇用童工是非法的,而且现代社会大生产的进步对劳动力的要求更高了,为了适应现代社会大生产的要求,人们需要接受更多更长的教育,教育时间的明显拉长使儿童转化为成年人的时间相应延后,从生理上看已经过了青春期的青少年依然还待在学校中接受教育,所以,现代社会中青春期的延长已成为必然趋势。另外,人类成长过程的划分特点是,每一个阶段都对应着特定的活动场所,婴儿主要生活在家中,幼儿主要生活在托儿所和幼儿园,儿童主要生活在小学,青春期的主要活动场所则是中学和大学。只有在大学毕业之后,青春期的人才可能会真

① (美)詹姆斯·卢格:《人生发展心理学》,学林出版社,1996 年版,第 642 页。

正自立，真正转变为一个成年人，因此，在青春期的时间划分上，除了考虑生理的因素之外，还应当充分考虑到心理、文化和社会的综合影响。我们将青春期的起始时间划定为性成熟时，即12岁左右，考虑到女孩子性成熟时间比男孩子要早两年左右，可以进一步细分为：女孩的青春期开始时间为11～13岁之间，男孩的开始时间为13～15岁之间。需要注意的是，目前我国青少年性成熟的年龄普遍出现了提前的趋势，这种提前现象对青春期会产生什么具体影响，我们还需作进一步的观察和思考。与这种提前相对应的是延后，我们把青春期的截止时间划定为大学毕业，即23岁左右。这里当然还有一些特殊现象，有的人可能高中毕业就开始工作，他们的青春期结束的时间会稍微早一些；有的人则在大学毕业之后继续深造，继续攻读硕士甚至博士学位，他们的青春期则会相应地延迟。这种提前和延后都是正常的、合理的，同时也说明了人类成长这个事实的复杂性。

二、青春期的主要理论

青春期的重新发现吸引了许多专家和学者的眼光，他们从不同的方面对青春期进行了深入的探讨，并取得了丰硕的成果，其中主要的理论代表有以下各家。

1. *弗洛伊德*

从精神分析的角度出发，弗洛伊德将人的发展过程划分为五个阶段，青春期是处于第五个发展阶段——生殖期。在这个阶段，性已经开始成熟，异性之间互相感兴趣，男的开始出现遗精，女的开始出现月经，自慰的现象变得日益普遍，性的冲动重新转移到了生殖器部位，人们渴望通过正常的成人间的性行为方式来得到性本能的满足。如果没有正常的方式和渠道来获得性满足，人们要么通过升华这个防御机制得到间接的释放，要么遭到性的压抑和挫折，这会进一步导致心理的冲突，影响人们的健康成长。

2. 皮亚杰

从认知心理学的角度出发，皮亚杰将个人的认知发展过程划分为四个阶段，青春期处于第四个发展阶段——形式运算阶段。在这个阶段，人的认知能力获得了长足的发展，人们可以超越具体的、形象的、现实的经验和材料的限制，能够进行抽象的分析、推理和假设，能够进行创造性的思维，这使得青春期的人能够以一种全新的方式来看待他所生活于其中的世界，同时获得生活上的质的飞跃。

3. 埃里克森

埃里克森将人的发展过程划分为八个阶段，青春期处于第五个阶段——自我的认同与角色的混淆。自我的认同被认为是青春期的主要任务和目标，自我的认同是“一种整合或再整合，将个人的许多成分整合为一个整体。这也是一种组成自我的过程，其最高点为自我本质的确定，使个人能达到内部的一致及稳定。即是使青年能将其本身的过去、现在、将来连续起来，并有一致性”。[①] 自我认同的达成会使青年获得明确、稳定、一致的自我意识，达到良好的社会适应。但是，另一方面，青春期身体的快速增长远远超过了心理和社会能力的发展速度，而且新的生活环境、新的社会压力都会使青年们面临巨大的挑战，这会导致自我认同的危机，引发自我认同的混乱，最终导致生活的失败。

4. 霍尔

霍尔(G. Stanley Hall, 1884—1924)是美国著名的心理学家，被尊称为“青春期心理学之父”，他的代表作是《青春期：青春期的心理学及其与生理学、人类学、社会学、性、犯罪、宗教和教育的关系》。在达尔文进化论思想的影响之下，他建构出了一套独特的青春期发展的心理学原理。霍尔的理论被称为是“复演说”，他认

① 沙依仁：《人类行为与社会环境》，五南图书出版公司，1986年版，第121页。

为个体的发展和整个人类的演化都经过了四个相同的阶段,这四个阶段是物种演化的整个过程。也就是说,就个体的人而言,他的发展过程实际上是对物种演化历史的一次重演。

出生前的人也就是胎儿经历的是动物的演化过程,出生之后的个体的人,在成长过程中要经历四个演化时期。具体来说,依次如下:

婴儿期,从出生~4 岁。这个阶段对应的是动物的时期,因为,此时婴儿和动物一样,智力的发展非常低级、非常原始,感觉以及感觉运动技能的发展是这个时期最主要的特征。

儿童期,从 4~8 岁。这个阶段对应的是类人猿时期,此时儿童玩各种各样的玩具,语言和彼此之间的相互作用发展很快。

少年期,从 8~12 岁。这个阶段对应的是几千年前的农业社会时期,还是半野蛮人。此时的孩子们开始参加实际活动、开始管束自己、开始接受一些常规的训练和教育,尤其是在语言和数学上。

青春期,从 12~25 岁。这个阶段对应的是两千年来人类的发展历史,是一个文明开化时期,这段时期充满了暴风骤雨,充满了变革和压力。霍尔认为,青春期是一个新的诞生,青春期的到来标志着人更加高级、更加复杂的特质的产生。同时,青春期也是一个情感爆发和压力甚大的时期,是一个充满冲突和困惑的时期。

5. 哈维格斯特

哈维格斯特(Robert Havighurst)是美国社会学家,他强调社会环境对个体的人发展的影响,认为人的发展实质上是学习并完成社会所要求的各种任务的一个过程。哈维格斯特将人的发展过程划分为几个连续的、有一定顺序的阶段,每个阶段都有相应的发展任务,这些发展任务包括技能、知识、功能、态度等等,是人在特定的阶段、特定的社会中取得成功的必需。每一阶段发展任务的顺利完成将会导致下一阶段发展任务的顺利完成,否则的话,将会导致下一阶段发展任务的无法顺利完成,导致社会的非难和个人发展的失败。哈维格斯特的理论因此也被称为社会发展任务说。

关于青春期，哈维格斯特认为有九项必须完成的发展任务，具体如下：

(1) 接受自己的身体，接受自己具有男性气质或女性气质的角色；

(2) 与同龄的男性和女性伙伴结成新的关系；

(3) 与父母和其他成人达到情感上的独立；

(4) 获得经济独立的保障；

(5) 做好职业的选择和准备工作；

(6) 为成为合格的公民而发展必备的理智技能和概念；

(7) 希望并能作出具有社会责任感的行为；

(8) 为婚姻和家庭生活作好准备；

(9) 建立一套令人满意的与科学世界图景相和谐的价值体系。

第二节 生理发展中的心理问题

青春期是一个发身期，是人一生中的第二个生长的高峰期。青春期身体发育的最大特征是身体的快速增长，人们也称之为爆发期。由此产生了一系列的问题，不仅涉及了生理方面，同时也涉及了心理等多个方面。

一、生理与心理的关系

生理和心理不是两个并行无涉的发展序列，它们之间存在着一定的相互关系，许多专家和学者都意识到了这个问题，并早早开始了相关的研究。20 世纪 20 年代，德国的一个精神病医生克瑞奇米尔(E. Kretschmer)提出了人格体型类型说。通过对精神病患者的长期临床观察，他得出的结论是，人的体型的差异与人的人格类型的不同之间存在有直接的关联性。大致来说，人的体型分为三种：虚弱型、矮胖型、健壮型，它们分别对应的三种人格类型是：分裂型、躁郁型、黏着型，具体内容见下表①：

体型类型	体 形 特 征	人格类型	人 格 特 征
虚弱型	体格脆弱，身躯、两肩和臀部窄小，臂部细长，面狭，通常是瘦个子	分裂型	性格内倾，腼腆，孤独，敏感
矮胖型	体格肥硕，身躯宽阔，四肢相对短些，脸部和腭部宽厚，颈粗、腹肥	躁郁型	情绪起伏涨落把握不定，有时振奋、活跃、开朗，有时又极度忧郁和沉闷
健壮型	体格结实，身躯、两肩宽阔，臀部窄小，四肢匀称，肌肉丰满，通常是中等个子	黏着型	精力旺盛，乐观，自信，放肆

克瑞奇米尔的研究成果直接启发了美国的心理学家谢尔顿(W. H. Sheldon)。在对克瑞奇米尔借鉴和批评的基础上，谢尔顿进一步提出了自己的看法。克瑞奇米尔最初的研究对象是精神病患者，谢尔顿的研究对象则是普通的大学生，因此，谢尔顿的理论相比之下更加具有合理性。谢尔顿把人的体型分为胖、中、瘦三种，按照个体胚胎发育中的三个胚层，分别把它们命名为内胚叶型、中胚叶型、外胚叶型。与此相对的三种人格类型分别是内脏优势型、躯体优势型、头脑优势型，具体内容见下表②：

①② 卢家楣：《现代青年心理探索》，同济大学出版社，1989 年版，第 185～186 页。

体形类型	体形特征	人格类型	人格特征	相关系数
外胚叶型	身体瘦长，神经系统、感觉器官特别发达	头脑优势型	动作生硬，善于思考，谨慎克制，神经过敏	0.83
中胚叶型	身体健壮，骨骼肌肉特别发达	躯体优势型	动作粗放，精力旺盛，喜好运动，自信，富于进取心和冒险性	0.82
内胚叶型	身体圆胖，消化器官和内脏特别发达	内脏优势型	动作缓慢，爱好社交，情感丰富，情绪舒畅随和，有耐心	0.79

生理与心理的关系此后得到了深入的研究，人们越来越深刻地领会到了两者之间的内在关系，现在几乎没有人会否认生理与心理之间的相互影响作用。一个很简单的例子是胖瘦对心理的影响。许多人相信心宽体胖这句话的正确性，事实上，日常生活中，偏胖的人，无论男女给人的感觉都是比较乐观、开朗、随和，容易相处。另一个典型的例证是残疾人的心理问题。因为各种原因在身体上有残疾的人，他们的心理常常会发生明显的变化，这使他们与身体健全的人在心理上产生了很大的不同，几乎就是两个完全不同的世界。身体上的残疾往往容易导致心理上的缺陷，残疾人可能会变得非常敏感、非常自卑，甚至会伴有心理上的某种扭曲。中国古代也有非常发达的观人术、相面术，古人相信，人的身体与心理之间存在着内在的关联性，身体是心理的外在表现，心理是身体的内在反映，实践证明，这些并非无稽之谈，而是有着充分道理的。在现代医学中，通过调整人的心理，以此来促进生理上的健康发展已经是一个常识。与此相应，在心理学中，通过改变身体的状况来调整心理的状态也已经是一个普遍采用的方法。人类的许多实践都已经充分证明，生理与心理的确是相互关联、相互影响的两个方面。

二、身体意象

身体意象(Body Image)指的是一个人对自己的身体即生理表象所形成的情感、态度、主观看法等。在现代社会中,身体不仅仅是人的生命的载体,它已经成为生命的象征和表现。人们对身体投入的关注越来越多,每天为修饰身体而花去的时间和精力也越来越多,现代工业围绕着身体而创造出来的利润也越来越丰厚,美容、美发、美腿、美甲、丰乳、瘦身、洗牙、染发、文身、割双眼皮、造假处女膜……人类对自己身体的修饰和改造已经达到了无微不至、无所不用其极的地步。很显然,身体在我们的日常生活中的地位变得异常崇高,身体意象与我们的心理、文化、社会等各个方面都紧紧地结合了起来。

青春期是身体的快速增长期,是身体的爆发期,身体意象的形成在青春期成为一个焦点问题也就是理所当然的了。青春期的少男少女们对自己的身体给予了无限的关注和期待,大大小小的镜子大概是青春期最常使用的日常用品了。每天,少男少女们都会不断地去照镜子,不断地去审视自己的身体,不断地去比较他人的身体,在身体意象中凝聚着青少年多少的欢乐、激动、痛苦、失望和自卑。

身体意象对青少年的影响是至关紧要的,正确的、积极的身体意象的形成有助于青少年产生对自己身体的热爱,增强自尊心和自信心,提高自我评价,促使与他人和谐交往,提高社会适应性;消极的、错误的身体意象则会导致青少年否定、厌恶自己的身体,挫伤自尊心和自信心,降低自我评价,阻碍自身的发展与他人的交往,限制社会适应性。

青春期身体发展很快,变动很大,身体的几乎每一个细微变化都会引起青少年身体意象的波动,月经的出现、遗精的发生、青春痘的显现、身体的高矮胖瘦等都会使青少年重新描绘自己的身体。需要注意的是，青春期身体增长很快，远远超过了心理和社会的发展速度，这使青少年很难对自己的身体形成稳定的、合理的、积极的意象。青春期的少男少女常常对自己的身体产生不满，要么觉得自己太胖了，要么觉得自己太瘦了；或者觉得自己太高了，或者觉得自己太矮了；有时觉得自己太美了，有时觉得自己太丑了，总之，很难对自己的身体作出一个正确的评估。为了使自己的身体变得更完美，青少年常常会作出一些极端的行为，他们可能会故意节食以使自己减肥，也可能会去寻求医学的手段以使自己变得更美，如果没有正确的指导，这些行为反倒会使青少年遭受到身体上的意外伤害。其实，青少年的这些担心是完全没必要的，因为青少年正处于发育期，身体一直处于不停的变化之中，当他们的身体没有完全定型之前，所有的变化都是有可能出现的，人为地改变身体的发育不仅不会使自己显得更完美，反倒有可能引起身体发育中的各种病变。比如过分节食，这不可能真正使身体苗条起来，却很有可能造成营养的不足，从而导致正常发育的延迟和停顿，由此产生的后果是相当严重的。

青春期身体意象的形成过程中，性的成分占了很大的比重。在青春期，性已经发育成熟，少男少女之间产生了相互的吸引。如何吸引异性的目光，身体是最直接的媒介，所以，青春期身体意象的一个重要参照标准是异性的满足。什么才是有魅力的男性？什么才是有魅力的女性？社会早就已经制定好了标准，现在，少男少女们所要做的就是按照社会的既定标准去塑造自己的身体。一般来说，少男们理想的身体意象是更高、更强、更壮，少女们理想的身体意象是更温柔、更苗条、更美丽。他们相信，只有这样，少男们才会具有男子气，只有这样，少女们才会具有女人味。

青春期身体意象的形成是青少年亚文化和社会主流文化共同作用的结果，也是青少年走向成熟的必经之路。因为种种不足，青少年身体意象的健康形成会遇到许多不可避免的问题，家长和老师应该为青少年提供更多更好的帮助,从衣食住行到心理社会适应,从个人到他人再到社会,家长和老师都应当密切关注、适时指导,从而使青少年真正建立起健康积极的身体意象。

三、早熟与晚熟

总体上看来,大部分青少年都是在大致相同的时间进入青春期,他们在生理、心理和社会各方面的发展都保持着大致相同的水平。但是,实际生活中,青少年之间不可避免地也会出现一些差异,这些差异主要表现在进入青春期的时间先后上,也就是发育时间的早和晚,我们把这种现象称为早熟和晚熟。一般来说,女孩要比男孩提前进入青春期,女孩要比男孩早熟两年左右,相对而言,这是一种整体意义上的早熟和晚熟,具有普遍的意义。我们所关注的主要是另外一种成熟的差异,即个体意义上的成熟差异。在男孩和女孩中,个体意义上的早熟和晚熟表现是很明显的,这种生理上的早熟和晚熟造成了个体间生理、心理和社会等诸多方面的差异,直接影响到了少男少女的正常发育和健康成长。

1. 早熟的男孩

早熟对男孩而言是有利有弊的。从有利的方面来看,最有利的是早熟的男孩可以真正与同龄的女孩保持一种生理意义上的平衡,因为女孩一般要比男孩早熟,所以早熟的男孩正好可以与正常发育的女孩保持生理发育上的平等。此外,早熟的男孩最明显的变化在于身体的改变,早熟的男孩看起来要比同龄男孩个子更高大、肌肉更发达、体格更魁梧,这使他们在耐力、速度、力量和高度等身体素质上要强于同龄男孩,使他们在体育运动等方面占有明显的优势,这种身体上的优势会进一步转化为心理和社会上的优势。早熟的男孩看起来显得更加成熟、更加稳重、更具有成人感，他在同龄群体中更容易获得信任和尊重，常常被推举为班干部或小群体中的领袖。这会反过来增加他的自信心，强化他的能力，提高他的自我评价水平，促进他的积极发展。老师和家长也会倾向于像成人一样来对待他，赋予他成人所应该担当的责任和义务，这也会促使他像成人一样为人处世，进一步促进他的迅速成长。

早熟的男孩也会遇到一些不利的因素。首先，过早的成人化会使他在一定程度上丧失青少年的乐趣，失去对青春的美好体验。其次，早熟会使他早早进入性成熟期，而此时他正处于学习过程中，各方面的因素都不可能使他获得性的正常释放与满足，他将比正常成熟的同龄人更多更长地忍受性的压抑与折磨。

2. 晚熟的男孩

晚熟对于男孩来说是弊大于利的。晚熟的男孩在身体上明显地要比同龄小伙伴差一大截，他个子更矮小、身材更瘦弱，整个人从外表看起来更像是一个儿童而不是一个成年人，他在耐力、速度、力量和高度等身体素质上要弱于同龄男孩，在体育运动等方面明显处于下风，这种身体上的劣势同样会进一步转化为心理和社会上的劣势。晚熟的男孩看起来显得更加幼稚、更加冲动、更加儿童化、更加不成熟，社会为男人制定的标准是坚强、成熟、有保护能力等等，晚熟的男孩与这个社会公认的标准存在着相当大的差距，因此，同龄的正常发育的男孩不喜欢晚熟的男孩，同龄的正常发育的女孩也不喜欢晚熟的男孩，更不用说早熟的同龄女孩了，因为女孩需要的是被男孩保护，而不是去保护男孩。晚熟的男孩常常处于被拒绝、被否认、被漠视的境地，这会挫伤他的自尊心，破坏他的自信心，从而导致晚熟的男孩对自己的自卑意识，贬低他关于自我的评价水平，压抑他的能力的发挥，阻碍他的健康成长。老师和家长会倾向于像儿童一样对待他，处处对他施以保护，这会滋长晚熟男孩的依赖意识，也会反过来使他把自己重新当成儿童，重新以儿童的方式来为人处世，这毫无疑问是极不利于晚熟男孩的成长的,可能会使他陷入晚熟的恶性循环之中。

当然,晚熟对于男孩也并不是毫无意义的,这种不利的情形完全可以转化为有利的情形。首先,晚熟男孩处于不利的境遇之中,很多时候是很难一下子全面改变的,因此,更多的时候他只能默默地忍受,由此产生出了坚强的忍耐力,尤其是对不利环境的坚强忍耐。其次,为了改变这种不利的局面,晚熟的男孩一方面力图使身体变得更加灵活,另一方面,他常常寻求从智力上进行突破,从学习上取得成功,这种身体上的灵活、智力上的发达完全可以弥补晚熟所带来的各种缺憾。

3. 早熟的女孩

早熟对于女孩来说不是一个简单的有利或有弊的问题,而是与女孩所处的生长年龄密切相关。对于初中阶段的女生而言,早熟可能会带来一系列的麻烦,当大部分的同龄女孩还处于懵懂未开的时候,早熟使女孩在身体上出现了明显的变化,她的乳房开始隆起,臀部开始发达,身体开始变得丰满,这会使早熟的女孩显得太扎眼,为自己的异样而感到浑身不自在,甚至会用各种有害的方式比如低头、哈腰、含胸等来掩盖自己身体上的突然变化,而月经的出现尤其会使女孩感到焦虑、不安,很多女孩称之为“倒霉”。这时候的早熟,会使女孩遭到同龄的正常发育的女孩的歧视和排斥,使她感受到游离于同伴之外的孤独。

但是,到了高中之后,情况就变得不一样了,早熟女孩的境遇出现了戏剧性的改变。大部分女孩都开始了身体的发育,早熟的女孩身体发育上的优势就表现得很明显了,正常发育的同龄女孩对早熟的女孩此时此刻更多的是嫉妒和羡慕,她们渴望拥有同样有魅力的身体。早熟的女孩这时吸引了众多的目光,不仅是同龄的女孩,还有同龄的男孩。被人关注使早熟的女孩彻底摒除了原来的羞怯、紧张和孤独,转而成为人们关注的焦点,心理也发生了微妙的变化,变得越来越自豪、越来越自信,自我评价水平也直线上升,这有助于增强她的人际交往和社会适应能力。

早熟对于女孩还会产生一些令人担忧的麻烦和意外，因为早熟，女孩在性方面同样也开始成熟，她可能会开始寻求性方面的发展，可能会对男性开始感兴趣，开始与男生早恋，甚至会进行异性间的性活动。这是许多家长和老师尤其担心的问题，因为一方面女孩此时的重要任务是学习，她没有条件也没有可能去进行性方面的探索；另一方面，女孩生理上的早熟并不代表她心理和社会上的早熟，在没有足够的生理、心理和社会的准备之前，贸然进入两性世界只会给女孩带来难以估量的伤害，这也是家长和老师严厉禁止女孩早恋的原因。

4. 晚熟的女孩

晚熟对女孩的不利影响可能更多一些。身体的纤细、矮小、单薄使女孩看起来更具孩子气，女性本身就常常被人与小孩相提并论，晚熟的少女更容易被视为长不大的小女孩，如同晚熟的男孩一样，她也常常处于被拒绝、被忽视、被否认的境地，这会严重挫伤她的自尊心，沉重打击她的自信心，导致她的自卑意识，贬低她自我的评价水平，压抑她的能力发挥，阻碍她的健康成长。

此外，青春期中一个重要特征是男女之间的相互吸引，以及男女之间的相互交往，这也是青春期发展的一项重要任务，晚熟的女孩因为缺乏身体上的吸引力，很难受到异性的青睐，很难展开与异性的交往，这种打击对女孩可能是深远的，不可避免地会对女孩今后与男性的正常交往产生影响。

晚熟对女孩也有有利的一面。总体上看来，女孩的发育要早于男孩，所以，晚熟的女孩反倒恰恰与正常发育的男孩处于相同的发育水平，这使他们之间有了更多的共同之处，更容易成为好朋友。还有一点，也许可以算得上是晚熟的优点，正因为晚熟，家长和父母可以省却很多担心，不必担心晚熟的女孩与男孩之间发生一些不该发生的事情。

社会对男孩和女孩所形成的身体意象是大不相同的，拥有一个“好看”的身体对女孩来说，可能意义更加不同寻常。也正因为如此,女孩的许多问题大都是围绕着身体展开的,身体在女孩心目中具有极其特殊的地位,晚熟的女孩尤其是青春期前后的女性为此而产生困惑和烦恼也就是可以理解的了,这种压力是社会施加的,是女性很难逃避的。

第三节 性的问题

几乎对每一个生理发育成熟的人来说,性的问题都是一个核心的问题,关于性的话题也常常成为一个热点话题。在人的各个发展阶段,性的问题都表现为一个普遍的现象。在青春期,由于种种原因,性的问题表现得尤其突出。

一、性的成熟

由于生理上的爆发性成长,青春期迎来了一个具有重要意义的变化——性的成熟。在生理方面,性成熟主要表现为第一性征和第二性征的成熟。第一性征突出表现在生殖器上,是解剖学意义上的差别;第二性征集中表现于乳房、喉结、声音等方面,是激素增长和刺激的结果。也有人把性别称为是第三性征,尤其指的是心理和社会意义上的性别,而非单单指生理意义上的性别,在青春期,性别的发展已经比较成熟,更加符合社会的普遍标准。

青春期发展中一个突出的特征或者说是缺陷在于,生理的发展速度大大超过了心理和社会的成熟度,由此使青春期的少男少女处于一种非常尴尬的地步,性发育的成熟使少男少女有了强烈的性冲动,有了明确的性欲望,也有了进行性活动的生理保证。但另一方面,心理和社会方面的发展滞后却使少男少女无法正确把握性的合理调控，性心理的薄弱、性道德的匮乏、性观念的混乱使性的滥用成为不可避免。

在我国，青春期的少男少女容易在性方面产生各种各样的问题，除了生理和心理与社会发展水平的不平衡之外，还有一个重要原因，那就是我国传统社会的性观念和现代社会的性观念两者之间的冲突。

我国传统社会对性一直保持着严格的禁欲主义观点，在某些场合、某些时候，性也曾经得到了异乎寻常的推崇，但这并不能说明我国对性有着足够科学的认识，反倒从另一方面说明了性被误用、被扭曲、被否认，比如在道教和佛教的某些特殊场合。我国传统社会比较认可的是“男女授受不亲”以及“男女之大防”，比较认可的是“万恶淫为首”，严格来说，性只是一种工具，一种传宗接代的工具，除此之外，性是没有意义的，也不应该再有其他的意义。显而易见的是，在我国传统文化中性始终是处于被否认、被压抑的状态中，从来就没有作为一种独立的、自足的、有意义的存在而被承认，即使在合法的夫妻之间也不例外，夫妻之间只有性活动，没有性爱，性活动唯一的、最高的目的就在于传宗接代，孩子出生后，性活动同时就失去了继续存在的意义。改革开放之后，西方的各种观念一下子涌入我国，西方的性观念同样也冲击着我们的头脑，性革命、性解放、性自由使我们很多人意识到原来还可以这样来看待性，原来性还有这么丰富的内涵，但同时，这也使我们尤其是青少年丧失了判断能力，迷失了性方向。再加上改革开放的深入推进，我们的生活方式的彻底改变，性被重新发现了出来。出于对长时间性压抑的强烈反抗，人们以异乎寻常的热情谈论着性，以前所未有的狂热实践着性，性成了几乎所有大众传媒上的共同话题，每个人都充满了浓厚的“性趣”，不同的男人和女人都在追求着共同的“性感”，大街小巷到处贩卖的是神秘莫测的性药和性具。我们似乎在一夜之间从一个极端走向了另一个极端，性也在一夜之间从人见人厌的丑小鸭摇身变成了人见人爱的白天鹅。这种突然的变化使我们许多人来不及作出充分的心理和社会准备来面对性，我们满怀期待却又无所适从，各种各样关于性的问题也就应运而生。青少年更加逃不脱这种困境，性对于青少年，表现出来的更多的是问题，而不是愉悦。

二、性的问题

1. 自慰

自慰是青少年中普遍存在的一种现象，自慰曾经被称为手淫，这两个词虽然指涉的是同一种现象，但价值倾向完全不同，这从一个侧面反映了我们对自慰现象的认识过程。自慰是一个中性词，是自己对自己的一种自我舒解和宽慰；手淫则包含了明显的否定和蔑视成分，指的是用手来进行的淫邪之举。长期以来，医学界相信手淫是有害的，可能会导致各种各样相当严重的疾病，例如失眠、神经衰弱、歇斯底里、儿童的白痴等等。此外，手淫还可能会导致性生活的失败以及无法生育等，我国医学也相信“一滴精十滴血”。现实生活中，的确有许多人因为手淫而导致了多种问题，他们大多在心理上出现焦虑、负罪、恐惧等消极情绪，有人因此导致日常工作和学习中出现问题，也有人因此导致更加严重的后果，与异性的正常交往出现了明显的障碍。但是，仔细考察一下，我们会发现，以上这些问题与其说是生理上的问题，还不如说是心理上的问题。这些心理问题的产生主要是由于传统社会的压力所导致，在全社会都对手淫口诛笔伐的情形下，一个只能偷偷摸摸进行手淫的人当然要承受太多太多的压力，即使他本身没有病，也会被吓出一身病来。

现在，医学界更倾向于认为手淫(严格来说应该是自慰)是一种正常的、有益的性行为，唯一的区别就在于，普通的性行为是在男女双方之间进行的，而自慰则是一个人进行的，除此之外，两者之间没有更多的本质性区别。越来越多的人认为，自慰不是变态的性行为，而是一种标准的性行为方式，之所以会产生种种问题，主要是由于社会所给予的不适当的压力，以及自慰的过度而引起的。

对于青少年群体来说，性成熟发生在12岁左右，青春期的结束可能要延续到22岁左右，在这漫长的十多年中，青少年要时时刻刻与性成熟所带来的压力进行搏斗，依靠并未发育成熟的心理和社会力量进行性的压抑，这似乎要求太高也太过分了吧！

实际的调查结果反复表明，自慰在青少年中是普遍存在的，其中有一些分布上的差异。一般来说，男性比女性的自慰比例要高，文化程度高的比文化程度低的人自慰的比例要高，发达开放地区的人比欠发达开放地区的人自慰的比例要高。这种调查结果从另一个侧面说明，自慰并非像我们曾经以为的那样是极其有害的，它是文明的象征，是科学的象征。

自慰作为青少年特殊的性宣泄方式是有相对的合理性的，也是有一定积极意义的。通过自慰，首先可以缓解不断积聚的性压力，使青少年保持生理和心理的平衡。其次，自慰可以帮助青少年学习性的反应机制，为将来的婚姻生活打下基础。再次，自慰可以帮助青少年学习和认识自己的身体，激发他们对生命的热爱。对我们这个过度性压抑、过度性禁忌的国度来说，适当的自慰也许是一件好事。事实上，的确有一些人对性一直处于无知的状态，对自己和异性的身体同样也是处于无知的状态，结婚之后竟然无法应对夫妻之间的正常性生活，实在是让人欲哭无泪、欲笑无声的悲剧，荒唐得简直让人难以置信！更可悲的是，竟然有人错把这种无知当作是纯洁和贞洁的表现！

当然，自慰也并不是没有缺陷的，性生活是要消耗能量的，过度的自慰会导致青少年身体上的不适，引发性器官的疲劳。此外，过度的自慰会使青少年的性欲得到激发，性兴奋被挑动起来，整天变得“性”趣盎然，过度沉湎于性的激动和幻想之中，从而荒废了学业。这就要求老师和家长一方面要正确指导青少年认识自己身体的发展和变化，另一方面应该正确引导和鼓励青少年投身于学习之中，加强身体锻炼，丰富课外生活，而不是单单依靠恐吓、批评和禁止来简单地对青少年的自慰行为进行“围、追、堵、截”，这样才会使青少年健康、愉快地度过青春期，顺利进入成年期。

2. 色情读物

青春期性已经成熟，性的欲望已经觉醒，对青少年来说，对性的了解和认识成为首当其冲的目标和任务。性成熟的青少年几乎都对性充满了探索和认识的渴望，遗憾的是，我国对性的态度一直是压抑和禁绝，在高中和大学的课堂上，几乎看不到关于性的教学内容；从父母和老师那里，要想得到关于性的知识简直比登天还难。这意味着在正统渠道中，青少年要想获得必需的性知识其实是不可能的。但青少年对性的确是如饥似渴，那么，如何来获取性知识呢？答案只有一个：通过非常规渠道，通过非法的出版物。色情读物在这里扮演了一个极其重要但又极不光彩的角色。

对性的探索实质上就是对身体的探索，这是身体爆发期青少年自然的、合理的诉求。因为传统性观念的禁锢，因为正常渠道的阻塞，青少年只能通过地下的渠道偷偷地进行了解和尝试，由此造成的后果是令人担忧的。没有了老师和家长的指导，没有了健康科学的青春期读物，缺乏鉴别能力的青少年所能选取的只能是一些非法出版物，尤其是一些不堪入目的色情读物。

色情读物成为性知识的主要传播渠道，它给青少年所造成的负面影响是难以估量的。在市场经济的大潮中，由于利益的驱动，性被异化为摇钱树，性成了许多大众媒体和出版物吸引读者、扩大发行量的一种有力工具。在街头的大小书摊上，关于性的书籍可以很容易地被找到；在互联网上，一不留神就有可能点击到色情网站；在空气中，到处都飘荡着性的味道，青少年前所未有地被抛进了一个性的浊流之中。可以想象的是,以牟利为目的的性知识,绝对逃不脱被歪曲的命运。白纸一样的青少年在这种被极度扭曲的性知识的熏陶下,会形成什么样的性观念呢?

家长和老师都极力反对青少年阅读色情读物,青少年自身也都以接触色情读物为羞耻,就连许多色情网站也都道貌岸然地声称是成人网站,谢绝未成年人浏览,为什么?就因为色情读物对青少年的危害实在太大。

首先,青少年社会阅历很浅,道德意识淡漠,性观念尚未形成,而色情读物主要以感官刺激为主,宣扬不健康的性观念。没有足够的免疫力,青少年很难避免这种淫秽的性污染,他们有可能认为真正的性就是这样,这会导致青少年形成错误的性观念。这种先入为主的错误的性观念会进一步排斥正确的性观念,从而影响到未来的婚姻生活。

其次,在色情读物中,本来具有社会意识和精神生活的人被丑化为为性而性的动物,性成了人的最高目标和唯一追求。作为人的尊严没有了,高贵的人被降低为低劣的动物,过多接触色情读物,青少年会失去对人的尊重,不仅是对他人,同样也包括对自己。在所有的人都成为动物之际,作为人的价值、尊严等也就不复存在了。

再次,色情读物尤其受到了女权主义的猛烈抨击。因为现在的社会还是一个男权社会,色情读物主要是为男人的性发泄和性满足而度身定做的,色情读物中的女性只是男人性满足的对象,只是为了满足男人的欲望而存在的。这里的女人是被贬低、被损伤、被丑化的,是屈从于男人、服务于男人、低劣于男人的。过多接受色情读物的青少年容易对女性产生错误的看法,对女性产生偏见和歧视,这将很不利于青少年展开与女性的健康交往,影响两性之间正常关系的建立。

最后,许多人坚持认为,色情读物会诱发犯罪,尤其是性犯罪。大多数人相信,强奸的发案率直接与色情读物相关,卖淫和买淫与色情读物的泛滥息息相关。确实有一些青少年因为看多了色情读物,性欲高涨,失去了对自己的控制,以违法犯罪为代价去进行性尝试。除了性犯罪,色情读物还可能诱发其他相关的犯罪,如偷盗、抢劫、杀人等。

色情读物虽然对青少年有如此众多的危害,但这并非就意味着色情读物没有任何意义,关于色情读物,我们也应该有一个辩证的看法。国外许多国家都将色情读物和色情行业合法化,这本身就意味着色情读物还是有它相对的合理之处的。色情读物大概有以下几点益处:

其一,色情读物和色情场所是一种替代性的性满足。婚姻状态被视为唯一的性释放和性满足的合法化途径,但是,与此同时,还有许多已经性成熟的人因为种种原因并没有进入婚姻状态,这些人如何才能既不危害社会同时又可以合法地释放性本能呢?除了自慰之外,色情读物是最好的方式了。如同公共厕所一样,色情读物也有存在的合理性。

其二,色情读物是夫妻性生活的添加剂。在医学中,为了治疗丈夫的阳痿或妻子的性冷淡,医生常常建议夫妻双方在性生活前适当阅读一些色情读物,以达到催情的作用,色情读物在这里起到了调节夫妻性生活的作用。

其三,色情读物对性犯罪的抑制作用。很多人难以相信这个结论,但是,丹麦是一个很好的个案。20 世纪 60 年代丹麦实行色情读物合法化,起初人们争相抢购,几年之后,人们的“性趣”渐渐消退,对色情读物不再热衷,而同时,与性有关的发案率也呈下降趋势。至少有一点很清楚,色情读物的放开并没有导致性犯罪的大幅度上升。也许色情读物为人们的性本能提供了一个假设的出口,使性压抑的人们获得了暂时的性满足,尽管这是虚幻的性满足,但毕竟也是一种有效的满足。

需要注意的是,国外虽然使色情读物合法化,但还是对色情读物的传播和使用作出了严格的限制,色情读物所面对的只能是特定的对象、特定的场合、特定的时间，尤其禁止向未成年人扩散，这还是非常必要的。

3. 未婚同居

20 世纪 80 年代以前，未婚同居的现象在我国还是非常少见的，两性之间唯一合法的同居形式就是缔结婚姻。80 年代之后，伴随着改革开放的深入，西方各种各样的观念同时涌入我国，性革命、性解放、性自由等西方性观念一度在我国甚嚣尘上，我国传统的性观念受到了强烈的冲击，未婚同居的现象在我国开始抬头，到现在大有愈演愈烈的势头，青少年中未婚同居的现象也呈上升的趋势。从实际调查来看，青少年未婚同居有几个明显的特征：其一是未婚同居的人数越来越多；其二是未婚同居者的年龄越来越小；其三是城市里的未婚同居人数高于农村；其四是教育程度高的人比教育程度低的人发生未婚同居的比例要高。

青少年中未婚同居现象的发生主要原因有两个：一是社会大环境的影响，二是青少年亚文化的影响。

从社会大环境来说，我国对性的观念越来越开放，人为的性压抑越来越少。性已经从社会的公共事务更多地转化为个人的隐私，人们相对可以自由地决定自己的性生活。另外，西方不健康的性观念也造成了我国原有的性观念的解体，原来曾经被视为腐朽和糟粕的东西摇身变为领导时代的时尚和潮流。比如婚外性行为，我国传统社会对此严加批驳，痛斥为“第三者插足”，而现在却变成了时髦，变成了衡量男人是否有魅力、女人是否有品位的一种标尺，“第三者插足”这个具有强烈价值偏好的词也被另一个更加温馨、更加浪漫的词“婚外恋”所取代。未婚同居这种现象我国原来称之为“非法同居”，表现出了明显的批评和禁止的强制色彩，而现在，我们更常用的称呼是“未婚同居”、“婚前同居”、“婚前性行为”。单单从用词上我们也不难看出，我国的性观念一直在向宽松化、多元化方向发展。

从青少年亚文化来看,青少年一直是时尚的追逐者,在性观念上同样如此,性冲动本来就是困扰青少年的一个大问题,再加上社会控制力度的减弱,青少年很容易投入到性的探索和实践中。个别青少年的性观念和性行为又会对其他青少年形成示范效应,最终形成青少年关于性的亚文化。在青少年中,同龄群体的影响常常要超过老师和家长,因此,青少年关于性的看法更多地是来自青少年同龄群体的观点,也就是来自青少年自身所形成的亚文化。青少年固有的另一个特征是求新、求异、反抗权威、反抗社会,这也会进一步使青少年在性观念的取舍上故意偏离传统的社会规范。

未婚同居对青少年的危害是异常深重的,青少年对自己和异性的身体并没有真正了解,对性活动的机理和可能造成的后果并不是十分清楚,这常常会导致自己和对方在性活动中受到身体上的伤害。比如,许多青少年不知道在性活动中采取相应的避孕措施,这很容易造成女方怀孕,在各种条件都不具备的情况下,青少年往往会选择堕胎,这对女方的身体和心理上都会造成极大的伤害。比较极端的情况之下,有的青少年会作出极不负责任的举动——弃婴或溺婴,而这些都是违法犯罪的行为。也有的青少年不得已会把孩子生下来,并且收养起来,原来无忧无虑的青少年此时此刻则变成了忧虑重重的"少女妈妈"和"少男爸爸",无论是对青少年还是他们的孩子来说,今后的生活都将变得困难重重。青少年无论在经济上还是心理上都没有做好充分的准备,青少年自身尚且不是一个独立自主的人,更何谈去供养别人。

三、性教育

性的成熟是青春期一个不可避免的事实,性的欲望和冲动也是一个不容回避的事实，作为家长和老师，应该面对事实，而不应该像鸵鸟一样回避事实。家长和老师最需要做的事情是对青少年进行正面的性教育，以便他们能够认清性的问题，自己决定生活的道路。

1. 性教育的任务

青少年的性教育主要应该围绕以下几个方面展开：

首先，应该让青少年对自己的身体有一个基本的了解，尤其是青春期身体的发展变化。实际生活中，我们发现，青少年对自己的身体所知甚少，对异性的身体更是无知得可怜，这使青少年对自然的身体却无法保持自然的看法，由此产生的是非自然的、扭曲的、神秘的看法，这导致他们无法正确对待自己和异性的身体，也无法和异性进行自然的交往。青春期的女孩第一次遇到月经时，常常显得惊慌失措，有的女孩甚至大惊小怪地对母亲说："妈妈，我流血了，我要死了。"男孩在第一次遗精时，常常以为自己是尿床了，反倒很不好意思。当男孩和女孩真正明白月经和遗精的含义时，他们的感觉往往是羞怯、紧张、害怕等负面情绪，很少有人会感到骄傲和自豪，因为这是他们走向成熟的象征，是他们迈向成熟的第一步。

其次，应该让青少年更多地知道关于性的知识。不管是以何种方式，青春期一定避免不了与性的正面交锋。与其让青少年以错误的方式偷偷摸摸地接触性，还不如教给他们正确的性知识，让他们以科学的态度和方法来解决性的问题。在男女两性的交往过程中，有的青少年不知道性活动会导致怀孕，还有的青少年不知道该如何避孕，几乎没有青少年知道流产对女性的消极影响。正是因为有这么惊人的无知，所以青春期才产生了那么多的性问题。

再次，应该教给青少年更多的有关心理和社会等方面的知识。青少年之所以处理不好有关性的问题，除了性知识的缺乏之外，更主要的还在于综合知识的欠缺、生活阅历的肤浅。性仅仅是生活中的一个组成部分,虽然很重要,但也绝非生活的全部。要想真正解决好性的问题,需要在心理和社会等各方面都达到成熟。因为性的问题并不仅仅是生理上的问题,它还涉及了心理、文化、经济、社会等许多方面。

2. 父母在性教育中的角色

父母是孩子的第一任老师,父母是生活中与孩子相处时间最多的人,父母是性方面的过来人,种种理由都表明,父母应该是孩子性知识的启蒙人和主渠道。但事实恰恰相反,孩子从父母之处获得的性知识几乎为零。青少年性知识最大的获得渠道是同龄群体,其次是各种各样的书籍和大众传媒,最应该负起责任的父母反倒经常回避孩子的性问题。

父母不愿给孩子讲授性知识有许多所谓的理由,最冠冕堂皇的理由是,不教给孩子性知识可以保持孩子的纯洁无瑕,防止孩子变坏。这是父母的良好心愿,但这个愿望很难实现,因为孩子对性有了好奇感之后,他会通过其他的途径来寻求解释,而这些地下的读物反倒容易使孩子学坏。此外,父母这种回避、躲闪、偷偷摸摸的态度也更容易引起孩子对性的误解,孩子也许从此会认为,性真的就是肮脏的、见不得人的。

还有的父母认为,当面对孩子讲授性知识太让人尴尬了,于是,父母就故意回避或采取其他的间接方式点到为止,即使对幼儿也是如此,更不用说是对已经懂事的青少年了。当3岁的孩子问父母"我是从哪里来的?"时,会让大多数父母感到非常难堪,他们要么斥责孩子胡思乱想,要么装聋作哑、不予理睬。稍微好一点的父母灵机一动,"巧妙"地答道:"你是从石头缝里蹦出来的。"父母故意压抑、漠视、回避性知识,会使孩子对父母彻底失望,会将孩子从父母身边远远推开,无论从哪方面来讲,这都是很不幸的事情,不管是对孩子还是对父母。

适当的性知识不会使青少年变坏,反倒有助于孩子的健康成长,而且孩子总归是要知道必要的性知识的。因此,父母一定要破除心理上的负担，给孩子讲授一些性知识。父母可以选取适当的时机，以适当的方式进行传授，可以让父亲对男孩子、让母亲对女孩子进行传授，也可以为孩子推荐合适的性教育读物等等。孩子最相信的是父母，只要方式得当，父母一定会给孩子上好青春期性教育这一课的。

3. 学校在性教育中的角色

青春期的少男少女主要的时间是在学校里度过的，学校是少男少女继续社会化的主要场所，学校要培养的应该是德、智、体全面发展的人才，性教育理所当然应该包括进学校的教育范畴。我国的小学教育课程中安排有生理卫生之类的课，但性知识的内容很少，即便如此，讲到相关的章节时，老师通常的做法是，让学生自己学习，老师不愿意讲，也张不开口讲。其实，学生是非常想知道关于性的知识的。比较负责任的老师会继续讲这一章，但又常常将男生和女生分开教学。老师这种“此地无银三百两”的做法，极大地歪曲了学生性观念的健康发展。

现在，我国已经意识到了对青少年进行性教育的必要性和紧迫性，许多地方都在积极地开设性教育的课程，有的地方从小学开始进行性教育，有的地方在中学继续开设性教育的课程。在大学里，关于性的教学也在深入展开。在上海，避孕套的自动售货机开进了大学校园，关于艾滋病防范知识的小册子也发到了每个大学生手中。应该承认，这是一种极大的进步，也是社会开放和文明的有力表现。

除了家长和学校之外，社会同样也应该对青少年的性教育负起责任。社会流行的性观念对青少年的影响是非常巨大的，为了杜绝不健康的性观念，首先应当对报刊、电视、网络等大众传媒进行净化，坚决剔除腐朽肮脏的性内容，为青少年创造一个明净的天空。其次，社会还应当对青少年进行正确的引导，使他们树立远大的理想和抱负。只有三管齐下，齐抓共管，才有可能使青少年健康成长。

第四节 青少年犯罪

犯罪被认为是严重违反社会规范、破坏道德规范、触犯法律,并且应该受到严厉惩罚的行为。在不同的社会中,由于文化和社会意识等方面的差异,犯罪表现出了一定的相对性。但其基本精神是共同的,犯罪破坏了社会秩序和社会规范,对犯罪的打击都是出于对他人和社会正当利益的保护。从理论上来讲,任何具有行为能力的人都可能成为一个罪犯,但青少年尤其值得我们密切关注,因为青少年处于从儿童期向成人期的过渡阶段,他们要从原来过分依赖父母和老师转变为依靠自己独立生活,而青少年又具有很强的反叛意识和逆反心理,这使他们常常陷入一种价值和观念上的混乱状态。所以,青少年期又被称为“问题期”和“危险期”,与其他成长阶段的人比较起来,青少年更容易走向犯罪。

一、犯罪理论

犯罪完全不同于常态下的普通公民的一般行为,也超出了社会容忍的最大限度。为什么会有犯罪的发生,为什么有人会成为罪犯?历史上出现了一些颇有代表性的理论学说,对此提出了尝试性的解释。

1. C·龙勃罗梭的生物遗传论

C·龙勃罗梭(Cesare Lombroso)是意大利著名的法学家、精神病学家、监狱医师,1870 年创立了他的“天生犯罪”学说。他认为,犯罪的人是先天生就的,犯罪的原因是由于他生来就具有遗传缺陷。犯罪实际上是一种返祖现象,犯罪的人都具有生理上的异常特征,例如,性犯罪者一般眼睛较亮,嘴唇厚而且突出;盗窃者一般眼睛较小,两眼深陷而且善变,双眉紧锁,胡须稀少,鼻子大多是狮子鼻或弯曲鼻;杀人者一般鼻子较大,很像食肉动物的鼻子;诈骗者一般嘴唇较薄,成直线形,上嘴唇大多有明显的缺裂。在C·龙勃罗梭看来,一个罪犯应该是这样一个人:"一个在他的自身重新产生原始人类和低级动物的残忍本性的生物,于是也就解释了在罪犯、野蛮人和类人猿身上都能发现的特点:对疼痛的感觉迟钝、特别敏锐的目光、文身、极端的懒散、对酗酒狂饮的喜爱和对犯罪本身的不可抑制的渴求,以及那种不仅要毁灭受害人的生命,而且有割解尸体、撕肉饮血的欲望。"①

2. 麦克惠特的染色体畸变论

麦克惠特(McWhirter)从生理学的角度认为,犯罪的发生与人的染色体畸变有关。正常的男子有两个染色体X、Y,有犯罪倾向的男子体内则有三个染色体X、Y、Y。正因为多出了一个Y染色体,所以,这种男子具有双倍的男性因素,他们一般个子高大、体格强壮、富于攻击性,犯罪的概率比一般男子要高得多。

3. 萨瑟兰的差异交往理论

萨瑟兰·埃德温(Sutherland Edwin)是美国学者,于1939年提出了他的学说。他认为,犯罪不是先天遗传的结果,而是后天学习的结果。通过与有越轨行为或犯罪倾向的亲密他人和首属群体的交往,人有可能学会犯罪行为,这种学习的内容包括犯罪的技术、态度、动机、合理化等。这种学习的效果与彼此交往的疏密、频率、长短和早晚紧密相关。

4. 勒门特和贝克尔的标签理论

标签理论可以追溯到库利、米德和戈夫曼等人的思想,其中,以埃德温·勒门特(Edwin Lemert)和霍华德·贝克尔(Howard

① 转引自(美)尹恩·罗伯逊:《现代西方社会学》,河南人民出版社,1988年版,第257页。

Becker)为主要代表。标签理论对犯罪现象具有很强的解释力,其主要思想是:在人际交往过程中,他人是一面镜子,通过他人的反应,我认识并确定了自我,他人的反应作为标签贴在我的身上,就形成了他人和社会对我的看法,这个标签会进一步使我不断强化并接受我的这种形象,并且按照这种形象生活下去。对于罪犯来说,当他第一次犯罪时,可能是无意的,如果无人知道,他可能会忘掉一切,重新做人。相反,如果大家都知道了,而且大家今后都按照罪犯的形象来看待他,这就等于是给这个初次犯罪的人贴上了罪犯的标签,从此之后,他只能接受大家把自己看做为罪犯,同时,他也会认为自己就是一个永远的罪犯,只能按照罪犯的形象来生活。

5. 默顿的失范理论

"失范"这个概念最早是由法国著名社会学家涂尔干提出的,罗伯特·默顿(Robert Merton)从功能主义的观点出发,对这个概念进行了更改,并将它应用于对犯罪现象的分析。默顿认为,一个理想的社会应该是这样的:它的所有成员都可以用社会所认可的手段来取得社会所赞许的目标。但现实之中,社会往往无法在所有的时刻、所有的地方,为所有的成员提供达到理想目标的正常途径,因此,部分成员就可能会去寻求非法的途径来实现自己理想的目标。这时,社会所推崇的目标和社会所认可的手段之间就出现脱节和冲突,于是,失范就出现了,犯罪也就产生了。

默顿列举了四种失范的类型:

其一,发明创新。社会成员接受社会所赞许的目标,但并不通过社会所认可的方法来达到目标,而是另行寻求社会所不认可的途径。例如,一个人想考上重点大学但他不愿努力学习,而是通过作弊来获取录取通知书。这是越轨最普遍的形式。

其二,形式主义。社会成员不认可社会赞许的目标,但又不得不接受,同时被动地使用社会所认可的方法。例如,一个人很不喜欢教师这个职业,但又没有更好的选择,只能应付差事似地来给学生上课。严格意义上来讲,形式主义不能算是越轨。

其三，退却主义。这是一种双重的失败，社会成员在这里不仅放弃了社会所赞许的目标，同时也放弃了社会所认可的方法。例如，一个流浪汉的生活。

其四，反抗。社会成员拒绝社会所赞许的目标和社会所认可的方法，并代之以新的目标和方法。例如，中国古代的农民起义。

6. 弗洛伊德的反社会人格论

弗洛伊德从精神分析的理论出发，提出了关于犯罪问题的解释，他认为，犯罪的产生主要归结于人格的结构与成长中出现的偏差。人格分为三个基本组成部分：本我、自我和超我。本我由性冲动等原始的、先天的本能所组成，是非理性的和无意识的，它服从"快感原则"；自我处于本我和超我之间，它服从的是"现实原则"；超我包括良心和自我理想两部分，体现的是社会道德和法律，是理性的和有意识的，它服从的是"至善原则"。自我、本我和超我的合理结构和有序运行体现为一个健全的、为社会所接受的正常人。当自我、本我和超我三者之间出现失控和混乱时，本我中反社会的原始冲动就会进入人的意识中，导致反社会行为的产生。犯罪本质上是由人格的偏差所造成的，这种偏差人格就是反社会的人格。

关于犯罪的理论还有很多，但基本上都是从生理、心理和社会这三个方面进行探讨的，这一方面告诉我们，犯罪的原因是很复杂的，对罪犯的处理不能简单化；另一方面也警醒我们，防止青少年犯罪应该从多个方面同时入手，齐抓共管。

二、青少年犯罪的特征

青少年犯罪是一个世界性的难题，被称为是影响人类的三大公害之一。我国的青少年犯罪同样非常严重，青少年犯罪在所有刑事案件中所占的比率连续多年居高不下，一直保持在70%左右。近年来，青少年犯罪有愈演愈烈的趋势，同时，青少年犯罪又出现了一些新的特征，从原来简单的偷窃、抢劫、强奸和流氓斗殴转向了层次更高级、形式更复杂、手段更高明、危害更严重的犯罪活动，由此表现出来的新的特点是低龄化、暴力化、团伙化和高智商化。其中，尤其引人注目和担忧的是青少年犯罪的团伙化。

我国目前正在严厉打击具有黑社会性质的犯罪活动，人们把目光都集中到了成年人身上，却忽视了青少年中同样存在着带有黑社会性质的犯罪活动。据报道，我国某地竟然有一百多个初中生和高中生结成了一个犯罪团伙，他们有严密的组织、有细致的分工、有从上到下一整套管理体系，案件破获之后，许多人都感到极大的震惊。人们很难相信，这些花季少年竟然会组成这么庞大而严密的犯罪团伙！震惊之余，人们也在思索，为什么这些花季少年要组成犯罪团伙呢？

通过研究，我们发现，团伙中的青少年具有一些普遍的特征。在学校里，他们往往学习成绩很差，上课不专心，经常无故缺课逃学，在老师眼里，他们是典型的坏学生。他们知道，老师不喜欢他们，同学也排斥他们，在学校里，他们感受到了一种明显的压力，体验到了被否认、被排斥的感觉；团伙中的青少年往往自我评价很低，认为自己是没希望的、无可救药的。他们常常认为，没有人愿意帮助他们，更没有人会认可他们、鼓励他们、支持他们，在正常的社会标准之中没有他们的地位；在家庭里面，父母往往没有时间照顾他们、关心他们，有的父母还会嘲讽他们、责骂他们、殴打他们，这使他们对家庭也失去了最后的信心和希望。所有这些因素促使青少年远离社会的正常轨道，转而去组建属于他们自己的团伙。在他们自己的团伙中，越轨的青少年能够达到另一种心理上的平衡，因为在这里他们能够获得越轨同伴的认可和需要，能够感受到同伙之间的爱和友谊，能够获得整个团伙的承认、支持和保护，他们由此重新找到了自我，重新找到了非常重要的认同感和归属感，重新找到了自己的目标以及实现目标的道路，这是犯罪团伙产生的深层原因。

从某种意义上也可以说，是我们的家庭、学校和社会，是我们大家共同把一部分青少年推向了犯罪的道路，这难道不值得引起我们的深刻反思吗？

三、青少年犯罪的原因

青少年犯罪产生的原因有很多，主要包括以下几点：

首先是家庭。家庭是青少年成长的主要场所，父母是青少年的主要生活依靠。父母对孩子的管教方式，父母自身的价值取向、生活观念以及整个家庭的背景和地位等等，都会直接对青少年产生决定性的影响。

其次是学校。学校是青少年接受继续社会化的重要机构，学校里教师的素质、教材的选取、同学的特征、学校的定位等都是影响青少年健康成长的重要因素。

再次是社区。随着我国改革的深入推进，社区的重要性变得越来越突出，一个人大部分时间都将会在社区里度过，社区由此上升为另一个不容忽视的影响因素。社区居民的组成、社区的文化特征、社区自身及周边地区的治安状况等因素都会影响青少年的成长。

最后是社会。每一个人都是社会关系的总和，每一个人都不可能完全脱离社会，像鲁宾孙那样的生活已经完全不可能。社会的价值偏好、社会对犯罪的控制力度、社会自身的公正与平等程度等等都有可能成为诱发犯罪的因素。

四、青少年犯罪的预防

要想彻底解决青少年犯罪问题，从策略方面来考虑，不应当把监管、惩罚和打击作为重点，因为青少年大多都还是未成年人，我们应该把预防作为首要的任务。学校、家庭和社会各方面都要给予青少年更多的关怀和爱护，要密切关注青少年的发展变化，力争把问题消灭在萌芽阶段。克发拉塞斯(Kvaraceus)设计了一组量表，可以作为检查青少年是否具有犯罪倾向和先兆的参考[①]：

(1) 显示出不喜欢学校的表征；

(2) 对学校的规则及种种限制表示憎恨；

(3) 对学校课程不感兴趣；

(4) 有好几门功课不及格；

(5) 曾经留级一次或一次以上；

(6) 系在益智班或启智班上；

(7) 曾经转了许多学校；

(8) 若蒙核准，拟立即离开学校；

(9) 仅有不切实际的升学或就业计划；

(10) 学业方面的能力很差；

(11) 很严重的或经常的有不良行为；

(12) 毁坏学校的财物；

(13) 在运动场上常有欺侮小同学的行为；

(14) 在教室中会大发脾气；

(15) 希望立即停止学习；

(16) 逃学；

(17) 不参与有组织的课外活动；

(18) 感觉他不属于这一班级。

克发拉塞斯设计的量表主要涉及的是青少年在学校中的行为变化，当一个青少年出现犯罪的可能时，除了在学校中，他在家庭中、在社会上都有可能表现出一些异常行为。我们尝试着把它归纳如下，以便引起家长、老师和社会工作者的注意：

(1) 需要大量的钱，有时会偷拿父母的钱；

---

① 沙依仁：《人类行为与社会环境》，五南图书出版公司，1986 年版，第140 页。

(2) 结交了许多不三不四的狐朋狗友；

(3) 经常外出、回家很晚或夜不归宿；

(4) 与父母的交流越来越少；

(5) 经常讲粗话；

(6) 特别喜欢暴力；

(7) 缺乏同情心；

(8) 道德意识明显变得淡漠；

(9) 对社会秩序和社会规范显得很不在乎；

(10) 对社会表示出明显的敌意；

(11) 在生活方式和行为特征上出现突然的变化，例如，男孩子开始抽烟喝酒，女孩子开始浓妆艳抹。

青少年犯罪的危害是异常严重的，它所造成的破坏性影响不仅涉及一代人(青少年自身)，还可能涉及两代人(加上他们的父母)，也有可能是三代人(再加上他们的孩子)，甚至还可能是四代人(再加上他们的爷爷奶奶)。青少年犯罪不单单是青少年自身的问题，更主要的是一个整体性的社会问题，解决青少年犯罪是一项浩大的、系统的工程，它需要我们每一个人都伸出一双手，献出一份爱。

☞ 延伸阅读：

[1] (美) 玛格丽特·米德. 代沟. 曾胡，译. 北京：光明日报出版社，1998.

[2] (英) 塔里克·阿里等. 1968 年——反叛的年代. 范吕龙等，译. 济南：山东画报出版社，2003.

[3] (美) 米尔顿伯格. 行为矫正原理与方法. 石林，译. 北京：中国轻工业出版社，2004.

[4] (美) 卡拉奇. 分裂的一代. 蒋凯等，译. 北京：社会科学文献出版社，2001.

[5] (英) 莫里森. 理论犯罪学——从现代到后现代. 刘仁文等，译. 北京：法律出版社，2004.

[6] (美) 杜兰特等. 异常心理学. 杨霞等，译. 北京：中国轻工业出版社，2006.

第十章 成年早期

度过了青春期之后，紧接着面临的是成年期。比较而言，成年期同样具有仅仅属于自身的明显特征，成年期最明显的特征大概可以说是人的成熟性了。无论是在生理、心理还是社会适应等诸多方面，人都开始走向了成熟，由此揭开了人生新的一页。

第一节 成年期的意义与划分

一、成年期划分的困难性

从时间跨度上来讲，成年期包括自青春期之后直到人的终老死亡，持续达五六十年，前后跨越了人生的大部分光阴；从生理和心理的发育而言，在成年期，人逐步达到了成熟并达到人生发展的巅峰；从社会发展的角度来看，也正是在成年期，人真正获得了独立性，同时在婚姻、家庭和事业等许多重要方面开始取得意义非凡的成就，从而确立了作为一个人的存在标志。

无论从哪个角度而言，成年期都应该是我们研究和关注的一个重点课题，但令人遗憾的是，“成年期一直是人生各个发展时期中受到研究最少的一个时期，主要原因可能是它缺少以前各个阶段（如青春期、婴幼儿时期和新生儿期——引者注）的特定性、具体性和可预见性。然而，这个时期却包括了人的一生三分之二以上的岁月。实际上，直到 17 世纪和 18 世纪才出现划分儿童期和成年期的需要。因此，现代对成年期的研究由于它是一个最漫长、研究最少、界限最不清楚的人生阶段这个事实而变得复杂起来”。①

事实上，成年期的研究中的确存在着不同程度的复杂性、多样性或混乱性。首先，在具体年龄段的划分上不同的研究专家表现出了明显的差别，有人把18岁作为成年期的开始，有人把22岁作为成年期的开始，也有人把25岁作为成年期的开始；对中年期的划分有人认为应该从35岁开始，有人认为应该从40岁开始，还有人认为应该从45岁开始；在老年期的划分上，有人认为应该从55岁开始，有人认为应从60岁开始。也有人认为不应该有简单的、统一化的年龄划分，而应该根据不同文化和社会的发展而有相应的不同。其次，在人的成长阶段的划分上同样也表现出了明显的差别，有人将青春期直到人的终老死亡这段漫长的时期，也就是将成年早期、中年期和老年期都简单概括为成年期，有人将青春期与成年早期合并为一个时期，还有的人将成年早期与中年期合并为一个阶段。至于对成年期的具体解释，其中的差异就更加多样更加复杂了。成年期研究中的这些差异性和复杂性除了文化和社会等方面的不同影响之外，更重要的还应该归因于成年期研究中划分标准和划分内容的具体界定上。

二、成年期划分的主要内容

对成年期划分的差异，一方面表现出了成年期这个研究对象自身的复杂性，另一方面也表现出了人们研究方法和研究理念上的差异。成年期的划分实质上涉及了两个主要因素：其一是划分的具体年龄，其二是划分的具体内容及依据。恰恰就是在这两个方面，不同的研究专家产生了极大的分歧。

从年龄上来说，在具体研究过程中至少涉及了四种不同的年

① (美)詹姆斯·卢格：《人生发展心理学》，学林出版社，1996年版，第696页。

龄：第一种是生物年龄或者说是生理性年龄，它从出生起逐年计算，主要依据的是人的生理上的发展与成熟，这种计算方法对所有的人来说都是无差别的，是统一的，这是我们划分人的成长阶段的主要年龄；第二种年龄是功能性年龄，它主要是依据人在不同时期对不同功能的获得，比如20岁、30岁或40岁在体力上、智力上或社会适应性上的特定能力的取得，来确定人的成长分期；第三种是心理年龄，它主要依据人对自己的实际感觉或心理期待，具有明显的主观性和个体差异性；第四种是社会年龄，它主要依据的是特定的社会对青年、中年和老年等的实际认定，这是特定社会所公认的结果，它只是一种相对的、有限的普遍性和客观性。很显然，这四种年龄并非总是统一的、重合的，在很多时候，这四种年龄反而常常错位，甚至产生冲突。有的人从生理上来讲已经有70多岁，但在心理上，他却觉得自己已经返老还童，越活越年轻；有的人刚刚过了40，却已经未老先衰，暮气沉沉，从心理上他已经觉得自己老而无用。我国古代认为“人生七十古来稀”，而现在，我国女性的平均年龄已经大大超过了70岁，百岁以上的人也越来越多。相应地，人们对青年、中年和老年的看法也在发生着显著的变化，“人生四十才开始”被越来越多的人所接受，中年和老年的观念在悄悄发生变化，越来越多的中老年人重新焕发了生机和活力，这就是社会年龄对人的突出影响。值得注意的是，社会年龄对人的实际影响有越来越强烈、越来越明显的特征。

从具体内容上来说，成年期的划分实际上涉及了人的许多方面。人首先是一个综合的产物，是生理、心理和社会的综合产物，所以，成年期的划分必然要涉及人的多方面构成。具体来说，人的成长阶段的划分当然也包括成年期的划分，它的主要内容包括三个主要方面：其一是生理方面，其二是心理方面，其三是社会方面。

关于生理方面，成年期尤其是成年早期意味着人在生理上达到了成熟,同时,人在生理的发展上达到了巅峰,成年期意味着人在身体上达到了一生中最强壮、最完美的时期。一般而言,22岁左右人已经达到了生理上的黄金时期,发育得完全成熟,无论是身高、力量、耐力还是身体的协调能力、反应速度等都处于最高的发展阶段,无论是视觉、听力还是其他感觉能力同样也处于最为敏锐的时期。这是一个小伙子们最健壮、姑娘们最漂亮的时期,这是一个人人都向往、人人都渴望永远留住的美好时期。最美好的同时也是最短暂的,成年期同时也包括了人在生理上的逐步衰退,这种衰退乃至死亡更集中地表现于中年期和老年期。人仅仅有生理的发展是不够的,更主要的一个变化表现在心理方面。

在心理方面,成年早期就已经在心理方面同样取得了最高的发展水平。在情绪上,成人更善于控制自己的情绪,更能够忍受挫折和压力,情绪更加成熟和稳定,更少孩子气、更多独立性;在认知方面,感知、记忆、想象、推理等能力都已高度发达,辩证思维和创造性思维能力已经成熟,因此,成年人在行为上的合理性、目的性和自觉性成为主要特征。成年期在心理方面同样存在着一个衰落的趋势,这在成年中期和老年期表现得尤为突出。需要指出的是,认知能力的下降并不意味着学习能力的下降,机械记忆能力的下降同时却伴随着深刻而全面的理解能力的增进。成年期总的认知趋势是:"成年早期的认知发展持续到50多岁。以心理—运动技能和短期记忆为基础的学习能力与20多岁和30多岁的生物稳定相适应,到40多岁时,这种学习能力逐渐衰退,然而,以生活经验为基础的语言技能和解决问题的能力在成年早期和中期继续取得持续和稳定的发展。随着年龄的增加,成年人往往以对个人有意义的学习和智慧来替代昔日的速度和才华横溢。成年人学习效果最好的时间是他们自己想学,而不是他们不得不去学的时候。"[①]在现实社会中,许多中年人重新又回到了课堂之

① (美)詹姆斯·卢格:《人生发展心理学》,学林出版社,1996年版,第756页。

中，许多老年人重新又拿起了书本，这本身就证明了“活到老学到老”这句话的可能性、现实性和科学性。

关于社会方面，人在社会方面的发展既表现在人的社会适应能力的完善和成熟上，同时又表现在社会对人的承认和许可上。单纯生理上的早熟并不一定能够确保人在社会上的真正成熟，许多国家都把 18 岁作为成年的开始，但这并不意味着 18 岁就可以自然而然地享有成人所能享有的一切权利。例如，18 岁的人在绝大多数国家并不能够获得法定的结婚证书，不能够与异性结成受法律保护的婚姻关系。成熟最本质的含义是：人离开学校，走向社会，开始独立的生活。许多国家教育的时间在延长，这在一定程度上推迟了青少年的成熟时间，当然也相应地延迟了成年期的开始时间，而这是个人的力量所无法改变的，这是一种纯粹的社会行为。在这里成熟是一种社会意义上的成熟，是一种为社会所认可的成熟，而不是自我的想当然的成熟。

综合以上内容，我们认为，成年期应该被界定为人在生理、心理和社会等方面的综合成熟，成年期是一个成熟的时期、稳定下来的时期、独立的时期、承担起相应的责任和义务的时期。因此，成年期应当从大学毕业、走向社会为起点，以生命的自然终结为终点。同时，成年期可以再进一步划分为成年早期、中年期和老年期三个时期。成年早期从 22 岁开始，一直延续到 40 岁左右；中年期从 40 岁开始，一直延续到 60 岁左右；老年期则从 60 岁开始，直到生命的自然结束。

第二节　成年期的发展理论

把成年期划分为成年早期、中年期和老年期是一种常用的研究方法，但这只是一种大概的分类，它所表明的只是一些普泛的特征。为了更深入地揭示成年期的具体发展特征,专家和学者们倾向于对成年期进行更为深入和细致的划分,以便真正破解成年期的发展之谜。其中,比较有代表性的主要有如下几位。

一、戈尔德

罗杰·戈尔德(Roger Gould)是一位精神病学专家,他做了两个调查,其中一个是针对接受精神疗法的门诊病人;另一个则是将同样的题目用调查问卷的形式展开,只不过此时的调查对象换成了并未进行精神治疗的524个中产阶层的成年人。综合这两个调查报告,他得出了关于成年期的基本发展理论。

戈尔德将成年期的发展进一步划分为七个主要阶段:

第一阶段,从16～18岁。这个阶段的人渴望自立,渴望摆脱父母的束缚,更多地希望能够从同龄群体中获取支持,能够与同龄群体建立起比较深入而又密切的关系。

第二阶段,从18～22岁。这个阶段的人主要目标在于希望脱离父母的世界,不再用父母的眼光来看待世界,希望找到属于自己的世界,希望与同龄群体发展出亲密的关系,希望与同龄群体游戏共处。一种真正属于成人的生活已经快要到来了。

第三阶段,从22～29岁。在这个阶段,人开始独立起来,开始向成人的角色转化,更多地投入到成人所做的各种工作之中去,由此来证明自己的能力,证明自己已经是一个真正的成人。同时放弃了只有按照父母的方式才能成功的想法,这是一个不断成长的过程。

第四阶段,从29～35岁。这个阶段的人继续在发展,同时,对自我、对生活的探索和认识也在进一步加深。开始意识到了自己所扮演的角色的冲突,开始对内在自我进行探索,意识到了内在自我的冲突,意识到了婚姻和家庭的困难,意识到了生活并不是一帆风顺的，而是充满了许多变数，此时的人们需要重新评价自己的生活。

第五阶段，从35～43岁。在这个阶段，人们的父母或亲属往往容易生病或去世，这使人们认识到了人本身是有限的、会生病甚至会死亡。人们意识到了时间的短暂和紧迫性，开始重新修正自己的目标，同时也产生出了强烈的个人的责任感。此外，此时的人也意识到了世界上并不是没有罪恶和死亡，这进一步导致了他对价值观念的重新评判。

第六阶段，从43～50岁。在这个阶段，人开始稳定和安静下来，开始接受人生有限的观点，同时也能够接受自己的命运安排。此时此刻的人却又对儿童的鲜活生命、对青年人的不断进步充满了关注、羡慕和嫉妒。同时，此时的人也非常渴望来自配偶的同情和关爱，非常希望能够拥有更多的朋友，参与更多的社会活动。

第七阶段，从50～60岁。这个阶段已经接近于人生的落幕时刻，人开始以新的态度和眼光来重新打量生活、自我和他人，能够更加成熟、更加通达、更加温和地看待自己、家人、朋友和生活，同时也开始对生活的意义进行重新思考。

二、勒维森

丹尼尔·勒维森(Daniel Levinson)是一位社会心理学教授，他对40名35～45岁的男人进行了深入的研究。这是一项跨地区的、历时多年的研究，这40名男人包括10名钟点工、10名生物学博士、10名小说家、10名公司主管，他们都至少结过一次婚，其中20%的人离过婚，80%的人有孩子，70%的人已完成了大学的教育，50%的人是新教徒。勒维森认为成年期可以再进一步细分为几个阶段，每个阶段都保持着相对的稳定性，都有它特定的发展任务和关键的生活事件，当这些特定的任务和事件得到解决后，新的事件和任务就会相应地产生出来，于是，新的成长阶段就来临了。当然，不同的成长阶段之间并不是截然划分、不可变更的，而是经常会有一些开始或结束的时间上的变动。

勒维森对成年期的划分主要有以下几个阶段：

第一阶段，从17～22岁。这是一个从儿童和青春期向成年期过渡的阶段。此时的人们开始离开父母、离开家庭，从经济上、情感上等多个方面开始走向独立，人们选择进入大学、参军入伍和结婚，以此表明向成年期的转变。

第二阶段，从22～28岁。这个阶段是进入成年人世界的时期。在这个阶段，年轻人变成了成年人。他们的主要任务是：进行选择，确定目标，积极投身工作之中；积极发展与他人的关系，确立社会关系和组织；建立自己的家庭。同时，探索的愿望和实践的愿望之间的冲突越来越突出。这个时期的两个重要特征是梦想和导师。此时的人几乎都有属于自己的梦想，但梦想的实现很大程度上还有赖于良好导师的指导，如何寻找自己的良师，这是一个很重要的问题。

第三阶段，从28～33岁。这里的关键是30岁的转变。30岁左右的人重新开始观照生活、反省自身，他可能认为自己曾经信誓旦旦的承诺是很幼稚可笑的，他会重新修正自己的生活和观念。婚姻的冲突产生了，离婚也变得不可避免。工作中可能会获得升迁，也可能会发现自己实际上入错了行，工作调整的紧迫性日益凸显出来。

第四阶段，从33～40岁。这是一个稳定下来的时期。在这个阶段，人明确了自己的目标，努力去实现自己的梦想，不断地向着自己的目标迈进。此时的人已经开始独立于自己生活和事业的导师，尽力寻找自己在社会中合适的位置，渐渐变成一个属于自己的人。

第五阶段，从40～45岁。这时主要是中年的转折。这个时期既是成年早期的结束，同时又面临着老年期的开始，人很容易陷入矛盾和冲突之中，“中年危机”是大多数人此时遭遇的一个主要困境。人们意识到了生命的有限性，重新反思生活的各个侧面，重新对生活进行调适。这使人有机会对前面的生活进行总结和思考，同时又对将要展开的生活及时进行定位，这应该说也是一件好事。勒维森认为，这时期的人应该具有更多的同情、更多的思考、更多的明智，应该更多地、更真诚地热爱自己、热爱他人，而不要过多地受到内在欲望和外在冲突的控制和干扰。

第六阶段，从 45～50 岁。这个阶段进入了中年期。此时人们结束了原来的困惑，开始了新的生活和工作。对于调适成功的人来说，中年期是一个值得羡慕的时期，它充满了成功的自豪和快乐，使人生达到了一个高峰；对于调适不成功的人来说，中年期是一个失败的、尴尬的时期，这种不利的影响可能会一直延续到老年期。

第七阶段，从 50～55 岁。这个阶段主要面临着 50 岁的转折。这个时期的转折与中年时期的转折密切相关，大多数人在这时都遇到了一些较为温和的危机。那些在中年转折期没有发生太多变化的人或转折较为平稳的人，在这个阶段可能会遇到更多的危机。

第八阶段，从 55～60 岁。这个阶段是中年期发展的巅峰时期。对于那些不断充实自己，并且使自己充满活力的人来说，这是一个了不起的丰收的季节。

第九阶段，从 60～65 岁。这个阶段主要展开的是老年期的转折。这是人的生命历程中一个重要的转折点，结束了中年期的努力，为老年期的展开做好了准备。

第十阶段，65 岁往后。这个阶段展开的是老年期。此时此刻，人们需要的是平静地面对自我、面对生活、面对世界，这是人生的最后一个阶段。

三、希伊

盖尔·希伊(Gail Sheehy)是一名新闻记者,为了揭示成年期的发展经过,她进行了一系列相关的调查和研究。她搜集了115个人的详细生平资料,这些人中有男性也有女性,他们大多数是夫妇,年龄从18岁一直到55岁都有。他们代表着不同的社会层次和不同的职业,其中既有成就颇高的人,也有普通的、平凡的人。此外,希伊又持续数年搞了一个60 000多份的问卷调查,接受调查的对象有男性也有女性,年龄跨度则从18岁一直延伸到80岁。这些研究和调查给希伊提供了丰富而全面的资料,推进了她对成年期的研究。

与勒维森相似,希伊将成年期的发展过程划分为九个阶段:

第一阶段,从18～22岁。这个阶段是从青少年向成年期的转折,是对成年前的生活的告别,是新生活的开始。人们从父母的庇护下开始脱离出来,离开家庭的保护寻求独立的生活。

第二阶段,从23～27岁。希伊认为这个阶段可以称为"努力尝试的20多岁"。此时的人试图在成人世界中寻找到真正属于自己的社会位置,他在尝试生活方式的不同定位,寻求职业的不同选择,还在寻求亲密关系的建立。

第三阶段,从28～33岁。希伊把这个阶段称为"紧紧抓住的30多岁"。这也是一个转折期,是第二和第四两个阶段的转折。这时生活方式已经确定,人们把更多的精力投入到稳定和争取成功之上。这是"扎根和扩展"的时期。

第四阶段,从35～45岁。希伊把这个阶段称为"最后期限的10年"。这时的人遭遇到了"中年危机",意识到了人的生命的有限性,开始重新审视青年期的各种幻想和梦想,经历着一种冲突和混乱。

第五阶段，从 46～55 岁。希伊把这个阶段称为“恢复的 10 年”。在这个阶段人们要发展出新的解决问题的策略和方法，平衡工作与娱乐以确保中年期的顺利转变和度过。

第六阶段，从 50～60 岁。希伊称这个阶段为“自由形式的 50 多岁”。这时候的人对自己开始接受，对环境和社会关系也开始感兴趣和喜欢，人变得更加开放、更加愿意表达自己。

第七阶段，从 60～70 岁。希伊将这个阶段称为“选择性的 60 多岁”。在这个阶段，人们开始认识到什么才是生活中最重要的东西：朋友、家人、关怀等等。人们学会区分生活中琐碎的与重要的东西，有可能会感受到生活的激动和欣喜。

第八阶段，从 70～80 岁。希伊把这个阶段称为“深思的 70 多岁”。在这个阶段，人们在一个极好的位置开始思索重要的理念，思索有关社会、宗教、政治等的抽象理论。独立的、深深投入的、计划在先的人往往会成为最健康、最快乐的人。

第九阶段，从 80～90 岁。希伊把这个阶段称为“自豪的 80 多岁”。此时的人感到骄傲和自豪，因为他发现自己还有新的生机和活力，还有持续的能力，还在继续生活。

四、哈维格斯特

罗伯特·哈维格斯特(Robert Havighurst)是一位发展心理学家，他同样将成年期的发展划分为成年早期、中年期和老年期三个阶段。成年期的发展经历着一个成熟和调整的过程，其中每一个过程都对应着一个特定的成长任务，这些任务是个人及其所生活的社会共同提出来的。成功地解决这些问题会带来个人的快乐和成就感，也会导致社会的赞许和认同。同时，也会使个体进一步前进到下一个成长阶段，开始面对下一个成长任务。反之，不能成功地解决这些成长任务，会导致个体的不快乐，招致社会的否定，还会进一步影响到后面成长的顺利进行。与三个成长阶段相对应的成长任务具体如下。

1. 成年早期

(1) 追求并选择婚恋对象；

(2) 学会与配偶快乐地生活；

(3) 开始家庭生活并承担父母的角色；

(4) 抚养子女；

(5) 承担家庭管理的责任；

(6) 开始工作或选择职业；

(7) 承担公民的适当责任；

(8) 建立社会关系网络。

2. 中年期

(1) 帮助子女完成从家庭到社会的转折；

(2) 开发成年人的休闲活动；

(3) 将配偶作为一个人而建立关系；

(4) 承担起社会责任和公民责任；

(5) 取得令人满意的工作成就；

(6) 调整适应中年时的生理变化；

(7) 调整适应老年的父母。

3. 老年期

(1) 调整适应老年时的生理变化；

(2) 调整适应退休的生活以及工资收入的减少；

(3) 建立令人满意的生活安排；

(4) 学会与退休的配偶一起生活；

(5) 调整适应配偶的去世；

(6) 与老年同龄群体组成盟友和伙伴；

(7) 调整适应变化的社会角色。

比较一下这几种成年发展理论，我们不难发现，尽管他们各自在理论基点上还存在一定的差别，但主要的理论表现形式却有着极大的共同性。他们都赞同将成年期的发展区分为成年早期、中年期和老年期，但同时又并不停留于此，而是继续深入细致地剖析下去。成年期的划分在戈尔德、勒维森和希伊那里表现为更具体的发展阶段，而这些发展阶段又是以 4 年、5 年、7 年或 10 年为单位展开的，在每个阶段又都对应着特定的发展任务和目标，阶段与阶段之间彼此互相紧密地结合起来，构成了一个完整的发展时期。与此同时，他们也都注意到了成年期发展中的几个关键阶段：从青少年期向成年早期的转折，“中年危机”，从中年期向老年期的转折。而希伊的理论视野则进一步延伸到了 70 岁、80 岁乃至 90 岁的老人，哈维格斯特则从另一方面对成年期的发展任务作出了详尽的阐述。

第三节　成年早期的婚姻生活

从青春期向成年期的转折是人的发展过程中一件重大的事情，这意味着人已经不再是依靠父母、依靠家庭的小孩子了，而是一个需要自我奋斗、独立闯天下的“大人”了。而最根本的变化在于，他已经是一个真正的成年人了。对于成年人而言，有两个重要的奋斗场所：家庭和社会。具体到现实的生活形式来说，就是婚姻和工作，成年早期的生活主要就是围绕着这两个方面而展开的。我们首先论述的是成年早期的婚姻生活。

一、婚姻的本质和意义

在不同社会、不同文化、不同群体以及不同历史之间，人类最普遍的一种组织形式大概就是婚姻了，“男大当婚、女大当嫁”是众所周知的一句话,它生动地描绘出了婚姻在人类生活中的普遍性、必要性和必然性。但是,尽管婚姻是一种普遍存在的事实,要想给它下一个确切而又无争议的定义还是很难的,因为婚姻涉及的因素绝对不是一点两点,它几乎涉及了人类生活中的方方面面。我们尝试着从以下几个方面给婚姻作一个初步的定义。

1. 婚姻不是一种纯粹的个人行为

很多人认为婚姻纯粹是一件个人的私事,其实完全错了。一个最起码的常识是,结婚是两个人的事情,必须在双方自觉自愿的基础之上才可能构成婚姻,这不仅是人的基本权利的要求,同时也是我国的根本大法《宪法》和《婚姻法》的基本要求。我国的新《婚姻法》明确指出,强迫的结合不是婚姻,不受法律保护,是非法的。

2. 婚姻是一种社会行为

婚姻虽然是两个人之间自由恋爱、自由结合的结果,但是,它首先是一种社会现象。这种社会性主要表现在婚姻不可避免地要受到社会的根本性影响,几乎没有任何一件婚姻会超越当时社会的要求。在对象的选择上,社会的影响非常明显,理想的选择对象往往是当时社会所公认的代表性人物,我国先后出现的理想对象分别是农民、工人、解放军、知识分子,而现在则是大款,最好是再加上海外关系;在婚姻的物质要求上,社会的影响依然非常明显,早些时候高档的陪嫁物品是自行车、手表和录音机,而现在,在大城市中,结婚的费用已经急剧攀升到几十万元,许多待嫁、待娶的年轻人为此苦不堪言,可是又毫无办法,因为这已成为一种社会现象。此外,几乎所有结婚的年轻人都要广而告之,遍请亲朋好友及同事,其中一个重要原因就在于要借此向大家宣布:"从今开始,我们结婚了。"这之中的潜台词就是要求得到社会的认可,获得社会的准许。

3. 婚姻是一种制度化的行为

从婚姻的缔结程序来看,当事人双方要遵循一套完整的制度化过程，首先要达到法律许可的结婚年龄要求，其次要取得医疗机构出具的健康合格证明，然后还要得到民政机构发放的结婚证书，最后还得举办隆重的结婚仪式，如此等等。完婚之后，成为正式夫妻的双方从此受到的是双重制度的约束：婚姻制度和家庭制度。因为家庭是由婚姻所导致的，而婚姻的缔结也必然要产生家庭。家庭则是一种基本的社会制度。夫妻双方都要承担相应的责任和义务，这种责任和义务构成了婚姻和家庭制度的主要内容。

4. 婚姻是一种法律行为

我国的《婚姻法》就是出于专门对婚姻进行管理的目的而制定的。只有完全符合《婚姻法》要求的婚姻，才是合法的婚姻，才享有法律的保护。违反了《婚姻法》要求的婚姻，毫无疑问，都是非法的婚姻，不享有法律的保护，应当予以解除，因为他们只是一种非法同居关系。从这种意义上来讲，婚姻是一种不折不扣的法律行为。

5. 婚姻是一种历史行为

从历史的角度来看，婚姻的沿革经历了一个漫长的时期，同时也产生了不同的历史表现形式。从原始社会的群婚群居制到封建社会的一夫多妻制，再到现代社会的一夫一妻制，这是一个文明化的过程，更是一个历史的发展过程。现在西方社会的婚姻实践又出现了许多新的方式，如公社制、同性恋合法化等等，至于未来我们的婚姻会出现什么更新的形式，这个答案恐怕只有历史本身才知道了。

综上所述，我们可以尝试着对婚姻作出这样的一个定义：婚姻主要是男女两性之间一种持久的结合，它不是个人行为，而是一种社会化现象，是一种制度性安排，是一种法律意义上的承诺，是一种历史的结果。

婚姻是一种以个人方式表现出来的社会行为，个人事实上成为了婚姻的载体，当然，个人也是婚姻的主体。相应地，婚姻也必然会对个人产生深远的影响。这种影响主要表现为以下几点：

其一，婚姻可以使夫妻双方得到性的满足。有人把婚姻界定为“男女双方性器官的搏斗”，也有人把婚姻定义为“男女双方对对方性器官的合法利用”。这些都是名人的定义，虽然揭示出了婚姻的一个侧面，但未免显得过于赤裸裸了，过于片面化和极端化了。婚姻的确提供了男女双方性的满足，这种满足不但是在法律的名义之下，是在社会的赞同之下，是以合情、合理、合法的形式而实现的，而且婚姻所提供的性满足是稳固的、持久的。这确保了人一生中漫长的、强大的性冲动有了一个相对稳定的、合法的解决途径。需要注意的是，在我们的社会中，婚姻成了唯一合法的性宣泄渠道，婚姻由此演变为另一种霸权，它所造成的直接困境就是：因为种种原因而暂时或长久处于单身状态的人因此被堂而皇之地剥夺了性生活的权利，尽管他们也有旺盛的性需求，强大的社会压力和法律威慑使他们只能将自己压抑成一个无性的人。如果说这不是一种可悲的无知的话，那它肯定是一种别有用心的歧视。将婚姻和性等同起来，这导致了现实生活中许多悲剧的发生。

其二，婚姻可以促进人格的成长。婚姻是一所最好的学校，它为我们提供了认识自己、认识异性的特殊机遇。只有在婚姻中，一个人才有可能真正认识自己，才有可能真正认识异性。婚前包括恋爱期，我们对异性的认识都是模糊的、虚幻的、理想化的，只有在婚姻中，我们才去除了各种各样非分的幻想，才立足于现实的基础之上，才有机会冷静地、理智地关照对方，日复一日、设身处地的接触，使我们更深刻、更细微地看清了对方。对对方的观察其实也就是对自己的观察，因为对方是一面镜子，它生动而鲜明地映照出了我们自身的形象。对婚姻中男女双方的真切了解使我们可以更好地认识生活中所有的男人和女人，从而对整个世界的构成有一个完满的认识。此外，在婚姻中，我们都要为人夫、为人妻，还要为人父、为人母，这多重的角色转换，丰富了我们的阅历,圆满了我们的人格。而且,婚姻中各种各样必须承担的责任和义务也促使我们不得不加快成长的脚步,使得婚姻中的人显得更加成熟、更加完满。

婚姻的意义还有很多,它还具有情感的慰藉功能,它使我们在茫茫人海中寻觅到了另一个可以信赖、值得托付的人,使我们拥有了一个灵魂的倾诉对象和倾听对象,使我们的情感有了一个终生的保障,使我们在漫漫人生旅途中把握住了一盏温暖而又明亮的灯。

二、择偶的理论解释

婚姻的一个重要起点就是对对象的选择,也就是择偶,这是构成婚姻的一个前提条件。正因为择偶在婚姻中处于一种举足轻重的地位,所以,对择偶的理论解释就显得尤其丰富和多样。其中,最基本的理论解释就是社会学的解释,也就是说,择偶是一种社会行为。

择偶看起来是一种个人行为,其实它也是一种不折不扣的社会行为。在择偶过程中,社会因素的影响是无处不在、无时不有的。

从择偶方式来讲,它明显地表现出了社会因素的影响。我国传统社会遵循的是“父母之命、媒妁之言”,是父母包办式的婚姻。但随着社会的发展,人们的自觉意识和自由意识越来越强,取而代之的是另一种更为普遍的择偶方式——自由恋爱式。而且在择偶的具体方法上,同样表现出了社会发展的影响。传统时期人们择偶主要是通过鸿雁传书、人约黄昏后,而今,信息技术的发展使网恋成为新的择偶方式。

从择偶的实际对象来看,社会因素的影响就更为明显了。人们择偶总是希望能够找到最理想的对象,而理想的标准则深深地打上了社会的烙印。工人、农民、解放军战士、知识分子、富人、有海外关系的人、外国人等都曾先后成为人们择偶的理想对象,因为他们都曾被特定的时期推向特定的高峰,他们分别代表了我国社会发展的不同时期,是我国社会不同发展阶段的一个真实写照。

除了这种社会学的解释之外,还有其他一些主要理论,美国学者罗斯·埃什尔曼(Ross Eshleman)在他的著作《家庭导论》中提出了另外几种重要的择偶理论。这些择偶理论被区分为两大类:第一类是择偶的个人主义解释,具体包括本能的、遗传的、生物的解释,父母的偶像和互补需要;第二类是择偶的社会文化解释,包括角色理论、价值理论、交换理论和序列理论。下面作一些简要的介绍和评论。

1. 本能的、遗传的、生物的解释

这是一个最古老、最激进的解释,这种理论认为人通过遗传形成了本能,人的行为是基本本能的反应。其中,性本能是人的行为控制中最重要的因素,正是由于本能的驱使,男性与女性才相互接近,男女之间才构成了婚姻。这是一种普遍的、直观的、朴素的、经验化的解释,不能说这种解释完全没有道理,但很显然,这种解释忽略了很多更有价值、更有意义的决定因素,这使它招致了最为激烈的批评。

2. 父母的偶像

这种理论主要与弗洛伊德及其精神分析学说有关,弗洛伊德提出了两个颇具争议的理论,一个是男孩的"恋母情结",另一个是女孩的"恋父情结"。在恋母情结的驱使下,男孩长大后倾向于选择与他母亲相似的女子成婚;在恋父情结的作用下,女孩倾向于接受与自己的父亲有相似特征的男子为自己的恋爱对象。

很多人批评弗洛伊德的"恋父情结"和"恋母情结"理论,主要原因可能是因为其中隐含着一种明显的乱伦色彩,难以令人接受。但事实上,如果我们从一种比较宽泛的意义上来理解的话,弗洛伊德理论的意义就显露了出来，日常生活里的确存在着另一种意义上的“恋父情结”和“恋母情结”。由于家庭的影响，由于人格的发展缺陷，有的男子喜欢选择年龄稍大、具有母性的女子，因为这种女子能够像母亲一样给予他关怀；有的女孩喜欢选择年龄稍大、具有父性的男子，因为这种男子能够像父亲一样给予她成熟感和安全感。有意识地选择这种年龄稍大、心理较为成熟的对象，这其实就是一种“恋父情结”或“恋母情结”。

3. 互补需要

罗伯特·温奇是这个理论的代表人物，他认为，在择偶过程中，尽管在外在属性如年龄、文化、地位、收入和民族等方面两性之间表现为相同型居多，但在心理层次和个人动机方面，两性之间则是互补性关系占了上风。温奇指出：“择偶的互补需要理论的基本假说是：在配偶的选择中，每个人都在他或她的合适人选的范围内寻找伴侣，后者给他或她的最大限度的需要满足提供了最可靠的保证。”①

青年人在择偶过程中，经常表现出“异类互补”的原则，比如性格温和的人喜欢找一个性格刚强的人，工科毕业的学生喜欢找一个受过文学熏陶的人等等。这种现象很普遍，因为找一个与自己完全相似的人就好比是在与自己谈恋爱和结婚，这当然是很多人都不愿意接受的事情。

4. 交换理论

交换理论认为择偶实质上是一种社会交往活动，婚姻本身就是一个交易的过程。因为人的行为都是以互惠为原则，以最大“利润”为追求目标的。在婚姻中，男性以经济实力来换取的是女性的青春和美貌，反之亦然，整个婚姻就是一个交换的结果。

尽管现实生活中存在着这样或那样计算精密的婚姻交易，但

① 罗伯特·温奇：《择偶的互补需要理论——一种分析和描述的研究》，转引自埃什尔曼：《家庭导论》，中国社会科学出版社，1991 年版，第 326 页。

是，交换理论仍然是一种很容易使人感到尴尬的理论。因为在交换理论之中，爱情死亡了，婚姻变质了，人也蜕变为功利化的动物，唯一剩下的只是赤裸裸的交易。

5. 角色理论

角色理论认为，恋爱和婚姻的双方都扮演着一定的角色，我们所选择的配偶大都符合我们对他或她的角色期待。我们对配偶的期待角色可能是一个贤妻良母，也可能是一个女强人，明确了这种角色期待之后，我们就会以此为标准去寻找或塑造我们的配偶。理想的结果是，我们的配偶完全符合我们对他或她的角色期待，因为角色的一致性是恋爱和婚姻保持成功的一个重要因素，角色的不一致则有可能导致配偶之间的矛盾与冲突。

6. 价值理论

价值理论认为，在择偶过程中，人们倾向于选择与自己价值相类似或价值取向相同的人作为配偶。因为价值相类似的人之间更容易产生吸引力，而且价值相似的人的相互吸引从另一个方面进一步强化和证实了价值本身，这也会使彼此双方更容易加强沟通、增进感情，产生强烈的认同感。价值理论相信，“(1) 具有类似的社会背景的人习得了类似的价值；(2) 具有类似价值的人的互动是有益的，并导致了有效的沟通和最小限度的紧张；(3) 报偿舍弃了对他或他的伴侣具有满足感受的每个人和希望继续发展这种关系的每个人”。①

价值理论可以解释为什么同一文化、同一社会背景的人容易结合到一起，而且他们的婚姻成功率比较高、稳定性比较强。

择偶理论还有很多，如“高攀论”、“低就论”、“凑合论”等等。成年早期的男男女女在择偶的过程中，由于经验的缺乏，心理和社会的不成熟，往往会犯下许多不合时宜的错误，付出沉重的代价，但这是成长的必需，这会使青年男女尽快成长起来，并最终赢

① 埃什尔曼：《家庭导论》，中国社会科学出版社，1991 年版，第 330 页。

得一个完美的爱情和婚姻。

三、成年早期的婚姻调适

成年早期家庭的建立是一件重要的事情，但是，家庭的建立并不一定就意味着婚姻生活的顺利进行。因为婚姻是两个人的事情，两个原来独立的个体从此之后朝朝暮暮形影相伴，必然会遇到各种各样新的困难和问题。其中，最基本的问题就是如何将两个人的思想和行为统一起来，这并不是一个很简单的问题，有许多年轻的夫妻为此产生了“剪不断，理还乱”的矛盾和冲突，这种矛盾和冲突直接影响到了婚姻生活的质量。许多夫妻为此不断地争吵、冷战，乃至拳脚相加。甚至还有的夫妻为此同床异梦、劳燕分飞。大量的调查研究结果表明，结婚后的第一年是最甜蜜的黄金时期，是如胶似漆、形影不离的蜜年期；一年之后，夫妻双方开始渐渐回归到充斥着柴米油盐酱醋茶的现实生活之中，夫妻双方的个性开始分别显露出来，再加上孩子的出生，工作的压力接踵而至，生活似乎一下子乱了套，年轻的夫妻这时往往显得手忙脚乱，火气也变得越来越盛，争吵和打骂于是成了每天的必修课，生活变得越来越索然寡味，越来越难以忍受，有的人因此出现了“逃家”现象，有的人一气之下索性走上了离婚的不归路。

冷静地反思一下，其实，许多家庭上演的大大小小的悲剧是完全可以避免的。家庭的冲突之所以愈演愈烈，最终发展到不可收拾的局面，很大程度上在于此时的夫妻显得太年轻，对生活缺乏认识，对婚姻生活尤其缺乏认识。一个很显然的道理是，结婚以前是天马行空的个人生活，是个人对个人的负责；而结婚之后，则由一个人变成了两个人，相应地由个人生活演变成了小集体的生活。两个人这时不应该各行其是，而应当互相协调、互相忍让，所以，有人将婚姻总结为“妥协的艺术”，这还是很有道理的。事实上,婚姻也正是夫妻双方相互协调、相互沟通、相互合作的一个过程。为了适应夫妻生活,每一个有责任心的人都应当对自己的行为作出新的调整,这就是夫妻之间的一项重要内容——婚姻的调适。

婚姻的调适是一项综合性、复杂性的工程,它一方面涉及了夫妇双方作为一个小群体对外在社会的调适,另一方面也涉及了夫妇双方对各自出生家庭的调适,此外,还涉及了夫妇双方对于自己新组建的家庭内部关系的调适。这种夫妇家庭内部的调适又包括两个方面:其一是夫妇与其新生孩子的调适,其二是夫妇之间的互相调适。所有这些婚姻调适中以夫妇之间的调适最为重要。

夫妇之间的调适主要是由于彼此双方角色的转换而导致的,角色的转换导致了生活世界的扩大以及生活方式的改变,由此产生的另一个问题就是生活目标的变化。所以,婚姻可以说是对人的一次根本性的改变,婚姻给我们揭示了一个全新的生活世界,展示了一种截然不同的生活方式。正因为婚姻对我们显得如此重要,所以,婚姻调适的重要性自然也就非同寻常了。

人的一生是一个不断发展的过程,婚姻同样也是一个不断发展的过程,相应地,婚姻调适在人生发展的不同时期也表现为不同的特征。按照菲利浦·赖斯(Philip Rice)的看法,成年早期婚姻调适的主要内容和方向大概有如下这些。①

1. 情感方面的调适

主要内容有:(1) 学会给予和接受爱与喜爱;

(2) 培养敏感、同感和亲密感;

(3) 给予配偶情感的支持,培养性情,实现自我的需要。

2. 性方面的调适

主要内容有:(1) 学会在性的方面互相满足对方;

---

① Philip Rice. Human Development. New Jersey: 1995. p. 614.

(2) 寻找出性爱表达的适当方式、方法和时间；
(3) 学会应用适当的节育方法。

3. 个人习惯的调适

主要内容有：(1) 调整自己以适应配偶的说话、吃饭和睡觉等生活习惯；
(2) 调整自己在吸烟、喝酒等方面的不良习惯；
(3) 摒弃或调整自己容易让配偶恼火的习惯；
(4) 调整双方在生物节律方面的差异；
(5) 学会与配偶共同分享时间、空间、财产和工作。

4. 性别角色方面的调适

主要内容有：(1) 区分丈夫和妻子在家庭内外的角色；
(2) 区分丈夫和妻子在挣钱、持家、做家务等方面的分工；
(3) 遵守夫妇劳动分工的协议。

5. 物质和经济方面的调适

主要内容有：(1) 考虑地理环境、社区、邻居等因素，购买自己的住房；
(2) 赚取足够的钱；
(3) 合理安排日常生活的开支。

6. 工作方面的调适

主要内容有：(1) 找到并努力保证有一份工作；
(2) 适应工作的时间、地点、条件和环境；
(3) 制订出合适的工作时间表以适应夫妻双方的生活需要；
(4) 当夫妇一方或双方都工作时，安排好对小孩的照看。

7. 其他社会活动的调适

主要内容有：(1) 学会安排并举行社交性活动；

(2) 学会夫妇一起外出参观或拜会朋友；
(3) 确定夫妇个人或夫妇双方要参与的社会活动的类型和次数；
(4) 选择朋友并与朋友保持联系；
(5) 选择夫妻双方单独共处的时间。

8. 家庭和亲戚方面的调适

主要内容有：(1) 同父母和亲戚保持联系；
(2) 学会如何同家庭打交道。

9. 沟通方面的调适

主要内容有：(1) 学会向配偶表露并交流自己的想法、焦虑和需要等；
(2) 学会以建设性的方法来倾听配偶意见，学会以富有成效的方式来与配偶交谈。

10. 权力和决定方面的调适

主要内容有：(1) 取得权力和地位之间的平衡；
(2) 学会作出决定并执行决定；
(3) 学会合作、妥协和协调；
(4) 学会承担起行动的相关责任。

11. 解决冲突和问题方面的调适

主要内容有：(1) 学会找出冲突的原因和细节；
(2) 学会建设性地解决冲突和问题；
(3) 学会适时地向人寻求帮助。

12. 道德、价值和意识形态方面的调适

主要内容有：(1) 理解个人在生活中的道德、价值、信仰和生活目标；
(2) 接受配偶不同的宗教信仰和实践；
(3) 决定要加入的宗教，参与相关的活动。

婚姻调适强调对对方的接纳，强调对自我的反思，但是，应该注意的是，婚姻调适绝不仅仅是一种态度上的转变，婚姻调适同时也是一项专业化很强的工作，婚姻调适本身也形成了一些基本的方法，只有从态度和方法两方面入手，才有可能做好婚姻的调适工作。

四、成年早期婚姻中的异常现象

一男一女所组成的一夫一妻的家庭是我们社会的普遍形式，也是我们所公认的婚姻的常态，大多数人都是按照这种形式生活下去的。但是，这并不等于说人类的婚姻只有这一种选择。现实生活中，除了一男一女所构成的一夫一妻制家庭之外，还有其他一些特殊的形式，只不过只有相对少数的人在尝试这些生活方式，而且常常受到各种各样的误解、偏见和歧视而已。人们常常把这些生活的选择视为异常甚至是变态，其实，这本身就是“正常人”的偏见和歧视。

1. 独身

与婚姻一样，独身看起来是个人问题，其实也是一个标准的社会问题。每一个暂时或长期选择独身为生活方式的人都不可避免地会受到来自社会的方方面面的压力：首先，是来自父母的无休止的关怀；其次，是来自朋友和同事热情似火的牵线搭桥；再次，是来自相干和不相干的“热心人”的窥探和猜测。此外，还有形形色色有形无形的压力，所有这一切足以摧垮任何一个坚强而有个性的年轻人。过了 30 岁还不结婚，在一般人看起来，肯定是身体上有毛病，或其他地方存在有严重的障碍，伴随他生活的将是无休止的捕风捉影，甚至还会有恶意的中伤。如果是一个女性 30 岁还未结婚，她的遭遇可能更惨，她所受到的将会是更多人身的攻击。我们的社会对于“异类”历来是缺乏宽容的，对于独身的男人和女人，我们创造了一些充满歧视色彩的词语，如“老处女”、“老光棍”等等。在很多人眼里，独身的人就是有病的人、不正常的人,至少是生活失败的人,这是一种根深蒂固的社会偏见。

除了不同的人群所造成的偏见和歧视之外,我们的社会也在对独身男女的偏见和歧视推波助澜。看一看各种单位对已婚和未婚男女的待遇就一目了然了,我们现行的社会福利分配制度很明显是崇尚结婚、贬抑独身的,单位福利分房优先照顾的是已婚男女,独身的人几乎不可能分到房子;国家为推动计划生育,对独生子女的父母发放独生子女补贴,而对于独身的男女,则分文没有。其实,恰恰是独身的人对我国计划生育作出了最大的贡献,但我们的社会偏偏对此视而不见。

其实,独身和结婚都是一种正常的状态,都是一种合情合理的生活方式,为什么我们却独独容忍不下独身的生活选择呢?看一看日常生活中独身的人群,我们不难发现,独身的人其实跟我们大多数人是一模一样的,他们跟我们一样过着普通人的生活,他们既不是洪水猛兽,也不是"天外来客"。此外,如果我们更深入更仔细地观察一下,不难发现,除了由于各种原因被迫独身之外,自愿独身的人往往是高素质的人,他们的学历可能比我们更高,他们的收入可能比我们更多,他们的生活可能比我们更多一些轻松和愉快。之所以选择独身,不是因为他们有毛病,而是因为他们生活的自觉性更明确,对个性更加崇尚,对自由更加向往,也因为他们对自我和他人更加尊重。

对独身的容忍从某种意义上来说是衡量人类社会文明的一个尺度,所幸的是,我们目前的社会对独身现象的容忍度已经越来越宽,很多人已经不再用一种异样的眼光来打量独身的人,这已经是一个长足的进步。但这并不等于说独身的人已经没有任何问题了,我们的社会还应该为自愿选择独身的人提供更多的服务和帮助,以使他们能够过上完美的生活。对于独身的人来说,他们所遇到的问题很多很多,与婚姻状态中的人比较起来,其中最大的问题有两个:孤独和性生活难以满足。结婚的人都有长期的、固定的伙伴一起分忧解难,而独身的人,除了亲朋好友和同事之外，只能与自己形影相吊，孤独和寂寞是永远挥之不去的，如何排遣这些孤独和寂寞，除了独身者的个人努力之外，还需要社会伸出友爱之手。此外，独身的人另一个令人头疼的问题就是性的满足问题。我们的社会用法律的形式约定了唯一合法的性满足形式，那就是婚姻，甚至自慰也是不允许的。我们用了一个充满贬义色彩的词——手淫——来指称自我的性满足行为，我们的社会还动用了大众传播媒体来恐吓自慰的人，郑重其事地告诫说，手淫会导致从生理到心理各种各样非常严重的问题和疾病。这意味着只有通过婚姻才能获得唯一合法的性满足，如此一来，独身的人就被排除在外。在性的方面，独身的人只剩下了两种选择：要么拼命压抑自己，不惜出现生理或心理的扭曲；要么面对法律铤而走险，不惜以身试法。

应该承认的是，独身的人和我们一样是正常的人，独身的人和我们一样有同等的权利，如果我们的社会在有意无意中漠视、否认或拒绝了他们，有意无意中剥夺了他们应得的权利的话，我们应该立即作出纠正，不管是谁犯下了这个错误。

2. 同性恋

人类对自身的认识经历了一个漫长而曲折的过程，性的需要是人的一种与生俱来的生物本能。但是，恰恰是在这个人人都不可或缺的本能的认识上，人类反倒走过了一条更为漫长、更为曲折的道路，对同性恋的认识就是一个典型的代表。同性恋(homosexuality)一词是由一名德国医生本克特(Benkert)于1869年创造的。这个词描述的是，性的取向只指向同性，而对异性则不能作出性反应。从历史的角度来看，古今中外都有关于同性恋的文字记载，据民间流传，中国“杂说娈童(男同性恋)始黄帝”，而有文字记载的中国同性恋始于商朝，到了春秋战国时期，同性恋显得更为活跃，同性恋的别称“余桃”和“龙阳”的称呼就始自于此。我国伟大诗人屈原的著名诗作《离骚》、《思美人》等诸多作品则被附会为对楚怀王的同性眷恋之情，汉朝则成就了与同性恋紧密相关的另一个著名词语“断袖之交”。自汉之后，同性恋之风时盛时衰，绵延不绝。从西方历史来看，同性恋同样是一个不可忽视的问题，西方同性恋的表现与古代中国比较起来，有过之而无不及。同性恋在西方有一个代名词，叫做“希腊式恋爱(Greek Love)”，这表明古希腊时期同性恋是非常普遍、甚至是受到积极倡导的。读一读柏拉图的对话录，我们不难发现，里面充满了对美少年的恋慕之情，著名的哲学家柏拉图以及著名的女诗人萨福都是当时非常有名气的同性恋的代表。作为西方思想和文化的源泉，“希腊式恋爱”自然对后来的西方思想和生活发生了深刻而持久的影响，随便翻一翻西方的历史，几乎处处都会发现同性恋者的身影，柴可夫斯基、王尔德、福柯……大批的著名文艺家和思想家竟然都是同性恋者！时至今日，在西方许多普通百姓也开始了对同性恋权利的争取活动；在我国，同样也存在着一些同性恋者，只不过他们大多是在暗中偷偷地活动。

尽管同性恋的存在无论从时间还是空间上都很普遍，但迄至今日，同性恋一直没有合法的地位和合法的权利，一直见不了阳光。许多人对同性恋充满了偏见、歧视和误解，甚至还有人对同性恋保持强烈的厌恶、憎恨和敌意。之所以会形成如此的局面，这里涉及了许许多多历史、现实、社会和生理等方面的原因。

从现实的原因看来，我们大多数“正常人”在婚姻的结合方式上都是异性恋，也就是一男一女的结合，这是社会所认可的唯一合法的婚姻结合方式。同性恋者因为种种原因显露于社会中的毕竟只是少数，因此，我们习惯于认为，只有一种异性恋，只有这种异性恋才是唯一合情合理合法的婚姻形式。其实，这种推论仅仅具有或然性，而不具备必然性。我们所习以为常的并不一定就是正确无误的，反之，我们所少见或未见的、我们所难以习惯的并不一定就是错误的、非法的。大多数人所身体力行的异性恋在这里其实构成了对少数人所坚持不渝的同性恋的一种歧视，而且是一种未必具有合理性的歧视，我们可以把这种现象称之为“异性恋霸权”。在这种强大的霸权之下，我们漠视、忽视、拒斥了沉默的、少数的、弱势的同性恋群体。

对同性恋的非理性态度的形成还有一个重要原因，这个原因是与婚姻的功利性目的紧密相连的。人类社会发展的一个重要保证就是人类自身的再生产，这个目的只有通过异性恋才能得到实现。在人类对自身的认识过程中，很长一段时间中，婚姻是与传宗接代紧密相连的，甚至人们曾经认为，生育的任务完成之后，夫妻之间的性活动也变得毫无必要了。事实上，生育是大多数人反对同性恋的一个最大的借口。正是由于这种以生育为婚姻目的的功利性观念，人们想当然地认为，只有异性恋才是唯一应该的婚姻。同性恋因为只能产生出快感，所以，被认为是应当摒弃的。这是一种错误的认识，这种错误则是建立在对婚姻的误解之上的。随着人们对自身的进一步认识，人们对婚姻有了更深入和更科学的了解。今天，在大多数人看来，婚姻已经不再仅仅是生育的工具，性的愉悦已经成为维持婚姻、圆满生活的重要保证。有关资料显示，在现实社会中，导致婚姻解体的重要原因不是不能生育，而是性生活的不协调。很显然，通过婚姻获得性愉快是婚姻的重要内容，如果以此为衡量婚姻合情、合理、合法的主要尺度的话，我们没有充分的理由来否定同性恋的存在。因为同性恋除了不能繁衍后代之外，同样能够给双方提供足够的性的愉悦，这也是同性恋者的一个主要追求。

对同性恋的否定还有一个理由，即心理上的原因。许多人认为，同性恋如果不是犯罪的话，至少也是一种性变态，是一种病态的表现。现代科学研究已经揭示出人的性向有多种，有人是倾向于异性的，有人是倾向于同性的，还有人是倾向于双性的。从生理的意义上来讲，这三种性取向并没有简单的对与错，它们其实都是属于人类常态的行为范畴之中，这意味着同性恋并不是像我们想象的那样是变态的、病态的甚至是有罪的、邪恶的，而是与我们大多数人的选择一样，是正常的、健康的。

正由于以上诸多原因,同性恋正在引起越来越多人的关注,同性恋在目前社会中所处的境遇也正在悄悄地发生变化。种种迹象表明,我们的社会正在变得越来越科学、越来越昌明,我们的观念正在变得越来越开放、越来越自由、越来越多元化。同性恋者逐渐走出了地下,开始在社会中积极争取正常的生活,同时社会对于同性恋者的态度也在渐渐走向开放。1973 年,美国精神病学会理事会正式宣布:同性恋不是一种精神疾病,同性恋本身并不意味着判断力、稳定性、可信赖性的缺失,也不意味着一般社会或职业能力的损害。同时,将同性恋作为精神病分类单位从其《诊断和统计手册》(DSM)中删除。美国心理学会代表大会也发表声明,赞成美国精神病学会将同性恋从精神疾病分类中删除的行动,并进一步呼吁所有精神卫生专家发挥领导作用,消除长期以来与同性恋性倾向有关的偏见。在丹麦,同性恋者已经争取到了组建家庭的合法权利。可喜的是,我国于 2001 年也重新确认了对同性恋的界定,在最新出版的《中国精神障碍分类与诊断标准》第三版中,我国也确认同性恋并不一定属于心理异常,同时我国也将同性恋从精神障碍的分类中删除出去。这是一个非常了不起的进步,尽管它来得稍微晚了一些,但这毕竟是一个长足的进步,同时也是我们的社会进步和文明的象征。

在对同性恋进行科学认定,并赋予合法地位的同时,我们也应该看到同性恋在现实生活中还存在着许多问题,这些问题不仅影响到了同性恋群体的安全,同时也对社会的稳定和安全构成了一定的威胁。比如同性恋者对艾滋病的传播,同性恋者自身缺乏有效的法律监管等等,所有这些问题的解决还需要我们的社会以及我们每一个人都拿出科学的勇气来面对同性恋这个问题,而不是逃避、漠视或者否定。

3. 同居

同居是介于婚姻和独身之间的一种生活选择,随着社会的进一步开放,选择同居的年轻人越来越多。同居现象的大量出现对于婚姻、对于社会都是一种不小的挑战，这是我们无法忽视它的一个主要原因。

选择同居的主要原因可能更多的是基于一种现实的考虑，因为在同居中，男女双方可以得到只有在婚姻生活中才能得到的一些东西，比如，性的满足、男女双方的情感依偎等等。事实上，同居并不像我们通常所以为的那样，是一种单纯为满足欲望而产生出来的“一夜情”，同居也并非像我们所想当然的那种完全功利的露水姻缘。同居并非都是不负责任的短期行为。很多时候也可能是深思熟虑之后的结果，是一种更为谨慎、更负责任的决定。但是，既然如此，为什么不选择婚姻呢？有许多现实的理由使青年人暂时选择了放弃婚姻。结婚的费用越来越昂贵、结婚之后的人情往来太过于繁琐、结婚之后的生活尤其是有了孩子之后的生活令人望而却步；还有的年轻人认为，结婚之后爱情就彻底消亡了，为了爱情的永驻，他们选择了同居这种特殊的方式；也有人认为，结婚就是将自己装入了一个金丝牢笼之中，婚姻的束缚使人无法自由地呼吸，同居因此成为了一种替代方式。

同居现象的大量出现很难用一句话来作出评判，但显而易见的是，同居的大量出现意味着人们两性观念的变化，意味着人们对婚姻生活的反思，同时，也意味着人们生活方式的重要转变。同居所带来的最大的影响表现在对婚姻和家庭的冲击上，同居促使人们进一步思考婚姻的神圣性和唯一性的真相，使人们进一步探究生活的多样性和复杂性，也进一步促使人们更深入地转向对人类自身的反省上。

4. 晚婚晚育和自愿不育

生育曾经作为婚姻唯一的、终极的目的而存在，婚姻由此异化为生育的工具，“不孝有三，无后为大”是许多人的人生信条。而今，这一切都在发生变化，尤其在年轻人中，生育在婚姻中的地位已经越来越低，取而代之的是对婚姻和生活的尽情享受。在发达城市和地区，这种变化尤其明显。

许多年轻人选择了晚婚晚育,还有的人选择了自愿不育,除了计划生育基本国策的导引以及工作和生活的压力之外,晚婚晚育和自愿不育所反映出来的更主要的是年轻人生活观念的变化,以及年轻人对自我的关注,对婚姻的重新定位。

晚婚晚育和自愿不育所表明的一个突出变化在于,孩子已经不再是婚姻的终极目标,不再是婚姻的唯一重点。夫妇双方真正成为婚姻的目标,真正成为婚姻的主宰。这种变化的突出意义在于,让婚姻重新回归到了婚姻的真实本质,让婚姻真正以婚姻的本真面目而出现,让婚姻真正为了婚姻自身而存在!

第四节　成年早期的工作与职业

爱与工作是成年早期的两件最为重要的事情,因此,婚姻的组建和职业的寻求就成了成年早期的核心目标,这两件事情的顺利解决对于成年早期的圆满度过乃至中年期和老年期的顺利发展都有着举足轻重的意义。

如果说工作主要侧重的是一种体力或脑力劳动,是一种具体的活动的话,职业更加侧重的则是这种体力或脑力劳动的分属,是一种普遍意义的类别,这是两个词在这里的一点主要区别,但它们同样指向的都是成年早期的人为了维持生计、为了进一步的发展所作出的选择和行动。

一、工作和职业的意义

工作和职业的意义有很多,这些意义具体表现在对于个人、家庭、他人以及社会等多个方面，主要有以下几点。

1. 维持物质生活的基本来源

工作和职业的首要意义就在于对物质资料的创造上，对于整个社会而言，没有劳动、没有工作、没有多种职业的分工与合作，社会存在的基础就根本不存在，社会的进步和发展也将成为无源之水、无本之木。对于个人而言，同样如此，失去了工作，一个人将失去收入、丧失生活资料的购买能力，他将无法生存下去。看一看失业人员的艰难生活，我们不难明白这个道理。而职业的不同也会在一定程度上决定人们收入的多寡，我们国家电信、电力等垄断性行业的平均收入就大大高于其他行业，至于演艺明星、足球明星的收入更是工薪阶层收入的数十倍、甚至上百倍。

2. 确定个人身份

在现实社会中，判定一个人的主要依据就是他在做什么，一个人的所作所为就是对当事人的具体说明。日常生活中，人们打招呼总爱问“你是哪个单位的?”我们在介绍某一个人时，也总爱说“他是某某单位的”。单位在这里就是对一个人身份的界定，单位的真实含义其实更在于指明这个人是在做什么工作、是从事何种职业的。我们也常常说，这个人是教师、那个人是公务员等等。教师和公务员这些不同的职业可以满足我们对某一个人很大程度上认知的需求。反之，如果一个人没有承担任何工作时，我们在介绍这个人时常常会感到无从张口，原因就在于他没有足以表明身份的标志。万不得已时，我们可能会说，“他是个失业人员”或者“他是个无业人员”，无业和失业其实还是从工作和职业的角度来对这个人进行身份界定的。

3. 建立社会关系

人是一个社会关系的总和，但这种社会关系的建立并非与生俱来，而是在不断的社会交往之中逐步建立起来的。人们的社会交往也并不是虚无飘渺的，而是建立在现实的基础之上的，其中，工作和职业就是最基本的交往基础和最现实的交往条件。没有工作和职业，人与人之间的社会交往就不可能建立起来，即使勉强建立起来，也很难维持下去。现代社会的高效率和快节奏使人际交往变得越来越简便、越来越功利，人与人之间几乎只剩下了工作关系，人与人之间更主要的是通过工作或职业联系了起来，没有工作和职业的人就被无情地排除在外。失业人员和退休人员常常有一种深深的被社会遗弃的感觉，原因就在于此，因为没有工作，他们的社会交往就被强行切断了，他们的社会关系也因此被人为地中断了。

4. 圆满个人人格

工作不仅给我们提供了物质的基础，而且还为我们提供了精神的满足。通过工作，我们遇到了困难并且努力克服了困难，我们变得坚强起来；通过工作，我们获得了成功，这种成功感和自豪感使我们更快地成长起来；通过工作，我们进一步认识了各种各样的人，认识了复杂多样的社会，我们变得更加成熟起来；通过工作，我们更加广泛和深入地接受着社会化的洗礼，使我们更加迅速、更加彻底地由混沌的生物人转化为文明的社会人；通过工作，我们摒除了人格的缺陷，从而使自己的人格成熟起来、圆满起来。

5. 确立生活寄托

对于大多数人来讲，工作已经远远超越了温饱的基本需求，工作的意义绝非仅仅为我们提供牛奶和面包，也绝非一种简单的体力和脑力劳动。在很大程度上，工作已经深深地植入了我们的生活，我们与工作已经须臾不可分离。工作已经成了我们的生活习惯，工作已经成了我们的生活方式，工作已经成了我们的生活寄托，工作已经成了我们的生活目标，工作与我们的灵魂已经完完全全地融为一体。

二、工作和职业的发展

工作和职业的发展是一个循序渐进的过程，它与人的成长和发展紧密结合在一起，这主要表现在两个方面：其一，工作本身就是人们生理、心理和社会等多方面成熟之后的结果，是青年或成年时期才被允许的一种选择；其二，人们对工作的选择和认识本身也是一个不断深入、不断更新的过程，这个过程可能从幼儿园或小学就已经开始，但它却一直延续到成年期、老年期，几乎贯穿了整个人生。唐纳德·苏珀尔(Donald Super)是这种理论的一个突出代表，他认为，人的职业生活是一个不断发展的过程，这个过程从儿童期开始，一直延续到老年退休为止。他将人的整个职业发展过程划分为五个基本阶段。

1. 第一阶段：成长阶段

这个阶段从人的出生开始，直到 14 岁左右，这是职业发展的萌芽期。在这个阶段，儿童主要对家庭和学校中的重要他人进行观察、模仿和认同，由此产生朴素的职业想象和期望。这个阶段又可以再细分为三个子阶段：

(1) 幻想阶段。这个阶段在 4～10 岁。这个时期的儿童以主观需要为中心，通过幻想来形成对职业的初步认识。

(2) 兴趣阶段。这个阶段在 11～12 岁左右。此时的儿童对职业的认识主要受到了个人兴趣和个人好恶的影响。

(3) 能力阶段。这个阶段在 13～14 岁左右。儿童自身的能力得到进一步发展，这种能力成为影响对职业认识的主要因素。

2. 第二阶段：探索阶段

这个阶段从 15～24 岁，大体处于初中、高中和大学时期，这时对职业进行的是一般性的探索。在学校、在业余生活中、在临时性劳动中，青少年们有了更多的感性经验，通过这些经验，青少年们可以确定自我概念，发现自己的兴趣，评估自己的能力，在此过程中，逐步寻找自己的职业方向。这个阶段同样可以再划分为三个子阶段：

(1) 试验阶段。这个阶段从15～17岁。此时的人对自己的兴趣、需要、能力、价值观和机会都有所考虑，而这些将是年轻人对职业进行试探和尝试的决定因素。

(2) 转折期。这个阶段从18～21岁。年轻人此时对职业的看法更多地开始受到现实的影响，并开始为现实做准备，过去的幻想逐步得到修正。

(3) 尝试阶段。这个阶段从22～24岁。年轻人开始进入真正的职业生涯，开始了第一次真正的职业生活。

3. 第三阶段：建树阶段

这个阶段从25～44岁。在这个阶段，个人获得特定的工作，进入持久的职业，开始了职业角色的转换，并力图发展自己的职业，这个阶段的核心任务是稳定和巩固。这个阶段被进一步细分为两个阶段：

(1) 适应阶段。这个阶段从25～30岁。在这个阶段，人们对自己以及原来的职业都会有一个重新的思考和定位。对职业不适应的人，会重新调整，以便找到适合自己的理想职业。

(2) 稳定阶段。这个阶段从31～44岁。此时的人们已经找到了真正属于自己的理想职业，开始在这个职业中努力发展，以便稳定下来，同时获得职业上的成功。

4. 第四阶段：维持阶段

这个阶段从45～65岁。此时人们已经在自己的职业领域里取得了一定的成果，这个阶段的主要特征是：人们致力于巩固已有的成就，不愿轻易再转行，这是职业发展的一个相对稳定或停滞的时期。

5. 第五阶段：衰退阶段

这个阶段是从65岁一直到生命的最后时光。在这个阶段，因为生理的衰老和社会的退休制度，人们渐渐地退出了工作岗位，减少或中止了职业活动。

与苏珀尔相似，另一位美国心理学家金兹伯格(Ginzberg)同样也提出了人的职业发展问题，他也是从人的发展过程来对职业进行分析，不同的是他将这个发展过程划分为三个阶段：想象期、尝试期和实现期。

想象期。这个阶段从幼儿期开始一直持续到10～12岁左右。这个阶段中儿童对职业主要是处于想象之中的，对职业的想象很少具有现实性基础，儿童可能会异想天开地想成为一名宇航员、当一个科学家或者当一个总统等等。

尝试期。这个阶段大约从11岁持续到16岁。随着青少年的逐步成长，他们渐渐开始认识到了自己的兴趣，了解到了自己的能力，开始对职业以及与职业相关联的社会声望和物质报酬有了一定的认识。同时，对职业本身的要求条件也渐渐开始认识，为接下来的职业选择打下了基础。

实现期。这个阶段从17岁左右开始直到老年期，这是正式的职业生涯，它是以职业的确定为开始。金兹伯格把这个阶段进一步再细分为三个阶段：探索期、明确期和具体化期。其中，探索期主要致力于探明职业的多种选择；明确期主要致力于澄清真正的职业选择，找到真正适合自己的职业选择；具体化期很显然就是致力于实现自己的工作选择。

三、成年早期的职业选择与适应

职业发展理论很清楚地揭示出，成年早期的主要任务应该是对职业作出确定的选择，同时适应职业的发展。职业的选择绝不是一件轻而易举的事情，同时也绝不是一件无足轻重的事情。人们常说："男怕入错行，女怕嫁错郎"，错误的职业选择，会大大地延误人们的职业发展，影响人的社会成就的取得；正确的职业选择，则会使人们更加充分地发挥自己的优势和潜能，取得更大的个人和社会成就。职业的选择是一个综合性的行为，它涉及了许许多多因素，主要有以下几点。

1. 兴趣

在择业过程中，许多人面临着一个两难的抉择，究竟是应该以兴趣为主，还是应该以收入为主？有的人想以兴趣为主，却又害怕因此陷入经济的拮据困境；有的人想以收入为主，却又对兴趣的割舍很是心痛，这是许多刚刚踏入或将要踏入工作岗位的青年人的困惑。在现实生活中，更多的人倾向于放弃或暂时放弃兴趣，而首先求得物质的满足。其实，这是一种很短视的行为。因为从事自己不感兴趣或很少感兴趣的工作是很难全身心地投入的，这种状态很难使一个人在这个职业中出类拔萃，因此也很难使这个人在收入上有实质性的提高。即使在物质上有了一定程度的改善，它也是建立在精神的痛苦之上的，这种深深的痛苦要远远大于物质上微薄的提高。事实上，明智的选择应该是以兴趣为出发点，以兴趣作为择业的主要标准。当你对一件工作感兴趣时，你才可能全身心地投入进去，当你全身心地投入进去之后，你当然很有可能把工作做好，以至很有可能会有成功的收获。事业上成功之后，无论是物质上还是精神上都有可能得到极大的满足，这种物质和精神的双丰收如果没有兴趣作基础是绝对不可能的。

2. 能力

能力是择业的另一个重要因素。你可能选择了一个你很感兴趣的工作，你可能有机会进入一个薪酬很诱人的职业，即使这个选择同时满足了你的兴趣和物质需求，但你还应该考虑到你的能力是否适应这个选择。对于一个远远超越了自己能力范围的职业，你最好对它敬而远之，因为它并不是真正属于你的。在自己力所不及的工作中，你根本无暇去消受你的兴趣和收入，你所能感受到的将是无穷无尽的压力和痛苦，如同身负重担去跳舞一样。

3. 性格和气质

性格和气质是另一个影响工作抉择的重要因素，不同的性格决定了它只能属于不同的工作，不同的气质同样也只能选择不同的工作。外向型的人可能更适合做一些社会性的工作，内向型的人可能更适合做一些需要思考、讲求个体能力的工作。语言能力和想象能力强的人更适合成为一个作家，逻辑思维和抽象思维能力强的人可能更适合做一个数学家或科学家。从某种意义上来讲，这也是个人资源的一种最优化组合，是人尽其才的一种表现。

4. 社会的需求

当兴趣、能力、性格、气质这些因素全部满足之后，也并不等于可以自由地去选择职业，还有一个重要的因素需要考虑，那就是社会的需求。应该说，社会的需求要高于个人的一切，没有了社会的需求，一切工作都只是水中花、镜中月，一切职业都只是无源之水、无本之木，一切能力都将只是华而不实、大而无当的“屠龙之技”，所有的人都将是可怜可叹的局外人。

择业还涉及了许多因素，比如性别、年龄、机遇、籍贯、种族等等，甚至身高、胖瘦和美丑都会影响到职业的选择，这使我们在择业时不得不认真地考虑方方面面的因素。除了全面考虑这些因素之外，还应该注意择业观念的变化。随着改革的深入发展，计划经济的管理模式被消除，市场经济的机制在确立，人已经不再是“单位人”，而是一个“社会人”，人的自由性在增大；与此相应的是，人在工作中的流动性也在大大加强，转职、求职将越来越频繁。我们每个人在一生中择业的频率将越来越高，择业将成为持续一生的选择，而不仅仅是某一个阶段的行为，这要求我们有足够的信心和勇气来面对不断来临的择业。这是一种全新的择业观，也是一种全新的生活态度，它塑造出的也将是一个全新的生活世界。

☞ **延伸阅读：**

[1] (美) 贝克. 认知疗法：基础与应用. 翟书涛等，译. 北京：中国轻工业出版社，2001.

[2] (美) 萨利贝. 优势视角——社会工作实践的新模式. 李亚文等，译. 上海：华东理工大学出版社，2004.

[3] (法) 让-查尔斯·拉葛雷. 青年与全球化. 陈玉生，译. 北京：社会科学文献出版社，2007.

[4] (美) 杜布林. 心理学与工作. 王佳艺，译. 北京：中国人民大学出版社，2007.

[5] (英) 斯迈尔斯. 人生的职责. 李柏光等，译. 北京：北京图书馆出版社，2001.

[6] (美) 马登. 成功的品质. 罗海林等，译. 北京：中国档案出版社，2001.

第十一章 中年期

中年期的具体时间划分不是一件简单的事情，因为人类的平均寿命在不断延长，人的受教育年限在不断拉长，而且从世界的总体发展情形来看，人的退休年龄也在不断向后推迟，这些原因导致了人的生理年龄、心理年龄以及社会年龄都呈现出年轻化的趋势。这使中年期的具体时间划分很难有一个统一的、不变的标准，具体到我国的现实特征，中年期从时间上来讲，大致包括从35～60岁左右这段时间。

相对而言，中年期是人生发展过程中比较漫长的一个阶段，前后持续的时间比较长，同时，在中年期发生的重要变化也比较多。但是，令人奇怪的是，相对于儿童期、青年期和老年期硕果累累的研究成果而言，我国学术界对中年期的研究却保持着一种极不和谐的沉默，中年期的研究出现了许多不该出现的空白。也许人们认为，儿童期和青年期正处于急剧变化时期，我国目前又处于老龄化的压力之下，所以，儿童期、青年期和老年期才理所应当地成为理论界关注的热点；中年期则是人的一生中发展比较稳定的时期，问题比较少，所以不必过于关注。其实不然，如果说青年期是从儿童期向成年期的过渡，是走向成熟的话，中年期同样也是一个转折期，是从青年期向老年期的过渡，是从人生的辉煌巅峰向人类另一个无法逃避的极点——孤独、寂寞和死亡的老年期的过渡。此外，中年期也是人的一生中最为成就斐然的时期，这是一个成功的时期，是人在生理、心理和社会等各方面都趋于成熟的时期。为什么不去关注人生的收获季节呢？为什么不去倾听胜利的欢歌笑语呢？再次，中年期并非都是平稳发展的时期，中年期出现的问题并不比其他成长阶段少，更年期、婚外恋、离婚、失业、身体的衰退和病变等等，这些都构成了一个绝对不容忽视的问题——中年危机。中年期其实是一个很复杂、很沉重的时期，它需要我们给予更多的关注和理解。

第一节 生理的发展与变化

一、生理的变化

中年期在生理上的变化生动地反映出了由青年期向老年期的过渡，中年期已经达到了生理发展的巅峰，并且又呈现出逐步衰退的明显迹象。中年期身体的衰退是全面性的，身高开始降低，体重开始减轻，消化系统和新陈代谢功能出现明显的下降趋势，在呼吸系统方面也大不如年轻时期，脑的发展停止并开始减轻重量，从 40 岁开始视觉系统出现急剧的减退，与此同时，听觉系统也出现衰退迹象，味觉、触觉同样也开始衰退。在力量和速度等方面，中年人常常感到力不从心；在身体上，中年人头发开始变白、渐渐脱落，皮肤开始变得越来越粗糙；此外，在体型上，中年人渐渐开始发福、身体开始发胖。

在生理上发生一系列变化的同时，中年人对疾病的抵抗能力越来越差，各种各样的疾病开始缠上身来，俗话说，“三十以前人找病，三十以后病找人”，这正是中年期这种尴尬情景的生动描绘。由于视力下降，中年人开始出现视力模糊、散光等问题，不得不配戴眼镜；由于听力下降，中年人常常出现重听的情况；由于心血管系统出现的增龄性改变，中年人容易出现血压高、血压低、血脂高等心血管疾病；由于消化和新陈代谢功能的衰退，中年人也容易发生糖尿病等问题；由于身体的发胖，中年人容易出现心脏病、血压高、内分泌腺迟缓、消化系统功能缓慢等问题；由于生理功能的下降，中年期很容易出现身体上的病变，这也是我国许多知识分子英年早逝的一个重要原因。

中年期容易出现生理上的衰退以及发生病变,但这并不等于说中年期已经到了无可救药的悲惨境地。事实上,中年期并非只有这些阴暗面,中年期还有许多光明的一面,毕竟中年期是代表着人的成熟阶段,中年期的这些消极情形通过积极的手段是完全可以推迟甚至避免的。比如,尽管中年期在感觉和知觉方面都存在着衰退的情形,但与此同时,社会阅历的增长却使中年人在深刻而广泛的理解能力上处于最高峰;尽管中年人在体力上开始衰弱,但中年人的责任、使命和成熟却使他们在注意力的持久性上要超过青年人。对于身体的病变,只要平时注意饮食的科学性,注意工作的节奏性,注意加强身体锻炼,定期进行保健检查,并不是不可避免的。尽管中年期在生理上出现了一些不利的变化,但是中年人在心理和社会等方面的成熟却可以帮助他们在一定程度上避免或推迟这些消极情形的发生。也正因为如此,有些50多岁的中年人看起来却好像是只有三四十岁一样,人显得异常的年轻、有精神,这就是心理和社会的重要作用。而且这种心理和社会的作用在一定程度上已经超越了生理的界限,这是我们在考虑中年期的生理变化时必须要注意到的一个重要因素。也正因为如此,人们对中年期的看法也在发生着可喜的变化,中年期不再被视为是充满病态、面向死亡的挺进,中年期被视为是人生的一次重新开始,所以有人说“人生四十才开始”,这才是一种科学的、乐观的、积极的中年观。

二、更年期

中年期的生理变化中还有一个很重要的特征,那就是更年期。提起更年期,人们很容易联想到的是中年妇女,似乎更年期是仅仅属于中年妇女的一种表现,其实不然,中年男性同样也会有更年期。之所以很多人包括许多男性自身都会忽视男性更年期的存在，主要是因为男性的更年期表现没有女性那么明显，没有女性那么强烈。但事实上，在中年男性和中年女性中都存在更年期现象。在更年期，由于生理的特殊变化，进一步影响到了心理的变化，最后导致更年期的人尤其是女性在行为上出现了许多难以理解、难以接受的变化，因此，更年期就成了我们认识中年男性和中年女性的一个必需的窗口。

1. 女性更年期

女性的更年期大多出现在 40 岁左右，是妇女月经从紊乱、不规则到彻底绝经期前后，也就是性腺功能开始衰退直到最后完全消失这段时间。具体到每个女性而言，更年期持续的时间长短不一，大致在 8～10 年；在更年期的开始时间上，每个女性也略有不同，但大多数女性更年期的开始都在 45～55 岁之间；此外，更年期实际所造成的后果对于每一个女性而言，也存在着明显的差异，有的反应强烈一些，有的反应淡薄一些，这里涉及了每个个体之间的具体差异。这种差异除了生理因素之外，还涉及了心理和社会等方面的区别。目前，有迹象显示，女性更年期的来临在时间上有推后的趋势，个中主要原因在于人们生活水平以及健康水平的提高，这从另一个侧面也表明，更年期的问题不仅仅是一个生理方面的问题。

更年期对女性的影响是比较显著的，更年期中的妇女常常出现一些明显的变化特征。在更年期中，月经开始紊乱并慢慢停止，卵巢停止排卵，女性荷尔蒙、雌激素停止分泌，女性生殖器官开始萎缩，由此导致一系列的生理和心理的不适应症状。更年期中的女性常常出现头痛、心悸、疲劳、失眠、小腹疼痛、面部潮红、喉部痉挛、易怒、多疑、性冷淡等等，这些症状被概括为“妇女更年期综合征”。

妇女更年期综合征的出现不仅严重干扰了妇女本人的正常生活，为妇女本人带来了无尽的烦恼，而且进一步影响到了夫妻关系、亲子关系，甚至还影响到了同事和朋友之间的关系。因此，解决更年期的问题就成了当务之急。

更年期综合征的出现涉及了生理、心理和社会等多方面的因素，因此，解决更年期综合征的问题也应当从多方面同时入手。

从生理的角度来讲，首先应当让妇女真正了解自己的身体，了解自己的生理变化规律，使她们对更年期的出现有一个科学的认识，从而放下不必要的包袱，消除紧张、恐惧的心理，轻松愉快地面对更年期的到来。同时，饮食要清淡、有规律，并且积极参加体育锻炼。对于那些反应比较强烈、症状特别明显的妇女，则可以同时辅以药物治疗，让她们服用镇静剂或其他抗植物性神经功能紊乱的药物。在国外，为了减轻更年期所带来的压力和困难，医生常常指导更年期的妇女服用性激素药物或注射雌激素复方制剂。

除了生理的治疗之外，还应该注意到的就是心理和社会的治疗。现代研究结果已经证明，更年期的问题主要不是生理方面的原因，更主要的则是心理和社会方面的原因，心理和社会方面的原因才是更年期最根本的原因。医学手段只能治标，心理和社会方法才能真正治本。妇女更年期问题更深层的原因还应该到心理和社会方面来寻找，这也是妇女更年期综合征比男性更为明显的真正原因。正因为社会赋予了女性不同于男性的社会身份和地位，所以才导致了女性与男性更年期反应的大不相同。具体原因主要有以下几点：

第一，生殖功能。女性不同于男性同时也是女性最引以为自豪的就是，女性具有生殖能力。怀孕、分娩是女性一生中最激动、最幸福的时刻，“母亲”因此成为女性最伟大的称号，不会生育的女性常常满怀歉疚和自责，甚至会认为她不是一个完整的女人。在更年期，由于月经的停止，由于卵巢排卵的停止，女性的生殖功能也随之丧失。从会生育到不会生育，这意味着一个女人从完整到不完整，许多女性很难接受这种突如其来的变化，由此导致一些异常的应激反应。

第二，性能力。性是夫妻双方结合的一个主要因素，在更年期，女性雌激素停止分泌，阴道变短，同时阴道弹性降低，生殖器官萎缩，女性性反应能力开始下降，女性慢慢变得无“性趣”，这是困扰女性的另一个重要因素。缺乏性兴趣和性能力首先使女人不再是一个真正意义上的女人；其次，它会使女性产生极大的心理恐慌和危机感，妨碍女性的自我认同；再次，这会影响到夫妻双方的关系。这些压力，作为一名女性是很难克服的，这些无法克服的压力转而会导致女性更大的心理变异。

第三，美貌。由于传统价值观念的影响，“郎才女貌”成了一种根深蒂固的观念，它深刻地塑造着每一位男人和女人。在更年期中的女性，皮肤开始变粗而且出现皱纹，最可怕的是，女性的第二性征开始逐渐退化，同时，更年期的来临明明白白地意味着老年期将要到来。对于女性来说，这是双重的打击，一方面是美貌的丧失，这是生理上的挫折；另一方面是青春美丽时光的一去不复返，这是心理上的恐慌。几乎所有的女人对美貌都有一种近于病态的追求，她们无法容忍美貌的永远消失，无法接受变老变丑的现实，而更年期的到来则彻底打碎了她们的最后一丝幻想，可以想象的是，很难有女性会平静地对待这一切。

第四，母亲角色的扮演。女性始终是以生育并抚养自己的孩子为天职，孩子是她最伟大的作品。在更年期，孩子大多已经长大成人，并且结婚，另行组建家庭，面对空空荡荡的家，以母亲为专职的女性常常会感到恍然若失。这种失落感如果得不到恰当的排遣，会严重影响中年女性重新调整自己的角色，影响她们重新面对现实生活，更年期的女性恰恰就受到了这种问题的困扰。

对于中年妇女来说，更年期可以被视为一种危机，一种全面的危机。生理上的不适随着更年期的结束会自然消失，但心理上的异常反应就不是那么简单了。它涉及了妇女自身的定位，也涉及了社会对妇女的期望。我国传统社会推崇的是“男主外、女主内”,在这种模式下,女性的活动天地被紧紧地局限在家庭之中。很显然,为了摆脱更年期综合征的困扰,女性应该有更广阔的天地,更多重的生活角色,更积极的生活态度,只有这样,才可能从根本上解决更年期综合征。

2. 男性更年期

男性与女性一样,也有更年期,所不同的是,女性更年期在生理和心理方面有明显的变化特征,而男性更年期在生理和心理上所发生的变化则比较轻微,所以,许多人包括男性本身并没有意识到更年期在中年男性中的存在。

从发生时间上看来,男性更年期要比女性更年期大概晚5～10年,男性的更年期大致在50多岁来临。与女性一样,具体到每一个个体而言,男性更年期的到来也呈现出个别性的差异。

男性更年期的到来同样也带来了一些新的变化,这些变化也表现于生理、心理和社会等方面,这种男性更年期综合征主要表现为以下几点:

第一,在具体特征上,尽管男性更年期不像女性更年期那样有绝经这样显著的征兆,但是,男性更年期的到来仍然有它自己的象征。男性更年期的典型特征是男性荷尔蒙、睾丸酮和雄性激素分泌的逐渐下降,与女性不同的是,这种分泌的下降并不会导致男性生殖能力的终止。

第二,在更年期中,男性体内的分泌开始发生比较微妙的变化,其中,男性荷尔蒙的分泌在减少,而女性荷尔蒙的分泌则在增加,这与更年期女性体内分泌的变化正好呈相反的方向发展。因为男性荷尔蒙分泌的减少,所以更年期的男性所具有的男性特征在逐步减少,此时的男性阳刚之气开始减弱;由于女性荷尔蒙分泌的增加,此时的男性阴柔之气开始增长。也就是说,更年期的男性在发展中,男子气少了些,女子气反倒多了些,这种变化可以称之为“男性的女性化”或“男性的中性化”,这种变化必然会对男性的心理产生一种深刻的影响。

第三，随着更年期的到来，男性在体型上也发生了相应的变化，中年男性身体开始发胖，甚至胖得有些臃肿，头发开始变白并慢慢谢顶，身体变为圆形，脸、手等部位开始变得粗糙，声音开始出现较高的音调。由于女性激素的增加，更年期的男性在乳房、腰部和臀部的脂肪逐渐增多，像女性一样变得浑圆起来。

第四，性功能开始出现衰退，与青年时期比较起来，更年期的男性无论是性欲、阴茎的勃起，还是射精和性高潮都表现出了全方位的衰退迹象。

第五，身体机能出现减退，常常感觉疲劳、耳鸣、听觉降低、食欲不振、精力不济、身体乏力，总有一种“人过四十天过午”的感觉。

第六，在情绪上容易失控，常常感到烦躁、易怒、多疑、孤独、压抑等，对社会容易失去信心。由于男性激素的减少，同时又由于女性激素的增加，在情绪上，更年期的男性像女性一样变得感情细腻、细心多虑。

男性更年期和女性更年期一样受到了生理、心理和社会等多方面的影响，解决男性更年期问题同样也应当从这几方面入手，只不过男性更年期在生理上表现得不如女性那样明显；同时，男性在社会结构中又处于一种比较高的地位，这些因素掩盖了男性更年期问题的显现。因此，我们有必要重新树立一种新的观念：男性与女性一样都是普通的人，男性也会遇到困难和问题，男性同样也需要关心和爱护。

第二节 家庭的调适

中年期是一个很特殊的时期，对于中年人自身而言，他们有一个完整的家庭需要维护，又有一个属于自己的事业需要去奋斗。与此同时,中年期还有另一个更特殊的特点,中年期正好处于一个夹缝之中,上面有老人,下面有子女,因此,中年期的家庭调适就同时表现在三个方面:其一是对老年父母,其二是对年轻子女,其三是夫妇双方自身的调适。

一、对老年父母的调适

人到中年,除了年龄的增长之外,在心理和社会适应等方面也在发生着显著的变化。中年人开始渐渐成熟起来,这种成熟不仅表现在对中年人自身的认识,同时也表现在对老年父母的了解和接纳上。随着年龄的增长,中年人对生命有了更深层次的认识,而自己的生身父母也在逐步变老,看着父母一天天老去,中年人对父母的感情会悄悄涌生出来。父母含辛茹苦的抚养、父母渐渐变老的身影都会使中年人重新认识自己的父母,这使中年人对老年父母的抚养作为一个重要的问题浮现了出来。

在当代中国,老年父母的抚养是一个非常严重的问题。由于计划生育的影响,我国以一种超常的速度跨入了老龄化社会,这使得老年人的问题成为一个非常严峻的社会问题,而中国传统文化中又特别强调"孝",这使中年人不得不直面这个问题。与以往不同的是,我国现在的老年人大多是有收入的,而且很多还是有住房的,这使得中年父母与老年父母之间的关系并不是一种单向的供养问题,而常常是双向的互助问题。我们经常看到,老年父母常常接济自己的中年子女,老年父母常常给予自己的中年子女物质的帮助,老年父母也经常帮助中年子女照看年幼的子孙;同时,中年人也在以各种方式照顾着自己的老年父母。因为老年父母大多有收入、有住房,而且老年父母很多情况下并不愿意与自己的中年子女共同居住,这一方面减轻了中年子女的抚养压力,另一方面也使老年父母有了一个相对自由的空间,这就使老年父母与中年子女之间营造出了一种比较宽松且比较亲密的关系。

值得关注的是,中年人与老年父母之间并不总是亲密无间的,也有一些中年人与自己的父母因为种种原因处于一种非常紧张的关系之中。令人愤慨而且令人难以置信的是,有的中年人此时不是尽心尽力地赡养自己的父母,而是开始挖空心思地算计自己的父母。为了更多地继承父母的遗产,有的中年人会千方百计地阻挠父母的再婚,有的中年人则会想方设法挤占父母的房产,还有的中年人视父母为无用的包袱,动辄辱骂乃至殴打,人性的沦丧已经到了令人发指的地步!老年父母的合法权益遭到了明目张胆的践踏和蹂躏。对于这些有悖人伦和社会法理的行为,必须通过道德和舆论的谴责甚至通过法律的严惩来予以惩戒。但是,令人痛心的是,在这种情况下,老年父母常常是赢得了法律的保障,却从此完全失去了本来属于自己的中年子女!此情此景,令人可悲可叹!

二、对成年子女的调适

按照正常的人生发展顺序,在中年期,子女开始渐渐长大,并且有了完全的行为能力。子女长大所导致的一个重要变化就是,父母不再像对待婴幼儿那样寸步不离、呵护备至。但这并不意味着父母的责任有所减轻,反倒是增加了许多。成年子女所可能遇到的问题越来越多、越来越复杂,这使父母肩负了更加沉重的责任和义务。成年子女成长的欢乐和烦恼需要父母来分担,成年子女上学需要父母来操心,成年子女就业需要父母来出谋划策,成年子女恋爱需要父母来把关。在许多父母眼中,尽管子女已经长大成人,但依然是一个不谙世事的孩子,依然需要父母无微不至的关心和爱护。事实上,成年子女并不一定对父母的包办、代替持同情和理解的态度,反倒经常对父母出现逆反和抵触情绪,但父母依然事无巨细忙前忙后,真是可怜天下父母心!

在这里,应该警醒的不是成年子女,而是任劳任怨、不知疲倦的父母。父母应该为自己"减负",应该对成年子女"放飞",父母应该改变一下传统的观念,不要管得太多、太细、太宽、太深,更不要把子女视为自己的私有财产,已经成年的孩子应该有属于自己的一方天地,已经成年的孩子应该有自己选择自己生活的权利,只有这样,才可能使子女尽快地成长起来。置身于父母怀抱的孩子是永远也长不大的,好心好意的父母反倒可能害了自己的孩子。西方有些国家的父母在子女 18 岁时,就义无反顾地将子女推向社会,强迫子女学会独立自强,应该说,这才是对子女真正科学的爱,这是很值得我国父母们参考和学习的。

子女在成年化同时也要求父母对孩子管教方式的转变,父母不应当再将孩子视为毫无行为能力的婴幼儿,父母与子女的关系也不应当是上下级式的命令与管束,父母应当充分认识到子女的成熟,应该充分尊重子女的选择。在此基础上,父母与子女的关系更主要的应当是平等的、交互的,是朋友式的。父母对子女应该有更多的尊重、理解和支持,这种尊重、理解和支持应该建立在对成年子女独立人格承认的基础上。

也正因为父母对子女有这样一种特殊的舐犊情结,所以当成年子女结婚或搬出家门之后,在这个空巢期,中年父母一下子很难接受这个现实,心理上出现了深深的空缺,生活中仿佛失去了寄托和支撑,整个生活顿时乱了套。这是一种特殊的危机,中年父母应该有勇气面对这个事实,也应该有信心、有能力来解决这个危机。对父母来说,首先应该承认和接受的事实是,毕竟父母不可能一辈子陪伴子女,终究有一天子女要开始独立面对生活;其次,中年父母应该重新发现自己生活的真正意义所在;再次,中年父母应该把目光重新投射到夫妇双方之上,从夫妇生活中寻找到更多的欢乐,把夫妇双方重新确立为生活的中心。其实,一切本来就应该如此,此时的夫妇不过是重新找回被压抑、被掩盖、被放弃的真实的自我。

三、中年夫妇双方的调适

中年期对于中年期夫妇来说，既是一种危机，也是一个机遇，这种双重性同样也表现在中年夫妇的婚姻生活中。作为机遇，中年期的变化可能促使中年夫妇重新唤醒他们长期被冷落的感情生活；作为危机，中年期的变化则可能导致中年夫妇婚姻生活出现裂缝，这种裂缝如果得不到及时的修补，很有可能会摧毁中年夫妇苦心经营的婚姻生活。

1. 感情的第二春

中年期是夫妇双方压力最大的时期，为了孩子、为了工作，中年夫妇几乎彻底遗忘了自己的存在，当子女长大成人，并且结婚离家之际，中年夫妇终于可以长长地出一口气了。子女结婚离家之后形成了一个“空巢期”，我们也把这段时期称之为“后父母时期”，这意味着父母的责任和义务有了一个暂时的完成。空巢期的出现对中年夫妇而言既是一种危机，同时也是一种机遇。作为机遇，它使中年夫妇重新发现了自己，并且使自己重新成为生活的中心，重新掌握了自己的生活。它的意义有两方面：其一，中年夫妇可以集中精力在事业上全力拼搏，以求获得更大的成就；其二，中年夫妇有机会重新培育双方的感情，获得爱情的第二个春天。没有了孩子的打扰，中年夫妇拥有了大量自由支配的时间，夫妇双方可以独自相处，可以营造属于自己的隐秘空间，夫妇双方有了更多相互交流的时间和空间，这毫无疑问会大大增进夫妇之间的感情，让夫妇双方重新寻找到爱的欣喜和激动，重新感受到新婚蜜月般的甜蜜时光。孩子的独立还会使夫妇节省下大笔的金钱，这使中年夫妇能够更加充裕地应对生活，可以装扮一下自己，也可以外出旅游。所有这些都使中年夫妇得到了最大限度的解放,获得了最大限度的自由,在这种情况之下,夫妇双方的感情得到了重新的培育,增添了新的活力,焕发出了新的生机,婚姻生活由此揭开了一个新的篇章。把这段时间称为“第二个蜜月”,成为“婚姻生活的第二个春天”,恐怕是一点儿也不为过吧。

2. 婚姻危机

中年期带给中年夫妇的不仅仅有喜出望外的甜蜜,还可能会有难以下咽的苦涩,这种苦涩主要表现在中年夫妇婚姻生活中所遭遇到的种种危机上。婚姻生活中有“十年之痒”一说,它意味着结婚 10 年之后,婚姻会遇到一次严峻的考验,这种考验也许会导致曾经美满的婚姻的解体。事实上,子女成年之后,这种婚姻危机的阴影就一直挥之不去,各种各样的危机一直困扰着中年夫妇的感情生活。中年期也是人的一生中夫妇双方感情最容易出现问题的特殊时期,女性很容易“红杏出墙”,男性也很容易“感情出轨”。中年期本来应该是一个成熟的、负责任的时期,为什么中年夫妇容易出现移情别恋、容易出现外遇、容易走向离婚的不归路?个中原因主要有以下几点:

第一,中年危机的具体体现。在心理学上有一个专门的术语“中年危机”,这个词指的是在中年,人会遇到许多问题,如果这些问题得不到及时完满的解决,对中年人的正常生活将构成一种危机。中年人所可能遇到的问题包括了生理、心理和社会适应等多个方面。在生理上,中年人的体质在不断下降,体能和精力越来越不济,同时各种各样的疾病慢慢缠上身来;在事业上,中年期大多已经到了一个“平台期”或“高原期”,中年人常常感到事业已经到了尽头 ,很难再有更大的突破,从而在心态上渐渐趋于保守,过于求稳,不再愿意冒险;在日常生活中,中年人认为人生的主要事件都已经历过,剩下的一切只不过是简单地重复过去的生活,生活成了例行公事,一切因此都变得了无新意,“人到中年万事休”成了中年人中一种普遍的心理,这实际上就意味着对生活的彻底放弃;在社会适应上,面对着养家糊口的压力,面对着社会越来越激烈的竞争，许多中年人在心态上渐渐失衡，心理上充满了矛盾、冲突和压抑，这使许多中年人不同程度地患上了心理疾病。在中年人中，心理失常、行为失调成为一种流行病，在人的一生中，中年期也是自杀率最高的时期。

在这种情形下，中年人的这种消极心态会直接影响他们对婚姻生活的态度，婚姻生活也成了“食之无味、弃之可惜”的“鸡肋”，婚姻生活成了日复一日、年复一年的例行公事，家庭生活也变得越来越程式化。曾经海誓山盟、信誓旦旦的恋人也渐渐失去了神秘感和新鲜感，许多人因此对婚姻生活失去了热情和冲动，还有的人甚至产生了求新、求异的危险念头，这是中年人的婚姻产生危机的一个先兆。

第二，中年夫妇之间的不平衡发展。我国传统社会所形成的男女家庭分工的不合理，进一步造成了中年夫妇在社会身份和家庭地位上的不合理和不平衡。我国大多数家庭所形成的分工模式是“男主外、女主内”，在这种模式的塑造之下，男性从一开始就一直致力于社会地位的争取，女性则将全部身心投注于丈夫、孩子和家务之中。到了中年，男性一般在社会上谋得了一定的地位，获得了一定的成功，拥有了一定的资本；而女性除了将丈夫和孩子照顾得舒舒服服、体体面面，将家务做得干干净净、井井有条之外，再没有更多的其他成就了。这种表面看起来夫唱妇随、相敬如宾的家庭其实潜藏着巨大的危机。首先，夫妇双方在社会地位上已经发生了逆转，男性的地位越来越高；与此形成鲜明对照的是，女性的社会地位越来越低，这种社会地位的不平等转而又不可避免地导致了中年夫妇在家庭地位上的不平等，这种双重的不平等使中年夫妇之间的距离进一步在拉大。失去了平等也就失去了爱情的共同话语，爱情就显得岌岌可危了，这是中年夫妇产生婚姻危机的另一个重要原因。此外，中年的到来对女性还产生了另一个几乎是毁灭性的打击，到了中年，女性所赖以生存的一个重要因素——青春和美貌几乎已经消失殆尽。青春和美貌可以视为女性的第二生命,没有一个女性可以容忍青春和美貌的丧失,中年妇女在对此事的反应中常常表现出一种近于歇斯底里的行为:拼命化妆、疯狂买衣服、狂热健身、大把大把地吞吃各种养颜的药物……所有这一切只不过是为了延迟青春和美貌的消失,以此增加对丈夫的吸引力,维护摇摇欲坠的婚姻。显而易见,没有了社会地位,同时又失去了青春美貌,这不可避免地会使中年妇女终日沉浸于失去丈夫的恐惧和担心之中。

第三,社会观念的畸变。改革开放使人们的观念越来越多样化,人们的生活选择空间也日益加大,在人们的生活越来越自由、越来越多样化的同时,一些消极的影响也渐渐侵入人们的头脑之中,中年人同样难以免俗。现在的社会对婚姻和两性的看法越来越开放,西方的腐朽思想渐渐地流行开来。在对男人是否成功的判断标准上同样也出现了明显的变化,衡量一个男人是否成功的标准越来越趋于现实化、功利化、世俗化,传统社会衡量一个男人是否成功的标志主要是金钱和权力,而现在,又加上了第三个因素:情人的多少。社会上曾经广为流传的成功男人的判断标准是:“一等男人家外有家,二等男人家外有花,三等男人歌厅酒吧,四等男人下班回家,五等男人老婆不在家。”在这里,情人的多少成了衡量男人成功程度的一杆标尺,这使许多男人终日沉醉于想情人、谈情人、找情人、玩情人的恶性循环之中。同时,我们的社会对情人的看法也越来越宽容,许多人谈到情人时,不是感到羞耻,而是颇觉自豪。尤其值得关注的是,越来越多的男人和女人开始陶醉于情人节的狂欢之中,在许多人眼中,“情人”这个字眼正在被“平反昭雪”,它不再是不道德的第三者,反倒成了勇敢追求爱情的现代女性;养情人不再是社会批评的丑恶现象,反倒是人们争相追逐的时代潮流;做情人不再是女性好逸恶劳的寄生意识,反倒成了女性走向成功的一条捷径,这条捷径被女性们堂而皇之地命名为“干得好不如嫁得好”。在这种社会背景之下,传统的家庭正在遭受强烈的冲击，婚姻的神圣性和严肃性一点一点地被侵蚀殆尽，作为处于敏感时期的中年人，他们的婚姻发生危机自然也就是可以理解的了。

3. 离婚

中年夫妇之间出现了婚姻危机，比较好的结果是，双方及时采取积极的解决办法，最终化解了危机，确保了婚姻的继续存在。但也可能会有另一种结果，婚姻的危机无法彻底化解，婚姻的解体在所难免，在这种情况下，离婚就成了唯一的选择。

对大多数人来说，离婚是一种痛苦的选择，是一种迫不得已的解决办法。因为很多人相信，离婚对夫妇双方是一种深深的伤害，离婚对子女也是一种不负责任的行为。也正因为如此，我们的传统社会对离婚始终抱持的是一种否定的态度，我们的社会在想尽一切办法来延缓和阻拦离婚的发生。为此，我国在《婚姻法》中设计了一套极其繁琐的离婚程序，就是为了阻止冲动离婚的发生，最大可能地确保最大多数家庭的完整，我们的民政工作人员、司法工作人员、隶属单位也在苦口婆心地劝说着每一对想要离婚的夫妇，力图使他们回心转意、破镜重圆。应该承认，这是一种善良的心愿，但在现实中，善良的愿望却并非总是伴随着善良的结果，主要原因就在于，人们对离婚的看法太过于片面、太过于阴暗了。其实，情况并非如此糟糕。

不可否认的是，离婚会带来对夫妇双方的冲击和伤害，也会带来对子女的冲击和伤害，还会导致对社会的负面影响，但这并不等于说离婚就是十恶不赦、毫无益处了。事实上，如果我们换个角度来看的话，不难发现，在处理婚姻危机的过程中，离婚未尝不是一种积极的解决方法。对于那些夫妇双方已经毫无感情、婚姻已经彻底死亡的家庭来说，勉强维持徒有其表的家庭形式才是一种真正的痛苦，才是对人性的真正扼杀，才是一种不折不扣的罪过。

如果全面地评价离婚的话，我们不难发现，离婚除了是个人不幸和家庭生活失败的表现之外,它同时也是摆脱婚姻紧张、情感压抑和相互折磨,走向个人解脱的一种积极措施。事实也的确如此,许多曾经畏惧离婚的人正是通过离婚走向了新生。

如何离婚其实是一门艺术,因为离婚和结婚一样是人生中意义深远的一件大事。离婚是一项结束过去、开拓未来的重大工程,它首先要求人们审时度势,确定离婚发生的可能性和必然性;其次,还要考虑到离婚所导致的情感的变化;再次,还应该考虑到离婚后的生活安置以及未来家庭的重组问题。

一般而言,面临离婚的人通常会发生一系列的情感变化,刚刚听到离婚消息的人的第一感觉是震惊,觉得难以置信;等到离婚确认无疑之后,跟着的感情是愤怒和不平,处于离婚之中的人尤其是被动离婚者这种愤怒和不公平的感觉可能会更强烈;在愤怒和不公之后,被动离婚的人会涌生出强烈的痛苦和受伤害的感觉;离婚的拉锯战持续一段时间之后,情感的强烈反应慢慢退潮,被动离婚者常常会有一种心灰意冷、无可奈何的感觉;当所有的一切都无可挽回时,夫妇双方便开始冷静地接受离婚的事实。

离婚之后,原来的夫妇双方同样还会有一段情感的调整期,一开始,可能很难适应从婚姻生活到单身生活的转变,心理上会感到非常空虚、孤单和寂寞,被动离婚者还会非常憎恨原来的配偶;但过了一段时间之后,反倒会情不自禁地想念起原来的配偶,尽管他或她曾经带来了许多痛苦,此时,离婚的夫妇常常会有一种复婚的强烈念头,现实生活中也的确有许多离婚夫妇由此重归于好、再度牵手;如果抵挡住了这种诱惑,继续坚持下去,离婚夫妇最后会达到心理的平衡,获得全新的解脱,此时,离婚夫妇才开始真正摆脱了过去失败婚姻的阴影,重新开始了真正属于自己的崭新生活。

除了情感的调适之外,离婚夫妇还面临着一系列现实因素的调整。首先是子女问题,离婚必然要面对的第一个问题就是子女的抚养归属问题以及此后的子女探视问题。为了再婚的便利，有的夫妇双方都不愿意把孩子留在自己身边；为了更多地争取财产，有的夫妇双方又拼命争夺子女的抚养权。令人遗憾的是，在这里，子女被当成了离婚夫妇的一个筹码来与对方讨价还价，这时的子女是非常不幸的，他们刚刚承受了失去父亲或母亲的痛苦，又要遭受被利用、被物化的折磨，这种双重的打击足以摧毁子女脆弱的心灵。离婚之后，对子女的探视成了另一个焦点问题，有的夫妇也把这作为发泄怨气、打击对方的一个有力武器，他们一方面禁止原来的配偶探望亲生子女，一方面又尽其所能丑化和诋毁孩子的亲生父亲或母亲，将仇恨的种子植入孩子的心灵中。其实，归根结底，受到伤害最为严重的还是离婚之后的子女。正是因为这些不正常的因素，所以离婚子女常常成为问题子女。

除了子女之外，离婚夫妇还要面对的是经济问题，这个问题对于离婚妇女尤其严重。由于传统家庭角色的分工不同，大部分家庭都是靠男人养家，我国最新的调查结果显示，大部分家庭中男性的收入要远远高于女性，男性的收入占据了整个家庭总收入的大部分。因此，离婚最现实的结果就是，女性感觉到了生活水平的急剧下降。在离婚大战中，虽然没有一个人是真正意义上的完全胜利者，但相对而言，男人是离婚的既得利益者。事实上，即使在婚姻中，男人同样是一个既得利益者，也就是说，无论是结婚还是离婚，男人都是一个利益的最大获得者。这是一个很发人深省的结果，值得每一个女性深思。

离婚夫妇所要面对的问题还有很多，比如对社会态度的调整、对个人角色的调整、对个人工作的调整、对个人生活方式的调整以及对个人生活世界的调整等等。离婚所产生的后果是全方位的，它当然要求离婚夫妇作出全方位的调整，只有这样，才可能融入生活的海洋之中；只有这样，才可能重新寻找到新的生活。

第三节 失　业

中年人在职业适应中的主要特征是稳定性,经过一段时间的摸索和改变,中年人渐渐开始适应职业的要求,逐步走上了发展的道路。中年期又被称为人生的黄金时期,许多人在事业上到了收获和结果的季节,大多数中年人在50岁左右达到了人生的巅峰时期,是家庭和事业双丰收的时期,从这个意义上来说,中年期是一个非常值得羡慕的时期。

但是,中年期也并不仅仅是充满鲜花的季节,中年期同样是一个遍布荆棘的季节,还会遇到许多令人烦恼和痛苦的事情,其中,失业就是中年人在职业生涯中很容易遭遇到的最为头疼的问题。对失业问题的解决,不仅关系到了中年人的生活,同时还会进一步影响到老年期的生活。

一、失业问题的历史回顾

失业问题在我国的正式提出是20世纪90年代的事情,这意味着我国真正全面地、正面地关注失业问题还只是刚刚开始。但这并不是说,失业这种现象的产生和存在仅仅是晚近之事,事实上,失业在我国的存在已有很长的历史。可以说,伴随着新中国的成立,失业就已经产生并且一直存在至今,只不过失业是以另外一种形式曲折隐晦地存在着而已。

由于特殊的历史原因,在建国初期,我国失业率居高不下。当时,我们国家从中央到地方,上上下下都把解决失业问题视为一项特殊的任务甚至是一件充满政治意味的事情来抓,把所有的一切都包了下来，并且用了两三年的时间，暂时把建国前遗留下来的失业问题基本上都解决了。由于意识形态问题，我们当时对社会主义认识不足，片面地相信“社会主义好，资本主义糟”。社会主义好的一个主要表现就是“人人有活干，人人有饭吃”，因此，当时我们推行的就业政策变成了“低工资，广就业”、“三个人的饭五个人吃”。在这种强烈的政治色彩下，在这种浓厚的政府行为中，几乎人人都有了一份工作，几乎人人都有了一个归属的单位。1958 年，我国政府自豪地向全世界宣布：中国彻底消灭了失业现象！

现在回头再看过去，真让人感觉十足的荒唐可笑。尽管当时我国政府对外宣布我们消灭了失业，但其实并非如此，因为失业的问题绝非如此简单。姑且不论失业能否完全消灭，以及失业的完全消灭究竟是不是好事，单单从实际情况来看，我国当时并没有完全消灭失业。因为我们所消灭的仅仅是显性失业，由此却产生了大量人为的隐性失业。这种隐性失业集中表现在农村的大量剩余劳动力，城镇企业的开工不足、低效率以及大量的冗员上。这是我国失业的一种特殊表现形式，它是建立在充分就业和高工时制度上的，我们也可以把它称之为“在职失业”，这种失业造成了我国迄今为止根深蒂固的资源浪费、人浮于事、效率低下等众多弊端。

二、失业问题的现实原因

失业问题到目前为止已经演变为一个严峻的社会问题，它关涉到了我们每个人的生活，值得我们每个人引起足够的重视。失业问题之所以愈演愈烈，主要有以下几个原因。

第一，我国政府对失业问题的科学认识。随着极左思想的清除，随着我们对社会主义的进一步认识，随着改革开放的不断深入,我国政府对失业的态度发生了深刻的变化。我们开始科学地认识失业的问题,并且开始承认失业的存在。我国政府同时也不再羞羞答答地以“待业”或“下岗”来掩盖失业问题的存在,而是正视失业的存在,并且积极地解决失业问题。1994 年,我国有关部门正式以“失业保险”取代“待业保险”;1999 年,国务院正式公布《失业保险条例》。政府态度的转变推动了失业问题浮出水面,并且由隐性失业开始转变为显性失业,这使失业问题以显著的姿态呈现于人们的面前,这不能不引起人们密切的关注。

第二,社会的急剧变迁。改革开放的深入进行,市场经济的逐步确立,这些因素直接导致了我国用工制度和人事制度的改革,我国加入 WTO 则更进一步加大了市场对劳动力资源的调配力度。计划经济模式下的“单位人”已经转变为与市场经济相适应的“社会人”,劳动力资源真正归属于社会而不仅仅是属于个别单位私有,再加上我国社会保障制度的配套改革,更为人才流动消除了后顾之忧。目前,上海、北京、深圳等大中城市都大幅度降低门槛,广招天下贤才。人才的这种全国乃至全世界性的流动自然会导致对地方人才保护主义的强烈的冲击,这不可避免地会促使人员在岗位之间的不断流动,暂时的失业也就相应而生。

第三,我国劳动力在总量上供大于求。我国本来人口数量就非常庞大,劳动岗位相对稀缺。现代科技的飞速发展进一步挤占了大量的劳动岗位,高科技的广泛应用大大缩减了对劳动力绝对数量的需求。与此同时,我国人口的高速增长一直持续不断,每年都要产生大批的适龄劳动力,劳动岗位的稀缺和劳动力的大量剩余所形成的矛盾在短时间内很难有根本性的改观。此外,随着人们生活水平的提高,随着我国医疗技术的进步,人们的寿命也越来越长,越来越多的老年人不愿服老、不甘寂寞,退休之后依然在各种岗位上继续发挥余热,这也进一步加剧了我国失业问题的严峻性。

在我国目前所形成的失业大军中,中年人构成了一个不容忽视的主力部队。中年人之所以容易遭受失业的命运，除了上述普遍性原因之外，还有一些中年人所独有的不利因素。

其一，中年人知识结构的陈旧和单一。目前的中年人很多是与共和国同龄的人，他们生下来就与共和国同呼吸共命运，小时候遭受了三年自然灾害，正当读书的黄金时间又赶上了上山下乡，好不容易回城之后，找了个工作，又碰上了下岗失业的大潮。这批中年人把共和国所有的苦难都吃尽了，终于迎来了改革开放的春天，却要与新一代有着良好教育背景的青年人相竞争，其结果自然可想而知。中年人丧失了接受教育的大好时机，他们的知识结构显得相当陈旧，并且残缺不全，在激烈竞争的当今社会，他们自然成了首当其冲的受害者。失业对他们来说，简直是灾难性的打击。

其二，中年人自身的弱点。中年人在身体上开始走下坡路，在心理上开始显得过于保守，在社会适应性上表现得相对有些滞后，这使中年人在人才市场上明显地处于极为不利的地位。现在的企业同样处于激烈的市场竞争之中，为了企业自身的发展，老板们自然愿意聘用年轻、有文化、精力充沛、应变能力强的年轻人，毕竟企业是商品化的产物，是市场经济的结果，企业不是慈善机构。当今的高新企业几乎都是年轻人的天下，这也是社会发展的必然结果。大街上匆匆奔走的大多是青年人，上下班时挤满地铁的几乎都是青年人，这就是社会的选择，是一种残酷得不近人情的选择。

其三，文化教育中的反向社会化作用。现在的社会发展日新月异，科技进步的速度越来越快，这是一个信息剧增的社会。而信息的捕捉和获得不是凭靠谁的胡子最长最白、谁活得最长最久，在信息面前不论年龄、不分性别，大家都拥有平等的机会，年轻人凭借聪明的头脑、快速的反应，早早占据了主动。现在的社会不是像传统社会那样老人对新人进行传帮带，而是新人反过来对中老年人进行启蒙教育。电脑行业是一个鲜明的例证，这是纯粹年轻人的行业,实际生活中,也往往是年纪越小,对电脑的感觉越敏锐、对电脑的了解越广泛,中年人、老年人已经远远地被抛在了后边。

三、失业的影响

失业的影响是多方面的、深远的,这种影响在中年人身上表现得尤其突出。主要影响有以下几点:

第一,失业最直接的影响是家庭收入的减少。作为普通工薪阶层,本来收入就十分微薄,失业使家庭收入锐减。如果是男性失业,对家庭生活的影响可能更大,也许整个家庭一下子就会出现经济的拮据,昔日惯常的生活秩序会被突然打乱。万一不幸夫妻两个双双失业,这个家庭甚至会彻底瘫痪。我国在产业结构调整和国有企业改革的过程中,许多中年人承受了这种改革的阵痛,失去了赖以生存的工作,他们构成了都市中新的贫困群体。

第二,失业导致失业者家庭地位的下降。经济基础决定一切,这并不是一句毫无理由的空话。失业者没有了收入,无法自食其力,成了被人养活的人,成了家庭的包袱,说话的声音自然也就低了三分,腰杆也很难再挺起来,渐渐失去了在家庭中的话语权力,在家庭中所占据的地位当然也会急转直下,不管男人还是女人,一旦失业,几乎都逃脱不了这种无奈的命运。更可悲的是,失业使夫妻之间原来形成的平衡格局被打破,夫妻之间的平等关系同样失去了存在的基础。没有了真正的平等,婚姻将变得岌岌可危。现实生活中,许多原来相敬如宾的夫妻因为一方失业,最后导致了婚姻的解体,这种例子举不胜举。

第三,失业割断了失业者与社会的联系。人是一个社会关系的综合产物,但这个社会关系的建立是有一定现实基础的,工作就是建立社会关系最重要的一个途径。没有了工作,也就没有了同事，没有了与他人真正沟通的机会和可能；失去了与他人的联系，慢慢也就失去了与社会的联系，失去了在社会中的地位。一个没有社会地位，也没有社会联系的人，决不是一个真正的社会人，充其量只是一个生物的人，只是一个生理性的存在物。失业人员常常感受到的是被社会抛弃、被他人拒绝的孤单和无奈，一旦重新找到了工作，这种游离于社会之外的不良感受立刻消失殆尽，主要原因就在于此。

第四，失业导致失业人员人格出现偏差。在失业人员尤其是长期失业的人员中，人格出现畸变的比例很高，因为失业其实可以被视为一种深刻的危机。在失业的压力下，失业者常常感到强烈的自卑，多次求职失败后，失业者还会给自己贴上无能的标签，认为自己没有能力，不能适应社会；在自卑的压迫之下，心态继续恶化，自信渐渐被侵蚀掉。失业者为了逃避伤害，会把自己封闭起来，与社会隔绝，而这对于失业者的自救和重生是有百害而无一利的，这只会进一步加剧失业者的挫败感和孤独感。这时的失业者除了哀叹自己的可怜之外，还会滋生出对社会的愤怒和仇视心态。当所有这一切注定于事无补时，浓厚的绝望感会涌生出来，极端的失业者会因此走向自杀，或者铤而走险，危害社会。

中年人因为自我提高的阻碍太多太大，自我调整的时间又太紧太少，所以，中年人对失业的承受能力相比较而言就显得更差更弱，失业对中年人所造成的冲击也就越发强烈和深重。对于中年妇女，情况尤其糟糕。我们的社会对失业女工也给予了大量的关注，“下岗女工”曾经一度成为新闻媒体热炒的一个焦点话题。

四、解决失业问题的对策

失业问题是一个综合性的问题，解决失业问题，同样也应该采取综合性的方法。

对于中年人，首先要更新观念，正确看待失业问题。必须要明白的是，"大锅饭"和"铁饭碗"的年代已经一去不复返了。当今社会，失业不再是偶发性的意外遭遇，失业是生活中必然的伴生物，只要有工作的存在就可能会有失业的产生，每个人都必须为失业的可能到来提前做好准备。只有我们做好了充分的准备，当失业真正到来之际，我们才不会惊慌失措、方寸大乱。此外，对失业还需用辩证的眼光来看待，失业固然是一种危机，但从另一方面来看的话，失业未尝不是一次机遇。失业的到来，使我们有机会重新审视自己，通过失业中的调整，也许我们会发现并开掘出自己被遮蔽已久的巨大潜能，许多失业人员正是以失业为契机，迎来了自己一生中最辉煌的篇章。再次，要淡看失业，失业其实不过是漫长人生中的一次挫折，只要我们抖擞精神，很快一切都会过去的，要相信黑夜总会过去，明天太阳还会照常升起。

第二，及时提高自身能力。社会的发展越来越快，科技的更新层出不穷，它要求我们紧跟时代，防止落伍。这使教育和学习成为人的发展中的决定性要素，而当今社会流行的是终身教育、终身学习，这就要求中年人克服各种各样的困难和阻力，努力学习，不断接受继续教育，时刻更新自己的知识储备。中年人本来受到的教育就比较薄弱，拥有的技能也比较单一，为了减少失业可能造成的负面影响，中年人必须不断学习，提高知识素养，增加谋生技能。知识就是财富，知识就是工作，只有知识才能创造美好的人生。

第三，改变就业观念。中年人必须摒弃过去的陈腐观念，似乎只有进入国营的单位才算是真正的就业，进入私营单位或从事其他暂时性工作则不是真正的就业。其实大谬不然，新的就业观念应该是：只要有工作，就是就业，而不论是什么种类、什么性质的工作。国际劳工组织就旗帜鲜明地提出了"非正规就业"的观念，所谓非正规就业指的就是在制度化经济结构之外的经济活动，比如家电维修、家政服务、钟点工等等。1997 年，上海市也在全国率先提出、扶持、发展非正规就业，并由此安置了大量失业人员，解决了他们的就业和生活问题，上海的经验在全国乃至全世界都引起了广泛的关注。

第四，社会的帮助。失业问题不仅仅是个人的问题，在很大程度上也是社会的问题。因此，国家和社会就有责任、有义务为失业问题的解决作出必要的贡献，为失业人员提供相应的指导和帮助。其中，为失业人员建立健全社会保障，免除失业人员的后顾之忧是最基本的要求，为失业人员创造更多的就业机会则是最现实的要求。

☞ **延伸阅读：**

[1]（美）达提里欧．夫妻家庭治疗．陈曦，译．北京：世界图书出版公司，2007.

[2]（美）海灵格．爱的序列．霍宝莲，译．北京：世界图书出版公司，2007.

[3]（法）傅雷丝．两性的冲突．邓丽丹，译．天津：天津人民出版社，2003.

[4]（美）科尔曼．父亲：神话与角色转换．刘文成等，译．北京：东方出版社，1998.

[5]（美）尼古拉斯等．家庭治疗基础．林丹华，译．北京：中国轻工业出版社，2005.

[6]（美）帕特森等．家庭治疗技术．方晓义等，译．北京：中国轻工业出版社，2004.

[7]（美）贝克．风险社会．何博闻，译．南京：译林出版社，2004.

第十二章 老年期

老年期是人生发展的最后一个时期，人们曾经对老年期存在着种种深深的误解。流行的观点认为，老年期是一个极为消极的时期，唯一的任务就是退休和终老，是一个纯粹的消费阶段，是一个为家庭和社会增添包袱的时期，老年期不过是早年生活的一种单纯延续……随着医疗技术和保健水平的提高，人类平均寿命延长，老年期的持续时间越来越长，约有二三十年的时间，这意味着人的整个一生中大约三分之一至四分之一的时间都将在老年期度过。此外，老龄化已经成为一个世界性的问题，这使老年期的地位越来越重要，也使越来越多的人开始关注起老年问题。

老年期在时间上的具体划分并不是一件很简单的事情，因为，首先，老年的含义至少包括了生理的衰老、心理的衰老以及社会的衰老等三个要素，人的年龄其实可以划分为三种，它们是生理年龄、心理年龄和社会年龄。其中，生理年龄主要与个体的生理功能的变化相关，心理年龄主要与个体适应环境的心理能力相关，社会年龄主要与个体的社会发展能力相关。具体到每个个体来说，这三种年龄的变化并不总是协调平衡的。有的人在生理年龄上刚刚过了 60 岁，但在心态上已经彻底老化，自我感觉百无一用，成了十足的累赘，渐渐地自我孤独、自我封闭，与社会脱离了联系，成了社会的“边缘人”。其次，老年期的到来对于每一个个体而言存在着极大的个体性差异，有的人只有 60 岁，但看起来已经老态龙钟，垂垂老矣；有的人虽已 80 多岁，但依然精神矍铄，乐观开朗。再次，因为历史、现实、文化和社会等方面的原因，每个国家的平均寿命并不相同，对老年的具体界定也存在着显著的不同。目前，根据联合国的规定，发达国家是以 65 岁为老年的界限，而发展中国家则是以 60 岁为老年的界限。我们国家则兼顾了这两种标准，同时以 60 岁和 65 岁为老年划分的标准。

综合以上诸种观点，我们认为，老年期的划分可以将下限划定在 60 岁左右，从 60 岁开始直到人生的终点这段时间都属于老年期。主要原因在于，60 岁左右人的生理状况开始了明显的衰退过程；而且在60岁左右，影响人生发展的一个重大事件——退休开始出现了。退休意味着人生发展进程的一个重大转折开始来临，它不可避免地会导致老年人在心理和社会等多方面产生巨大的改变。在这种意义上，正常情形之下的退休可以被视为老年期的一个开端。

因为老年期的时间跨度越来越长，老年人自身的特征也在随着时间的变化不断地发生变化，在此情况之下，一个简单的"老年"已经很难全面涵盖老年期的所有发展和变化情况。因此，人们对老年期又进行了进一步的划分，老年期被详细划分为三个阶段：年轻老年人(young old)、年长老年人(old old)、高龄老年人(very old)。其中，年轻老年人指的是从60岁或65～74岁的老年人，年长老年人指的是从75～89岁的老年人，高龄老年人指的是从90岁往后直到终老的老年人。我们国家则是将45～59岁这段时间称为老年前期，将60～89岁这段时间称为老年期，90岁之后的时期则被称为长寿期。

第一节　老年期的生理特征

老年期在生理上的最显著变化就是衰老的出现，除了个体间衰老程度、衰老速度等方面的差异之外，老年期的衰老表现为总体性的现象，具有普遍性和不可抗拒性。

一、衰老的生理表现

衰老可以被视为是随着年龄的增长，人在生理上出现的功能减退和衰弱。这种衰老是生命能力的相对缺失，是对生命的一种否定，所以，很多人拒斥衰老、畏惧衰老。其实，衰老也是生命历程中的一种自然现象，我们应该持一种自然的心态来看待衰老的来临。而且，老年期的到来绝不意味着人生末日的来临，与衰老相伴的还会有人生阅历的丰富、理解的深刻、心胸的豁达以及新的生活方式和生活世界，这些都会给老年期的生活带来新的变化、新的发展机会。更重要的是衰老绝不是一种简单的、孤立的生理现象，衰老是与许多心理和社会等因素紧密相关的，这是我们认识和接受衰老的基本出发点。

衰老在生理上的具体表现有以下几个主要方面。

1. 皮肤

在老年期，皮肤开始变得粗糙，出现皱纹，皮肤的水分逐渐减少，弹性降低，光泽也在慢慢减少，红润也在减少，“老年斑”开始出现。老年期皮肤的变化除了生理原因之外，个人的生活环境、工作场所、饮食状况等因素都会产生明显的影响。一个常年经受风吹日晒的农民和一个每天安坐于办公室的白领人士，他们的皮肤老化程度可能会表现出非常明显的差异。

老年期皮肤的变化还会引起相应的疾病，老年人的皮肤中汗腺减少，这容易使老年人排汗发生困难，产生中暑；老年人皮肤中毛细血管的脆化使老年人皮肤供血减少，易生褥疮；老年期皮下脂肪的减少又容易使老年人患上感冒；由于皮肤的相关变化，老年人的毛发也会逐渐变白、脱落。

2. 肌肉和骨骼系统

老年人的肌肉逐渐变得松弛无力，无论是肌肉的弹力、耐力还是强度和灵敏度都出现了明显的下降，这进一步导致了老年人全身的活力下降。老年人的肌肉衰退趋势可以通过适当的体育运动来加以延缓。

老年期骨质密度开始下降，容易出现骨质疏松症；老年期的骨骼脆性增加，这容易使老年人出现骨折，所以，老年人应该防止突然的跌倒。另外，老年人在日常体育锻炼中尤其应该量力而行、适可而止。

肌肉和骨骼的变化还会导致老年人体型上的变化，使老年人身高降低、体重减轻等。

3. 心血管系统

心血管系统对于保持机体循环、维护生命健康起着至关重要的作用，心血管系统的老化对老年人所产生的消极影响同样是非常严重的。由于心血管系统的老化，老年人常常容易出现冠心病、高血压、心律失常、脑溢血、脑血栓等严重疾病，这些疾病对老年人的健康构成了极大的威胁。因此，老年人在适当参加体育锻炼之外，还应该保持精神的愉悦，保持对生活自然豁达的态度，以使自己拥有平和的心境。

4. 呼吸系统

呼吸系统是老年期衰老发生显著的另一个主要场所，在老年期，老年人的肺泡相对减少，肺组织的弹性逐步下降，呼吸肌的肌力也在衰弱，肺活量在降低，因此，老年人容易患上呼吸系统的疾病，慢性支气管炎、肺气肿、肺炎、慢性肺原性心脏病是老年人常见的疾病。要解决老年人呼吸系统的疾病，一方面需要老年人减少吸烟等不良嗜好，另一方面需要老年人加强自我保健。

5. 消化系统

老年人唾液分泌减少，口腔粘膜开始萎缩，胃液分泌也在减少，肝脏出现萎缩，胃壁伸缩性减弱，肠管方面肌层萎缩，蠕动减少。这些变化使老年人容易患上返流性胃炎、慢性胃炎、消化性溃疡、便秘等疾病，要避免这些疾病的发生，老年人需要注意加强营养，科学饮食，注意保健。

6. 内分泌系统及泌尿系统

在泌尿系统方面，老年人的肾脏重量减轻，肾功能开始减退，膀胱的容量变小，前列腺出现肥大；在内分泌系统方面，老年人甲状腺的重量开始减少，甲状腺的功能出现退化，肾上腺的重量也出现减轻，睾丸、卵巢出现萎缩，分泌功能同时下降。但老年人同样还有性的功能，这是值得老年人以及老年人的子女高度重视的一个问题，这意味着老年人与青年人一样拥有性生活的权利，而现实社会中，许多人尤其是老年人的子女常常有意无意中忽视老年人性生活的需求，阻碍老年人正常的婚姻结合，这是非常错误的行为。

老年期在内分泌系统和泌尿系统方面容易患上的疾病主要有糖尿病、前列腺增生、性功能障碍、子宫颈瘤、卵巢肿瘤等等。

7. 感觉器官

在听力上，老年人出现了明显的听力减退，耳背、耳聋成为老年人的常见病，为此，老年人常常要佩戴助听器；随着年龄的增长，老年人在视觉上也出现了障碍，老花眼、青光眼、白内障成为老年人眼科的主要疾病，老年人常常要辅以眼镜来提高视力；老年人的味觉功能也出现了衰退，这使老年人常常对食物的感觉越来越迟钝；老年人的嗅觉、触觉、躯体感觉等方面几乎都出现了明显的钝化，这使得老年人对外界的刺激越来越麻木，这种麻木加大了老年人被外在力量伤害的可能性。

8. 神经系统

在老年期，老年人的脑细胞数量出现明显减少，脑体积缩小，脑重量下降，脑动脉硬化，脑的功能出现衰变，神经系统方面的变化使老年人容易患上脑血管病、帕金森症、老年痴呆症等多种疾病。

二、衰老的生物学解释

衰老是每一个人都不可避免的宿命，但是，每个人在面临衰老时所表现出来的具体发展过程却大为不同。究竟是什么因素导致了衰老的发生，究竟是什么因素导致了衰老在每个个体之间的不同发展情形呢？人们提出了许多解释，主要包括基因理论、非基因的细胞理论、生物学理论等。

1. 基因理论

(1) DNA 损伤理论。这种理论强调衰老是与 DNA 遭到破坏紧密相关的,DNA 遭到破坏后会导致基因信息的改变,无法产生出基本的酶。很显然,没有了酶,细胞渐渐开始死亡,老化也就不可避免了。

(2) 细胞组织衰竭论。这种理论认为,细胞是有一定的生命期限的,到了特定的时刻,细胞的生命力会越来越弱,最后会死亡,细胞的死亡当然会导致衰老的发生。海弗利克(Hayflick)的实验表明,20 岁的人身上取出的细胞可以分裂到 30 倍,而老年人身上取出的细胞则只能分裂到 20 倍。这个实验结果被认为从一个侧面揭示出了衰老发生的内在原因。

(3) 差错理论。它的倡导人是麦德维德夫(Medvedev),这种理论认为,从 DNA 的信息传递到蛋白质的合成是一个复杂的过程,这个过程中可能会出现一些差错,这些看似微小的差错最后所导致的后果却是灾难性的,会导致细胞的死亡,最终导致衰老的发生。

(4) 程序理论。这是一种充满宿命色彩和命定主义的理论,这种理论认为,人的一生如同一个已经编定好的程序,衰老同样如此,它是被预先编定在细胞内的遗传因子组合的程序之中的,衰老是必然如此,无可逃避。

2. 非基因的细胞理论

(1) 剥夺理论。这种理论认为,由于血管的变化,细胞所必需的营养和氧气会受到剥夺,这会导致细胞的衰败,再导致衰老的发生。

(2) 累积理论。这种理论认为,随着生命的不断延续,有害的物质也会在细胞中渐渐累积下来,当这些有害物质累积到一定程度时,就会导致细胞的被破坏或死亡,这就是衰老发生的主要原因。

(3) 衰竭和耗损理论。这种理论认为，细胞如同一架机器一样，在使用的过程中会出现各种各样的损耗，使用的时间越长，所受到的损耗就越大，最后会出现严重的问题或死亡，这是衰老发生的另一种解释。

(4) 自由基理论。它的倡始人是哈曼(Harman)，这种理论假设有一种化学物质，叫做自由基。自由基具有高度的活性，可以发挥强氧化剂作用，这会破坏细胞的组成，引起细胞被伤害或死亡，最终引起机体的衰老。

3. 生物学理论

(1) 免疫学理论。这种理论认为，每个个体自身之中都有一个免疫系统，用来保护细胞和机体的健康发展，但随着年龄的增长，人的体内会出现免疫反应，出现组织间的不相容性，这会导致机体衰老的发生。

(2) 应激理论。它的倡始人是塞利(Selye)，这种理论认为，紧张这种情形的发生会给机体带来消极影响，这种消极因素的持续作用会改变机体的适应能力，衰老由此不可避免。日常生活中有的人在巨大的压力下，一夜愁白了少年头，这就是一个有力的现实例证。

(3) 激素控制理论。这种理论认为荷尔蒙控制着衰老的发生，在青春期和更年期都存在着荷尔蒙，但随着年龄的增长，机体内激素的分泌渐渐减少，这导致了衰老的发生。

(4) 神经系统理论。这种理论认为，神经系统应该为衰老的发生负责任，随着年龄的增长，神经系统逐渐衰弱，功能也在减退，与此相关的是，消化系统、内分泌系统、代谢系统等都在出现衰变，这会导致衰老的来临。

关于衰老的解释还有很多，这表明，衰老其实是一个非常复杂的问题，并不是一种简单的现象，事实上，有许多因素都会对衰老的发生产生强烈而又深刻的影响。身体上的病变很明显会促使衰老的加快，身体上的损伤同样也会导致衰老的加速发生，像骨折、烧伤以及其他严重的疾病都会促进衰老的发生。但与此相对应的是，积极的锻炼、合理的饮食、科学的养生也会在一定程度上延缓衰老的发生。衰老的发生还与一个人的身体活动情况有关，“用进废退”从另一个侧面揭示了衰老发生的原因，一个经常工作的人与一个终日游手好闲、养尊处优的人比较起来，往往是后者衰老得更快一些。许多老年人退休之后，一下子变得无所事事，这反倒容易导致老年人衰老的早日到来。有些人认为老年人含辛茹苦一辈子，好不容易盼到退休，应该把老年人养起来，让他们享享清福，其实不然，真正善待老年人的方法应该是让老年人适当地做些事情，这不仅会使老年人在身体上得到运动，同时也会使老年人在心理上找到寄托，得到满足，这也可以真正使老年人的生命得到充实和延续。

衰老发生的原因实际上并不仅仅是一个生物的过程，它同样也涉及了心理的因素，过度焦虑、过分忧郁、终日闷闷不乐或者郁郁寡欢、心事重重，这些都会催人衰老。现代社会中心理的重要性已经得到充分的证明，衰老的发生常常是先从心理的衰老开始，而后才是身体的衰老。所以，要想防止衰老的发生，首先应该先防止心理的衰老，除了健身，更要健心。

除了生理和心理的因素之外，衰老的发生还与社会因素紧密相关，如社会对老年人所制定的保障政策、社会对老年人所抱持的观念、社会为老年人所创造的发展空间、社会为老年人所提供的休养和保健条件等等，都会对衰老的发生产生深刻的影响。

第二节　老年期的心理老化与成功的老化

随着生理上老化现象的出现，心理在老年人的生活中所发挥的作用也变得越来越显著。值得注意的是,老年期生理和心理上出现的变化并不是简单的一一对应关系或绝对的平行关系。此外,心理的变化在个体之间表现出来的差异性也比生理上的差异性显得更为明显。

一、老年期的学习能力

许多老年人都自我感觉“不行了”、“糊涂了”、“健忘了”、“没有能力再学习了”,许多学者也相信老年人的学习能力出现了明显的退化。但与此形成鲜明对比的是,人类历史中却涌现出了大量大器晚成的人,歌德在70多岁写就了传世名著《浮士德》,康德在50多岁发表了划时代的巨著《纯粹理性批判》、60多岁出版了另一本代表作《判断力批判》,米开朗琪罗80多岁设计了圣彼得教堂圆顶,著名画家毕加索90多岁时依然创作力旺盛,索福克勒斯在100岁时著就了《俄狄普斯王》……现实生活中,许多大龄老年人依然在不断地学习、不断地发挥余热,所有这一切都有力地证明,老年期在学习方面并不是无能为力,而是仍然有极其广阔的努力空间,仍然有极其光明的发展前景。

事实上,老年期在学习能力上的确存在着下降的趋势,比如老年人的机械记忆能力或即时记忆能力与青年人比较起来出现了显著的退化,老年人的计算能力和反应速度都出现了不同程度的退化,而且与学习能力密切相关的大脑重量也在减轻,脑组织的代谢水平也在降低,神经纤维的密度在减小、传导速度趋于缓慢,脑机能出现衰退等等。不过,对老年人学习能力的变化应该有一个全面的、科学的认识,关于老年人学习能力的退化即使在专家之间也一直存在着激烈的争论。目前,主导性的观点认为,老年人的学习能力与人的生理能力一样存在着一个发生、发展和衰退的变化过程,只不过两者所表现出来的变化特征有一定的差异。比较而言,老年期学习能力的变化呈现出的一个鲜明特征是不均衡衰退,也就是说,老年人在学习能力的某些方面出现了衰退,如记忆和计算,但在理解问题的深刻性和持久性上却出现了一定的进步,在心理承受能力和语言能力上也出现了一定的增强,这是老年人依然能够继续学习的重要保证。但是,智力本身不是一个简单的概念,不仅仅包括记忆力或计算力,而且还包括其他许多相关的要素。智力是一个综合性的构成,相应地,老年人的学习能力也是一个综合性的构成,是一个综合性的心理特征。也可以说,老年人的学习其实就是老年人对环境的一个适应过程,这是一种广义的学习,是一种真正的学习。

老年人在学习能力上出现的变化表面看起来差异很大,实际上也是有规律可循的,这些规律性的变化可以从影响学习能力的具体因素上来总结,老年人学习能力的影响因素主要有以下几点。

1. 身体健康程度

人的生理和心理的发展是紧密相连的,健康的身体条件是良好的学习能力的一个重要基础,身体上的各种病变会直接或间接地影响到心理机能的发展,如脑动脉血管的硬化会导致老年痴呆症的发生,而老年痴呆症的发生则会极大地阻碍老年人的学习能力发展。此外,老年人身体上的病变也会限制老年人的出行,限制他们的社会交往。失去了多种多样的交往和互动,缺少了信息的刺激和吸收,老年人的学习能力必然会出现衰退。

2. 性别因素

对老年期的学习能力进行研究时,有一个耐人寻味的发现,即男性老年人的智力要高于女性老年人,男性老年人的学习能力要强于女性老年人。有人力图从生理上找出原因,其实这种男女之间的差异的原因最主要还应该从社会因素方面来寻找。因为社会对男性和女性的期望值大相径庭,或者说,社会上普遍存在性别歧视的现象,所以造成了男性和女性之间在学习动机上的差异，最后导致了男性和女性在学习能力上的差异。这种差异其实从人生的开始阶段就已经建立了起来，老年期只不过是一个水到渠成的结果罢了，这种差异的造成本质上是社会影响的结果。

3. 教育因素

教育因素对老年期学习能力变化的影响主要有以下三个方面：其一是早期教育，早期教育的重要性已经越来越多地得到了人们的承认，因为早期教育除了影响儿童和青少年的发展之外，还会进一步影响到成年期乃至老年期的发展；其二是高等教育，一般来说，一个人受到的教育程度越高，他的智力开发水平也就越高，相应地，他在老年期的学习能力也就越高；其三，也是颇为根本的一点，教育对一个人的影响除了智力上的变化之外，更重要的在于对一个人社会身份和社会地位的影响。不同的社会地位和社会身份对人的生活环境、生活方式以及交往对象都产生了极大的影响，所有这些因素最后都对智力的发展产生了决定性的影响，这也许才是教育对老年期智力或学习能力发生影响的根本原因。

4. 职业因素

职业对老年期学习能力的影响也可以分为两个主要方面：其一，是曾经从事过的工作。很明显，一个长期从事复杂脑力劳动的人，他的学习能力被开发得比较彻底，在老年期可以继续保持比较强的学习能力；相反，一个长期从事简单体力劳动的人，他的学习能力被开发得就相对较少，在老年期，他的学习能力衰退得就比较厉害。其二，是现在是否在工作。在老年期继续工作的人有机会继续锻炼大脑，交往各种各样的人，接触多种多样的环境，这会使老年人的学习能力得以继续提高。

5. 人际交往

老年人退休之后，一下子失去了与社会交往的途径和可能，许多老年人往往困守在家，这种过分的孤独和寂寞对老年人的智力发展没有任何好处，因为缺乏了有效信息的刺激，老年人学习能力的衰退会进一步加剧。因此，老年人应该尽可能地走出家门,与更多的人交往,以保持心理的年轻。此外,与家人的和谐相处也十分必要,这不仅要求老年人注意与家人的交往,更要求家人加强与老年人的沟通,只有这样,才会使老年人拥有一个美好的心境,有了进一步学习的心理基础。

如何防止老年期学习能力的衰退?当然是从以上五个主要影响因素入手,采取相应的针对性措施。第一,加强身体锻炼,保持身体健康;第二,破除性别歧视观念,女性老年人尤其应当自信、自强、自立;第三,多种途径接受教育,打破"老年无能"的观念,树立终身学习的全新观念,加强学习;第四,打破"老而无用"的错误观念,积极参与到社会之中,充分发挥余热;第五,尽可能地扩大交往圈子,加强与社会的联系,密切与家人的关系,家是真正属于自己的生活世界。

除此之外,国外的一些做法很值得我们学习和借鉴。为了延缓老年人学习能力的减退,国外对老年人采取了一种"干预技术",也就是通过外在力量的介入,加强对老年人认知能力的训练,以此推迟老年人学习能力的衰退,提高老年人的学习能力。我们常常重视的是在人的成长早期进行干预,积极开发儿童的早期教育,实际上,对老年期的干预同样也是一种积极介入,只不过这是一种晚期智力开发,但它的意义绝不亚于早期智力开发。

国外对老年人的智力干预通常有两种方式:第一,直接训练老年人解决问题的具体能力;第二,间接提高老年人的认知能力,这主要是调整老年人的非智力因素,如老年人的认知动机、自信心等。这是一种很有效的方法,值得推广应用。

二、老年期的心理老化

衰老是人的一生中不可回避的一个问题,尽管我们可以延缓它的到来,尽管它在不同个体之间的表现有所不同,但衰老却是每个人或迟或早都要面对的一个基本事实。老年期除了生理上的衰老之外,还要面对心理上的衰老。

心理衰老到来之后,老年人在心理上会发生一系列的变化,感觉和认知能力也会发生相应的变化,如反应迟钝、记忆力减退、注意力难以集中、容易产生消极情绪、对新生事物缺乏兴趣、自我封闭、保守固执、猜忌多疑、总爱回想过去、男性出现女性化特征、女性出现男性化特征等等。

卡梵(R. Cavan)将老年期的心理老化归结为如下几个方面:

(1) 对自身健康、经济方面的问题表现出焦虑和紧张情绪;

(2) 不能适应老年期出现的生活上的变化,常常为此感到不安,并且对过去的所作所为表现出后悔之感;

(3) 在精神上,由于生活和兴趣范围的减少,孤独感、失落感和恐慌感越来越强;

(4) 对环境反应迟钝,同时又表现出过分的敏感,猜疑和嫉妒心理比较重;

(5) 兴趣日益减少,只关注自身的生理变化;

(6) 缺乏参加有关活动的热情,活动性减退,喜欢安静;

(7) 性兴趣减退或性兴趣异常亢进;

(8) 日益保守起来,不喜欢新事物,难以适应新环境;

(9) 喜欢谈论过去,喋喋不休、重复唠叨;

(10) 喜欢收集或保留无用的、无价值的、无意义的东西;

(11) 固执于过去的生活习惯,不愿意作出适当的调整;

(12) 喜欢以自我为中心,邋遢、不修边幅;

(13) 对当前的事物漠不关心,记忆力差、健忘;

(14) 怕见他人,讨厌噪音和强光,坐卧不安;

(15) 对社会变化总爱持怀疑态度。①

除了这些正常的心理老化之外,有的老年人还容易出现一些

① 王冲汉:《人生心理多棱镜》,上海社会科学院出版社,1993年版。

异常的心理变化,这些异常的心理变化实际上也是老年期心理和生理老化的一种特殊表现形式。

1. 感情失控

有的老年人一遇到不顺心的事情,情绪容易失控,起伏太大,反应过于强烈,动辄勃然大怒或流泪痛哭不已,老年人的情绪反应程度可能大大超过了事情本身的严重程度。这种感情失控的原因有人认为主要是生理方面的,是因为老年期脑动脉硬化、脑组织老化、脑中血流不畅以及更年期的到来所造成的。更主要的原因也许应当从社会方面来寻找,老年期的到来使老年人失去了工作,失去了与社会的联系,终日孤独寂寞,而且老年期的到来还带来了另一个不祥之兆——死亡。在多重压力之下,老年人表现出暂时的失态应该是可以理解、可以原谅的,也许这正是老年人发泄心中苦闷、缓解心头压力的一种自我调适的方式。事实上,即使青年人和中年人,在巨大的压力下,也常常会出现诸如此类的失态行为。

2. 疑病倾向

老年人常常过分关注自己的身体健康情况,这本来是好事情,但物极必反,对身体的过度关心使老年人常常毫无理由地怀疑起自己的身体健康状况。有的老年人当自己的身体出现些微小的变化时,总以为自己得了严重的疾病,对照相关的报刊或医学书籍,健康的老年人也常常"发现"自己一下子患上了许多重大的疾病,老年人为此会反复上医院就诊,即使医生明确告知老年人身体健康,一切正常,老年人依然很难相信,难以释怀。老年人疑病倾向的出现主要还是心理上的因素在作怪,老年期常常出现各种各样的疾病,老年人常常面对或大或小的疾病的威胁,这使疾病成为老年人始终关怀的中心,而死亡的临近又使老年人加倍珍惜身体的健康,疑病倾向的出现其实是老年人珍惜健康、热爱生命的一种扭曲的表现。

3. 健忘症

现实生活中老年人总是丢东忘西,刚刚讲过的事情转眼又忘记了，还得不断地询问打探，还有的老年人兴冲冲地跑过来，却忽然忘记了要做什么事情，这些都是老年人健忘的表现。健忘的出现是老年人生理和心理老化综合作用的结果。

有人认为老年人对现在的事情容易忘记，但对过去的事情却记忆犹新，甚至连细节都历历在目，其实这是一种误解。老年人的健忘不仅表现在对现在事情的记忆上，同样也表现在对过去事情的记忆上，只不过老年人喜欢怀念过去，常常谈起过去的事情才给人们留下了这种误解，仿佛老年人不记得现在，而对过去则经久难忘。其实，对于过去的许多事情老年人同样是健忘的，老年人所能够回忆起来的只是一生中的极个别事情，尽管老年人有时会对其中的细节念念不忘。

三、成功的老化

既然老化是每一个人都无法回避的事实，因此，我们所应该采取的行动就是积极地面对老化，乐观地迎接老化，科学地、幸福地度过老化。

1. 成功老化的定义

成功的老化(successful aging)的主要含义指的是老年人们快乐、满足、幸福地度过老化这个时期，在生理、心理和社会等方面都感到相对适应。相反，不成功的老化则指的是老年人们在老化的过程中感受到的是不幸福、不快乐、不满足，老化的过程中充满了不适应，充满了痛苦和悲凉，在生理、心理和社会等方面更多感受到的是矛盾、冲突和不适应感。

理查德·A·科里士(Richard A. Kalish)认为，成功的老化主要有四种可能的含义。

其一，成功的老化意味着老年人的行为与社会对老年人所形成的标准相一致，也就是说，社会为老年人设定了一套行为规范，当老年人与这套社会规范相适应时,就意味着老年人达到了成功的老化。在这个定义里,一个基本的假设是,社会知道老年人应当如何去行事,而且社会对老年人的这种看法是正确的。但显而易见的是,这里缺少了对老年人的基本尊重,老年人只是成了被动的服从者,老年人自身的看法则相对被忽视了。

其二,成功的老化意味着老年人应当尽可能地维持中年期的积极性。在这个定义里,老年人越是像他在中年期的所作所为,老年期的老化也就越成功。这个定义也有明显的不恰当之处,因为这个定义实际上是在以中年期的标准来要求老年人,以中年人的行为准则来规范老年人的行为。这个定义的潜在含义是要求每一个人在一生中都尽可能地为社会作贡献,时时处处都应当自我管理、自我完善,这个定义本质上忽视了老年期的特殊性。遗憾的是,这个定义在日常生活中反倒得到了大多数人的赞同,我们也常常称赞或羡慕一个老年人很年轻,像中年人一样,一点儿也不显老。这种定义的进一步推广很容易导致另一个更为严重的错误现象的产生——老年歧视。

其三,成功的老化意味着老年人对自己现在的状况与活动感到满意。

其四,成功的老化与老年人生活的幸福感与满意度紧密相关。这种生活的幸福感与满意度可以用五个指标来衡量:

(1) 热情或是冷漠。这里关心的是老年人是热情地、积极地投入生活,还是冷淡地、厌倦地远离生活,对生活了无兴趣。

(2) 决心与毅力。这里的主要含义是指老年人是勇敢地、积极地自我承担生活的责任,还是消极地责备自己、抱怨他人。

(3) 理想的目标与现实所达成的目标。这里指的是老年人自己在心目中设定的理想目标与现实之中所实现的目标之间的距离。

(4) 自我概念。

(5) 情绪状态。这里强调的是老年人所表现出来的现实情绪状态，比如，是愉快、乐观，还是孤独、痛苦。[①]

2. 成功老化的方法

如何才能成功地老化？人生发展心理学家保罗·巴尔特斯(Paul Baltes)认为，对于老年人而言，成功的老化主要涉及了三个要素。

第一，选择。老年人的主要特征就是身体机能的衰弱、心理机能的老化以及社会地位的丧失，因此，老年人应当正确面对现实，承认自己的缺失和不足。相应地，老年人应当减少自己的工作和活动范围，不要面面俱到，而应当有所取舍，这样才能集中精力更好地完成自己喜爱的事情。

第二，最适应化。与选择相适应，老年人应当把精力集中在几个主要的兴趣领域之中，通过更多的实践，应用更多新的技巧和方法，以便把事情做得更好。

第三，补偿。当与周围环境的要求出现距离时，老年人就应当通过多种方式来进行补偿，增加自己的知识和能力，以便适应社会的要求。

凯珀斯和本斯通(Kuypers and Bengston)从社会重建的理论入手，认为要达到成功的老化，我们的社会应该从以下三个方面入手。

第一，将老年人从不现实、不科学的标准和期望中解放出来。我们的社会所制定的许多标准并不是都具有十足的合理性的，对老年人来说，最不公平的一点就是以工作能力的高低、以贡献的多少为评判一个人的标准，正是因为如此，才导致了普遍性的老年歧视。我们应该摒弃这种绝对的、简单的标准，应该以更为科学、更为合理、更为合情、更加广泛的标准来取代它。除了对工作和贡献的强调之外，还应该有生活的能力、生活的感觉等等，毕竟生活本身是丰富多彩的，人当然也应该是多层次多侧面的。

第二，为老年人提供他们所需要的社会服务。这些服务应该是与老年人密切相关的，像住房、医疗、养老、社会保障等等，这是

---

① 理查德·科里士：《老年人心理学》，桂冠图书公司，第75页。

成功老化的必要基础。

第三,使老年人更好地掌握自己的生活,做自己生活的主人。失去了对自己生活的控制,这必然导致失败的老化。这一点无论是对在家的老年人还是对在养老院的老年人,意义都是同样重大的。

成功的老化本质上就是老年人转变角色、面对现实、适应老年期的新生活。这里主要涉及的就是生理、心理和社会三方面的调适,为了达到成功的老化,老年人当然也应当从以下这三个方面入手:在生理上应该注意养生、加强健身,适当做些力所能及的活动,如散步、慢跑、气功、太极拳等;在心理上,应当更加开朗、更加豁达、更多一些幽默,消除不必要的烦恼和忧虑,可以养些花、养些鱼、种些草,也可以到老年大学学些书画、参加兴趣小组,这些都可以陶冶情操,颐养心性;在社会方面,应当积极地参加力所能及的社会活动,扩大社会交往,增广见闻,防止与社会隔绝太深,同时又可以结交到更多的良朋益友。

除了老年人个人自身的努力之外,我们的社会同样对老年人成功的老化起着关键的作用,尤其现在我们的社会已经进入了老龄化时期,老年人的问题已经不再仅仅是老年人自身的个人问题,而是真正意义上的社会问题,这就更要求我们的社会有相应的举措。社会首先应当为老年人提供一个适宜的生活环境,这个生活环境不仅应当包括物质的满足,同时也应当包括与生活相关的政策保障,这才是老年人成功老化的根本。

第三节 社会学视野中的老年

人并不仅仅是一种生物性的存在,更主要的还是一种社会性的存在,因此,要想真正解释人的存在的本质,必须从社会性的存在入手。随着老龄化的进一步加剧，我国已经提前进入了老龄化时期，这进一步使老年人的问题不再仅仅局限于老年人自身，而是逐步演变为一个社会性的问题，这也要求我们必须从社会的角度来解释老年人的问题。

一、活动理论

活动理论(Activity Theory)是由美国学者哈维格斯特等人倡导的，这是关于老年的第一个社会理论，也可能是被人接受最为广泛的一个关于老年人的社会理论。这个理论认为，社会活动是生活的基础，人们对生活的满意度是与社会活动紧密联系在一起的，社会活动是老年人认识自我、获得社会角色、寻找生活意义的主要途径。老年期是中年期的延续，老年人依然有能力和愿望参加各种社会活动。在老年期，社会和个人的关系本质变化并不太大，因此，老年人应当尽可能多地参加各种各样的活动，只有多参与生理、心理和社会活动，才可能充分地保持老年人生理、心理和社会等方面的活力，更好地促进老年人生理、心理和社会等方面的积极进步。

现实生活中有许多人赞同社会活动理论，包括老年人自己常常都有一种"不服老"的感觉，"越活越年轻"的老年人常常有一种急迫的"发挥余热"的冲动。在生理上，许多老年人仍然有明显的性冲动；在社会中，许多老年人仍然有强烈的工作念头。终日无所事事对许多老年人来说，不是享福，而是受罪。这是社会活动理论最生动、最具说服力的现实基础。

活动理论迎合了当今社会的流行标准，受到了许多人的欢迎。不过，活动理论并不是无懈可击的，它似乎没有注意到老年人之间的个体差异，不同的老年人对社会活动的参与要求是不同的。同时，活动理论也没有注意到年轻老年人与高龄老年人的差别，这两类老年人在活动能力和活动愿望上差别都是很大的，不可一概而论。此外，活动理论暗含了一种明显的价值判断标准，这套价值标准不是以老年人为根本，而是以青年人和中年人的生活和行动为准则的，它很容易产生的副作用是：误导人们以活动能力的强弱、创造社会财富的多少、工作能力的大小等来评判老年人，如此一来，无能无力的老年人很容易受到消极的对待，社会对老年人的偏见和歧视也很容易就此冠冕堂皇地粉墨登场。

二、社会疏离理论

社会疏离理论（Disengagement Theory）是由卡明(E. Cumming)和亨利(W. Henry)于1961年在《逐渐衰老》一书中率先提出的。社会疏离理论的观点恰恰与社会活动理论相反，这种理论认为，老年期不是中年期的延续，老年期有其自身的特殊性，老年人正在逐步走向以自我为中心的生活，逐步丧失生理、心理以及社会等方面的功能，与社会的要求正在渐渐拉大距离。因此，对老年人最好的关爱应该是让他们在适当的时候以适当的方式从社会中逐步疏离，不再像中年期或青年期那样拼命奋斗。此外，一个社会要想保持持续的发展，就必须不断地进行新陈代谢。相应地，这种社会疏离包括两个方面，其一是老年人从社会中疏离，其二是社会从老年人中疏离。

社会疏离理论以一种关心老年人的面目出现，它强调这种社会疏离是自然的、自愿的，同时，也是普遍的、必然的。它既是社会自身发展的必需，也是老年人本身衰老的必然要求。但这种理论留下了一个很大的隐患，它很容易使人将老年人等同为无权、无能、无力的人，从而使社会对老年人的漠视合情化，对老年人的排斥合法化，对老年人的歧视合理化，为形形色色的老年歧视大开方便之门，这恐怕是所有人都不愿意看到的。

活动理论和社会疏离理论是以相互对立的两种理论形式出现的，但这两种理论都受到了许多人的拥护和赞同，这两种理论也是关于老年的社会理论中最具影响力的理论，如何解释这种奇怪的现象？实际上，如果我们认真比较一下，我们不难发现，在表面的差异之下，这两种理论还是存在着某些共同之处的，至少它们都是从爱护老年人、发展社会的共同基点出发的，如果我们把这两种理论有机地结合起来、相互补充，而不是相互割裂、彼此绝对化，充分考虑到老年人的个体性差异以及社会和文化的特殊性的话，也许这两种理论会结合成一个非常好的理论代表。

三、老年亚文化理论

老年亚文化理论（Theory of Older People as A Subculture）最早由美国学者罗斯（Ross）提出。亚文化是社会学中的一个术语，它意味着与主流文化的不同。在人的成长过程中，青年期最容易形成亚文化，老年人作为一个在数量上越来越庞大的群体、作为一个在社会影响上越来越强烈的群体，必然会形成具有特殊色彩的文化现象，以此与青年人或中年人区别开来，这就是老年亚文化。

老年亚文化的形成有主观和客观两方面的原因。从主观的角度来讲，老年人有自己的兴趣、价值观念和利益需求，它不仅仅属于老年人自身的问题，还有不同于青年人和中年人的行为和处事方式，有老年人共同的生理、心理和社会背景，这使老年亚文化的形成有了主观的可能性；从客观的角度来讲，退休和养老等一系列的社会政策使老年人从社会中渐渐脱离了出来，老年活动场所、老年服务设施等社会所提供的物质条件也使老年人进一步与青年人和中年人区别了开来，这使老年亚文化的产生具备了客观条件。

老年亚文化的形成使老年人有了属于自己的生活世界,使老年人有可能成为自己的真正主人,从这个意义上来看的话,老年亚文化的形成对老年人未尝不是一件好事。但是,理论界似乎对老年亚文化这个理论赞同的声音很小,许多人对是否真的形成了老年亚文化持一种怀疑态度,认为并没有充分的证据可以表明老年亚文化的实际形成。在我们看来,老年亚文化的形成并不是没有可能的,问题在于,是否应该过分强调这种亚文化?老年人本身已经与主流社会产生了疏离,过分强调老年亚文化,也许在一定程度上可能唤醒社会对老年这个特殊群体的关注,但更可能会将老年人进一步从主流社会推开,从而加剧老年人与主流社会的疏离感。

与老年亚文化理论紧密相关的还有另一个理论,老年小群体理论(Theory of Older People as A Minority Group),这个理论的负面影响更大,更加不值得提倡。首先,这个理论没有现实基础,在老龄化非常严重的国家,老年人并不是一个小群体,而是一个大群体,是一个多数派;其次,说老年人是一个小群体很容易使人将老年人与黑人或少数民族等同起来,这更容易引起对老年人的歧视,这会对老年人带来更多的压力。

四、连续性理论

连续性理论(Continuity Theory)由美国心理学家纽加顿(Bernice Neugarten)等人提出。活动理论和社会疏离理论很明显存在许多问题,对这些问题的解决促成了连续性理论的诞生。连续性理论更加关注老年人的个体性差异,它以对个性的研究为理论的基础。这种理论认为:“相当多的证据表明,正常的男性和女性并不因为年龄的增长而出现明显的个性脱节,相反,却日趋连贯。始终是个性核心的那些特征,似乎变得更明显,个人一向坚持的价值观念愈发显著。在保持完整的个性中——在环境许可下,公开行为的形式很可能与个性的潜在需要和个人欲望更为和谐。”①

很明显,连续性理论是从人生发展心理学的角度来思考问题的,老化问题因此被置于人生发展的整个过程之中来考察。而人的生命周期的发展又表现出明显的连续性,老化实际上是人的连续性发展的结果,是老年人适应发展状况的结果,而发展状况的不同必然会导致老年人适应结果的不同。因此,连续性理论承认每个老年人都可能是不同的,也应该是不同的。连续性理论在这里表现出了应有的灵活性和多样性,这为连续性理论争得了一席之地。

五、年龄分层理论

年龄分层理论由美国学者赖利(M. W. Riley)等人提出。年龄分层利用了社会学中阶级、分层、社会化、角色等理论,力图从年龄的形成和结构等方面来阐述老年期的发展变化,它被认为是新近发展起来的最全面的、颇具发展前景的一种理论。

年龄分层理论认为,年龄不是一种纯粹的个体性特征,而是现代社会中的一个动态构成,每一个人都是从属于一个特定的年龄群体,随着人的成长,他也会不断地进入另一个不同的年龄群体,而社会对不同的年龄群体所赋予的角色、所寄托的期望也会发生相应的变化,因此,一个人的行为变化必然会随着所属的年龄群体的改变而发生相应的改变。一个人从儿童期到青年期,再到成年期,最后归宿于老年期,每个时期他都必然会表现出不同于前面一个成长阶段的显著特征,像青年期的恋爱、成年期的工

① (美)亨德里克斯等:《金色晚年》,上海译文出版社,1992年版,第122页。

作、老年期的退休就是不同的年龄段对人所提出的不同发展任务,由此也导致了儿童、青年、成年和老年之间的质的差异。

每个年龄层实际上有两个不同的但又是相互联系的侧面,其中一个是生命的过程,另一个是历史的过程。生命的过程主要与人的生理成长相关,不同年龄的人归属不同的年龄分层,不同成长阶段的个体也分别归属不同的年龄分层,每个年龄层都由年龄相同或相近的人所组成。历史的过程主要是指相同的年龄层都经历了一个相同的历史发展时期,他们可能共同下过乡,可能共同出过国,也可能共同经历过战争,不同的年龄层所置身的社会环境是不同的,这可以解释为什么会有代沟的出现。

从生命过程和历史过程这两个侧面出发,年龄分层理论既可以解释为什么个体的老年人会在不同的生命成长时期扮演不同的社会角色,同时,也可以解释为什么同样是老年人,在不同的社会发展阶段却分别表现出不同的特征,为什么昨天的老年人却不同于今天的老年人。

年龄分层理论注重个体动态的发展过程以及社会的历史变化,但在这两点上似乎都太强调整体性和统一性,对个体性和差异性的关注还嫌不足。年龄分层理论可以解释不同年龄层之间的差异,但对于同一个年龄层中不同个体所表现出的个体间的差异却缺乏解释力,这也是许多人批评年龄分层理论的一个重要原因。

关于老年期的理论还有很多,有人直接援引社会学的理论来解释老年期的变化;有人从角色理论出发,认为老年人种种不利情形的出现主要是老年人的角色中断或角色丧失所造成的,老年期的转变实际上就是老年人角色的相应转变;有人从交换理论出发,认为社会的发展是通过人与人之间平等的资源交换来实现的,老年人丧失了资源,因此,老年人就在这种貌似平等的社会交换中失去了相应的权益;有人从功能主义的角度认为,老年人自身的功能丧失导致了老年人逐渐被社会所拒斥;还有人从冲突主义的立场出发，认为不同的年龄层不仅仅是年龄的不同，还包括了与之相对应的财富、权力等多方面的不同，这导致了不同年龄层之间的相互竞争，最终导致了老年人的地位全面下降。

第四节 影响老年人发展的主要问题

在老年期，随着生理、心理和社会等方面的变化，老年人会发生一系列的转变。在这个转变过程中，老年人还会遇到诸多问题，这些问题能否顺利得到解决，会直接影响到老年人的晚年生活。这些问题中，比较主要的有老年歧视问题、退休问题、丧偶问题以及养老问题。

一、老龄化问题

与老年人密切相关的一个重要因素是老龄化现象的产生。老龄化一般包括两重含义：其一是指个体的老化，其二是指整个群体人口即社会人口的老化，这两种老化是紧密相关的。我们在这里所指的是社会的老龄化。从某个方面来讲，社会也可以被视为是一个有机体，社会也有自己的年龄，按照不同的年龄构成，社会也可以划分为年轻型社会、成年型社会以及老龄化社会。衡量一个社会是否达到老龄化的指标主要有四个方面。

1. 老年人口在总人口中所占的比例

老年人口在总人口中所占的比例也被称为老年系数，它有两种判断方法：第一种是指 60 岁及 60 岁以上的人在总人口中所占的比例达到和超过 10%；第二种是指 65 岁及 65 岁以上的人在总人口中所占的比例达到和超过 7%。这是常用的两种判断社会是否达到老龄化的标准。

2. 少年人口在总人口中所占的比例

少年人口在总人口中所占的比例也称为少年系数,这主要是指14岁及14岁以下的少年在总人口中所占的比例。一般而言,少年系数小于30%的社会被视为老龄化社会,少年系数大于40%的社会被视为年轻型社会,少年系数在30%~40%之间的社会被认为是成年型社会。

3. 中位年龄

中位年龄是根据不同年龄的人口构成而划分出来的,中位年龄正好把总人口分成人数相等的两个人口群体。通常的划分标准是:中位年龄大于30岁的社会被视为老龄化社会,中位年龄小于20岁的社会被视为年轻型社会,中位年龄在20~30岁之间的社会被视为成年型社会。

4. 老少之比

老少之比指的是老年人的总数与少年人的总数所构成的相对比例。一般认为,老少之比大于30%的社会是老龄化社会,老少之比小于15%的社会被视为年轻型社会,老少之比在15%~30%之间的被视为成年型社会。

人口的发展变化有其自身的规律性,但同时,人口的发展变化也受到了社会环境的重要影响。从西方国家的人口变化经历来看,老龄化有一个自然的发展过程,老龄化是在社会和经济发展到一定程度时才出现的,这样,社会对老龄化的出现有一个认识和适应的过程,同时,也有了一定的社会承受能力。出乎意料的是,在目前经济和社会发展都相对比较落后的情况下,我们国家现在也已经进入了老龄化社会,而我们国家的人口老龄化与西方发达国家的老龄化存在着明显的不同,这使我们的国家遇到了更多的问题,同时也使我们国家的老年人遇到了许多更加严峻的挑战和考验。

如果说西方发达国家是在人口、经济和社会等因素正常发展的基础上进入老龄化社会，是一个自然的过程的话，那么，我们国家进入老龄化社会除了以上这些共同因素的影响之外，更主要的则是一个人为的过程。在人口老龄化过程中，我国的计划生育政策起到了强大的推进作用。由于国家强制性的政策，一对夫妇不再是生育多个子女，而是只生一个，这使得我国的人口结构一下子发生了根本性的倒转，本来不该出现的老龄化问题突然之间跃为一个最为显赫的社会问题。与西方发达国家比较起来，我国进入老龄化的速度太快，这不仅使个人和家庭缺乏足够的认识和准备，而且使我们的国家丧失了必需的缓冲时间和理想的应对机会。此外，我们国家老年人口绝对数量太大，而我们的经济实力相对落后，社会发展又相对滞后，这不仅使我们国家没有足够的能力来解决老龄化问题，而且使国家背上了沉重的包袱。尤其令人忧虑的是，我国的社会保障体系尚未健全，与老年人紧密相关的养老、医疗等社会措施也未能充分建立，这使我国的老龄化问题更加雪上加霜。

老龄化问题解决得好坏最直接的关系人就是老年人本身，老年人的退休、养老、社会福利以及社会适应等问题都与国家的老年政策息息相关。在我们国家，类似的问题已经开始显现，这尤其应当引起全社会充分的重视。

二、老年歧视

在现实生活中，人们对种族歧视、性别歧视等不同的歧视行为往往比较关注，而老年歧视则常常不能引起足够的重视。也许这是因为我们国家中老年人所占的比例一直不太高，或者是我们对自身的权利过于漠视。但现在问题不一样了，随着人们自我权利意识的增长，尤其是随着我国快速步入老龄化时期，老年人越来越多，老年歧视问题终于渐渐浮出水面，越来越多的人开始关注老年人所受到的不公平待遇。

老年歧视本质上就是指对老年人的毫无理由的歧视性行为和毫无根据的歧视性评价。在这种歧视的眼光中，老年人被视为一无所用的包袱和垃圾，而且这种对老年人的歧视往往是以一种社会性的行为出现的，这就更值得引起我们足够的重视了。

在老年歧视者看来，老年人丧失了身体的机能，心理上出现了衰退，同时，老年人也渐渐退出了社会，因此，老年人不再也不能为社会创造财富，老年人只是在消耗社会的财富，老年人是没有希望的群体，是不断走向死亡的特殊人群。也正因为如此，老年人角色的中断、地位的下降、权力的丧失、生活空间的缩小也就是理所应当了。这种看似公平的论点其实就是一种不折不扣的老年歧视。

老年歧视在许多国家和地区都以各种各样的形式表现了出来，尽管老年歧视是一种比较普遍的社会现象，但这种普遍性并不能证明老年歧视的合理性，反倒说明了老年歧视这个问题的严重性。实际上，在前工业社会中，老年人的地位是非常高的，老年人是备受尊崇的一个群体，很多人很羡慕老年人，社会的财富和权力同样也是集中在老年人手中的，我们国家也曾经有一段时间流行的是"胡子越长地位越高"。老年人地位的急剧下降是从工业社会开始的，主要原因有以下几个方面。

1. 社会的急剧变迁

工业社会的产生导致了全面的社会变革，现在的社会发展速度越来越快，技术更新的速度越来越快，生活的节奏因此也越来越快，老年人因为生理、心理和社会的原因，一下子很难适应这种急剧的社会变迁，因此，很快被抛到了时代的后边，遭到了社会的排斥。

2. 反向社会化的出现

早期人类知识的积累主要是靠经验，知识的传播主要是代代相传，因此，谁的寿命越长，谁掌握的知识就越多，老年人因为生活经验的丰富当然掌握的知识就最多。相应地，当时的知识传播方向是老传少。现在则大为不同，知识的更新速度越来越快，信息的传播方式越来越多，信息传播的媒介也越来越高科技化。老年人因为对新鲜事物的反应迟钝、对高科技技术的畏惧心理，大大阻碍了老年人的知识更新，这导致了一种从未有过的奇怪现象，年轻人比老年人接受新知识兴趣更高、速度更快、能力更强，代与代之间的知识传播不再是老带少，而是少传老，年轻人成了知识的主宰，反向社会化由此产生。反向社会化的产生，使老年人昔日高高在上的尊崇地位被彻底颠覆。

3. 片面的社会观念

现在的社会普遍流行的是以权力、能力、财富、健康等因素来评判一个人，老年人都已经过了人生的辉煌期，与这些标志性的尺度越来越远，老年人成了无权力、少财富、没能力、不健康的特殊群体，这自然会被流行的标准打入另册。

如何克服和消除老年歧视的错误行为？根据其产生原因，我们应该采取以下针对性措施：首先，改变社会观念，改变流行的评判人的标准，用更全面、更科学、更多样化的标准来综合衡量人，而不是简单地用是否有能力、能否创造财富等准则来对不同的人群进行评判。要充分注意到老年人的特殊性，充分考虑到老年人以前的工作和生活情况。其次，加强社会政策和社会立法，通过强制性手段来确保老年人不受歧视，通过强制性行为使尊老爱老的观念深入人心，植根人心。再次，大力宣扬我国传统的文化传统，使我国固有的尊老爱老思想继续发扬，使每个人都真正做到“老吾老以及人之老”。最后，社会要形成关爱老年人的环境，一方面大力提高对老年人的社会帮扶，营造浓厚的尊老爱老的社会环境，同时，还应该积极推进老年人医疗设施、养老设施、康乐设施等的建设，使老年人“老有所养、老有所为、老有所乐”。

三、退休与强制退休

退休在现代社会被认为是一种正常的、自然的现象，是人在特定的年龄完全或基本退出社会劳动的一种现象。应该指出的是，退休不是一种单纯的个人现象，也不是一种纯粹的生理现象，更大程度上是一种社会现象。有的国家如匈牙利把退休年龄定在50岁，还有的国家如美国则把退休年龄划定在70岁。不仅各个国家所厘定的退休年龄各有不同，而且许多国家所设定的退休年龄还会随着人均寿命的延长以及社会的发展变化进一步发生变动。在我国，一般女性职工在50或55岁退休，男性职工在60岁退休。但实际上，在现实生活中，我国女性的预期寿命大大超过了男性的预期寿命，为什么不是女性的退休年龄大于男性，反倒是男性的退休年龄大于女性呢？这就不是生理的原因所能解释得了的，根本的原因还应该到社会更深的层面中去寻找。

1. 强制退休

正因为退休主要是一种社会现象，而且退休是以社会的普遍性行为强行推进的，所以，在许多情形下，退休实际上并不是一种自觉、自愿的行为，而是一种强制性行为，退休更准确意义上应该称之为强制退休。

实际生活中，作为强制性行为的退休引起了越来越多的争议。传统观点认为，退休是对老年人的社会性关爱和保护。老年人在生理、心理和社会等方面都出现了明显的衰退，已经不能适应社会的变化和要求，从提高社会效益、加强社会功能、完善社会结构等多重目的出发，老年人应该退出工作岗位；此外，老年人已经为社会尽职尽责了大半生，也应该退下来享享清福、颐养天年了，而且以老迈之躯继续从事各种各样的工作，也容易给老年人造成身体、心理和社会等方面的伤害。所以，退休是真正以人为本的社会福利性行为。

反对的观点则认为，强制性退休违背了老年人的自我意愿，漠视了老年人的实际能力，本质上是一种老年歧视，是一种集体性的、社会性的老年歧视行为。强制退休是建立在老年人已经一无所用、垂垂老矣、消极待死的片面看法之上，实际上并非如此，强制性退休忽视了老年人之间的个体性差异，同时也忽视了不同职业之间的差异。老年人在生理上有所衰退，但在心理和社会等方面反倒出现了一定的进步。比如在高校和科研院所，许多七八十岁的老教授和老研究员依然精神矍铄、创造力旺盛；即使在企业里，老年人往往在经验上要优越于年轻人，老年人更加珍惜工作机会，对企业也更加忠诚。此外，从社会的整体发展趋势来看，随着社会的进步和医疗保健水平的提高，人的寿命在不断延长，活到八九十岁已经非常普遍，按照 60 岁退休来计算，这意味着人的一生中还有二三十年的时间要虚度过去。再者，现代社会科技更新速度越来越快，与此相应的是，人的受教育周期也越拉越长，按照正常的教育程序，一个人如果最终拿到博士学位，小学、中学、大学、研究生所有阶段加起来，他的在校时间将是 22 年，再加上托儿所、幼儿园的时间，当他走向社会时，他已经是将近 30 岁的人了。如果 60 岁退休，他又活到 90 岁，我们不难看出，这个人的一生是这样度过的，受教育 30 年，工作 30 年，退休 30 年。这个事实是令人吃惊的，无论对当事人还是对社会，这都是一种难以接受、难以容忍的浪费。

公平而论，拥护强制退休和反对强制退休的观点都有一定的合理性，但任何一种观点如果推向极端的话都会出现明显的缺陷。随着社会的文明和进步，许多国家都开始注意到了这些问题，并且分别提出了有针对性的解决方法。一个比较中性的解决办法是延长退休年龄，这种办法不会对现有的退休制度造成重大的破坏，同时，又兼顾了老年人的工作热情，许多国家采取的都是这种微调式的解决方案。1979 年，乌拉圭将退休年龄从 50 岁延迟到60岁;1987年,匈牙利将女性的退休年龄从55岁后推到58岁,将男性的退休年龄从60岁后推到62岁。延长退休年龄在一定程度上可以使老年人更大限度地发挥自己的潜能,更大可能地与社会保持协调,从而丰富和延长老年人的生命。除了这种温和的办法之外,解决强制退休还有一种根本性的方法,这也是一种比较激进的方法,它主张彻底废除退休制度,变强制退休为自愿退休,不是社会强制老年人退休,而是充分尊重老年人的个体意愿,让老年人根据自己的生理、心理和社会条件,自己选择适当的时候、以适当的方式自觉自愿地退出社会劳动岗位。同时,对被雇用的老年人采取弹性工作制度,根据老年人的具体情况适当减少工作时间和工作任务,既充分保护老年人的工作意愿,也充分照顾到老年人的实际能力,这应当说是一种比较完满的解决方法,真正是立足老年人、服务老年人、保护老年人。在美国,1978年就已经颁布了《禁止歧视老年人就业法案》,1986年又进一步制定了《禁止强制性退休法案》,这是一个很了不起的进步。

2. 退休的调适过程

不管是自愿还是强制,每一个人不可避免地都要退休,因此,如何度过退休期就成了一个不得不努力面对的问题。对于老年人而言,退休是老年生活中一个影响深远的问题,这个问题解决得好坏直接关系到老年人此后的很长一段生活。

要想成功地度过退休期,并且顺利地进入以后的生活,这不是一个短时间的问题,可能会持续一段时间。阿奇利(Atchley)认为,老年人适应退休的过程可以划分为七个阶段,几乎每一个人都可能会先后遭遇这几个阶段,当然,其中也并不排除个体间的差异。

第一,前退休期。在退休真正到来之前,老年人其实已经开始为退休的到来在做准备,他们会想象退休后的生活将会是什么样子,会用更多的精力和时间来筹划退休之后的生活。也会有一些人对退休的来临感到非常担忧,这些人其实更多担忧的不是不能再继续工作，而是退休之后的健康和收入问题。

第二，蜜月期。刚刚退休之后的一段时间，往往是非常美好的时光，因为老年人们终于从日复一日的繁重工作中解脱了出来，可以自由自在地支配自己的时间了，也可以随心所欲地去做自己原来喜欢却没有时间和精力去做的事情了，如旅游、读书等等。因为重新找到了自己，重新属于了自己，老年人在这段时间一下子又表现得充满生机和活力。可惜的是，好景不长，退休后的蜜月很快就结束了。

第三，休息和放松期。在蜜月的狂欢度过后，老年人接着迎来的是一段低潮期，这时老年人开始安定了下来，日常的活动在减少，但这个时期也是短暂的，紧跟着将会迎来一个新的活动热烈的时期。

第四，清醒期。有些老年人对退休抱有过多、过高的期望，这时候，慢慢开始清醒了，尤其是那些对退休抱有许多不切实际幻想的老年人，忽然发现原来退休生活并非像他们所想象的那样丰富多彩。这时，老年人会感到深深的失望，与这种失望相伴的常常还有疾病或者丧偶的发生。

第五，重定方向期。为了克服退休后的失落情绪，老年人需要重新选取生活的目标，为了尽快走出低谷，他们会重新反省自己的生活，重新规划未来的生活选择，努力找到自己今后生活的方向。老年人们可能会重新回去工作，也可能会另外再换一种工作，或者重新回到学校去读书等等。

第六，规律期。这是老年人成功适应退休生活的一个主要表现，老年人重新拥有了真正属于自己的生活，生活重新走上了正轨，生活再次变得有规律、有秩序、比较稳定而且比较令人满意。

第七，终止期。由于一些特殊因素，如疾病和残疾等的影响，老年人的退休生活戛然而止，老年人不再承担退休的角色，转而变成了依赖性的角色。

阿奇利对退休生活阶段的描述尽管只是概要性的、或然性的,但它至少告诉我们,老年人的退休生活是一个适应过程,可能会经历几个不同的阶段,尽管并不是所有的人都必须要经历这几个阶段。老年人对退休的适应过程会发生一些心理的改变,如何更有效地解决这些问题,使老年人更快、更好地度过退休生活,阿奇利还是给我们留下了许多有益的启示。

退休的问题不仅仅是老年人自身的问题,而且是一个社会性问题,要解决好老年人的退休问题,除了老年人自身的主动调适之外,还需要社会作出共同的努力。我们的社会应该为老年人的退休提供更加合情合理的方案,让老年人渐渐退出工作岗位,而不是突然地、不容分说地、直接地退出。同时,社会也应该为老年人退休之后的继续工作留下足够的空间,并创造更大的选择空间。此外,也是很重要的一点,退休毕竟是人生中的一个重大转折,老年人会经历一个痛苦的心理和社会转变,因此,社会应该为老年人提供多样化的支持,包括退休教育等等,以便使老年人为退休作好充分的、全面的准备。

对老年人的生活产生重要影响的还有许多事情,如老年人的经济状况、老年人的健康状况、老年期的丧偶、老年人的社会保障等等,这要求我们每一个家庭以及我们的社会尽可能深入、细致、全面地解决老年人的问题,以便老年人幸福地安度晚年。

第五节　死　　亡

对于任何一个人来说,死亡都是一件不可避免的事情,而且在人的一生之中,死亡什么时候都可能会发生,死亡并不是老年人的专利,中年人、青年人、少年、儿童乃至婴幼儿都有可能遭遇死亡。只不过一般来讲,人们通常把中年人、青年人、少年、儿童乃至婴幼儿时期发生的死亡视为纯粹的意外,而在老年时期,因为生理的原因,老年人已经走到了生命的极限,死亡是不可避免的,因此,人们常常把死亡与老年人联系起来。正是因为这种不可回避性,死亡在老年人的生活中占据着非同寻常的地位,死亡对老年人的影响同样也是决定性的、根本性的。

一、对死亡的认识

日常生活中人们都知道,人是吃五谷杂粮的,人并不是神,因此,生、老、病、死对人来说就是很自然的事情。人们对死亡的理解通常也是建立在这个基础之上的,在这种意义上,死亡被认为是如同“油尽灯灭”,是人的一种正常的、自然的生理行为,是寿终正寝。这种理解认为人的死亡与花草的凋落、动物的死亡是一样的。这是一种常识性的观点,这种对死亡的理解主要是从纯粹生理学的或者说是从医学的角度上来理解人的死亡的意义。

对人的死亡的生物学理解忽视了一点,也是最重要的一点,那就是人与动物不同,人是社会关系的综合,人是社会环境的产物。对人的死亡的生物学理解忽视了人的死亡的社会意义,事实上,也恰恰是死亡的社会意义将人的死亡与动物和植物的死亡鲜明地区别了开来。

翻开人类的思想史册,我们不难发现,从人类的起源开始就充满了对死亡的关注与思考,而且不同的思想家、不同的文化背景往往对死亡的理解也大相径庭,这充分表明了死亡的文化个性和社会特征。唯心主义者认为死亡发生时,只有肉体才会死亡,而我们的灵魂则是永恒的、不灭的;唯物主义者则认为,死亡到来时,我们的肉体和灵魂同时消失,彻底寂灭。在宗教中流行的观点是:死亡是人超脱现世的一个契机,通过死亡,人不再忍受现世的苦难,人升华成了真正的神,从此开始了真正幸福美满的生活。哲学家们也在以不同的方式阐释死亡的意义,有人认为“未知生焉知死”,也有人强调人的一生本质上就是“向死而在”。我们国家也有人把死亡理解为上天、驾鹤西去、羽化登天,还有人把死亡自嘲为“见马克思了”等等。此外,在对待死者的态度和方式上,不同的民族、不同的文化背景往往也不尽相同,有的地方是将死者草草掩埋了事,有的地方则要遍告亲朋好友,并且举行特定的仪式。在传统中国,还有陪葬的习俗;在现代中国,普通百姓下葬时,也还要陪葬许多物品,烧去许多精心做好的纸钱、纸扎轿车、纸扎房屋等物品,为的是让死者在阴间能够过得更好。对于高龄去世的老年人,则称之为“喜丧”,还要大摆筵席,隆重举行仪式。丧葬之后,生者还会在每年的特定时候,为死者进香烧纸,以保佑死者安度阴间生活,不再挂念生者。

死亡的社会性除了对死者的安葬与告别之外,还表现在对生者,尤其是即将面对死亡的老年人身上。从社会的意义上来理解,死亡其实意味着一个人的社会身份的丧失,意味着一个人社会关系的断绝,意味着一个人与他人的社会交往的中断。从这种意义上来讲,退休实际上就是在为死亡做准备,因为退休意味着老年人开始逐步从社会中全面退出。阿洛芬斯·代金指出,在德语中有一个词 pensionerungstod,意思是养老金死亡,它的意思是,有的老年人在退休之后,在开始领取养老金不久,很快就死亡了。其中的主要原因在于,许多人将生命与工作紧密联系了起来,失去了工作,也就失去了生活的动力和生活的目标,生命也就变得毫无意义了,这导致了衰老和死亡的加速到来。[①]

正因为死亡是一种社会性的事情,所以,在处理和解决老年人的正常死亡的问题上,我们的社会必然要承担更大、更多的责任和义务,只有如此,才能保证老年人生活得更好,更加坦然地面对死亡。

---

① (日)长谷川和夫等:《老年心理学》,黑龙江人民出版社,1985 年版,第 169 页。

二、死亡的阶段

正因为死亡的意义非常深远、非常重大，因此越来越多的专家和学者投入到了对死亡的研究之中。在众多的理论之中，精神分析学家伊丽莎白·凯勃勒·罗斯(Elisabeth Kubler Ross)最为引人注目，在《死亡与垂死》这本书中，她认为，人面对死亡时先后要经历五个阶段。

第一阶段，否认和隔离。在这个阶段，面对死亡的人的第一个反应就是拒绝承认死亡的事实，坚决否认死亡的真实性，他可能会说："不，这绝对不可能是真的，肯定是搞错了。"这是最初的心理防御机制，面临死亡的人还有可能会把自己与周围的世界隔离起来。但这种反应是短暂的，很快就会过去，这就进入了第二个阶段。

第二阶段，愤怒。在这个阶段，面对死亡的人认识到死亡的不可避免、认识到自己将死的确定性，他会变得生气、愤怒、狂暴、嫉妒等等，他会说："为什么偏偏会是我，为什么我现在必须死去？"当事人的心理、情绪很难平静下来，他往往还会将这种破坏性的情绪转移到其他人身上，甚至那些代表生命和活力的人和物，尽管与当事人并不相关，但也可能会成为当事人破坏情绪投射的对象。这个阶段的当事人很难接受家属和医护人员的照顾，但我们应该对他们给予充分的理解。

第三阶段，讨价还价。在这个阶段，当事人的心理会发生一些微妙的变化，因为死亡已经不可避免，当事人会期望通过做某些事以延缓死亡的到来，尽管这是徒劳的。

第四阶段，沮丧。在这个阶段，当事人认识到，讨价还价是无用的，他只能接受死亡的事实，只能与他所热爱的人和物分手，只能与这个世界告别，这一切都无法更改。当事人的情绪会非常沮丧、非常忧郁,此后情绪会渐渐平静下来,他会拒绝来探访的人,也可能会把自己关起来,放声痛哭。当事人的家属和医护人员应该理解当事人的这种表现,没必要强迫性地劝慰当事人,因为这也是当事人自我舒解、面对死亡的一种必然的过程。

第五阶段,接受。经过前面四个阶段,当事人最终开始接受死亡的事实,尽管这并不是一种令人愉快的接受。当事人接受了命运的不可抗性,接受了死亡的即将来临。

罗斯的观点被广为传播,许多人接受了她的观点,同时,也有许多人对她的观点持批评态度。最普遍的批评意见是,在现实生活中,并不是所有的人都会同样经历这五个阶段,而且罗斯并没有充分地、全面地考虑到当事人之间的个体性差异。此外,罗斯也忽视了不同文化之间对死亡的态度的差异,这使罗斯的观点仅仅成了一种缺乏实证的有益假设。

三、成功的死亡

随着人类对自身的进一步了解,人们对死亡的认识也在不断发生着改变,人们渐渐认识到死亡其实也是完整的人生的一个重要组成部分。如果说出生是人生的开端的话,那么,死亡可以被视为人生的终结。人的一生实际上就是在出生和死亡这两个基点之间的漫长旅途,出生与死亡紧密联系在一起,共同构成了完整的人生。从这种意义上,我们可以说,从出生到死亡这段漫长的时间,本质上是一个不可分割的整体,人的出生指向的是死亡,人的死亡又是源自出生。这意味着,死亡也是人生的一个重要组成,死亡是人生的一种特殊总结。归根结底,死也是另一种形式的生。

在这个前提下,我们没有理由漠视死亡、拒绝死亡、否认死亡,更没有理由恐惧死亡。毕竟,这也是我们的生活中不可或缺的一个重要组成。我们都知道应该好好地生，现在，我们同样应该好好地死，这种更好的死我们把它称为“好死”（the good death）。好死意味着我们应该有尊严地去死（death with dignity），这种好死、有尊严的死，我们把它称为成功的死亡（successful dying）。

成功的死亡意味着我们应该像对待生一样对待死，应该将更多人为的、社会的干预介入到死亡之中去，只有这样，才能真正保全人的尊严。

现实生活中，死亡已经不再是一个听天由命的自然过程，在死的过程中，时时刻刻都充满了人性的光辉。

1. 临终关怀

临终关怀（Hospice）一词最早出现在中世纪的欧洲，当时的 Hospice 是朝圣者中途休息的地方，也是教会为有病而无人照料者设立的收容所。①

此后，临终关怀逐渐超越了宗教的范围，为临终病人减轻痛苦、帮助临终病人安度余生的民间机构越来越多。20 世纪 50 年代，一个名字叫茜茜里·桑德斯（Cecily Saunders）的妇女在英国建立了圣克利斯朵弗临终关怀院，这标志着现代临终关怀院的正式出现。

临终关怀的主要意图在于帮助身患绝症的晚期病人以及他们的家属，为他们提供各种必需的救助，以减轻疾病所带来的痛苦，使病人在晚期生命中充满爱，生命富有意义，使病人及其家属得到充分的救助和尊重。

临终关怀可以设在专门的医疗机构里，由专门的人员提供专业的服务；有条件的话，也可以设在患者的家里，由护士或者志愿者每天提供定时的上门服务。两种方式目的是一样的，都在于为患者创造更加有利于愉快地、有尊严地生活的条件。

---

① 邬沧萍：《社会老年学》，中国人民大学出版社，1999 年版，第 298 页。

临终关怀是一种极其有益的探索,它建立在对人的生命的尊重上,是真正以人为本的一种尝试,理应受到全社会的理解和支持。

临终关怀在实践过程中也遇到了一些问题,譬如,临终关怀只对晚期绝症患者提供相应的服务和支持。这意味着,首先,患者应该已经被确诊为晚期绝症。其次,患者及其家属应该承认他所患的的确是晚期绝症,也就是说,患者及其家属应该接受这样一个事实:患者已经肯定再不可能会有任何生还的机会了,他马上就要死去了。这个事实对于患者及其家属来说,是很难接受的,也是过于残忍的。在通常的治疗过程中,患者家属以及医护人员总是千方百计地隐瞒患者的真实病情,生怕引起不良的刺激,以便延长患者的生命。这种看似关怀患者的做法是与真正的临终关怀相抵触的,这是临终关怀实施中所遇到的一个最大障碍。

除此之外,那就是专业人员的缺乏。专门的医生、护士,专业的社会工作者和全心全意的志愿者,这些人员目前还显得非常紧缺,这是制约临终关怀大力发展的另一个关键因素。

由于种种原因,我国的临终关怀发展缓慢。1988 年,全国范围的第一个临终关怀研究中心才在天津成立,此后,全国范围的第一所临终关怀院才在上海建立。临终关怀的发展不仅标志着人类对自身的认识程度,同时,也标志着一个社会相应的文明程度。我们已经落后太多太久,我们必须加倍努力。

2. 安乐死

“安乐死”一词源于希腊文 euthanasia,意为无痛苦死亡。安乐死观念的提出是人类对自身深入认识的结果,是人类对生和死全面理解的结果。早期人们信奉的是“好死不如赖活着”,人们更加着重的不是生命的质量,而是生命的数量,一个人活得越长,他的生命就越有意义。万岁、不朽、长生不老等一度成为人们热衷追求的目标。

现在,人们更加注重的是追求活得更有意义。如此一来,生命的质量成了人们追求的唯一目标,生命的长短就不再是一个必要条件。人们的观念不再是“好死不如赖活着”,而是“赖活不如好死”,安乐死由此应运而生。

安乐死的主要意思是指,对于那些身患无法治愈的重病,而且本人又自愿终止生命的人,通过采取一定的手段,使他们无痛苦地死去。显而易见,安乐死虽然是人为地终止他人的生命,但这不是故意谋杀。因为安乐死是建立在对生命本身尊重基础之上的,而且这种对生命的终止是征得患者本人同意的。

安乐死可以被划分为两种:其一是主动的安乐死,其二是被动的安乐死。主动的安乐死是通过有意识的行为,如注射某种药物来终止患者的生命。主动的安乐死在许多国家和地区引起强烈的争论,批评的意见远大于赞同的声音。主动的安乐死被视为一种有意的谋杀行为,它在许多国家是被严格禁止的。被动的安乐死是指通过不做某种事情或者停止做某种事情,以便患者终止生命。例如,对于希望终止生命的绝症患者,医护人员停止抢救或不再进行治疗,以便患者自然死亡。

关于安乐死的争论有很多,这里主要涉及伦理、法律和社会习俗等宏观方面的问题,同时也涉及医疗技术、个人及社会的物质承受能力等具体问题。围绕这些问题,赞同和反对安乐死的人展开了激烈的争论。

赞同安乐死的人认为:首先,病人有权选择自己生或死,因为生命是属于个体所有的,他当然有权采用自己认为是合理、合法的方式来对待自己的生命;其次,勉强维持难以继续的生命并不一定就是好事,并不一定就是人道的,死亡对病人来说是一种解脱,对社会来说也是减轻负担;再次,死亡本身并不一定就是坏事,死亡是一件极其自然的事情,是生命过程的一个组成部分。

反对者同样据理力争,他们认为:首先,治病救人是医生的天职,救死扶伤是医生的职责,不管是有意还是无意终止别人的生命，都与医生的天职相对立，实行安乐死的医生实际上就是变相的杀人犯，是无论如何都不可原谅的；其次，从技术层面来讲，被确诊为不可治愈的疾病也可能存在着误诊，而且即使被确诊为不可治愈的疾病，也只是意味着现在暂时难以治愈，并不等于是永远不可治愈，新的医疗技术、新的药物发明完全有可能解决这些难题；再次，世间最宝贵的是人的生命，一旦失去，就永远不会再来，而经济和社会等方面的负担则是完全可以弥补的。还应该注意到的是，虽然安乐死是建立在病人同意的基础之上，但也许病人以后会后悔，而安乐死一旦实施，一切都将无法挽回。

目前，安乐死已经引起了世界性的关注，已经为越来越多的人所熟知，在有的国家如荷兰，安乐死甚至已经获得了合法的地位。我国也曾经对安乐死展开过热烈的讨论，遗憾的是，我国迄今为止，并没有对安乐死进行立法，相关的政策和法规也未见出台。但这并不等于说我国并没有安乐死之类的事情发生，实际生活中，也有一些地下医生在偷偷行事，甚至还有人为此被判刑坐牢。种种情形表明，我们国家应该尽快将安乐死提到议事日程上来，于国于民都不失为一件好事。

关于死亡，值得一提的还有一种形式——自杀。在许多文化传统中，自杀都是被严厉禁止的，自杀的人甚至还会为此受到惩罚。反对自杀的理由主要有三种：其一，生命是宝贵的，谁都不可随意剥夺生命，即使是自己的生命，更不用说是别人的生命。其二，生命并非仅仅为个人所有，基督教传统认为，生命是上帝的恩赐；中国传统文化认为，身体发肤，受之父母，因此，个人并不能随意终止自己的生命。其三，自杀是一种胆小怯懦的表现，自杀的人往往不能正视人生的困难，实际上，这些困难都是可以被克服的。

应该承认的是，自杀并不是一种简单的事情。在现实生活中，我们发现，自杀的人中，有一些是很有才华，而且社会地位颇高的人，如何解释这些人的自杀？这就绝对不是一个“胆小鬼”所能概括得了的，如老舍、屈原、海明威等文化名人的自杀。他们的自杀应该被视为对生命的强烈的爱，是对破坏生命的邪恶现象的激烈反抗，他们是通过具有浓烈悲剧色彩的自杀来使自己的生命变得更加纯洁、更加圆满。在这种意义上，他们的自杀实际上是一种更加主动、更加强烈、更加饱满的生。

☞ **延伸阅读：**

[1]（美）威尔伯. 超越死亡. 胡因梦等，译. 北京：三联书店出版社，2006.

[2]（美）霍尔德等. 临终：精神关怀手册. 吴宇琦等，译. 上海：上海译文出版社，2006.

[3] 梅陈玉婵等. 老年学理论与实践. 北京：社会科学文献出版社，2004.

[4]（美）夏埃等. 成人发展与老龄化. 乐国安，译. 上海：华东师范大学出版社，2003.

[5]（法）帕伊亚. 老龄化与老年人. 杨爱芬，译. 北京：商务印书馆，1999.

结　语

社会工作视野中的人类行为与社会环境

匆匆结束了人类行为与社会环境的旅程，薄薄的一本书远远不能涵盖人漫长一生中行为的成长变化，同时，也永远无法浓缩所有社会环境对人类行为的影响，更无法全面包容人类行为与社会环境的有机互动。

作为社会工作专业的一门主干课程，本书的内容选取更多是站在社会工作的专业立场上，而不是站在发展心理学的基础上。在力求全面公正的前提下，本书仍然难以避免作者本人强烈的自我偏好，就如同社会工作本身永远无法避免强烈的专业价值取向一样。

人类行为与社会环境的核心主题就是人类本身的自我发现和自我发展，而所有这一切是在社会环境之下进行的。结合社会工作的一些基本理念和具体实践，从我本人的社会工作实践经验来看，本书在主要内容之外，还有一些源自社会工作视角的人类行为与社会环境的再解读，希望这些个人心得体会能与大家一起分享。

一、个人的就是社会的

这个理念的发现首先源自女性主义。激进的女性主义主张“个人的就是政治的（Personal is political）”，这是一个非常值得注意的发现。应用到社会工作中，就成了“个人的就是社会的（Personal is social）”。

事实上，类似的观点马克思早就讲过，人是社会关系的总和。之所以把“个人的就是社会的”这个观点提出来，主要还是为了更好地理解人的行为，同时避免在社会工作实务中产生还原主义，将案主理解为割裂的孤岛；另外，也可以避免将社会责任转嫁到案主头上。

二、人在环境中

这个观点的启发主要源自个案社会工作中心理—社会模式的“人在情境中”理念,从个案对象来看,强调情境是正确的,但从人的角度来看,就不是微观的情境,而是中观乃至宏观的社会环境了。

此外,在社会学中,情境与环境本身并没有质的断裂,微观的社会环境就是情境,宏观的情境就是社会环境,事实上,当代社会工作也正是强调微观、中观乃至宏观的有机贯通。

人在情境中观点的提出有助于社会工作实务中破除对案主行为本质主义的形而上学理解,更多地进入权变主义的动态理解模式之中,这也正好对应了社会工作对于个别性的强调。

三、人与社会环境的调适

社会工作认为,案主的问题本质在于与社会环境的失衡,因此,社会工作非常强调对案主及其社会环境的交互分析,同时,对案主问题的解决之道立足于帮助案主与处身的社会环境达成调适。这种解决思路是非常积极的,一方面避免了谴责案主的简单化倾向,另一方面,也将问题的本质导向了对于社会环境的关注。

四、优势视角的人类行为

对于人类行为的解读有许许多多,没有哪一种理论可以解释所有的人类行为,社会工作为我们带来了关于人类行为的积极解释，这集中表现在对案主潜能的重点强调、对于案主优势的积极发掘。

相对于传统的生物宿命论和环境决定论，社会工作为我们描绘了一幅发展的、健康的、积极的人类行为图景。由此带来的变革不仅可能影响到对于人类行为的理解，还可能会涉及对于人性的思考，当然，还可能由此延伸到对于社会结构的进一步反思。

五、双重视角下的人类行为

从社会工作以及人类行为与社会环境来看，关于人的行为始终构成了一个核心话题，由此产生的一个问题就是在什么样的范式下理解人的行为。

所谓双重视角，首先强调的是结构性视角，也就是整体的、系统的视角，在本书中具体归结为 BPS 模式，也就是生理—心理—社会模式，这既是社会工作的行为理解主导模式，同时，也是人类行为与社会环境的基本分析框架。

所谓双重视角，其次强调的是生命周期视角，也就是动态的、发展的视角，将人的行为放到生命历程中来理解，既有了发展性特征，同时又有了规律性特征，使我们对于人的行为有了更加切实的把握。

“认识你自己”，是古希腊德尔斐神庙上镌刻的一句千古名言。仔细想来，人类行为与社会环境这门课在某种程度上又何尝不是我们自我发现、自我探索一次生命历程呢？！

参 考 文 献

[1] Kathleen Stassen Berger. The Developing Person through the Life Span. Worth Publish, 1994.

[2] Guy R. Lefrancois. The Life Span. Wadsworth Publishing Company, 1987.

[3] E. Philip Rice. Human Development. Prentice-Hall Inc. 1995.

[4] Laura E. Berk. Infant Children and Adolescents. Allyn and Bacon, 1996.

[5] John W. Santrock. Life-Span Development. Brown & Benchmark, 1995.

[6] Charles Zastrow and Karen Kirst-Ashman. Understanding Human Behavior and Social Environment. Nelson-Hall Publishers, 1990.

[7] Dacey Travers. Human Development. Brown & Benchmark, 1996.

[8] David R. Shaffer. Developmental Psychology. Brook/Cole Pullishing Company, 1996.

[9] Carol K. Igelman David R. Shaffer. Life-Span Human Development. Brook/Cole Pullishing Company, 1994.

[10] John F. Longers. Human Behavior in the Social Environment. F. E. Peacock Publishers Inc. , 1990.

[11] Ralph E. Anderson & Irl Carter. Human Behavior in the Social Environment. Aldine Publishing Company, 1979.

[12] Wayne A. Chess Julia Norlin. Human Behavior and the Social Environment. Allyn and Bacon, 1988.

[13] Beth B. Hess. Sociology. Macmillan Publishing Company, 1993.

[14] John J. Macionis. Sociology. Prentice Hall, Inc. , 1997.

[15] James W. Vander Zanden. The Social Experience. McGraw-hill Company, 1990.

[16] 沙依仁. 人类行为与社会环境. 台北：五南图书出版公司，1986.

[17] (美) 詹姆斯・卢格. 人生发展心理学. 陈德民等，译. 上海：学林出版

社,1996.
[18] 毛晓光. 人的成长与发展. 北京：社会科学文献出版社,1997.
[19] 王冲汉. 人生心理的多棱镜. 上海：上海社会科学院出版社,1993.
[20] (美) 保罗・马森等. 人生心理发展历程. 孟昭兰等,译. 沈阳：辽宁人民出版社,1991.
[21] 林崇德. 发展心理学. 北京：人民教育出版社,1999.
[22] (美) 詹姆斯・卢格等. 生活心理学. 陈德民等,译. 哈尔滨：黑龙江人民出版社,1997.
[23] 高鸿鸣等. 人生心理指导大全. 上海：上海文艺出版社,1991.
[24] (日) 长谷川和夫等. 老年心理学. 车文博等,译. 哈尔滨：黑龙江人民出版社,1985.
[25] (美) 戴维 L・德克尔. 老年社会学. 沈建,译. 天津：天津人民出版社,1987.
[26] 邬沧萍. 社会老年学. 北京：中国人民大学出版社,1999.
[27] (美) 乔恩・亨德里克斯等. 金色晚年. 程越等,译. 上海：上海译文出版社,1992.
[28] 理查德・科里士. 老年人心理学. 张隆顺,译. 台北：桂冠图书出版社,1987.
[29] (日) 井上胜也等. 老年心理学. 江丽临等,译. 上海：上海翻译出版公司,1986.
[30] (日) 波多野・勤子. 幼儿心理. 望月等,译. 郑州：河南科学技术出版社,1987.
[31] 卢家楣. 现代青年心理学. 上海：同济大学出版社,1989.
[32] 李银河. 女性权利的崛起. 北京：中国社会科学出版社,1997.
[33] 时蓉华. 两性世界. 上海：华东师范大学出版社,1992.
[34] (美) 尹恩・罗伯逊. 现代西方社会学. 赵明华等,译. 郑州：河南人民出版社,1988.
[35] (美) L・布鲁姆等. 社会学. 张杰等,译. 成都：四川人民出版社,1991.
[36] (美) 戴维・波普诺. 社会学(上、下). 刘云德等,译. 沈阳：辽宁人民出版社,1987.
[37] (美) 威尼・威顿. 现代生活. 吴存民等,译. 郑州：河南人民出版社,1996.

[38] (英) 朱利娅·贝里曼等. 发展心理学与你. 陈萍等,译. 北京：北京大学出版社,2000.
[39] (美) 罗斯·埃什尔曼. 家庭导论. 潘高康,译. 北京：中国社会科学出版社,1991.
[40] 李增禄. 社会工作概论. 台北：巨流图书公司,1994.
[41] 李慧英. 社会性别与公共政策. 北京：当代中国出版社,2002.
[42] 杨伟民. 社会政策导论. 北京：中国人民大学出版社,2004.
[43] (美) 扎斯特罗等. 人类行为与社会环境. 师海玲等,译. 北京：中国人民大学出版社,2006.
[44] (美) 阿什福德等. 人类行为与社会环境. 王宏亮等,译. 北京：中国人民大学出版社,2005.
[45] 罗伯特·伯格等. 人类行为与社会环境. 陈怡洁,译. 台北：扬智文化事业股份有限公司,1998.

后　记

1999年，因为一次纯属偶然的机会，我成为华东理工大学社会工作系的一名教师，现在回想起来，实在是万分的幸运。因为这个机遇，我从哲学转入了社会工作学，从一个相对熟悉的传统专业进入了一个全新的、富有朝气的领域。两年的社会工作学习，对我而言，真正称得上是一次人生的转折，从高高在上的哲学象牙塔进入了另一个具有强烈生活气息的社会工作世界，原来非常虚妄的清高和孤傲一下子土崩瓦解。社会工作使我认识到，所有的人都是平等的，这种平等不仅是法律意义上的，更主要的还是生活意义上的。社会工作就是要通过赋权，使每个人潜在的平等转变为现实的平等。人的一生，除了独立自主、自力更生以外，还有更加崇高的一面，正如我们社会工作系的口号所称：助人自助。一个真正的社会工作者正如毛泽东所说，是"一个高尚的人、一个纯粹的人、一个有道德的人、一个脱离了低级趣味的人、一个有益于人民的人"。社会工作的学习不仅帮助我打开了认识人生、观察社会的一扇窗户，而且还进一步丰富了我的思想，升华了我的境界。

"人类行为和社会环境"是社会工作系的一门最基本的课程，它主要是从社会环境的角度来理解人的行为变化和成长过程。国外的同类教材如汗牛充栋，而国内则相对稀少。如何使国外的理论成果与国内的具体现实相接轨，这是笔者最为困惑的一个问题。在写作过程中，笔者希望能够进行一些有益的尝试，但依然感觉困难重重。在阐述人的行为的社会影响因素时，笔者着重强调了家庭、性别(gender)和性的作用，这也是我们现实生活中比较重要，但却相对容易忽视或避讳的一些话题。至于学校、单位、社区、组织、社会制度等方面的因素，有些因为众所周知、有些因为相关论述较多而不作专章另立，分别被穿插进相关的章节。在具体写作思路上，国外同类教材写法较多，笔者采用的是一种比较普遍、比较容易接受的一般方法,按照人的成长过程逐阶段展开,按问题分述。这些尝试还有许多不成熟的地方,希望以此抛砖引玉。

从2002年本书初版,迄今为止五年已经过去,在这五年中,中国大陆的社会工作正在发生着日新月异的变化,这种变化同样也影响着我对社会工作本身的看法,这些变化进一步反映到了对于本书的修订之中。具体来说,本次主要对以下几个方面作了修订:

第一,进一步明确并强化了本书的理论视点,也就是对于人类行为分析的双重视角:生理—心理—社会的结构分析和生命周期的动态分析相结合。

第二,新增了关于社会环境影响因素中的"社会政策分析"一章,之所以如此,主要考虑到目前的中国对于社会政策已给予了强烈关注。

第三,在每一章后面新增了相关的延伸阅读书目,希望能够对教师和学生拓展知识面有所助益。

第四,在本书初版本中有一些观点及文字的错讹,在本次修订中一并作了相应改正。

本书的写作与出版得到了许多热情的帮助。我要感谢华东理工大学社会工作系的诸位同仁,与他们的共处和交往使我学到了许多宝贵的学识;我还要感谢我的每一位学生,在教学的过程中,他们给予了我许多中肯的批评和有益的启示,他们可以说是我这本书的第一批读者和批评者。此外,我还要感谢的是华东理工大学,他们为本书的出版提供了一定的资助。

最后,我要感谢的是我的家人,感谢我的父母多年为我含辛茹苦,感谢我的妻子对我的支持、鼓励和信任,感谢我可爱的女儿,她给我的生活增添了无穷的欢乐、喜悦和幸福。

王瑞鸿

2007年6月